Le néerlandais

pour les nuls

Le néerlandais pour les nuls

Margreet Kwakernaak
Michael Hofland
Theodoor Puttemans

FIRST
ÉDITIONS

À Dominique, ma bien-aimée

Le néerlandais pour les Nuls

Éditions First, un département d'Édi8
92, avenue de France
75013 Paris – France
Tél. : 01 44 16 09 00
Fax : 01 44 16 09 01
Courriel : firstinfo@efirst.com
Site Internet : www.pourlesnuls.fr

ISBN : 978-2-7540-3146-2
Dépôt légal : septembre 2011 – N° d'imp. : H21/61198N
Imprimé en France en août 2021 par l'Imprimerie Maury S.A.S. à Millau (12)

Adaptation de la présente édition : Theodoor Puttemans
Traduction : Claude Raimond
Illustrations : Dokus (www.dokus.nl)
Correction : Christine Cameau
Enregistrements vocaux : Bund
Production : Emmanuelle Clément
Mise en page et couverture : KN Conception

Sommaire

Deuxième partie : Entre nous ... 75

Le néerlandais pour les Nuls

À propos de l'auteur

Margreet Kwakernaak est professeur de langue et directrice de l'école de langues *Suitcase talen* d'Almere, près d'Amsterdam, aux Pays-Bas. Elle produit des cours de néerlandais seconde langue, de néerlandais première langue, d'allemand, d'anglais et d'espagnol. Au cours de nombreuses années d'enseignement au profit d'étudiants de tous âges et de toutes nationalités, elle a beaucoup appris sur leurs besoins et sur la manière de leur donner l'assurance dont ils ont besoin pour parler et pour écrire.

Remerciements

De nombreuses personnes ont contribué à la création de cet ouvrage. En premier lieu je voudrais remercier mon frère Huibert Kwakernaak. En tant qu'expert en systèmes, signalisation et contrôle, il est non seulement celui qui me donne un accès constant aux dernières techniques informatiques, mais il est aussi mon professeur en efficacité et méthodologie professionnelles.

Mon frère Erik Kwakernaak, spécialiste en méthodologie d'enseignement des langues étrangères et auteur de plusieurs livres sur la façon d'enseigner les langues, m'a ouvert les yeux et les oreilles sur les besoins de celui qui apprend une langue. Il m'a fait prendre conscience des schémas d'évolution des acquis linguistiques communs à tous les apprenants.

Quand j'ai commencé à travailler avec différents étudiants, la pratique a pris le pas sur la théorie, et je suis devenue experte dans l'art d'accélérer les processus individuels d'apprentissage des langues. En travaillant avec des étudiants individuels, j'ai appris que l'approche la plus efficace est celle où l'enseignant sert de guide à l'étudiant, lui montrant des cheminements de plus en plus difficiles, et lui apportant la pratique et la théorie dont il a besoin à un moment particulier.

J'ai accumulé une grande expérience au cours de mes nombreuses années dans l'enseignement secondaire, et lors de cours du soir pour adultes. Mais j'ai appris plus encore et beaucoup plus vite après avoir fondé ma propre école de langues, où se sont rencontrés des étudiants et des professeurs du monde entier, qui ont partagé leur expérience et leurs méthodes. Tandis que j'écrivais ce livre, les professeurs et les secrétaires de *Suitcase talen* ont toujours manifesté la meilleure volonté pour répondre à toute question d'ordre pratique ou linguistique. Sanerina Visser m'a aidée au cours des trois derniers mois consacrés aux processus de mise en ordre et de réorganisation.

L'éditeur Wardy Polstra de Pearson Education Benelux a été pour moi une sorte de professeur idéal : aux côtés de l'auteur, l'observant calmement, lui fournissant un feed-back à des moments essentiels, toujours prêt à l'aider en cas de besoin.

Pour votre aide, mes remerciements à tous.

Le 14 mars 2006

Margret Kwakernaak

Introduction

Dans notre civilisation de plus en plus globalisée, la connaissance de plusieurs langues étrangères s'impose. Les étudiants font une partie de leurs études à l'étranger. Les entreprises sont obligées de communiquer avec leurs collaborateurs et partenaires étrangers, de leur rendre visite et de leur parler lors des réunions. Bien que le français et l'anglais puissent convenir pour faire des affaires dans les pays néerlandophones, les gens seront beaucoup plus accueillants si vous connaissez quelques mots ou expressions en néerlandais. Ne serait-ce pas amusant de parler avec vos voisins, vos collègues et vos nouveaux amis en néerlandais, et de rire un bon coup ensemble ?

Quelle que soit votre motivation, *Le néerlandais pour les Nuls* vous aidera. Un expert de l'enseignement des langues, des adaptateurs néerlandophones et First, éditeur en France de la série *Pour Les Nuls*, ont combiné leurs efforts pour produire un livre qui vous permettra de communiquer en néerlandais. Vous y trouverez non seulement des éléments de communication, comme les salutations et la commande d'un repas, mais aussi les expressions utilisées au téléphone ou dans un e-mail. Des notions de grammaire vous fournissent les bases qui serviront à construire votre communication. *Le néerlandais pour les Nuls* utilise un système de notation clair et simple pour la prononciation de chaque mot. La prononciation et l'accent prennent vie sur le CD audio joint au livre.

À propos de ce livre

Ce livre est bien plus qu'une simple compilation de phrases et de mots d'usage pratique. Il va vous rendre service si votre but est d'apprendre quelques mots et quelques phrases pour vous débrouiller, mais aussi au cas où vous envisageriez de rester plus longtemps dans le pays, et désirez communiquer avec vos voisins, ainsi qu'avec vos nouveaux amis et collègues. Vous pouvez parcourir cet ouvrage à votre propre rythme et dans l'ordre qui vous convient, lire ou sauter des passages à votre guise. *Le néerlandais pour les Nuls* est votre guide personnel, toujours prêt à vous aider.

Note : si vous êtes novice en néerlandais, vous avez intérêt à lire les chapitres de la première partie avant de commencer à parler. Cette partie vous fournit des bases, par exemple la façon de prononcer les différents sons. Elle vous aidera à aborder les chapitres suivants.

Les conventions appliquées dans ce livre

Pour faciliter l'accès au cours, nous avons établi quelques conventions :

- Les mots en néerlandais sont en **caractères gras** pour les faire ressortir.
- La prononciation est indiquée en *italique*, à la suite des mots en néerlandais.
- Dans le texte, les symboles de prononciation sont entourés par des crochets carrés : [ ].
- Les syllabes accentuées sont *soulignées*.
- Dans le texte, les lettres de l'orthographe sont entourées de crochets triangulaires : < >.
- La prononciation du néerlandais est légèrement différente si vous voulez le parler en Belgique ou aux Pays-Bas. La langue que vous apprendrez dans ce livre est un néerlandais générique. Ce choix vous permettra une meilleure *compréhension orale*. Une fois sur place, vous adapterez légèrement votre prononciation aux habitudes locales, c'est un jeu d'enfant.

La conjugaison des verbes (les *formes verbales*) est présentée dans des listes selon l'exemple du tableau suivant :

Conjugaison	*Prononciation*	*Traduction*
WERKEN	*wèrkə*	travailler
ik werk	*Ik wèrk*	je travaille
je / u werkt	*yə wèrkt* *u wèrkt*	tu travailles vous travaillez
hij/ze/het werkt	*èy wèrkt* *zə wèrkt* *ət wèrkt*	il travaille elle travaille
we werken	*wə wèrkə*	nous travaillons
jullie werken	*yəli wèrkə*	vous travaillez
ze werken	*zə wèrkə*	ils / elles travaillent

- **Conversation**. Notre but est de vous apprendre à parler le néerlandais, ce qui explique pourquoi les *conversations type* se trouvent au centre du cours. Une *conversation type* est une forme de communication répétitive et prédictible, comme par exemple commander une portion de frites dans une friterie.

- **Mots clés.** Afin de vous faciliter la mémorisation des mots et des expressions, nous en avons regroupés quelques-uns sur un tableau noir, sous le titre « Mots clés ». Les *substantifs* (les *noms*) néerlandais ont un genre, reconnaissable à la forme de l'*article défini*. Le genre *neutre* (troisième genre, à côté du *masculin* et du *féminin*), genre minoritaire, sera indiqué comme « exception » en marquant les *noms neutres* par un « t », dernière lettre de l'*article défini neutre* **het** [*ət*].
- **La double traduction.** Chaque langue a ses propres règles d'ordre des mots, de choix de mots et d'expressions (son *idiome*). C'est la raison pour laquelle une traduction *mot à mot* sera rarement identique à une traduction respectueuse de l'authenticité de la langue cible, dans le cas échéant, le français. Or, la traduction *mot à mot* est utile pour l'apprenant, car elle rend la traduction transparente. Donc, pour favoriser la transparence, la traduction *mot à mot* sera fournie. La traduction *idiomatique* l'accompagnera par respect des particularités du français – ce qui produira la *double traduction*.

Suppositions risquées

Pour écrire ce livre, nous avons dû faire certaines hypothèses sur vous et sur ce que vous attendez d'un livre appelé *Le néerlandais pour les Nuls*. Voici quelques-unes de nos suppositions :

- Vous ne connaissez que très peu le néerlandais (vous êtes un *faux débutant*) et si vous connaissez quelques mots ou expressions, vous ne savez pas comment les organiser.
- Vous l'ignorez complètement (vous êtes un *grand débutant*).
- Vous ne recherchez pas un livre qui vous permettra de parler couramment le néerlandais. Vous voulez seulement connaître quelques mots, expressions ou constructions de phrases pour communiquer des informations élémentaires en néerlandais.
- Vous voulez apprendre le néerlandais utilisé couramment dans la vie de tous les jours, une vie que vous avez abordée ou que vous allez aborder prochainement. Vous choisiriez vous-même les informations offertes par le livre, et vous déciderez non seulement quelles parties du livre vous allez étudier, mais aussi quand, où et comment vous allez les étudier.
- Vous voulez vous amuser tout en apprenant une langue par pur intérêt.

Si une de ces hypothèses s'applique à votre cas, vous avez déniché le livre idéal !

Comment ce livre est organisé

Il a été argumenté ci-dessus que la communication orale constitue le centre de ce livre. À ce but, le contenu est organisé thématiquement en quatre parties, chacune divisée en chapitres. Les sections suivantes vous guident à travers cette foule d'informations tout en indiquant leur fonctionnalité.

Première partie : Le néerlandais, langue facile

Avant tout, la mission de ce livre est de rendre le néerlandais, facile à apprendre, accessible à tous. Il commence par la présentation d'un vocabulaire que vous êtes susceptible de (re)connaître facilement. On s'attardera sur l'écart entre l'orthographe et la prononciation avant de passer à un chapitre d'*information grammaticale* de base : *noms, articles, adjectifs, verbes*, la *conjugaison*, et de *vocabulaire* (« Orientation dans le temps »). La première partie se termine par une présentation de chiffres, poids, mesures, etc. Si vous voulez sécher cette partie, c'est à vous de voir. De toute façon, la première partie est facilement consultable pendant l'étude des chapitres les plus importants pour vous.

Deuxième partie : Entre nous

Le thème fonctionnel de cette partie est *les relations humaines* (« Orientation sociale »). On vous apprend à saluer vos collègues et connaissances, à présenter votre compagnon/compagne et vous-même, à parler de vos origines, de votre famille, de la pluie et du beau temps.

Les dialogues de restaurant sont au rendez-vous (« Solliciter des services »), ainsi que la façon de demander des renseignements au personnel des grands magasins et marchés (« Expression des mesures »).

Aussi, vous pouvez vous pencher sur les dialogues lors de vos sorties et de vos loisirs.

Le lendemain, vous vous rendez à votre travail avec les mots appropriés pour communiquer avec vos collègues. Lorsque le téléphone sonnera, vous répondrez avec aisance et assurance – (« Orientation sociale »). Pour une meilleure digestion des dialogues, le plat est accompagné de sauces à la conjugaison et de salades au vocabulaire.

Troisième partie : Je suis en déplacement !

Le thème fonctionnel de cette partie est *le déplacement, demander des renseignements et des services* (« Orientation dans l'espace », « Solliciter des services », « Expression des mesures »). On vous fournira un vocabulaire adapté dans la progression suivante :

→ Nouveau mot en isolation ;
→ Nouveau mot dans un groupe ;
→ Nouveau mot dans une phrase ;
→ Nouveau mot dans un *dialogue type*.

Le chapitre prend en compte de nombreux moyens ordinaires de déplacement sans oublier les moments passés à la banque, Poste, gare et bien d'autres endroits publics, comme l'hôtel, le cabinet médical et le bureau de police. Attention au cocktail qui suivra… un quart de conjugaison et trois quarts de vocabulaire !

Quatrième partie : La partie des Dix

Un chapitre des Dix peut être dix questions à ne jamais poser à personne, dix expressions qui ne veulent rien dire, dix jours fériés, dix proverbes bien connus ou dix énoncés témoignant de votre grande compétence de la langue néerlandaise.

Cinquième partie : Annexes

Nous vous avons dit précédemment que vous pourrez prendre le cours à votre guise : surfeur-zappeur, chineur, « nerd » ou zélé. Il est essentiel que l'apprenant puisse consulter le cours de base comme une œuvre de référence. Afin de vous repérer rapidement, la partie Annexes fournit les outils suivants :

Verbes néerlandais

Mini dictionnaire néerlandais-français

Mini dictionnaire français-néerlandais

Les icônes utilisées dans ce livre

Un autre moyen de naviguer sans perdre du temps, ce sont les sept icônes, décrits ci-dessous. Ils seront placés à des endroits stratégiques dans les marges du livre.

Conseil, aide-mémoire ou simplement moyen pour frimer avec vos connaissances du néerlandais.

Ces points sont rares, mais ils existent.

À ne pas confondre avec l'information touristique.

Les petites divergences entre le néerlandais de la Belgique et celui des Pays-Bas seront indiquées par cet icône.

Le CD inclus dans ce livre vous fournira un apport auditif du néerlandais. La façon de l'utiliser (en karaoké) est recommandée.

Attention, piège systématique !

C'est facile, le néerlandais !

Et maintenant...

C'est à vous, maintenant ! Attaquez, consommez, parcourez, étudiez, lisez, répétez, dévorez ce livre avec CD audio et, dans quelques heures, vous ne serez plus un « Nul » en néerlandais. Aux Pays-Bas, en Flandre et dans les autres pays néerlandophones, des portes s'ouvriront à vous. Quand on vous demandera…

- **Spreekt u Nederlands ?** [*sprékt u nédərlAnts ?*] (Parlez-vous néerlandais ? Parlez-vous le néerlandais ?)

… vous sortirez cette phrase affirmative et stratégique du grand débutant :

- **Een beetje. Ik studeer Nederlands.** [*ən bétyə. Ik studér nédərlAnts.*] (Un peu. J'étudie néerlandais. Un peu. J'étudie le néerlandais.)

Si votre interlocuteur néerlandophone profite de l'occasion pour améliorer sa propre expression orale en français – ce qui arrive très souvent – vous pourrez lui dire :

- **Ik studeer Nederlands. Wilt u Nederlands spreken ?** [*Ik studér nédərlAnts. wilt u nédərlAnts sprékə ?*] (J'étudie néerlandais. Voulez-vous parler néerlandais ? J'étudie le néerlandais. Voudriez-vous parler néerlandais ?)

Première partie

Le néerlandais, langue facile

Dans cette partie...

Prenez note des astuces et contenus suivants spécialement sélectionnés pour vous.

La première partie traite des choses les plus élémentaires de la langue. Elles sont présentées d'une manière aisée, explicite et progressive. Avant toutes choses, apprenez à prononcer les nouveaux mots, présentés par écrit. Vous les lirez en silence en les prononçant intérieurement. Dans ce but, le CD audio vous sera utile.

Comme convenu, la première chose à faire est d'acquérir un vocabulaire utile et proche de vos connaissances actuelles. En même temps, armez-vous contre les caprices de l'orthographe néerlandaise. Rassurez-vous, dans ce domaine, il y a des langues européennes bien pire que le néerlandais, langue facile à apprendre ; -) !

Ensuite, on vous proposera une mini grammaire de référence. Dans ce livre, la grammaire détiendra la place qu'elle mérite, là où le lecteur peut la retrouver et l'ouvrir facilement, comme une valise, sans clé ni sésame.

La première partie se termine par le monde des lettres et des chiffres, nombres, poids et mesures.

Attachez bien votre ceinture de sécurité avant de décoller...

Chapitre 1

Les mots utiles que vous (re) connaissez déjà

Dans ce chapitre :

- Le vocabulaire que vous possédez déjà
- Le néerlanglais
- Les bonnes nouvelles de la prononciation néerlandaise
- Le mal nécessaire de l'orthographe

Dans ce chapitre, vous plongez dans la langue néerlandaise. Il vous présente les mots néerlandais que vous connaissez probablement déjà, on vous explique la prononciation et l'orthographe.

Les mots néerlandais que vous (re) connaissez déjà

Regardons ensemble le vocabulaire néerlandais sous l'angle des mots que vous connaissez déjà. Il se réparti entre trois catégories :

- Les mots empruntés au français actuel ;
- Les mots européens ou internationaux, et
- Les mots d'origine germanique.

Les mots du français actuel

Le vocabulaire entier du néerlandais contemporain, langue facile à apprendre, est composé de 10 % de mots empruntés au français contemporain. Comme le but de ce livre n'est pas de vous apprendre le français, la liste est présentée sans traduction et dans certains cas sans indication de prononciation, parce qu'elle reste invariable en néerlandais.

Les mots de la liste suivante sont énumérés selon leur ordre de fréquence.

politie	*polisi*	*politsi*
auto	*aouto*	*oto*
probleem t	*problém*	
plan t	*plAn*	
idee t	*idé*	
dokter	*dOktər*	
muziek	*muzik*	
familie	*famili*	
programma t	*progrAma*	
rest	*rèst*	
bus	*bəs*	
TV	*tévé*	
televisie	*télévizi*	
papier t	*pApir*	
trein	*trèy*	
hotel t	*hotèl*	
vakantie	*vakAnsi*	*vakAntsi*
foto	*foto*	
koffer	*kOfər*	
tante	*tAntə*	
dame	*damə*	
nummer t	*nəmər*	
bank	*bANk*	
muur	*mur*	
letter	*lètər*	
radio	*radio*	
kaart	*kart*	
centrum t	*sèntrəm*	
plant	*plAnt*	
bal	*hAl*	
adres t	*Adrès*	
café t	*kAfé*	
feest t	*fést*	
film	*fIlm*	
post	*pOst*	
bier t	*bir*	
restaurant t		
thee	*té*	

agent	*ARènt*	
chauffeur	*chofør*	
station t	*stAsyOn*	*stAtsyOn*
tram	*trAm*	*trèm*
cadeau t		
horloge t		
garage		
taxi	*tAksi*	
fruit t	*frəyt*	
limonade		
friet		
sport	*spOrt*	
WC t	wésé	
vaas	*vas*	
fabriek		
telefoon	*téléfon*	
klas		
park t		
situatie	*situasi*	*situatsi*
student	*studènt*	
persoon	*pèrson*	
rol	*rOl*	
systeem t	*sIstém*	
universiteit	*univèrzitèy*	

TRUC

Remarquez la fin du mot : le « e muet », représenté comme [ə], est clairement prononcé ; il n'est PAS ÉTOUFFÉ : **tante** [*tAntə*], **dame** [*damə*] ; le « e muet » est chaque fois bien audible.

DIFFÉRENCES

Remarquez également les petits écarts systématiques de prononciation dans un petit nombre de mots entre les variantes belge et néerlandaise du néerlandais (*politsi, troisième colonne*). Il est utile de vous les signaler afin d'anticiper vos questions.

Les mots européens ou internationaux

Vous connaissez sans doute tous les mots européens ou internationaux tels que ***piano***, ***concert*** et ***scénario.*** Pourtant, ces mots-là ne se trouvent pas dans notre liste, limitée aux 1 000 mots les plus fréquents en néerlandais. Il est donc inutile de piocher dans les grands dictionnaires !

soort	*sort*	sorte
minister	*minIstər*	ministre
tafel	*tafəl*	table

punt	*pənt*	point
straat	*strat*	rue
prijs	*prèys*	prix
kleur	*klør*	couleur
baby	*bébi*	bébé
zak	*zAk*	sac
suiker	*səykər*	sucre
pijp	*pèyp*	pipe
citroen	*sitroun*	citron
les	*lès*	leçon
groep	*Rroup*	groupe
lijn	*lèyn*	ligne
vorm	*vOrm*	forme

TRUC

Remarquez la beauté articulatoire du mot **groep**, qui se prononce [*Rroup*] ; -) ! Comment allez-vous vous en sortir ? Ne vous inquiétez pas, le problème sera résolu ci-dessous.

Les mots d'origine germanique

L'anglais et l'allemand sont des langues germaniques. L'histoire des langues nous apprend que le néerlandais se situe historiquement, concernant sa grammaire et son lexique, entre les deux. La connaissance des deux grandes langues germaniques étant répandue, profitons-en pour découvrir des mots néerlandais qui leur ressemblent.

weer t	*wer*	temps (météo)
tijd	*tèyt*	temps (chrono)
mens	*mèns*	être humain
plaats	*plats*	place
vrouw	*vraou*	femme
leven t	*lévə*	vie
dag	*dAR*	jour
werk t	*wèrk*	travail
land t	*lAnt*	pays
kind t	*kInt*	enfant
huis t	*həys*	maison
hand	*hAnt*	main
moeder	*moudər*	mère
oog t	*oR*	œil
wereld	*wérəlt*	monde
geval t	*RəvAl*	cas
vader	*vadər*	père
paar t	*par*	paire

deel t	*dél*	part
weg	*wèR*	chemin
vraag	*vraR*	question
hoofd t	*hoft*	tête
uur t	*ur*	heure
week	*wék*	semaine
woord t	*wort*	mot
naam	*nam*	nom
water	*watər*	eau
kerk	*kèrk*	église
zaak	*zak*	affaire, objet
gezicht	*RəzIRt*	visage
grond	*RrOnt*	sol
ding t	*dIN*	chose
pas	*pAs*	passeport
begin t	*bəRIn*	début
geld t	*Rèlt*	argent
stad	*stAt*	ville
boek t	*bouk*	livre
feit t	*fèyt*	fait
deur	*dør*	porte
manier	*mAnir*	manière
stuk t	*stək*	morceau
brief	*brif*	lettre (pli)
kamer	*kamər*	chambre, pièce
gebied t	*Rəbit*	territoire
maand	*mant*	mois
jongen	*jONə*	garçon
school	*sRol*	école
einde t	*èyndə*	fin
avond	*avənt*	soir(ée)
bed t	*bèt*	lit
ogenblik t	*oRənblIk*	moment
stem	*stèm*	voix
meisje t	*mèychə*	fille
volk t	*vOlk*	peuple
nacht	*nARt*	nuit
gang	*RAN*	couloir
licht t	*lIRt*	lumière

Le <**sch**> se compose de deux sons : [*s*] + [*R*]. Son articulation n'a donc rien à voir avec celle du <*ch*> français comme dans « *ch*anson ».

Du néerlanglais à l'« europidgin » ?

Comme le mot « franglais », inventé par René Étiemble (*Parlez-vous franglais ?*, Gallimard, 1964), le mot « néerlanglais » trouve facilement sa raison d'être. Dans les années soixante, certains s'inquiétaient du nombre d'emprunts anglais du type *smoking, parking, camping, racing, sporting, brushing, spray, car wash*, etc.

Aujourd'hui, avec les prix cassés des voyages en avion, l'anglais est devenu LA langue dans laquelle chacun s'exprime selon ses propres (im)possibilités – situation comparable à celle des marins du XVe siècle. De nos jours, ce sont le téléphone mobile, Internet et l'ordinateur portable qui ont pris le pas. En d'autres termes, la langue anglaise est en train de *pidginiser* (voir définition plus bas) en France, aux Pays-Bas, en Belgique, en Allemagne, partout, exactement comme le portugais sur les côtes d'Afrique et d'Asie, où elle est devenue le « pretegais » [*prètègèch*].

Entre-temps, la langue qui fait une percée mondiale est le *dunglish* (le mot anglais *dung* signifie *fumier*). C'est la langue qui doit sans doute faire retourner Shakespeare dans sa tombe. Implantée en Europe, elle pourrait évoluer dans l'*europidgin* ; voir sur les sites

`www.oocities.com/europidgin` et `https://doclib.uhasselt.be/dspace/bitstream/1942/1671/1/skalen.pdf.pdf`

Pidgin. « Les personnes qui ne parlent pas la même langue des autres sont obligées de développer une nouvelle langue afin de se faire comprendre. Même le mot *pidgin* est la barbarisation chinoise du mot *business.* »

Finalement, l'Europe évoluerait vers une aire sans langue définie (*alingualisme*) ; voir le site suivant :

`http://interpreters.freeforums.org/alingualism-t144.html`

Scénario peu probable ?

Nous avons signalé le phénomène de l'*europidgin* et de l'*alingualisme* dans les langues européennes, y compris le néerlandais. Le dialogue suivant plaira sans doute à un public particulier.

Conversation

Mark **Hi. Hoe is't ? Hoe is je nieuwe job ?**

hay. hou Ist ? hou Is yə niouə djOp ?

Salut. Comment va ? C'est comment ton nouveau job ?

Jacco **Prima ! Ik ben HR manager bij Lease Consult. En leasing is een spannende business.**

prima. Ik bèn ha èr mènèdjər bèy lis kOnsəlt. ən lisiN Is ən spAnəndə biznis

Parfait ! Je suis manager des ressources humaines chez Lease Consult. Et le leasing est un business fascinant.

M **Echt waar ? Lease Consult is een Major Account van ons !**
èRt war ? lis kOnsult Is ən médjər əkaount vAn Ons !
Vraiment ? Lease Consult est un major account pour nous !

J **Ik kom je dus nog wel eens tegen in de board room.**
Ik kOm yə dəs nOR wèləs téRə In də baouwrd roum
Je te croiserai donc certainement dans la board room.

M **Wie weet !**
wi wét !
Sait-on jamais !

J **En ben jij weer happy ?**
èn bèn yèy wér hèpi ?
Et es-tu heureux ?

M **Ja, maar Renate zit in een dip. Full time werken met een kid is nogal heavy en ze wil graag part time werken.**
ya, mar rənatə zIt In ən dIp. foul taym wèrkə mèt ən kIdt Is nORAl hèvi èn zə wIl RraR pArt taym wèrkə
Oui, mais Renate est déprimée. Travailler à plein-temps avec un gosse est plutôt lourd et elle aimerait bien travailler à mi-temps.

J **Ik begrijp het. Is part time werken een optie ?**
Ik beRrèyp ət. Is pArt taym wèrkə ən Opsi ?
Je comprends. Le travail à mi-temps est-il une option ?

M **Op dit moment niet. Ze zitten midden in een reorganisatie.**
Op dIt mOmènt nit. zə zItə mIdə In ən réOrRAnIzasi / réOrRAnIzatsi (PB)
Pas en ce moment. Ils sont en pleine réorganisation.

Réponses et souhaits utiles

Maintenant que vos interlocuteurs se rendent compte que vous comprenez et parlez le néerlandais, ils communiqueront avec vous en néerlandais. Sachez réagir ! Apprenez par cœur dans la liste qui suit deux réponses : une réponse positive et une réponse négative.

Apprenez une expression positive, comme par exemple : **Prima** [*prima*] (excellent), une expression passe-partout, comme **Interessant** [*IntèrèsAnt*], et ayez en réserve une expression pour le cas où quelqu'un vous annoncerait une mauvaise nouvelle : **Wat jammer !** [*wAt yAmər*] (Quel dommage !) Surtout ne les confondez pas (; -) ! Voici quelques situations et leurs cas d'emploi. Vous en sortirez vainqueur !

- **Wat vind je van dit restaurant ? – Prima.**
  [*wAt vIntyə vAn dIt rèstorAnt ? - prima.*]
  (Comment trouves-tu ce restaurant ? – Excellent.)
- **Heb je zin om dit weekend mee te gaan zeilen ? – Fantastisch !**
  [*hèpyə zIn Om dIt wikènt mé tə Ranzèylə ? – fAntAstis !*]
  (As-tu envie pour ce week-end avec à aller faire de la voile ? – Fantastique !)
  (As-tu envie d'aller faire de la voile ce week-end avec nous ? – Fantastique !)
- **Zullen we even pauzeren ? – OK.**
  [*zələwə évə paouzérə ? – oké.*]
  ([futur] nous un bref instant pauser ? – OK.)
  (Allons-nous faire une petite pause ? – OK.)
- **Dit zijn foto's van Oostende van twintig jaar geleden. – Wat interessant !**
  [*dItsèyn fotos vAn ostèndə vAn twIntəR yar Rəlédə. – wAt IntrèsAnt !*]
  (Ceci sont photos d'Ostende de vingt années passé. – Que intéressant !)
  (Ce sont des photos d'Ostende d'il y a vingt ans. – Comme c'est intéressant !)
- **Het concert is afgelast. – Wat jammer !**
  [*ət kOnsèrt Is AfRəlAst. – wAt yAmər !*]
  (Le concert est annulé. – Quel dommage !)
- **Mijn auto is stuk. – Wat een pech !**
  [*mən aouto Is stək. - wAtən pèR !*]
  (Ma voiture est en panne. – Quelle malchance !)

Lorsque quelqu'un vous demande un service, vous pouvez utiliser les réponses suivantes :

- **Help je me even ? – Natuurlijk.**
  [*hèlpyəmə évə ? - nAturlək.*]
  (Aides-tu moi un instant ? – Naturellement.)
  (Pourrais-tu m'aider un instant ? – Naturellement.)
- **Hou je mijn bagage even in de gaten ? – Geen probleem.**
  [*haou yə mən bARajə évə In də Ratə ? - Rén problém.*]
  (Tiens-tu mon bagage un instant dans les trous ? - Pas de problème.)
  (Voudrais-tu surveiller mon bagage un instant ? - Pas de problème.)

Parfois, vous serez amené à répondre par la négative. Vous pouvez choisir sans risque entre les trois expressions suivantes :

- **Kunt u mij om 11 uur bellen ? – Wat jammer. Ik heb een onderhoud.**
  [*kənt u mə Om èlf ur bèlə ? - wAt yAmər. Ik hèpən Ondərhaout.*]
  (Peux-tu me à onze heures sonner ? – Quel dommage ! J'ai un entretien.)
  (Pourrais-tu m'appeler à onze heures ? - Quel dommage ! J'ai un entretien.)
- **Bent u morgen op kantoor ? – Nee, het spijt me.**
  [*bèntu mOrRə Op kAntor ? - né, ət spèytmə.*]
  (Êtes-vous demain au bureau ? – Non, il désole me.)
  (Serez-vous au bureau demain ? - Non, désolé.)
- **Gaan jullie met ons mee ? - Misschien de volgende keer.**
  [*Ran yəli mèt Ons mé ? - mIsRin də vOlRəndə kér.*]
  (Allez-vous avec nous avec ? – Peut-être la prochaine fois.)
  (Viendrez-vous avec nous ? – Peut-être la prochaine fois.)

Dans des circonstances spéciales, utilisez les souhaits ci-après :

- **Fijne avond.**
  [*fèynə avənt.*]
  (Agréable soirée.) / (Passez une bonne soirée.)
- **Goed weekend.**
  [*Rout wikènt.*]
  (Bon week-end.)
- **Goede reis.**
  [*Roudə rèys.*]
  (Bon voyage.)
- **Veel plezier.**
  [*vél pləzir.*]
  (Beaucoup de plaisir.) / (Amusez-vous bien.)
- **Beterschap.**
  [*bétərsRAp.*]
  (Amélioration.) / (Bon rétablissement.)
- **Sterkte.**
  [*stèrktə.*]
  (Force.) / (Soyez fort / forte.)
- **Gezondheid !**
  [*RəzOnthèyt !*]
  (Santé !) / (À la vôtre / tienne !)

Cette expression connaît un grand nombre de variantes, donc, faites comme à Rome et faites comme les Romains.

Les bonnes nouvelles de la prononciation néerlandaise

Et si on vous disait que les types de *sons langagiers* du néerlandais existaient tous en français et ses *variantes* ? Eh bien, c'est vrai !

Vous allez découvrir dans ce qui va suivre la présentation des types de sons du néerlandais dans des tableaux faciles à consulter. Quant aux *sons langagiers*, leur nombre est limité et stable. Vous y trouverez leur *orthographe*, une description *articulatoire*, leur *symbole* bien choisi qu'il se rapproche de l'orthographe française, un mot d'exemple et sa transcription.

Ce paragraphe traitera des consonnes, des voyelles et des diphtongues.

Prononciation des consonnes

Avant de s'attarder sur les consonnes dont l'articulation pourrait vous interpeller (marquée par le symbole ▼ = « voir plus loin »), considérons d'abord l'aperçu qu'offre le **tableau 1.1**.

Tableau 1.1. La prononciation des consonnes néerlandaises

Lettre	*Prononciation*	*Symbole*	*Exemple*	*Transcription*
c f k l m n p q s v x z	comme en français			
b	comme en français mais devient [p] à la fin d'un mot	b / p	**heb**	*hèp*
ch	▼	R	**nacht**	*nARt*
d	comme en français mais devient [t] à la fin d'un mot	d / t	**bed**	*bèt*
g	▼	R	**groot**	*Rrot*
h	▼	h	**aha**	*Aha*
j	[y] comme dans « Yann »	y	**ja**	*ya*
ng	comme dans « ping-pong »	N	**ding**	*dIN*
r	[r] • roulé par la luette ou • la pointe de la langue ou • transformé en [y] ▼	r	**rijst**	*rèyst*

sch	la combinaison [*s*] + [*R*]	sR	**school**	*sRol*
	la terminaison –**isch** est prononcée [*s*]	s	**praktisch**	*prAktis*
w	comme le <w> français – ne jamais vocaliser en [ou]	w	**water**	*watər*
t	comme en français, mais toujours prononcé à la fin d'un mot	t	**sport**	*spOrt*

Par la suite, nous vous apprendrons à faire le lien entre ce qui est écrit (*l'orthographe*) et ce qui est prononcé. Préparez-vous à quelques légères perturbations !

La prononciation du <g> / <ch>

Le [g] français comme dans « Gand », « gué » ou « grand » n'existe pas en néerlandais. En néerlandais, si vous lisez un <g> ou <ch>, il se prononce toujours [R]. Gardons ce point de départ pour des raisons de clarté !

Quel est le type de son caché derrière le sacré symbole [R] ? Allez interroger les Rennois ! C'est le premier son avec lequel ils prononcent le nom de leur ville.

Pourquoi donc ne pas proposer un jumelage entre Rennes [*Rèn*] et une ville néerlandophone dont le nom commence également par [*R*] ? ; -). Le choix, bien évidemment, est plus large que celui dans la liste ci-dessous.

Gent	Rènt	Gand
Gouda	*Raouda*	Gouda
Geeraardsbergen	*RérardsbèrRə*	Grammont
Groot-Bijgaarden	*Rrot bèyRardə*	Grand-Bigard

Passons à la pratique. Ce qui se produit au niveau de l'*articulation* est que l'air s'échappe à travers un rétrécissement formé avec

- l'arrière de la langue, et
- la paroi de la gorge

Ainsi, le locuteur produit un type de son *guttural* (un type de son produit dans la gorge).

Le <g> est prononcé [R] au début, au milieu et à la fin du mot.

gaan	*Ran*	aller
geen	*Rén*	pas de
genoeg	*RənouR*	assez

eergisteren	*érRIstərə*	avant-hier

Le <ch> est prononcé [R] au début et au milieu du mot.

chemisch	*Rêmis*	chimique(ment)
slecht	*slèRt*	mauvais
wachten	*wARtə*	attendre

Jusqu'à maintenant tout va bien. Le problème se pose quand deux *gutturaux* se suivent. C'est le cas lorsque l'apprenant doit produire son [r] guttural et le [R] guttural néerlandais, ou l'inverse. Dans ce cas-là, il est conseillé de changer légèrement l'*endroit articulatoire* (le contact entre l'arrière de la langue avec la paroi de la gorge). Ainsi, vous arriverez à distinguer les deux types de sons quand ils font contact. Une telle situation se produit assez fréquemment.

Le contact du [R] et du [r] : [Rr] et [rR]

groep	*Rroup*	groupe
grond	*RrOnt*	sol
graag	*RraR*	volontiers
begrijp	*bəRrèyp*	(je) comprends
reorganisatie	*réOrGAnizasi* / *réOrGAnizatsi* (PB)	réorganisation
morgen	*mOrRə*	demain
groot	*Rrot*	grand
eergisteren	*érRIstərə*	avant-hier
garage	*RAraja*	garage
parkeergarage	*pArkérRAraja*	parking couvert

TRUC

Quand vous aurez fini l'exercice, n'hésitez pas à frimer avec la phrase suivante :

- **Achtentachtig prachtige grachten.**
  ARtəntARtəR prARtəRə RrARtə.
  (Quatre-vingt-huit merveilleux canaux.)

La prononciation du <h>

Le <h> n'est jamais *aspiré* comme parfois en français, mais *expiré*. Il y a un souffle considérable qui s'échappe par la bouche sans être obstrué par les organes oraux. Faites l'expérience et essayez d'embuer un miroir de votre souffle. Ainsi vous produirez le [h] du mot français « Aha ! ». Ceci est bien un mot français et ce fut Jean d'Ormesson, académicien français, qui l'a utilisé dans une de ses interviews à la radio.

Il existe quelques mots très fréquents où le <h> n'est pas réalisé. Voici la liste :

hij	*èy*	il (personnel)
het	*ət*	il (impersonnel)
hetzelfde	*ətsèləvdə*	la même chose

Essayez de prononcer les mots avec plusieurs [h].

hoeveelheid	*houvélhèyt*	quantité
huishouden	*həyshaoudə*	ménage

Le contact entre le [k] et le [h] n'est pas facile.

boekhouding	*boukhaoudIN*	comptabilité
kerkhof	*kèrkhOf*	cimetière
boekhandel	*boukhAndəl*	librairie

▼ Les trois variantes du <r>

Deux variantes du [r] ont déjà été abordées : le [r] roulé par la pointe de la langue et le [r] *guttural* comme en français. Il existe une troisième variante : le [r] vocalisé en [y], comme on le trouve en anglais.

Il est géographiquement réservé à la région d'Amsterdam et des villes avoisinantes.

Ce <r>, prononcé [y], se trouve rarement au début, mais surtout à la fin du mot.

Exemples :

	avec [y]	avec [r]	
raar	*yay*	*rar*	bizarre
maar	*may*	*mar*	mais
heer	*hèy*	*hér*	seigneur, gentleman
boer	*bouy*	*bour*	paysan

Prononciation des voyelles

Le nombre des voyelles en néerlandais est moins élevé qu'en français.

La nasalisation des voyelles n'existe pas

La *nasalisation* fait que le souffle articulatoire s'échappe par le nez et non par la bouche. En néerlandais, les consonnes nasalisées (<an>, <en>, <in>,

<on> et <un>) n'existent pas. Elles ne sont pas supportées par le néerlandais. Elles se cachent dans les mots français comme « genre » et dans une poignée d'autres.

Le prénom français « Jean » est prononcé [*jAN*] ! « André » [*ãdré*] est prononcé avec [A], voyelle non nasale, et [n] différenciés, comme [*André*].

Aperçu des voyelles

Le **tableau 1.2** donne un inventaire des voyelles. Auparavant, nous avons vu que la nature des types de sons langagiers du français ne différait pas de ceux du néerlandais. Les références aux précisions soutenant cette règle seront marquées par le symbole ▼ (« voir en dessous »).

Tableau 1.2. La prononciation des voyelles néerlandaises

Lettre	*Prononciation*	*Français*	*Sym.*	*Exemple*	*Transc.*
a	comme en français ▼	Paris, pas	A	**pas**	*pAs*
a	comme en français ▼	pâte	a	**ga**	*Ra*
aa				**gaan**	*Ran*
e	comme en français ▼	thé	é	**lezen**	*lézə*
ee				**lees**	*lés*
e	comme en français ▼	bec	è	**bek**	*bèk*
e	comme en français ▼	le	ə	**de**	*də*
eu	comme en français	feu	ø	**deur**	*dør*
i	comme en français ▼	vite	i	**minister**	*minIstər*
ie				**bier**	*bir*
i	comme en français	▼	I	**pil**	*pIl*
o	comme en français ▼	mot	o	**boter**	*botər*
oo				**boot**	*bot*
o	comme en français ▼	poste	O	**post**	*pOst*
oe	comme en français	tout	ou	**goed**	*Rout*
u	comme en français	rue	u	**buur**	*bur*
uu				**buren**	*burə*

▼ *Le <e> surchargé*

Vous aurez, sans doute, observé dans le **tableau 1.2**, que la lettre <e> est très sollicitée. Le néerlandais étant dépourvu d'accents, il vaut le [é], le [è] ou le [ə]. Heureusement, ces trois <e> existent en français.

TRUC

L'aide-mémoire dans ce cas précis est le prénom français de Th**érès**e, où les trois <e> sont présents, avec chacun sa propre valeur.

Thé	THÉRÈSE	se
1	2	3
[é]	[è]	[ə]

▼ *Les deux <a> en néerlandais*

Exactement comme les trois <e>, les deux <a> trouvent leurs mêmes valeurs en français. À côté du [a] de « pâle » et de « pâtes », il y a le [A] de « sac » et « tabac ». Observez que, dans ces mots, la voyelle a la même durée, aucune des quatre n'est plus « longue » que l'autre. La différence avec le néerlandais se situe dans le [A], si différence il y a. Le [A] est extrêmement *ouvert* et *arrière*. Comme exemple en français on cite le [A] dans l'énoncé :

« MontbArd. MontbArd. Cinq minutes d'arrêt » ;

ou dans les vieilles chansons parisiennes :

« PAris est une blonde / Qui plaît à tout le monde. »

Cependant, il y a anguille sous roche. Les deux <a> en néerlandais sont en opposition. Leur confusion peut créer des malentendus délicats. Démonstration. Observez la différence de signification dans les paires de mots suivants, dans lesquels seuls les deux <a> s'opposent (*paire minimale*).

zak
zAk
sac

zaak
zak
affaire

man
mAn
homme

maan
man
lune

mand
mAnt
panier

maand
mant
mois

zakken	**zaken**
zAkə	*zakə*
des sacs	les affaires
staat	**stad**
stat	*stAt*
État	Ville

Le mot **zak** est une insulte au genre masculin. Le mot **zaken**, de son côté, est très distingué. On l'utilise dans le monde des affaires et des relations internationales.

- **Mijn man doet zaken.**
  [*mən mAn doutsakə.*]
  (Mon homme fait affaires.)
  (Mon époux est dans les affaires.)
- **Mijn man werkt bij Buitenlandse Zaken.**
  [*mən mAn wèrkt bèy bəytəlAntsə zakə.*]
  (Mon homme travaille chez Affaires étrangères.)
  (Mon époux travaille aux Affaires étrangères.)
- **De maan staat laag vandaag.**
  [*də man stat laR vAndaR.*]
  (La lune *se trouve dans une position debout* basse aujourd'hui.)
  (La lune est basse aujourd'hui.)

Entre la « capitale du bouchon » et le Québec

Le français compte parmi ses voyelles le <i> muet, dont le symbole est [I]. Bien que cette voyelle n'ait pas vraiment été signalée en France, il reste les autres pays francophones pour aller à sa recherche. Saisissez donc la prochaine occasion pour entendre parler le québécois et le liégeois. Prenez l'exemple de Céline Dion lors d'une interview qui parle de son « [f I s] » (son « fils »).

ATTENTION !

Il y a la même anguille sous roche que pour le [a] et le [A]. Le [I] en néerlandais est en opposition avec le [i], ce qui donne lieu à une confusion, susceptible de vous mettre dans une drôle de situation. Démonstration. Observez la différence de signification dans les *paires minimales* suivantes :

vis	**vies**
vIs	*vis*
poisson	sale
lid	**lied**
lIt	*lit*
membre	chanson

zin	**zien**
zIn	*zin*
sens	voir
wil	**wiel**
wIl	*wil*
volonté	roue

Les deux <o> en néerlandais

Ce qui vaut pour le [a] et le [A], le [I] et le [i] vaut également pour les deux <o>, le [O] et le [o], qui entrent en opposition.

Observez la différence de signification dans les *paires minimales* suivantes :

zon	**zoon**
zOn	*zon*
soleil	fils
kop	**koop**
kOp	*kop*
tête	achète (première personne)
om	**oom**
Om	*om*
préposition	oncle
rok	**rook**
rOk	*rok*
jupe	fumée

Prononciation des diphtongues

Le néerlandais compte huit diphtongues et a dix façons de les écrire.

Le **tableau 1.3** vous donne un inventaire des diphtongues en termes d'*orthographe*. La présentation maintiendra la règle selon laquelle la nature des types de *sons langagiers* du français ne diffère pas de celle du néerlandais. Cependant, le lecteur sera obligé de s'habituer au verlan dans certains cas de la description.

Tableau 1.3. La prononciation des diphtongues néerlandaises

Lettre	*Prononciation*	*Français*	*Sym.*	*Exemple*	*Transc.*
aai	comme en français	ail	ay	**draait**	*drayt*
auw	comme en français ; verlan de [ou-a]	voix	aou	**blauw**	*blaou*
ei	comme en français	soleil	èy	**ei**	*èy*
eeuw	comme en français, verlan de [ou-é] Le <w> ne se prononce pas.	ouais	éou	**sneeuw**	*snéou*
ieuw	comme en français, verlan de [ou-i] Le <w> ne se prononce pas.	oui	iou	**nieuw**	*niou*
ij	comme en français	soleil	èy	**blij**	*blèy*
oei	comme en français	rouille	ouy	**moeite**	*mouytə*
ooi	comme en français	Hanoï	Oy	**mooi**	*mOy*
ouw	comme en français ; verlan de [ou-a]	voix	aou	**vrouw**	*vraou*
ui	comme en français	écureuil	əy	**ui**	*əy*

Le **tableau 1.4** résume, dans l'ordre alphabétique, les diphtongues néerlandaises en tant que types de sons.

Tableau 1.4. Aperçu des diphtongues néerlandaises

Symbole	*Français*	*Exemple*	*Transcription*	*Traduction*
[aou]	voix	**blauw**	*blaou*	bleu
[ay]	ail	**draait**	*drayt*	tourne
[éou]	ouais	**sneeuw**	*snéou*	neige
[èy]	soleil	**ei**	*èy*	œuf
[əy]	écureuil	**ui**	*əy*	oignon
[iou]	oui	**nieuw**	*niou*	nouveau
[ouy]	rouille	**moeite**	*mouytə*	peine
[Oy]	Hanoï	**mooi**	*mOy*	joli

Le mal nécessaire de l'orthographe

Vous, francophones, vous êtes bien placés pour connaître « le mal nécessaire de l'orthographe ». Personne ne vous plaindra, car il y a des langues bien pires que la vôtre.

Il est essentiel que vous ne fassiez pas l'amalgame entre la *prononciation* et l'*orthographe*. Il vaut mieux vous apprendre qu'il n'y a aucun rapport entre les deux que vous faire croire que le néerlandais s'écrit comme il est parlé.

Le néerlandais s'écrit par syllabe

Soyez le bienvenu dans le petit coin des artistes de l'orthographe et prenez garde aux règles, car ça ne rigole pas !

Première règle

Scindez tous les mots néerlandais en syllabes avant de les écrire. Démonstration. Reprenons la première liste de vocabulaire présentée au début de ce chapitre avec les mots les plus simples. Les voici par ordre alphabétique.

adres, agent, auto, bal, bank, bus, dame, dokter, feest, film, foto, garage, kaart, klas, koffer, letter, muur, nummer, park, persoon, plan, plant, politie, post, probleem, programma, radio, rest, rol, situatie, sport, station, student, systeem, tante, telefoon, televisie, thee, tram, trein, universiteit, vaas, vakantie.

- Isolons d'abord les mots de deux syllabes ou plus, afin de les passer au découpage.

  a-dres, a-gent, au-to, da-me, dok-ter, fo-to, ga-ra-ge, kof-fer, let-ter, num-mer, per-soon, po-li-tie, pro-bleem, pro-gram-ma, ra-di-o, si-tu-a-tie, sta-tion, stu-dent, tan-te, te-le-foon, te-le-vi-sie, va-kan-tie.

- Avez-vous observé que le découpeur ne rate aucune occasion de séparer les consonnes ?

  dok-ter, kof-fer, let-ter, num-mer, per-soon, gram-ma, tan-te, kan-tie.

- Préparez-vous à la *compréhension orale* en comptant en silence les syllabes des mots les plus longs comme :

  garage (3 syllabes), **politie** (3), **programma** (3), **radio** (3), **situatie** (4), **telefoon** (3), **vakantie** (3), etc.

Deuxième règle

Le néerlandais distingue deux types de syllabes :

- Les *syllabes ouvertes* (syllabes qui se terminent par une *voyelle*) ;
- Les *syllabes fermées* (syllabes qui se terminent par une *consonne*).

Troisième règle

À la fin de la *syllabe ouverte*, la *voyelle* est automatiquement *lâchée.*

Quatrième règle

Dans une *syllabe fermée*, la *voyelle* est automatiquement *tendue.*

Cinquième règle

Pour qu'une *voyelle* dans une *syllabe fermée* soit *lâchée*, il faut doubler la voyelle.

Pour bien maîtriser tout cela

Nous vous conseillons, pour voir si vous avez compris, de compléter le tableau ci-dessous avec les mots présentés au début de chapitre. Des exemples s'y trouvent déjà.

Syllabe ouverte	*Syllabe fermée*	
Voyelle lâchée	*Voyelle tendue*	*Voyelle lâchée, donc doublement*
a(-dres)	***(a-)dres***	***feest***
a(-gent)	***(a-)gent***	***kaart***
au-to	***bal***	
da-me	***bank***	
fo-to	***bus***	
ga-ra-ge	***dok-ter***	
	film	

Chapitre 2

Et si la grammaire n'existait pas ?

Dans ce chapitre :

- L'article et le nom
- L'adjectif et le nom
- Les prépositions
- Les formes verbales : présent, passé composé, passé et futur
- L'ordre des mots

Notre langue maternelle n'a pas de grammaire comme celle que vous avez entre les mains. Elle est tellement ancrée en nous que nous ne percevons pas l'ensemble immense de règles inconscientes compliquées et hiérarchisées. La *grammaire*, dans ce sens, est justement l'ensemble de ces innombrables règles inconscientes.

Cette grammaire innée est loin des cours de base, qui vous apprennent une langue étrangère. Ces cours ne vous apportent que des brins de cette grammaire immense – heureusement. Ces informations partielles, on les appelle l'*information grammaticale*. Elle est l'objet de ce chapitre.

Éléments de la langue

La phrase

- Une phrase complète doit contenir au moins un *verbe conjugué*. C'est le cas d'une phrase à *l'impératif*. Il n'y a qu'un verbe seul. En général, dans la phrase, au verbe conjugué se rajoutent des *compléments*.
- Aussi, la phrase contient des composantes de nature *nominale*, donc des *substantifs*. Considérons le *groupe nominal*. Il se constitue d'un *nom*, le plus souvent précédé d'un *article* et d'un *adjectif*.
- Une troisième composante de la phrase est constituée par les *groupes prépositionnels*.

Voilà le raisonnement grammatical qui explique la structure de ce chapitre. On se penchera d'abord sur le *groupe nominal* (l'*article*, le *nom* et l'*adjectif*). Avant de présenter la partie traitant de la *conjugaison*, nous ferons une escale du côté des *prépositions*. Ensuite, vous trouverez quelques tuyaux pour mettre tous ces éléments dans le bon ordre afin de former des phrases correctes.

Utilisation des articles définis « de » et « het »

L'article et le nom

Le problème des trois *genres* en néerlandais et le choix de l'*article* selon le *genre* du *nom* seront soulevés dans ce paragraphe.

L'article

Faisons d'abord la différence entre *l'article défini* (le, la, les) et *l'article indéfini* (un, une, des).

Le choix de l'article défini

Le néerlandais fait une distinction entre

- Les noms masculins, féminins et pluriels, qui prennent l'article **de** [*də*], et
- Les noms neutres singuliers, qui prennent l'article **het** [*ət*].

Le choix de l'article indéfini

Le néerlandais fait une distinction entre

- Les substantifs masculins, féminins et neutres singuliers, qui prennent l'article **een** [*ən*], et
- Tous les substantifs pluriels, qui prennent l'article zéro **Ø**.

Voir la **figure 2.1**.

Figure 2.1. L'article indéfini

	Les substantifs au singulier			Les substantifs au pluriel
	masculins	féminins	neutres	
Article indéfini	**een** [*ən*]			**Ø**

La majorité des substantifs prennent **de** comme *article défini*, ce qui nous permet de considérer la minorité des substantifs neutres comme des exceptions.

Ces derniers, dans les listes de vocabulaire, sont suivis d'un <t>, dernière lettre de **het**. Ils sont repérables lorsque vous apprenez le vocabulaire. Il est d'ailleurs conseillé d'apprendre le *nom* avec son genre (le <t>).

L'article défini

Passons aux exemples en commençant par l'*article défini*, qui montre clairement le *genre* des *noms* au *singulier*.

Figure 2.2. L'article défini au singulier

de man	*də mAn*	l'homme
de vrouw	də vraou	la femme
de fiets	*də fits*	le vélo
het huis	*ət həys*	la maison
het meisje	*ət mèycha*	la fille (non parentée)
het mannetje	*ət mAnətyə*	le (petit) bonhomme

Contrairement au français, l'*article défini* de **man** et de **vrouw** est identique. **Fiets** prend l'article **de**, qui devient l'*article défini* générique. En revanche, la fille, **het meisje** et **het mannetje** sont neutres !

C'est normal ! Les *diminutifs* sont toujours *neutres*. (Le *diminutif* est un *suffixe* prenant une des formes **-je**, **-etje**, **-tje**, **-sje**, **-pje**, **-kje** (kjeet) et qui rajoute le sens de « petit » ou d'affectivité à la signification du nom.) Voici la première règle générale pour vous aider dans le choix entre **de** et **het**.

Continuez à lire, il y aura une deuxième règle générale. Considérons les *pluriels* des cinq *noms* ci-dessus.

Figure 2.3. L'article défini au pluriel

de mannen	*də mAnə*	les hommes
de vrouwen	*də vraouwə*	les femmes
de fietsen	*də fitsə*	les vélos
de huizen	*də həyzə*	les maisons
de meisjes	*də mèychəs*	les filles (non parentées)
de mannetjes	*də mAnətyəs*	les (petits) bonhommes

TRUC

Au *pluriel*, au lieu d'avoir tantôt **het**, tantôt **de**, le choix de l'*article défini* est toujours **de**.

Utilisation de l'article indéfini « een »

L'article indéfini

L'*article indéfini* en néerlandais prend deux formes :

- **een** [*ən*], réservé au *singulier* et applicable aussi bien pour les noms « **de** » que pour les noms « **het** » ;
- l'article zéro (**Ø**) est réservé au *pluriel* (voir la **figure 2.1**).

Regardons les exemples ci-dessous.

Figure 2.4. L'article indéfini au singulier

een man	*ən mAn*	un homme
een vrouw	*ən vraou*	une femme
een fiets	*ən fits*	un vélo
een huis	*ən həys*	une maison
een meisje	*ən mèycha*	une fille (non parentée)
een mannetje	*ən mAnətyə*	un (petit) bonhomme

Figure 2.5. L'article indéfini au pluriel

mannen	*mAnə*	des hommes
vrouwen	*vraouwə*	des femmes
fietsen	*fitsə*	des vélos
huizen	*həyzə*	des maisons
meisjes	*mèychəs*	des filles (non parentées)
mannetjes	*mAnətyəs*	de (petits) bonhommes

Accord des adjectifs aux noms utilisant « de » et « het »

L'adjectif et le nom

POINT DE GRAMMAIRE

L'*adjectif qualificatif* néerlandais s'accorde au *nom* ainsi qu'à l'*article*. La règle applicable est la suivante :

L'adjectif prend

TOUJOURS –e

SAUF

quand le *groupe nominal* est

NEUTRE ET INDÉFINI

L'abréviation de cette règle est :

+ — e SNI

Les problèmes qui gênent une bonne application ne sont PAS ;

- Les *pluriels*, car ils prennent toujours l'article **de** ; ni
- Les noms dont l'apprenant sait qu'ils prennent l'article **de**, comme **de man**, **de vrouw**.

Les problèmes sont :

- Les noms dont l'apprenant n'est par sûr qu'ils prennent **de** ou **het**, ainsi que
- L'incapacité chez l'apprenant de distinguer le *défini* de l'*indéfini*.

Donnons quelques exemples pour concrétiser le problème.

Figure 2.6. Le groupe défini au singulier

de grote man	*də grotə mAn*	le grand homme
de jonge vrouw	*də yONə vraou*	la jeune femme
de dure fiets	*də durə fits*	le vélo cher
het grote huis	*ət grotə həys*	la grande maison
het jonge meisje	*ət yONə mèychə*	la jeune fille (non parentée)

het lelijke mannetje	*ət léləkə mAnətyə*	le (petit) bonhomme laid

TOUJOURS + –e

Observation : la règle générale s'applique.

C'est logique, car il s'agit de *groupes définis*.

Figure 2.7. Le groupe défini au pluriel

de grote mannen	*də grotə mAnə*	les grands hommes
de jonge vrouwen	*də yONə vraouwə*	les jeunes femmes
de dure fietsen	*də durə fitsə*	les vélos chers
de grote huizen	*də grotə həyzə*	les grandes maisons
de jonge meisjes	*də yONə mèychəs*	les jeunes filles (non parentées)
de lelijke mannetjes	*də léləkə mAnətyəs*	les (petits) bonhommes laids

TOUJOURS + –e

Observation : la règle générale s'applique.

C'est logique, car il s'agit de *groupes définis*.

L'exception réside dans les groupes à la fois *neutres* ET *indéfinis*.

Figure 2.8. Le groupe indéfini au pluriel

grote mannen	*grotə mAnə*	de grands hommes
jonge vrouwen	*yONə vraouwə*	de jeunes femmes
dure fietsen	*durə fitsə*	des vélos chers
grote huizen	*grotə həyzə*	de grandes maisons
jonge meisjes	*yONə mèychəs*	de jeunes filles (non parentées)
lelijke mannetjes	*léləkə mAnətyəs*	de (petits) bonhommes laids

TOUJOURS + –e

Observation : une fois de plus, la règle générale s'applique.

C'est logique, car chaque *pluriel indéfini*, qui prend l'article **ø** est considéré comme un groupe **de**.

L'exception réside dans les groupes à la fois *neutres* ET *indéfinis*.

Figure 2.9. Le groupe indéfini au singulier

een grote man	*ən grotə mAn*	un grand homme
een jonge vrouw	*ən yONə vraouw*	une jeune femme
een dure fiets	*ən durə fits*	un vélo cher
een groot huis	*ən grot hays*	une grande maison
een jong meisje	*ən yON mèychə*	une jeune fille (non parentée)
een lelijk mannetje	*ən lélək mAnətyə*	un (petit) bonhomme laid

Observation : la règle générale s'applique dans les trois premiers cas.

Logique oblige : **man**, **vrouw** et **fiets** sont des *mots **de***.

L'exception : réside dans les groupes à la fois *neutres* ET *indéfinis*. Or, les *noms* **huis**, **meisje** et **mannetje** sont *neutres*. Ici, les trois noms sont précédés de l'*article indéfini* **een**, ils tombent dans l'exception.

Les prépositions

Dans une phrase, les prépositions se mettent devant un *groupe nominal* pour former un *groupe prépositionnel*. Une préposition donne une *fonction* spécifique à un *groupe nominal* : une relation en rapport au *lieu*, à la *direction* ou au *temps*. Nous présenterons également quelques *prépositions fixes*, soudées à certains verbes.

Les prépositions sont des petits mots de grande importance. Elles vous disent si quelque chose est dans, sur, sous ou près de l'endroit où vous cherchez. Vous les utiliserez très souvent et vous apprendrez rapidement si quelque chose est **in het bed, op het bed, onder het bed,** ou **bij het bed**. Les prépositions de temps et de lieu sont les plus utilisées.

Tout comme en français, de nombreux verbes néerlandais s'associent avec certaines prépositions. Parfois la combinaison d'un verbe et d'une préposition tombe sous le sens, parfois non. Vous devez apprendre les verbes en même temps que les prépositions.

Prépositions de lieu : aan, binnen, buiten, in, langs, op, over, tegen, tot et tussen

Les « mots placard »

Voilà un terme plus convivial que *préposition de lieu*. Imaginez la situation où vous êtes en train de chercher vos lunettes autour d'un placard. Vous regarderez partout : derrière, devant, à côté, dans le placard, etc., etc. Dans un premier temps, considérons les 15 « mots placard » les plus fréquents.

aan		au		*an*
achter		derrière le		*ARtər*
bij		près du		*bèy*
boven		au-dessus du		*bovə*
buiten		en dehors du		*baytə*
in		dans le		*In*
naast		à côté du		*nast*
onder	**de kast**	en dessous du	**placard**	*Ondər*
op		sur le		*Op*
tegen		contre le		*téRə*
tot		jusqu'au		*tOt*
tegenover		face au		*téRənovər*
tussen		entre le… et…		*təsə*
voor		devant		*vor*
voorbij		passé le		*vorbèy*

Voici quelques phrases contenant des « mots placard » :

- **Het schilderij hangt aan de muur.**
  ət sRIldərèy hANt an də mur.
  La peinture se trouve perchée au mur.
  Le tableau se trouve au mur.
- **Er zijn meer planten buiten dan binnen het huis.**
  ər zèyn mér plAntə baytə dAn bInənət hays.
  Il y a plus de plantes à l'extérieur qu'à l'intérieur de la maison.

- **Buiten het centrum zijn geen kledingswinkels.**
  baytənət sèntrum zèyn Rén klédiNswINkəls.
  En dehors du centre sont pas de magasins de vêtements.
  Il n'y a pas de magasins de vêtements hors du centre.
- **Ze wonen in Amsterdam.**
  zə wonə In AmstərdAm.
  Ils habitent dans Amsterdam.
  Ils habitent Amsterdam.
- **De vaas staat op de kast.**
  də vas stat Obdə kAst.
  Le vase se trouve debout sur l'armoire.
  Le vase se trouve sur l'armoire.
- **De fiets staat tegen de muur.**
  də fits stat téRədə mur.
  Le vélo se trouve debout contre le mur.
  Le vélo est contre le mur.
- **Ik geef je een lift tot Hasselt.**
  Ik Ref yə ən lIft tOt hAsəlt.
  Je te donne un [mot anglais] jusqu'à Hasselt.
  Je t'emmène en voiture jusqu'à Hasselt.
- **Aalst ligt tussen Brussel en Gent.**
  alst lIRt təsə brəsəl èn Rènt.
  Alost se trouve dans une position allongée entre Bruxelles et Gand.
  Alost se trouve entre Bruxelles et Gand.

Les prépositions de direction

Retenons les trois suivantes :

langs	le long du	*lANs*
naar	vers	*nar*
over	par-dessus	*ovər*

Les voici utilisées dans une phrase :

- **We fietsen langs het kanaal.**
  wə fitsə lANs ət kAnal.
  Nous pédalons le long du canal.
  Nous faisons du vélo le long du canal.

- **Rijden jullie naar Brugge ?**
  rèydə yəli nar brəRə ?
  Roulez-vous vers Bruges ?
  Est-ce que vous vous rendez à Bruges en voiture ?
- **Hij klimt over de muur.**
  ei klImt ovər də mur.
  Il grimpe par-dessus le mur.

Les prépositions de temps

Retenons les six prépositions suivantes :

aan	à	*an*
in	en	In
na	après	*na*
sinds	depuis	*sIns*
tot	jusqu'à	*tOt*
voor	avant	*vor*

Notez, dans les phrases suivantes, la signification des *prépositions de temps* :

- **Aan het eind van het jaar is het erg druk.**
  anət èynt vAnət yar Isət èrR drək.
  À la fin de l'année est-il très agité.
  La fin de l'année est très agitée.
- **Ik ben geboren in 1980.**
  Ik bèn Rəborə In 1980.
  Je suis né en 1980.
- **Ik zal dat doen na het weekend**
  Ik sAl dat doen na het weekend.
  Je [futur] cela faire après le week-end.
  Je ferai cela après le week-end.
- **Sinds september ben ik in België**
  sInts september ben ik in België.
  Depuis septembre suis je en Belgique.
  Je suis en Belgique depuis septembre.
- **Kan tot tien uur blijven.**
  Ik kAn tOt tin ur blèyvə.
  Je peux jusqu'à dix heures rester.
  Je peux rester jusqu'à dix heures.

- **Wil je deze brief posten voor vijf uur ?**
  WIl yə dézə brif pOstə vor vèyf ur ?
  Veux-tu cette lettre poster avant cinq heures ?
  Veux-tu poster cette lettre avant cinq heures ?

Les prépositions fixes

Les prépositions fixes apparaissent dans la phrase à droite du *verbe conjugué* pour en faire une *locution verbale*. Par conséquent, elles modifient le sens du verbe et elles perdent leur signification littérale. Elles sont présentées dans la liste suivante :

aan	à	*an*	**denken, vragen**
met	avec	*mèt*	**beginnen, getrouwd zijn, telefoneren**
naar	vers	*nar*	**bellen, kijken, luisteren**
op	sur	*sIns*	**wachten**
over	de	*ovər*	**gaan, nadenken, praten, spreken**
van	de	*vAn*	**houden, leven, verkiezen**
voor	avant	*vor*	**zich verontschuldigen, zorgen**

La préposition fixe « aan »

- **Ik denk aan mijn werk.**
  Ik dèNk an mən wèrk.
  Je pense à mon travail.
- **Vraag het maar aan Piet.**
  vraR ət mar an pit.
  Demande-le mais à Pierre.
  Demande-le à Pierre.

Les verbes à la préposition fixe **aan** sont : **denken aan** et **vragen aan**.

La préposition fixe « met »

- **Begin maar met het voorgerecht.**
  bəRIn mar mètət vorRərèRt.
  Commence mais avec l'entrée.
  Vous pouvez commencer avec l'entrée.
- **Hij is met Annie getrouwd.**
  èy Is mèt Ani Rətraout.
  Il est avec Anne marié.
  Il s'est marié avec Anne.

- **Johan telefoneert de hele tijd met zijn vriend.**
  yohAn téléfonért də hélə tèyt mètsən vrint.
  John téléphone le tout temps avec son ami.
  John téléphone tout le temps à son ami.

Les verbes à la préposition fixe **met** sont : **beginnen met**, **getrouwd zijn met** et **telefoneren met**.

La préposition fixe « naar »

- **Naar wie is hij aan het bellen ?**
  nar wi Is èy an ət bèlə ?
  Vers qui est-il à le sonner ?
  Qui est-il en train d'appeler ?
- **Rudi kijkt naar Cilla.**
  rudi kèykt nar sIla.
  Rudi regarde vers Cilla.
  Rudi observe Cilla.
- **Rob luistert naar de radio.**
  rOpləystərt nar də radio.
  Robert écoute vers la radio.
  Robert écoute la radio.

Les verbes à la préposition fixe **naar** sont : **bellen naar**, **kijken naar** et **luisteren naar**.

La préposition fixe « op »

- **Rina wacht op haar broer.**
  rina wARt Op har brour.
  Cathy attend sur sa frère.
  Cathy attend son frère.

Le verbe à la préposition fixe **op** est : **wachten op**.

La préposition fixe « over »

- **Over zoiets denk je eerst lang na.**
  ovər zoits dèNk yə erst lAN na.
  Au-dessus de telle quelque chose pense-tu d'abord longtemps après.
  À une telle chose, il faut d'abord réfléchir longtemps.
- **De buren praten over het weer.**
  də burə pratə ovərət wér.
  Les voisins bavardent au-dessus le temps.
  Les voisins bavardent du temps.

- **Fons is bang te spreken over zijn persoonlijk leven.**
  fOns IzbAN tə sprékənovər zən pərsonlək lévə.
  Alphonse est peur à parler au-dessus son personnel vie.
  Alphonse a peur de parler de sa vie privée.
- **Die film gaat over het leven van een advocaat.**
  di fIlm gat ovərət lévə vAnən advokat.
  Ce film va sur la vie d'un avocat.
  Ce film traite de la vie d'un avocat.

Les verbes à la préposition fixe **over** sont : **gaan over**, **nadenken over**, **praten over**, **spreken over**.

La préposition fixe « van »

- **Luc houdt van Kristien.**
  luk haout vAn krIstin.
  Luc tient de Christine.
  Luc aime Christine.
- **Je kunt niet van lucht alleen leven.**
  yə kənt nit vAn ləRt Alén lévə.
  Tu peux ne pas d'air seul vivre.
  Tu ne peux pas vivre seulement d'air.
- **Ik verkies van dat onderwerp niet te spreken.**
  Ik vərkis vAn dAt Ondərwèrp nit tə sprékə.
  Je préfère de ce sujet ne pas à parler.
  Je préfère ne pas parler de ce sujet.

Les verbes à la préposition fixe **van** sont : **houden van**, **leven van**, **verkiezen van**.

La préposition fixe « voor »

- **Leen verontschuldigde zich voor haar afwezigheid.**
  lén vərOntsRəldəRdə zIR vor har AfwézIRhèyt.
  Hélène excusait se pour sa absence.
  Hélène s'excusait de son absence.
- **Ik heb voor je bagage gezorgd.**
  Ik hèp vor yə bARajə RəzOrRt.
  J'ai pour ton bagage pris soin.
  J'ai pris soin de ton bagage.

Les verbes à la préposition fixe **voor** sont : **zich verontschuldigen voor** et **zorgen voor**.

La conjugaison

La *conjugaison* est l'ensemble de toutes les formes qu'un verbe peut prendre. Le *verbe* est le mot charnière qui, dans chaque phrase, exprime l'action ou l'état des choses.

Prenez note des significations que la *forme* du *verbe conjugué* peut avoir.

- Elle est gérée par la personne liée au verbe en tant qu'*agent*, *patient* ou autre, appelée le *sujet* ;
- Elle s'adapte aux multiples significations d'un *temps* (par exemple le *passé* ou le *futur*) ;
- Elle exprime l'attitude du locuteur face à l'action qu'il exprime (le *mode*, la *modalité*). L'*impératif* en est un exemple.

Pour les grands débutants de néerlandais, il est conseillé de n'utiliser que le *présent* pour s'exprimer. Il couvre le plus grand nombre de significations et il vous évitera les irrégularités.

Les formes conjuguées et non conjuguées du verbe

Dorénavant, vous savez que le verbe peut s'accorder à la personne (*sujet*) ainsi qu'au *temps* ou à la *modalité*. En d'autres termes, le verbe prend la forme *conjuguée*.

Cependant, certaines formes verbales ne s'accordent pas. Ces formes-là sont appelées *formes non conjuguées du verbe*. Ce sont :

- L'*infinitif*, et
- Le *participe passé*.

Regardons de plus près l'*infinitif* afin de le reconnaître facilement. Il n'a d'ailleurs qu'une seule terminaison.

L'*infinitif* n'a qu'une seule terminaison : **–en**, prononcé [ə].

La poignée de verbes qui font exception sont **gaan**, **slaan**, **staan** et **zijn**.

Le présent

Voyons le *présent* ensemble. Dans un premier temps, nous conseillons au *grand débutant* de se servir du *présent*, rien que du présent.

Le présent des verbes « réguliers »

Limitons-nous à deux modèles : les verbes **werken** (travailler) et **slapen** (dormir). Observez simultanément les *pronoms personnels* qui précèdent et en forment les *sujets*.

WERKEN	*wèrkə*	TRAVAILLER
ik werk	*Ik wèrk*	je travaille
je werkt	*yə wèrkt*	tu travailles
u werkt	*u wèrkt*	vous travaillez
werk je ?	*wèrk yə ?*	travailles-tu ?
werkt u ?	*wèrkt u ?*	travaillez-vous ?
hij/ze/het werkt	*èy / zə / ət wèrkt*	il/elle travaille
we werken	*wə wè̲rkə*	nous travaillons
jullie werken	*yə̲li wè̲rkə*	vous travaillez
ze werken	*zə wè̲rkə*	ils/elles travaillent

Les points à observer dans la conjugaison de **WERKEN** ont été résumés dans la **figure 2.10**.

Figure 2.10. La conjugaison du type « régulier » au présent

	0.	L'*infinitif*	se termine toujours par **–en** [*ə*].
	1.	La première personne du singulier, **ik** [*Ik*]	prend le *radical*. Le *radical* se forme par la soustraction du **–en** de l'*infinitif*. Donc : **WERKEN – EN = WERK**.
SINGULIER	**2.a.**	La deuxième personne du singulier, forme informelle, **je** [*yə*]	prend le *radical* + **t**.
	2.b.	La deuxième personne du singulier, forme formelle, **u** [*u*]	prend le *radical* + **t**.
	2.a.i.	S'il y a *inversion*, la deuxième personne du singulier, forme informelle, **je** [*yə*]	prend le *radical*.
	2.b.i.	S'il y a *inversion*, la deuxième personne du singulier, forme formelle, **u** [*u*]	prend le *radical* + **t**.
	3.	La troisième personne du singulier, **hij** [*èy*], **ze** [*zə*], **het** [*ət*]	prend le *radical* + **t**.

P L U R	**1.**	La première personne du pluriel, **we** [*wə*]	prend l'*infinitif.*
	2.	La deuxième personne du pluriel, **jullie** [*yəli*]	prend l'*infinitif.*
	3.	La troisième personne du pluriel, **ze** [*zə*]	prend l'*infinitif.*

À présent, passons au prochain verbe, **SLAPEN**, et préparez-vous aux premiers problèmes.

SLAPEN	*slapə*	DORMIR
ik slaap	*Ik slap*	je dors
je slaapt	*yə slapt*	tu dors
u slaapt	*u slapt*	vous dormez
slaap je ?	*slap yə ?*	dors-tu ?
slaapt u ?	*slapt u ?*	dormez-vous ?
hij/ze/het slaapt	*èy / zə / ət slapt*	il/elle dort
we slapen	*wə slapə*	nous dormons
jullie slapen	*yəli slapə*	vous dormez
ze slapen	*zə slapə*	ils dorment

Dans l'observation de la conjugaison de **SLAPEN** il y a

- du BON et
- du MAUVAIS.

a. Ce qu'il y a de BON

Les observations des régularités ci-dessus pour le verbe **WERKEN** s'appliquent également au verbe **SLAPEN**.

Résumons-les dans la **figure 2.11** ci-dessous :

Figure 2.11. Résumé de la conjugaison du type « régulier » au présent

			Radical +
	0.	*Infinitif*	**–en** *[ə]*
SINGULIER	**1.**	**ik**	**ø**
	2.	**je / u**	**+ t**
	2.	**je** avec inversion	**ø**
	3.	**hij/ze/het**	**+t**
PLURIEL	**1.** **2.** **3.**	**we** **jullie** **ze**	**–en** *[ə]*

a. Le MAUVAIS

L'origine du mauvais, c'est *l'orthographe*. Une brève répétition des règles de l'orthographe à appliquer sur la conjugaison de **SLAPEN** s'impose. traiterons des trois formes : **slapen**, **slaap** et **slaapt**.

1. SLAPEN

- Il faut scinder tous les mots néerlandais en syllabes avant de les écrire. Donc :

  SLA-PEN [*sla-pə*]
- Le néerlandais distingue deux types de syllabes :
  - Les *syllabes ouvertes* (syllabes qui se terminent par une *voyelle*) ;
  - Les *syllabes fermées* (syllabes qui se terminent par une *consonne*).
- Considérons la première syllabe : **SLA-**. Elle est *ouverte*.
- À la fin de la *syllabe ouverte*, la *voyelle* est automatiquement *lâchée* ; c'est le cas du [*a*].

2. SLAAP

Il faut scinder le mot en syllabes. Inutile dans le cas de **slaap**, car il n'y a qu'une seule syllabe.

- Il s'agit d'une *syllabe fermée*, car elle se termine par une consonne.
- Dans une *syllabe fermée*, la *voyelle* est automatiquement *tendue*. Ce n'est pas notre but d'écrire une *voyelle tendue*, comma [A] mais une *voyelle lâchée* : [a].
- Pour qu'une *voyelle* dans une *syllabe fermée* soit *lâchée*, il faut doubler la voyelle, donc nous écrivons deux <a> : **slaap**.
- Supposons que nous n'avions pas respecté la dernière règle. Nous aurions écrit : **slap**. Dans ce cas-là, nous aurions changé le sens :

		traduction			traduction
slap	[*slAp*]	mou	**slaap**	[*slap*]	(je) dors

3. SLAAPT

Solution : suivez le même raisonnement que pour **slaap**.

Le présent des verbes « indomptables »

Il s'agit des verbes : **willen** [*wIlə*] (vouloir), **kunnen** [*kənə*] (pouvoir), **zullen** [*zələ*] (auxiliaire du futur), **mogen** [*moRə*] (être autorisé), **hebben** [*hèbə*] (avoir) et **zijn** [*zèyn*] (être). Vous trouverez les formes de chacun de ces verbes dans un tableau à la fin du livre.

L'utilisation du présent

Les formes les plus importantes du *présent* vous permettront de vous exprimer davantage. Le *présent* exprime l'action immédiate :

- **Ik kijk televisie.** [*Ik kèyk télévizi.*] (Je regarde la télévision.)

Vous l'utiliserez pour exprimer une habitude.

- **'s Avonds kijk ik televisie.** [*savəns kèyk Ik télévizi.*] (Le soir, je regarde la télévision.)
- **Na het werk ga ik naar de supermarkt.** [*na ət wèrk Ra Ik nar də supərmArkt.*] (Après le travail, je vais au supermarché.)

Très souvent, le présent exprime le futur. Vous pourriez très bien entendre des collègues vous dire :

- **Morgen werk ik thuis.** [*mOrRə wèrk Ik təys.*] (Demain travaille je à la maison. Demain, je travaille chez moi.)

Le passé composé

Le français dispose de trois temps pour exprimer le passé : le *passé simple*, l'*imparfait* et le *passé composé*. Le néerlandais n'en a que deux : le *passé* et le *passé composé*. Comme en français, il existe de nombreuses formes pour exprimer le passé et il faut du temps pour bien les maîtriser. C'est la raison pour laquelle les néerlandophones utilisent à leur place le passé composé ; c'est aussi une habitude dans le langage parlé de certains francophones.

Le *passé composé* est formé d'un *auxiliaire de temps*, auquel s'ajoute le *participe passé*. La plupart des verbes prennent l'auxiliaire **hebben** [*hèbə*] (avoir). Voir les exemples ci-après.

- **Ik heb gestudeerd.** [*Ik hèp Rəstudért.*] (J'ai étudié. J'ai fait des études.)
- **Ik heb naar muziek geluisterd.** [*Ik hèp nar muzik Rələystərt.*] (J'ai vers musique écouté. J'ai écouté de la musique.)
- **Heb je hem gezien ?** [*hèp yə hèm Rəzin ?*] (As-tu le vu ? L'as-tu vu ?)

Certains verbes utilisent **zijn** [zèyn] (être) pour former le *passé composé*. Ces verbes n'ont pas de *complément d'objet direct* (ce sont des *verbes intransitifs*). Ils expriment un mouvement (*verbes intransitifs de mouvement* ou *de déplacement*). Exemples : **vliegen** [*vliRə*] (voler, dans les airs) ou **gaan** [*Ran*] (aller).

- **We zijn naar Parijs gevlogen.** [*wə zèyn nar pArèys RəvlORə.*] (Nous sommes vers Paris volés. Nous sommes allés à Paris en avion.)
- **Tom is nog niet aangekomen.** [*tOm Is nOR nit anRəkomə.*] (Tom est encore pas arrivé. Tom n'est pas encore arrivé.)
- **We zijn naar Genk gegaan.** [*wə zèyn nar RèNk RəRan.*] (Nous sommes vers Genk allés. Nous sommes allés à Genk.)

À présent, vous savez choisir entre les auxiliaires **hebben** et **zijn**. Pour former le passé composé, il faut aussi savoir produire le *participe passé.*

Les verbes néerlandais se divisent en trois groupes :

- Les verbes *faibles* ou *réguliers* ;
- Les verbes *forts* ou *irréguliers* et
- Les verbes « *indomptables* ».

Les verbes les plus fréquents deviennent *indomptables* par usure de leurs formes. Nous venons de les énumérer ci-dessus en vous renvoyant au chapitre de la conjugaison dans les Annexes.

Formation du participe passé composé des verbes faibles (« réguliers »)

Pour la formation du *participe passé* des *verbes faibles*, la formule que nous avançons comme règle générale est

<**ge**> + *radical verbal* + **<d>**

<**ge**> + *radical verbal* + **<t>**

Exemples :

Infinitif	*Radical verbal*	*Participe passé*	*Passé composé*
bellen	**bel**	**ge+bel+d**	**Ik heb gebeld.**
werken	**werk**	**ge+werk+t**	**Ik heb gewerkt.**

Le choix entre la terminaison **–d** ou **–t** sera expliqué ultérieurement.

Formation du participe passé composé des verbes forts (« irréguliers »)

Pour la formation du *participe passé* des *verbes forts*, la formule que nous avançons comme règle générale est

<**ge**> + *radical verbal modifié* + **<en>**

Le problème – vous l'avez déjà repéré – est la *modification du radical verbal.* Inutile de vous donner des règles ou de vous l'expliquer maintenant. Allez voir dans la section « Conjugaison » dans les Annexes. Limitons-nous à vous présenter quelques exemples :

Infinitif	Participe passé		Passé composé	
drinken	**ge+dronk+en**	[*RədrONkə*]	**Ik heb gedronken.**	J'ai bu.
nemen	**ge+nom+en**	[*Rənomə*]	**Ik heb genomen.**	J'ai pris.
vliegen	**ge+vlog+en**	[*RəvloRə*]	**Ik ben naar Parijs gevlogen.**	Je suis allé à Paris en avion.

Le passé

Bien qu'en néerlandais, on préfère substituer le *passé composé* au *passé*, le *passé* a sa raison d'être. C'est le *passé* qu'on utilise dans le récit, à savoir pour relater des faits appartenant à un passé révolu et irréversible. Exemples :

- Pour décrire une situation révolue :

  Het regende aan de kust. [*ət réRəndə an də kəst.*] (Il pleuvait sur la côte.)

  Het vliegtuig had vertraging. [*ətfliRtəyR hAt fərtraRIN.*] (L'avion avait du retard.)

- Pour exprimer une habitude révolue :

  In Leuven dronk ik altijd Belgisch bier. [*In løvə drONkIk Altèyt bèlRis bir.*] (À Louvain buvais je toujours belge bière. À Louvain, je buvais toujours de la bière belge.)

  De vliegtuigen hadden altijd vertraging. [*də vliRtəyRə hAdə Alteit fərtraRIN.*] (Les avions avaient toujours du retard.)

- Pour enchaîner une série de faits révolus :

  Ik nam het vliegtuig in Parijs. We landden om 10 uur in Brussel. Ik nam een taxi en om 11 uur begon de vergadering. [*Ik nAm ət fliRtəyR Im pArèys. wə lAndə Om tin ur In brəsəl. Ik nAmən tAksi èn Om èlf ur bəROn də vərRadərIN.*] (Je prenais l'avion à Paris. Nous atterrissions à dix heures à Bruxelles. Je prenais un taxi et à onze heures la réunion commençait.)

Formation du passé des verbes faibles (« réguliers »)

- Au *singulier*, les *verbes faibles* (*« réguliers »*) prennent **–de** ou **–te** à la *racine verbale* ;
- Au *pluriel*, les *verbes faibles* (*« réguliers »*) prennent **–den** ou **–ten** à la *racine verbale*.

passé au *singulier* : *radical verbal* + **–de** / **–te**

passé au *pluriel* : *radical verbal* + **–den** / **–ten**

Tableau 2.1. Passé des verbes faibles (« réguliers ») avec terminaison –de(n)

Conjugaison	*Traduction / prononciation*
BELLEN	(appeler, donner un coup de fil) [*bèlə*]
ik belde	Ik bèldə
je belde	*yə bèldə*
u belde	*u bèldə*
hij/ze/het belde	*èy / zə / ət bèldə*
we belden	*wə bèldə*
jullie belden	*yəli bèldə*
ze belden	*zə bèldə*

Observez que, à toutes les personnes de cette conjugaison, au niveau de la *prononciation* il n'y a qu'une seule forme : **belde(n)** [*bèldə*].

Tableau 2.2. Passé des verbes faibles (« réguliers ») avec terminaison –te(n)

Conjugaison	*Traduction / prononciation*
WERKEN	(travailler) [*wèrkə*]
ik werkte	Ik wèrktə
je werkte	*yə wèrktə*
u werkte	*u wèrktə*
hij/ze/het werkte	*èy / zə / ət wèrktə*
we werkten	*wə wèrktə*
jullie werkten	*yəli wèrktə*
ze werkten	*zə wèrktə*

Observez que, à toutes les personnes de cette conjugaison, au niveau de la *prononciation* il n'y a toujours qu'une seule forme : **werkte(n)** [*wèrktə*].

Formation du passé des verbes forts (« irréguliers »)

Ce qui vaut pour la formation du *passé composé* des *verbes forts* vaut aussi pour le *passé* : il y a *modification du radical verbal*. La formule que nous avançons en tant que règle générale est la suivante :

Passé = *radical verbal modifié* pour le singulier ;
radical verbal modifié + **<en>** pour le pluriel) ;

Cette conjugaison se présente comme ci-dessous.

Tableau 2.3. Passé d'un verbe fort (« irrégulier »)

Conjugaison	*Traduction / prononciation*
BEGINNEN	(commercer) [*bəRInə*]
ik begon	*Ik bəROn*
je begon	*yə bəROn*
u begon	*u bəROn*
hij/ze/het begon	*èy / zə / ət bəROn*
we begonnen	*wə bəROnə*
jullie begonnen	*yəli bəROnə*
ze begonnen	*zə bəROnə*

Observez la différence de prononciation entre le singulier et le pluriel : [*bəROn*] et [*bəROnə*]. Seul le rajout du [ə] distingue le *pluriel* du *singulier*.

Formation du passé des verbes « indomptables »

La conjugaison des verbes du troisième groupe, les verbes « *indomptables* », présente une autre image. Prenons **hebben** et **zijn**.

Tableau 2.4. Passé des verbes « indomptables » : ZIJN

Conjugaison	*Traduction / prononciation*
ZIJN	(être) [*zèyn*]
ik was	*Ik wAs*
je was	*yə* wAs
u was	*u wAs*
hij / ze / het was	*èy / zə / ət* wAs
we waren	*wə warə*
jullie waren	*yəli warə*
ze waren	*zə warə*

Tableau 2.5. Passé des verbes « indomptables » : HEBBEN et ZIJN, suite

Conjugaison	*Traduction / prononciation*
HEBBEN	(avoir) [*hèbə*]
ik had	*IkhAt*
je had	*yəhAt*
u had	*uhAt*
hij / ze / het had	*èy / zə / ət hAt*
we hadden	*wə hAdə*
jullie hadden	*yəli hAdə*
ze hadden	*zə hAdə*

Nous vous conseillons vivement de les apprendre par cœur durant leur utilisation.

Le futur

Il suffit d'utiliser le présent pour parler de l'avenir en néerlandais. Exemples :

- **Morgen werk ik thuis.** [*mOrRə wèrkIk təys.*] (Demain travaille je à la maison. Demain, je travaille chez moi.)
- **Ik bel je morgen.** [*Ik bèlyə mOrRə.*] (Je sonne te demain. Je t'appelle demain.)

Le *futur* se forme par l'*auxiliaire de temps* réservé au *futur* : **zullen** [*zələ*], suivi de l'*infinitif.*

zullen + ... + *infinitif*

POINT DE GRAMMAIRE

Les formes verbales composées

zullen + ... + *infinitif*

gaan + ... + *infinitif*

La configuration verbale représentée ci-dessus se compose de deux éléments verbaux avec un espace entre les deux (...). La présence de deux formes verbales au lieu d'une seule (comme pour le *futur simple* en français) est la raison pour laquelle l'on dit que le *futur* en néerlandais a une *forme composée.* Les *formes verbales composées* précisément feront la base de la structure *bipolaire* de la phrase néerlandaise (voir : *L'ordre des mots dans la phrase néerlandaise*).

Le futur est utilisé pour exprimer une promesse, un engagement. Exemples :

- **Ik zal vanavond koken.** [*IksAl vAnqvənt kokə.*] (Je [futur] ce soir cuisiner. Je ferai la cuisine ce soir.)
- **Ik zal de boodschappen doen.** [*IksAl də botsRApə doun.*] (Je [futur] les courses faire. C'est moi qui ferai les courses.)
- **We zullen eens kijken.** [*wəzələnəs kèykə.*] (Nous [futur] une fois regarder. Regardons.)

Observons ensemble la conjugaison du verbe **zullen**, champion de la classe des « indomptables ».

Tableau 2.6. Conjugaison du verbe champion des « indomptables » : ZULLEN

Conjugaison	*Traduction / prononciation*
ZULLEN	[auxiliaire du futur] [*zələ*]
ik zal	*IksAl*
je zult	*yə zəlt*
u zult	*u zəlt*
zul je ?	*zəlyə ?*
zult u ?	*zəltu ?*
hij/ze/het zal	*èy / zə / ətzAl*
we zullen	*wə zələ*
jullie zullen	*yəli zələ*
ze zullen	*zə zələ*

Le futur proche

Pour exprimer le *futur proche*, le néerlandais possède l'auxiliaire **gaan** [*Ran*] (aller). Il en va de même pour le français.

Pour sa formation, on utilise **gaan** et on laisse suivre *l'infinitif* à une certaine distance.

gaan + … + *infinitif*

Exemples :

- **Ik ga vanavond koken.** [*IkRa vAnqvənt kokə.*] (Je vais ce soir cuisiner. Je vais faire la cuisine ce soir.)
- **Ik ga boodschappen doen.** [*IkRa botsRApədoun.*] (Je vais courses faire. Je vais faire des courses.)

- **We gaan morgen tennissen.** [*wə Ran mQrRə tènlsə.*] (Nous allons demain faire du tennis. Nous allons faire du tennis demain.)

Tableau 2.7. Conjugaison du verbe fort (« irrégulier ») GAAN

Conjugaison	*Traduction / prononciation*
GAAN	(aller) [*Ran*]
ik ga	*IkRa*
je gaat	*yə Rat*
u gaat	*u Rat*
ga je ?	*Rayə ?*
gaat u ?	*Ratu ?*
hij/ze/het gaat	*èy / zə / ət Rat*
we gaan	*wə Ran*
jullie gaan	*yəli Ran*
ze gaan	*zə Ran*

L'ordre des mots dans la phrase néerlandaise

Regardons ensemble les phrases contenant une *forme verbale composée*. C'est le cas pour le *passé composé*, le *futur* et le *futur proche*. Seul le *futur* marque une différence entre le français et le néerlandais. Comparons :

Ik zal de boodschappen doen. (Je ferai les courses.)

En néerlandais, il y a deux formes verbales, **zal** (l'*auxiliaire*) et **doen** (l'*infinitif*). En revanche, en français, il n'y a qu'une seule forme, « ferai » ; elle seule est suffisante pour exprimer le futur.

Les deux formes verbales en néerlandais dans les trois « temps » mentionnés formeront la trame générale de la phrase néerlandaise. Observons ensemble les faits dans les phrases ci-dessous.

Premier cas : le sujet occupe la zone de tête

Notre point de vue est que les deux éléments verbaux écartés forment la trame de la phrase. De cette façon, la phrase néerlandaise s'organise autour de deux pôles : le *premier pôle*, constitué par le *verbe conjugué*, et le *second pôle*, comblé par le *reste verbal* (soit *infinitif*, soit *participe passé*). Les exemples sont :

- **Tom is nog niet aangekomen.** [*tOm Is nOR nit anRəkomə.*] (Tom est encore pas arrivé. Tom n'est pas encore arrivé.)
- **Ik zal de boodschappen doen.** [*IksAl də botsRApə doun.*] (Je [futur] les courses faire. C'est moi qui ferai les courses.)
- **We zullen eens kijken.** [*wə zələnəs kèykə.*] (Nous [futur] une fois regarder. Regardons.)
- **Ik ga vanavond koken.** [*IkRa vAnavənt kokə.*] (Je vais ce soir cuisiner. Je ferai la cuisine ce soir.)

En termes de structure bipolaire de la phrase néerlandaise, les quatre phrases se composent comme dans le **Tableau 2.8**.

Tableau 2.8. Passé composé, futur et futur proche et les deux pôles

Zone de tête	*Premier pôle*	*Zone médiane*	*Second pôle*
Tom	is	nog niet	aangekomen.
Ik	zal	de boodschappen	doen.
We	zullen	eens	kijken.
Ik	ga	vanavond	koken.

Les deux pôles découpent les phrases ci-dessus en quatre parties : la *zone de tête*, le *premier pôle*, la *zone médiane* et le *second pôle*. Plus loin, nous verrons qu'après le second pôle, il existe encore une cinquième partie : la *zone finale*.

Deuxième cas : un complément occupe la zone de tête

Les cas de non-occupation des cases de la trame de la phrase (les cases ou les *pôles vides*) ont une fonction bien définie : ce sont des balises permettant de se repérer dans l'ordre des mots.

Le second cas contient des verbes conjugués dans une *forme verbale non composée*, comme le *présent* et le *passé*. De plus, la zone de tête est occupée par un *complément circonstanciel*, de temps, de lieu ou autre.

Dans un premier temps, penchons-nous sur les exemples concrets de *compléments circonstanciels* et de phrases où le complément occupe la *zone de tête*.

Le complément de temps occupe la zone de tête

- **Morgen gaat mijn partner naar Rotterdam.** [*mQrRə gat mən pArtnər nar rOtərdAm.*] (Demain va ma compagne/mon compagnon vers Rotterdam. Demain ma compagne/mon compagnon va à Rotterdam.)
- **Nu werk ik bij een bank.** [*nu wèrk Ik bèy ən bANk.*] (Maintenant travaille je chez une banque. Maintenant, je travaille dans une banque.)
- **Na het eten drink ik koffie.** [*na ət étə drINkIk kOfi.*] (Après le manger bois je café. Après le repas, je bois du café.)
- **Soms drink ik bier.** [*sOms drINk Ik bir.*] (Parfois bois je bière. Il m'arrive de boire de la bière.)

Morgen, **nu**, **na het eten** et **soms** sont des *compléments circonstanciels de temps*. Voici une liste complémentaire :

- **'s ochtends** [*sQRtəns*] (le matin)
- **'s middags** [*smIdARs*] (l'après-midi)
- **'s avonds** [*savəns*] (le soir)
- **maandagochtend** [*mandARORtənt*] (lundi matin)
- **na het eten** [*na ət étə*] (après le repas)
- **soms** [*sOms*] (parfois)
- **na** [*na*] (après)
- **altijd** [*Altèyt*] (toujours)

Le complément de lieu occupe la zone de tête

- **In Antwerpen wonen veel mensen.** [*In Antwèrpə wonə vél mènsə.*] (À Anvers habitent beaucoup de gens. Beaucoup de gens habitent Anvers.)
- **Op de fiets zie je veel.** [*Obde fits ziyə vél.*] (Sur le vélo vois tu beaucoup. À vélo, on peut observer beaucoup de choses.)

Voici quelques *compléments circonstanciels de lieu* :

- **daar** [*dar*] (là-bas)
- **ergens** [*èrRəns*] (quelque part)

- **nergens** [*nèrRəns*] (nulle part)
- **in Antwerpen** [*In Antwèrpə*] (à Anvers)

Un autre complément occupe la zone de tête

Qu'importe la nature ou la signification du *complément circonstanciel*, il est toujours libre d'occuper la *zone de tête*. L'ordre des mots suit le même schéma dans les phrases ci-dessous :

- **Misschien ga ik naar Den Haag.** [*mIsRin Ralk nardən haR.*] (Peut-être vais je à La Haye. Peut-être irai-je à La Haye.)
- **Toch zal ik aan je denken.** [*tOR zAllk anyə dèNkə.*] (Néanmoins [futur] je à toi penser. Néanmoins, je penserai à toi.)

Un mot interrogatif occupe la zone de tête

Notez que l'ordre des mots garde toujours le même schéma le long de la liste d'exemples. Regardons d'abord le panier de *mots interrogatifs*. La réponse à une question qui débute par un de ces mots ne peut jamais être un « oui » ou un « non ».

- **Wie gaat naar de schouwburg ?** [*wiRat nardən sRaoubərR ?*] (Qui va vers le théâtre ? Qui va au théâtre ?)
- **Wat ga je doen ?** [*wAt Rayə doun ?*] (Que vas-tu faire ?)
- **Waar woon je ?** [*war wonyə ?*] (Où habites-tu ?)
- **Waarom ben je in de Ardennen ?** [*warOm bènyə In də Ardènə ?*] (Pourquoi es-tu dans les Ardennes ?)
- **Hoe ga je naar huis ?** [*hou Ra yə nar həys ?*] (Comment vas-tu vers maison ? Comment rentreras-tu ?)

Tous ces exemples nous permettent d'observer le même phénomène. Quand la *zone de tête* est occupée par un *complément* ou un *mot interrogatif*, la bipolarité de la phrase néerlandaise est conservée. Après la *zone de tête*, le *premier pôle* sera comblé par le *verbe conjugué*. Au début de la *zone médiane* se trouvera le *sujet*, suivi ou non d'un *complément* (voir **Tableau 2.9**).

Tableau 2.9. ***Présent* ou *passé* avec *complément en zone de tête* et *second pôle vide***

Zone de tête	*Premier pôle*	*Zone médiane*	*Second pôle*
Morgen	gaat	mijn partner naar Rotterdam.	Ø
Soms	drink	ik bier.	Ø
In Antwerpen	wonen	veel mensen.	Ø
Op de fiets	zie	je veel.	Ø
Misschien	ga	ik naar Den Haag.	Ø
Waar	woon	je ?	Ø

Troisième cas : la zone de tête contient un complément ; le second pôle est occupé

Le **Tableau 2.9** présente des phrases avec un *second pôle vide*. Il ne faut surtout pas croire que ce second pôle ne sert à rien. La preuve : il suffit de changer, dans le deuxième type de phrase, la *forme verbale non composée* (*présent, passé*) par une *forme verbale composée* (*passé composé, futur* ou *futur proche*). Regardez les phrases ci-dessous et leur structure présentée dans le **Tableau 2.10** :

- **Waar heb je gewoond ?** [*war hèp yə Rəwont ?*] (Où as-tu habité ?)
- **Vrijdag zullen we de zoo bezoeken.** [*vrèydAR zəlawə də zo bəzoukə.*] (Vendredi [futur] nous le zoo visiter. Vendredi, nous visiterons le zoo.)
- **Morgen gaan we tenissen** [*mOrRə Ran wə tènIsə*] (Demain allons-nous faire du tennis. Demain, nous allons faire du tennis.)

Tableau 2.10. Forme verbale composée avec complément en zone de tête et second pôle occupé

Zone de tête	*Premier pôle*	*Zone médiane*	*Second pôle*
Waar	heb	je	gewoond ?
Vrijdag	zullen	we de zoo	bezoeken.
Morgen	gaan	we	tennissen.

Quatrième cas : la zone de tête et le second pôle restent vides

Les questions qui commencent par un verbe ne peuvent avoir comme réponse qu'un « oui » ou un « non ». Dans de telles questions, la *zone de tête* reste vide et le *sujet* se place derrière le *verbe conjugué* (*premier pôle*), au début de la *zone médiane*. Illustrons ce cas.

- **Ga je naar huis ?** [*Ra yə nar hənys ?*] (Vas-tu vers maison ? Rentres-tu ?)
- **Woon je in Frankrijk ?** [*won yə In frANkreik ?*] (Habites-tu en France ? Demeures-tu en France ?)
- **Spreek je Nederlands ?** [*sprek yə nedərlAnts ?*] (Parles-tu néerlandais ? Parles-tu le néerlandais ?)

Tableau 2.11. Question avec zone de tête vide

Zone de tête	*Premier pôle*	*Zone médiane*	*Second pôle*
Ø	Ga	je naar huis ?	Ø
Ø	Woon	je in Frankrijk ?	Ø
Ø	Spreek	je Nederlands ?	Ø

Chapitre 3

Tout est affaire de chiffres

Dans ce chapitre :

- L'alphabet
- Les numéraux cardinaux
- Les numéraux ordinaux
- Dire l'heure
- Jours, mois, saisons

Dans le présent « système des choses » – le temps, l'argent, les voyages, les affaires –, les nombres ont leur propre place. Ce chapitre vous propose des phrases dans lesquelles il s'y trouve des mots clés à servir des nombres afin de vous débrouiller dans tous les domaines de la vie quotidienne. Connaître l'heure et les dates sont tout aussi utiles.

L'alphabet

Voici la prononciation de l'alphabet en néerlandais. Les différences par rapport au français sont taguées d'un ▼.

A	*a*		**J**	*yé*	▼	**S**	*ès*	
B	*bé*		**K**	*ka*		**T**	*té*	
C	*sé*		**L**	*èl*		**U**	*u*	
D	*dé*		**M**	*èm*		**V**	*vé*	
E	*é*	▼	**N**	*èn*		**W**	*wé*	▼
F	*èf*		**O**	*o*		**X**	*iks*	
G	*Ré*	▼	**P**	*pé*		**Y**	*èy*	▼
H	*ha*	▼	**Q**	*ku*		**Z**	*zèt*	
I	*i*		**R**	*èr*				

1, 2, 3... Les numéraux cardinaux

Pour les francophones, les nombres néerlandais ont des comportements bizarres. Les germanophones, en revanche, n'ont aucun problème ; ils reconnaissent facilement les nombres. Voici les nombres de zéro à dix-neuf.

0	**nul**		*nəl*	
1	**een**		*én*	
2	**twee**		*twé*	
3	**drie**		*dri*	
4	**vier**		*vir*	
5	**vijf**		*vèyf*	
6	**zes**		*zès*	
7	**zeven**		*zévə*	
8	**acht**		*ARt*	
9	**negen**		*néRə*	
10	**tien**		*tin*	
11	**elf**	▼	*èləf*	
12	**twaalf**	▼	*twaləf*	
13	**dertien**	▼	*dèrtin*	
14	**veertien**	▼	*vértin*	
15	**vijftien**		*vèyftin*	
16	**zestien**		*zèstin*	
17	**zeventien**		*zévətin*	▼
18	**achttien**	▼	*ARtin*	
19	**negentien**		*néRətin*	▼

Nous vous conseillons d'apprendre la *prononciation*, car – une fois de plus – cette sacrée orthographe, mine de régularité, pose problème.

ATTENTION !

Méfiez-vous lorsque vous transposez les nombres **drie** et **vier** dans les nombres au-delà de dix. **Dertien** et **veertien** font déjà exception. De plus, **elf** et **twaalf** sont irréguliers. L'orthographe de **achttien**, en anglais *eighteen*, avec un seul <t>, peut mener à confusion. Attention aussi à la combinaison **–en–** (toujours prononcée [ə]) à la fin et au milieu du mot : **zeven**, **negen**, **zeventien**, **negentien**.

Les dizaines

Restez vigilant pour les nombres de vingt à quatre-vingt-dix.

20	**twintig**		*twIntəR*	
30	**dertig**	▼	*dèrtəR*	
40	**veertig**	▼	*fértəR*	▼

50	**vijftig**		*fèyftəR*	▼
60	**zestig**		*sèstəR*	▼
70	**zeventig**		*sévətəR*	▼
80	**tachtig**	▼	*tARtəR*	
90	**negentig**		*néRətəR*	▼

Remarquez les problèmes de *forme de mot* ou de *prononciation,* marqués d'un ▼.

Après le nombre vingt, vous vous attendiez sans doute à quelque chose tel que « vingt et un ». Néanmoins, le néerlandais commence par l'unité : **eenentwintig**. Et ce n'est pas tout !

Dans **tweeëntwintig**, le *tréma* vient enjoliver la cavalcade que l'on compose.

POINT DE GRAMMAIRE

Comment prononcer le tréma ?

Un *tréma* est un *signe diacritique* (un *accent,* si vous voulez) posé sur la lettre qui marque le début d'une nouvelle syllabe à l'intérieur ou à la fin du mot.

Démonstration. La découpe en syllabes se fait ainsi : **twee-en-twin-tig**. Les trois <e> successifs n'ayant pas de valeur au niveau de la prononciation (**tweeen**), on marque le début de la syllabe **–en–** [*èn*] (et) en posant un *tréma* sur celle-ci : **tweeëntwintig**. Il en va de même pour **drieëntwintig.**

21	**eenentwintig**		*énèntwIntəR*	
22	**tweeëntwintig**	▼	*twéèntwIntəR*	
23	**drieëntwintig**	▼	*drièntwIntəR*	▼
24	**vierentwintig**		*virèntwIntəR*	▼
25	**vijfentwintig**		*vèyfèntwIntəR*	▼
26	**zesentwintig**		*zèsèntwIntəR*	▼
27	**zevenentwintig**	▼	*zévənèntwIntəR*	
28	**achtentwintig**		*ARtèntwIntəR*	▼
29	**negenentwintig**	▼	*néRənèntwIntəR*	
30	**dertig**		*dèrtəR*	
31	**eenendertig**		*énəndèrtəR*	
32	**tweeëndertig**	▼	*twénəndèrtəR*	
40	**veertig**	▼	*fértəR*	▼
44	**vierenveertig**		*virənvértəR*	
50	**vijftig**		*fèyftəR*	▼
55	**vijfenvijftig**		*vèyvənveiftəR*	
60	**zestig**		*sèstəR*	▼
66	**zesenzestig**		*zèsənsèstəR*	▼

70	**zeventig**		*sévətəR*	▼
77	**zevenenzeventig**		*zévənənsévətəR*	▼
80	**tachtig**	▼	*tARtəR*	▼
88	**achtentachtig**	▼	*ARtəntARtəR*	
90	**negentig**		*néRətəR*	
99	**negenennegentig**		*néRənənéRətəR*	▼

La liste des mots ci-dessous abonde de pièges systématiques. Donc, prenez garde à certains phénomènes.

ATTENTION !

C'est le moment de vous pencher sur les trois <e> de « Thérèse » et les <**enen**> [*ənən*] ou [*ənèn*] répétés à l'intérieur des mots.

27	**zevenentwintig**	▼	*zévənèntwIntəR*	
49	**negenenveertig**		*néRənənvértəR*	
99	**negenennegentig**		*néRənənéRətəR*	▼

Remarquez la prononciation les débuts de mots avec [f] et [s] malgré l'orthographe <v> et <f> dans :

40	**veertig**	▼	*fértəR*	▼
50	**vijftig**		*fèyftəR*	▼
60	**zestig**		*sèstəR*	▼
70	**zeventig**		*sévətəR*	▼

N'oubliez pas que la terminaison <**–ig**> se prononce [*əR*].

Lors d'un embouteillage, un passe-temps amusant consiste à lire à haute voix les plaques d'immatriculation des voitures.

Les centaines

FACILE !

Ouf ! Des numéraux faciles.

Les voici :

100	**honderd**	▼	*hOndərt*
200	**tweehonderd**		*twéhOndərt*
300	**driehonderd**		*drihOndərt*
400	**vierhonderd**		*virhOndərt*
500	**vijfhonderd**		*vèyfhOndərt*
1 000	**duizend**		*dəyzənt*

▼ Attention à l'orthographe anglaise <hundred> ; à ne pas confondre avec le néerlandais **honderd**.

Au-delà de mille

Dans certaines langues, on dit : mille cent, mille deux cents, etc. Après mille, le néerlandais recommence avec **elf**, **twaalf**, **dertien**,... ensuite, il ajoute **–honderd**. Regardez les exemples ci-après.

1 100	**elfhonderd**	▼	*èlfhOndərt*
1 200	**twaalfhonderd**		*twalfhOndərt*
1 300	**dertienhonderd**		*dèrtinhOndərt*
1 400	**veertienhonderd**		*vértinhOndərt*
1 500	**vijftienhonderd**		*vèyftinhOndərt*
1 600	**zestienhonderd**		*zèstinhOndərt*
1 700	**zeventienhonderd**		*zèvətinhOndərt*
1 800	**achttienhonderd**		*ARtinhOndərt*
1 900	**negentienhonderd**		*néRətinhOndərt*

Après avoir dit **zestienhonderd**, **zeventienhonderd**, **achttienhonderd**, etc., vous enchaînez avec le reste : les dizaines et les unités, à savoir :

1 101	**elfhonderdeen**	*èlfhOndərtén*
1 210	**twaalfhonderdtien**	*twalfhOndərtin*

Les milliers

Dorénavant, les numéraux néerlandais commencent à ressembler au français. Lorsque vous aurez bien maîtrisé ces nombres, commencez avec les milliers.

2 000	**tweeduizend**	*twédəyzənt*
3 000	**drieduizend**	*dridəyzənt*
4 000	**vierduizend**	*virdəyzənt*
5 000	**vijfduizend**	*vèyfdəyzənt*
6 000	**zesduizend**	*zèsdəyzənt*
7 000	**zevenduizend**	*zévədəyzənt*
8 000	**achtduizend**	*ARdəyzənt*
9 000	**negenduizend**	*néRədəyzənt*

Après **tweeduizend**, l'habitude d'utiliser les nombres entre **elf** et **negentien** ne se poursuit pas.

2 101	**tweeduizend honderdeen**	*twédəyzənt hOndərtén*
3 444	**drieduizend vierhonderdvierenveertig**	*dridəyzənt virhOndərtvirènvértəR*

Les nombres s'écrivent en un mot jusqu'au mot **duizend** et, après, il y a un blanc. Les mots **miljoen** [*mIlyoun*] (million) et **miljard** [*mIlyArt*] (milliard) sont toujours détachés.

Addition, soustraction, multiplication, division

Voulez-vous apprendre les maths en néerlandais ? Voici les bases pour **optellen** [*Optèlə*] (additionner ou ajouter) :

- 4 + 4 = 8 **vier plus vier is acht** *vir pləs vir Is ARt*
- 8 + 8 = 16 **acht plus acht is zestien** *ARt pləs ARt Is sèstin*

Le contraire d'additionner ou ajouter est soustraire, **aftrekken** [*Aftrèkə*].

- 8 – 4 = 4 **acht min vier is vier** *ARt mIn vir Is fir*
- 24 – 8 = 16 **vierentwintig min acht is zestien** *virəntwIntəR mIn ARt Is sèstin*

Vermenigvuldigen [*vərméniRfəldəRə*] (multiplier) se fait de la manière suivante :

- 2 x 2 = 4 **twee maal twee is vier** *twé mal twé Isfir*
- 4 x 16 = 64 **vier maal zestien is vierenzestig** *vir mal zèstin IsfirənsèstəR*

Diviser, **delen** [*délə*] se fait ainsi :

- 4 : 2 = 2 **vier gedeeld door twee is twee** *vir Rədéldor twé Is twé*
- 16 : 4 = 4 **zestien gedeeld door vier is vier** *zèstin Rədéldor vir Isfir*

Fractions, pourcentages, mètres

Voici quelques-unes des fractions les plus utilisées :

- ½ **een half** *ən hAlf*
- 1½ **anderhalf** *AndərhAlf*
- ¼ **een kwart** *ən kwArt*
- ¾ **driekwart** *drikwArt*

Les expressions de pourcentage sont incluses dans la communication des chiffres.

- 2,6 % **twee komma zes percent** *twé kOma zès pèrsènt*
- 3,8 % **drie komma acht percent** *dri kOma ARt pèrsènt*
- 50 % **vijftig percent** *fèyftəR pèrsènt*
- 100 % **honderd percent** *hOndərt pèrsènt*

Lors d'un déménagement et d'un aménagement, vous entendrez sûrement des expressions telles que :

- 1,67 mètre **een meter zevenenzestig** *én métər zévənənsèstəR*
- 3,5 mètres **drieëneenhalve meter** *dri ènən hAlvə méter*

Une maison mesure en moyenne :

- 125 mètres carrés **honderdvijfentwintig vierkante meter** *hOndərt vèyfèntwIntəR virkAntə métər*

Les distances sont mesurées à l'aide d'un **kilometer** [*kilométər*]. Le mot **kilometer** reste invariable, de la même manière que les autres unités décimales : **meter**, **euro**, **gram**, **liter**, **cent**, etc.

- **twee kilometer** [*twé kilométər*] (deux kilomètres)
- **duizend kilometer** [*dəyzənt kilométər*] (mille kilomètres)
- **Hoeveel kilometer is het van Brussel naar Oostende ?** [*houvél kilométəR Isət vAn brəsəl narostèndə ?*] (Combien kilomètre est-il de Bruxelles vers Ostende ? Combien y a-t-il de kilomètres de Bruxelles à Ostende ?)
- **Van Brussel naar Antwerpen is 52 kilometer.** [*vAn brəsəl nar Antwèrpə Is twéənvèyftəR kilométər.*] (De Bruxelles vers Anvers est 52 kilomètres. Il y a 52 kilomètres de Bruxelles à Anvers.)

En combinaison avec un *numéral indéfini*, par exemple **veel** [*vél*] (beaucoup de), le *nom* de l'unité prend le *pluriel* :

- **We hebben veel kilometers gereden.** [*wə hèbə vél kilométərs Rərédə.*] (Nous avons beaucoup kilomètres roulé. Nous avons fait beaucoup de kilomètres.)

Les numéraux ordinaux

Vous serez peut-être enthousiaste d'apprendre que les trois premiers *numéraux ordinaux* : **eerste**, **tweede** et **derde** sont très *fréquents* et que les *numéraux ordinaux* plus élevés **twintigste**, **tachtigste** (20e, 80e) le sont moins.

Si vous êtes dans le monde du tourisme, vous aurez besoin d'indiquer les siècles. Voici l'utilité du répertoire ci-dessous.

1er	**eerste**	*érstə*
2e	**tweede**	*twédə*
3e	**derde**	*dèrdə*
4e	**vierde**	*virdə*
5e	**vijfde**	*vèyvdə*
6e	**zesde**	*zèzdə*
7e	**zevende**	*zévəndə*
8e	**achtste**	*ARstə*
9e	**negende**	*néRəndə*
10e	**tiende**	*tində*
XXIe	**eenentwintigste**	*énəntwIntəRstə*

Le guide qui vous montrera l'hôtel de ville de Louvain vous dira :

- **Het stadhuis is gebouwd in de vijftiende eeuw.** [*ət stAthəys Is Rəbaouwt In de vèyftində éou.*] (L'hôtel de ville est construit au quinzième siècle. L'hôtel de ville a été construit au quinzième siècle.)

Mais, dans votre documentation touristique, vous lirez :

- **Het stadhuis is gebouwd in de XVe eeuw.** [*ət stAthəys Is Rəbaouwt In de vèyftində éou.*] (L'hôtel de ville est construit au XVe siècle. L'hôtel de ville a été construit au XVe siècle.)

Vous avez peut-être l'habitude d'utiliser une énumération pour argumenter que vous avez raison.

- **Ten eerste heb ik dat niet gezegd, ten tweede is het niet waar en ten derde wil ik er niet over praten.**

  [*tèn érstə hèp Ik dAt nit RəzèRt tèn twédə Is ət nit war èn tèn dèrdə wIl Ik ər nit ovər pratə.*]

  (Premièrement ai-je cela ne pas dit, deuxièmement est-il ne pas vrai et troisièmement veux-je n'e pas en parler.)

  (Premièrement je n'ai pas dit cela, deuxièmement ce n'est pas vrai et troisièmement je ne veux pas en parler.)

POINT DE GRAMMAIRE

Le mot **eerst** [*érst*] (premièrement, tout d'abord), *numéral ordinal*, peut être utilisé pour exprimer une suite d'événements en combinaison avec des mots **dan** [*dAn*] (ensuite) et **daarna** [*darna*] (après quoi). Voir l'exemple d'un supérieur planifiant le programme de matinée auprès de sa secrétaire.

- **Eerst ga ik mijn email inkijken. Dan heb ik een bespreking met Raymond Huygens. Daarna wil ik enkele punten voor de vergadering van morgen opschrijven.**

  [*érst Ra Ik mən imél Inkèykə. dAn hèp Ik ən bəsprékiN mèt rémOn həyRəns. darna wIl Ik ènkələ pəntə vor də vərRadərIN OpsRrèyvə.*]

  (Tout d'abord vais-je mes e-mails regarder. Ensuite ai-je un entretien avec Raymond Huygens. Après quoi veux-je quelques points pour la réunion noter.)

  (Tout d'abord, je vais regarder mes e-mails. Ensuite, j'ai un entretien avec Raymond Huygens. Après quoi je voudrais noter quelques points pour la réunion.)

Les *numéraux ordinaux* s'utilisent souvent avec le mot **keer** [*kér*] (fois) :

- **de eerste keer** [*də érstə kér*] (la première fois)
- **de vierde keer** [*də virdə kér*] (la quatrième fois)

Une suite de *numéraux cardinaux* peut être terminée par l'expression **de laatste keer** [*də latstə kér*] (la dernière fois). Voici quelques autres exemples :

- **Ik gebruik deze creditcard voor de eerste keer.** [*Ik Rəbrəyk dézə krèdItkart for də érstə kér.*] (J'utilise cette carte de crédit pour la première fois.)
- **Uitgeverij First organiseert voor de vierde keer een auteursborrel.** [*əytRévərèi fərst OrRAnIsért vor də érstə kér ən aoutərsbOrəl.*] (L'éditeur First organise pour la quatrième fois un pot d'auteurs.)
- **Elke laatste woensdag van de maand is er een bijeenkomst.** [*èlkə latstə wousdAR vAndə mant Isərən bèyénkOmst.*] (Chaque dernier mercredi du mois a-t-il une réunion. Chaque dernier mercredi du mois il y a une réunion.)

Les *numéraux ordinaux* sont d'un grand intérêt lorsque vous communiquez des énumérations dans le domaine des sports ou pour indiquer un itinéraire demandé.

- **Hij behaalde de eerste plaats.** [*èy bəhaldə də érstə plats.*] (Il obtenait la première place. Il remportait la première place.)
- **België eindigde op de veertiende plaats, voor Roemenië.** [*bèlRiə èyndəRdə Ob də vértində plats vor rouméniə.*] (Belgique finissait sur la quatorzième place avant Roumanie. La Belgique terminait à la quatorzième place avant la Roumanie.)
- **De post is de tweede straat rechts.** [*də pOst Izdə twédə strat rèRs.*] (La Poste est la deuxième rue droite. La Poste se trouve la deuxième rue à droite.)

TRUC

Anniversaires et âges

Contrairement au français ou à l'anglais, le néerlandais utilise souvent un numéral ordinal pour parler d'âge.

- **Op mijn achttiende heb ik een Citroën CX gekocht.** [*Op mən ARtində hèplk ən sitroèn sé iks RəkORt.*] (À mon dix-huitième ai-je une Citroën CX acheté. À 18 ans, j'ai acheté une Citroën CX.)
- **Op zijn achtenveertigste werd hij ontslagen.** [*Op zən ARtənvértəRstə wèrti OntslaRə.*] (À son quarante-huitième devenait-il licencié. À 48 ans, il fut licencié.)

Dans le cas où un ami vous invite à son anniversaire, il vous dira :

- **Kom je zaterdag ? Ik vier mijn dertigste verjaardag.** [*kOm yə zatərdAR ? Ikfir mən dèrtəRstə vəryardAR.*] (Viens-tu samedi ? Je célèbre mon trentième anniversaire. Viendras-tu samedi ? Je célèbre mon trentième anniversaire.)

Si l'on vous demande votre âge, vous utiliserez un numéral cardinal :

- **Mijn dochter is dertien.** [*mən dORtər Is dèrtin.*] (Ma fille est treize. Ma fille a 13 ans.)
- **Ik ben achtendertig.** [*Ik bèn ARtəndèrtəR.*] (Je suis huit et trente. J'ai 38 ans.)

Vous utiliserez les *numéraux ordinaux* pour indiquer les jours, les semaines, les mois ou des années :

- **Dit is mijn eerste dag in Brugge.** [*dIt Is mən érstə dAR In brəRə.*] (Ceci est mon premier jour à Bruges. C'est ma première journée à Bruges.)
- **Dit is mijn tweede week in Zeist.** [*dIt Is mən twédə wék In zèyst.*] (Ceci est ma deuxième semaine à Zeist. C'est ma deuxième semaine à Zeist.)
- **Dit is mijn derde maand in dit appartement.** [*dIt Is mən dèrdə mant In dIt ApArtəmènt.*] (Ceci est mon troisième mois dans cet appartement. C'est mon troisième mois dans cet appartement.)
- **Dit is mijn vierde jaar bij Lease Consult.** [*dIt Is mən virdə yar bèy lis kOnsult.*] (C'est ma quatrième année chez Lease Consult.)

Dire l'heure

Évidemment, il est facile de mentionner l'heure numérique, comme dans les gares, etc. Mais vos interlocuteurs ne sont pas des robots ! À côté de l'indication numérique, il y a une manière de dire l'heure en *langage parlé*. Il faudra vous y habituer !

L'heure numérique

Le système de l'heure numérique ne vous est pas inconnu, car il est international : **Het is twee uur.** (Il est deux heures.) ; **Het is twee uur vijftien.** (Il est deux heures quinze.) ; **Het is twee uur dertig.** (Il est deux heures trente.) ; **Het is twee uur vijfenveertig.** (Il est deux heures quarante-cinq.) ; **Het is drie uur.** (Il est trois heures.)

L'heure en néerlandais

En néerlandais, le cadran est divisé en quatre. Toutes les indications dans le premier quart sont aisées.

La préposition à retenir est (au-delà) : **over**

- **Het is twee uur.** [*ətls twé ur.*] (Il est deux heures.)
- **Het is vijf over twee.** [*ətls vèyfovər twé.*] (Il est deux heures cinq.)
- **Het is tien over twee.** [*ətls tinovər twé.*] (Il est deux heures dix.)
- **Het is kwart over twee.** [*ətls kwArtovər twé.*] (Il est deux heures et quart.)

Quand l'heure entre dans le second quart, le repère est la demi-heure suivante.

La préposition à retenir est (avant) : **voor**

- **Het is tien voor half drie.** [*ətls tin vor hAlf dri.*] (Il est dix minutes avant deux heures et demie. Il est deux heures vingt.)
- **Het is vijf voor half drie.** [*ətls vèyfor hAlf dri.*] (Il est cinq minutes avant deux heures et demie. Il est deux heures vingt-cinq.)
- **Het is half drie.** [*ətls hAlf dri.*] (Il est une demi-heure avant trois heures. Il est deux heures et demie.)

Quand l'heure entre dans le troisième quart, le repère reste la demi-heure qui vient d'être dépassée.

La préposition à retenir est (au-delà) : **over**

- **Het is vijf over half drie.** [*ət Is vèyf ovər hAlf dri.*] (Il est cinq au-delà d'une demi-heure avant trois. Il est trois heures moins vingt-cinq.)
- **Het is tien over half drie.** [*ət Is tin ovər hAlf dri.*] (Il est dix au-delà d'une demi-heure avant trois. Il est trois heures moins vingt.)

Finalement vous entrerez dans le dernier quart, où vous observerez l'heure suivante.

La préposition à retenir est (avant) : **voor**

- **Het is kwart voor drie.** [*ətIs kwArtfor dri.*] (Il est un quart d'heure avant trois. Il est trois heures moins le quart.)
- **Het is tien voor drie.** [*ətIs tin vor dri.*] (Il est dix avant trois. Il est trois heures moins dix.)
- **Het is vijf voor drie.** [*ətIs vèyfor dri.*] (Il est cinq avant trois. Il est trois heures moins cinq.)
- **Het is drie uur.** [*ətIs dri ur.*] (Il est trois heures.)

Le matin ou l'après-midi ?

L'utilité d'exprimer les parties de la journée ne se discute guère. Exemple : vous planifiez un départ en vacances en voiture avec un nouvel ami et il propose de partir **Om vier uur.** [*Om virur.*] (À quatre heures.) Ainsi vous restez dans le doute, veut-il dire quatre heures du matin ou quatre heures de l'après-midi ? Pour sortir de l'incertitude, vous lui demandez **'s Ochtends of 's middags ?** [*sORtəns Of smIdARs ?*] (Le matin ou l'après-midi ?)

Voici d'autres expressions pour indiquer de quelle partie de la journée vous parlez :

- 9 à 12 heures **'s ochtends** [*sORtəns*] (le matin)
- 12 à 13 heures **tussen de middag** [*təsə də mIdAR*] (le midi)
- 12 à 18 heures **'s middags** [*smIdARs*] (l'après-midi)
- 16 à 18 heures **in de namiddag** [*In də namIdAR*] (la fin d'après-midi)

Jours, mois, saisons

Viva la vie ! Les quatre saisons ! Vous les apprendrez au fil du temps, sans vous en rendre compte, c'est-à-dire sans les étudier. Les jours, mois et saisons sont partout : sur les tickets des moyens de transport, dans les journaux, à la télé et sur les e-mails.

Les jours et les mois

Les jours de la semaine, ainsi qu'en français, commencent par une minuscule et non par une majuscule comme en anglais. Pourtant, à présent, dans des documents de toutes sortes, on les voit écrits avec une majuscule. La raison est probablement la correction automatique qu'offrent aujourd'hui les logiciels de traitement de texte.

- **zondag** [*zOndAR*] (dimanche)
- **maandag** [*mandAR*] (lundi)
- **dinsdag** [*dInsdAR*] (mardi)
- **woensdag** [*wounsdAR*] (mercredi)
- **donderdag** [*dOndərdAR*] (jeudi)
- **vrijdag** [*vrèydAR*] (vendredi)
- **zaterdag** [*zatərdAR*] (samedi)

Il faut également une minuscule au début des noms des mois.

- **januari** [*yanuari*] (janvier)
- **februari** [*februari*] (février)
- **maart** [*mart*] (mars)
- **april** [*AprIl*] (avril)
- **mei** [*mèy*] (mai)
- **juni** [*yuni*] (juin)
- **juli** [*yuli*] (juillet)
- **augustus** [*auRəstəs*] (août)
- **september** [*sèptèmbər*] (septembre)
- **oktober** [*Oktobər*] (octobre)
- **november** [*novèmbər*] (novembre)
- **december** [*désèmbər*] (décembre)

Les saisons

Voici les dates auxquelles il faut penser à renouveler sa garde-robe :

- **van 21 maart tot 21 juni** **de lente** [*lèntə*] (printemps)
- **van 21 juni tot 21 september** **de zomer** [*zomər*] (été)
- **van 21 september tot 21 december** **de herfst** [*hèrfst*] (automne)
- **van 21 december tot 21 maart** **de winter** [*wIntər*] (hiver)

Deuxième partie
Entre nous

Dans cette partie…

Dans cette partie vous trouverez de bonnes formules pour garder le contact avec votre entourage. Vous découvrirez, dans ces sept chapitres, une panoplie de situations dans lesquelles vous vous situerez probablement.

Ces chapitres suivent progressivement la logique de votre découverte d'un nouvel entourage.

Le chapitre 4 est un gros plan sur vos premiers contacts : comment saluer et faire les premiers pas ; comment se présenter et échanger les premiers mots personnels ?

Le chapitre 5 élabore les marges de la connaissance du nouvel entourage. Il est censé vous mettre dans des situations où les échanges seront favorables et éloquents. Quelques formules informelles vous seront utiles.

Le chapitre 6 vous projettera dans le monde de la restauration, avec des dialogues propres à ce milieu.

Le chapitre 7 vous accompagnera durant vos expéditions en vous procurant des denrées alimentaires particulièrement familières ou particulièrement étrangères.

Le chapitre 8 vous guidera pour effectuer des achats dans les boutiques, les grands magasins, les soldes,… C'est éreintant.

Plus fatigant encore, le chapitre 9 vous entraînera dans le monde de la nuit avec ses spectacles, ses films, ainsi que dans les endroits chaleureux où la bière – la meilleure du monde, bien évidemment – coulera à flots… tout en pensant au lendemain !

Enfin, le chapitre 10 vous mettra à l'aise dans le monde du travail.

Chapitre 4

Clin d'œil sur le bonjour et la présentation

Dans ce chapitre :

- Tutoiement et vouvoiement
- Se présenter
- Présenter quelqu'un d'autre
- Bavarder au sujet des villes, des nationalités et des langues
- Demander à quelqu'un d'où il vient

Il n'est pas aisé de communiquer avec des personnes dont on ne connaît pas la langue ! De surcroît, cela peut provoquer du stress et engendrer des troubles, tels que la timidité lors des occasions sociales trop formelles. Du côté de l'expression orale, ce n'est pas une mince affaire.

À la première approche, la distance et la politesse sont de mise, mais au fur et à mesure apparaîtront les expressions informelles.

Et si on se tutoyait ?

Au niveau de la *deuxième personne* du *singulier*, en néerlandais, il existe le choix entre la *forme informelle* **je** ou **jij** [yə], [yèy] (tu) et la *forme formelle*, **u** [u] (vous). Ce chapitre vous aidera à reconnaître les situations où le tutoiement est conseillé.

Généralement, le jeune personnel des supermarchés et des restaurants vous adresse spontanément la parole avec **je** [yə] ou **jij** [yèy] (tu). À moins que vous n'apparteniez au même groupe, adressez-vous par **u** [u] (vous) à une personne « âgée », à quelqu'un d'officiel ou à vos supérieurs.

Lorsque vous avez fait plus ample connaissance, le plus âgé des deux ou la personne du sexe féminin peut proposer : **Laten we « je » zeggen. Ik heet Petra**. [*latə wəyə zèRə. Ik hét pétra.*] (Laissons-nous « je » dire. Je appelle Petra. Tutoyons-nous. Je m'appelle Petra.)

Si votre interlocuteur a le même âge que vous et qu'il s'adresse à vous avec **je** [yə], faites de même. S'il est votre supérieur ou s'il est plus âgé que vous et que vous vous sentez à l'aise, vous pouvez tout aussi bien dire : **Mag ik « je » zeggen ?** [*mAR Ik yə zèRə ?*] (Puis-je « tu » dire ? Puis-je vous tutoyer ?)

Un adolescent peut persister dans l'utilisation de **u** avec le prénom de la personne plus âgée ou supérieure. Les personnes âgées apprécient que l'on s'adresse à elles de cette manière-là. Si elles désirent que vous disiez **je** ou **jij** avec leur prénom, elles vous prieront de le faire.

Si vous commencez par utiliser le **u** pour une personne qui est votre supérieur ou a plus de 30 ans, vous serez considéré comme une personne bien élevée. Lorsque vous vous ferez vos premiers copains néerlandophones, essayez d'employer **je** ou **jij**.

La mer du Nord et la langue néerlandaise

De tout temps, les pays au-delà des eaux sont connus pour leur activité de commerce maritime.

Il va de soi que, durant les échanges commerciaux à travers le monde, d'autres langues ont emprunté des termes néerlandais de la navigation maritime. Le classement mondial des langues aux emprunts de termes maritimes néerlandais est le suivant :

1. L'indonésien
2. Le sranantongo
3. Le papiamento
4. Le danois
5. Le norvégien
6. Le suédois
7. L'anglais et le français
8. Le russe
9. L'allemand

Schipper Ahoy !

Dans ce titre, vous reconnaîtrez sans doute le mot « skipper » (capitaine, pilote), terme que les reporters sportifs utilisent couramment. Son origine est le mot néerlandais **schipper** [*sRIpər*] (gouvernant, pilote d'un navire).

Il y a un lien très étroit entre la langue néerlandaise et la navigation marine, ce qui explique le nombre important d'expressions issues de ce domaine. Un exemple est le cri authentique de salutation marine **Ahoy !** [*AhOy !*]. Pour bien se faire reconnaître, il est conseillé de le crier très fort. Le cri a une forme terrestre : **Hoy !** [*hOy !*]. Aux Pays-Bas, quand des copains ou même des inconnus se croisent à vélo, ils poussent souvent le cri. Ça marche aussi en Flandre. Il faut essayer !

Si vous vous trouvez dans d'autres situations, laissez-vous guider par le mode d'emploi ci-dessous.

- **Hallo !** [*hAlo !*] Informel mais distant.
- **Dag.** [*dAR.*] Neutre. Raccourci de **Goedendag.** [*RoudəndAR.*] (Bonjour.)
- **Da-ag !** [*da-aR !*] Variante exclamative de **Dag.** Observez l'intonation en dos d'âne.
- **Goedemorgen.** [*RoudəmOrRə.*] Bonjour. À utiliser avant 12 h 00 !
- **Goedemiddag.** [*RoudəmIdAR.*] Bonjour. À utiliser de 12 h 01 à 18 h 00.
- **Goedenavond.** [*Roudənavənt.*] Bonsoir. À utiliser de 18 h 00 à 22 h 00.
- **Welterusten.** [*wèltərəstə.*] Dormez bien.

Vous êtes irréprochable en utilisant **dag** avec le nom de famille de la personne que vous saluez : **Dag mevrouw De Groot.** [*dAR məvraou də Rrot.*]

POINT DE GRAMMAIRE

Pronoms personnels et prépositions

Les *pronoms personnels* (je, tu, il, elle,...) changent de forme selon leur fonction dans la phrase (*sujet, objet*).

Il en va de même pour les *pronoms personnels* en néerlandais.

Quand ces *pronoms* prennent la fonction de *sujet*, les *formes* sont les suivantes :

- **ik** [*k*] (je), **je** [*yə*] (tu), **u** [*u*] (vous), **hij** [*èy*] (il), **ze** [*zə*] (elle), **het** [*ət*] (il, impersonnel) ;
  we [*wə*] (nous), **jullie** [*yəli*] (vous), **ze** [*zə*] (ils/elles).

À côté de ces *formes réduites* et dominantes, il existe toujours, pour les *formes sujet* du *pronom personnel*, des équivalents en *forme pleine*. Ces formes synonymes s'utilisent d'une manière exceptionnelle lorsqu'il faut exprimer un contraste (voir ci-dessous). Les *formes pleines* se prononcent différemment ; ce sont les suivantes :

- **Ik** [*Ik*] (je), **jij** [*yèy*] (tu), **u** [*u*] (vous), **hij** [*hèy*] (il), **zij** [*zèy*] (elle), **het** [*hèt*] (il, impersonnel) ;
- **wij** [*wèy*] (nous), **jullie** [*yəli*] (vous), **zij** [*zèy*] (ils, elles).

Voici un exemple d'un *contraste*, où les *formes pleines* sont obligatoires :

- **Ik werk in Zaventem maar zij werkt bij Eurocargo.**
  [*Ik wèrk In zavəntèm, mar zèy wèrkt bèy ørokArRo.*]
  (Je travaille à Zaventem, mais elle travaille chez Eurocargo.)
  (Je travaille à Zaventem, mais elle, elle travaille chez Eurocargo.)

POINT DE GRAMMAIRE

Pronoms personnels et prépositions (*suite*)

Lorsque le *pronom personnel* dans la phrase prend une autre fonction que celle du *sujet*, ce sera forcément celle de l'*objet*, qu'il s'agisse d'un *objet direct* (sans préposition pour le précéder) ou d'un *objet indirect* (un objet précédé d'une préposition). Dans ce cas précis, le *pronom personnel* change une fois de plus de forme.

Comme avant, il y a deux séries de formes parallèles de pronoms : *les formes réduites*, qui sont *dominantes*, et les *formes pleines*. Commençons par les formes réduites :

- **me** [*mə*] (me/moi), **je** [*yə*] (te), **u** [*u*] (vous), **hem** [*əm*] (le/lui), **haar** [*r*] ou [*dr*] (la/lui), **het** [*ət*] (le, impersonnel) ;
- **ons** [*Ons*] (nous), **jullie** [*yəli*] (vous), **hen** [*hèn*] (les/eux/leur).
- **mij** [*mèy*] (me/moi), **jou** [*yaou*] (te/toi), **u** [*u*] (vous), **hem** [*hèm*] (le/lui), **haar** [*har*] (la/lui), **het** [*hèt*] (le, impersonnel) ;
- **ons** [*Ons*] (nous), **jullie** [*yəli*] (vous), **hen** [*hèn*] (les/eux/leur).

Quand le pronom personnel est précédé d'une préposition, il prend la forme *objet*.

Dans la phrase fréquente **Met mij gaat het goed en met jou ?** [*mèt mèy Rat ət Rout èn mèt yaou ?*] (Avec moi va-t-il bien et avec toi ? Je vais bien, et toi ?), vous observez l'utilisation des *pronoms personnels objet* **mij** et **jou**, *formes pleines* en contraste.

Dans la phrase **Ik kijk naar jou** [*Ik kèyk nar yaou.*] (Je regarde vers toi. Je te regarde.), le **jou** est une fois de plus la *forme objet, forme pleine* de la *deuxième personne* du *singulier.*

Voici d'autres exemples :

- **Hij zit naast haar.** [*èy zIt nast har.*] (Il est assis à côté d'elle.)
- **Ze ziet hem.** [*zə zit hèm.*] (Elle voit-il. Elle le voit.)
- **Dit is voor u.** [*dIt Is vor u.*] (Ceci est pour vous.)
- **U bent laat.** [*u bènt lat.*] (Vous êtes en retard.)
- **Ze praten over ons.** [*zə pratə ovər Ons.*] (Ils parlent de nous.)
- **We geloven in jullie.** [*wə Rəlovən In yəli.*] (Nous croyons en vous.)
- **De rechter sprak tot hen.** [*də rèRtər sprAk tOt hèn.*] (Le juge parla à eux. Le juge leur parla.)

Vous serez un peu moins formel en utilisant **Hallo** suivi du nom de famille : **Hallo mevrouw Van Dijk.** [*hAlo məvraou vAn dèyk.*]

Vous serez moins informel en utilisant **Hallo** et le prénom : **Hallo Annie.** [*hAlo Ani.*] (Hello Annie.)

Dans toute circonstance où l'informalité est appropriée, dites **Hallo**.

Quand vous hésitez entre le formel et l'informel, utilisez **Dag** ou **Da-ag**.

La question « Comment allez-vous ? »

Lors d'une occasion, on vous présente à une personne âgée. La maîtresse de maison mentionne votre nom à cette personne. Aux Pays-Bas, certaines personnes âgées utilisent la formule très distante et obsolète :

- **Dag meneer Meunier, hoe maakt u het ?** [*dAR mənér mønyé. hou makt u hèt ?*] (Bonjour monsieur Meunier, comment fabriquez-vous le ? Bonjour, monsieur Meunier, comment allez-vous ?)

L'autre extrême, le plus informel, utilisé par les jeunes est simplement **Hallo**. Vous répétez et rajoutez votre nom :

- **Hallo, ik ben Jean-François**. [*hAlo. Ik bèn JF.*] (Hello. Je suis Jean-François.)

Dans le registe du milieu, il vous reste la salutation neutre :

- **Hoe gaat het met u ?** [*hou Ratət mèt u ?*] (Comment allez-vous ?)

Ensuite, dans le champ informel, il existe les formes suivantes :

- **Hoe gaat het ermee ?** [*hou Ratət ərmé ?*] (Comment ça va ?)
- **Hoe gaat het met jou ?** [*hou Ratət mèt yaou ?*] (Comment vas-tu ?)
- **Hoe gaat het ?** [*hou Ratət ?*] (Comment va ?)

INFO CULTURELLE

Touche pas à ma main !

Les salutations et les rencontres s'accompagnent de certaines formes de contact physique. La poignée de main est la forme la plus habituelle. Aux Pays-Bas, on ne s'embrasse qu'entre amis et parents. Les femmes qui se connaissent bien s'embrassent sur la joue. Il est courant de s'embrasser trois fois (à droite, à gauche, à droite). Les hommes ne s'embrassent généralement pas ni ne se serrent dans les bras. Ils se donnent une poignée de main. Des hommes qui sont amis et veulent démontrer leur amitié se serrent la main et se donnent une tape sur le dos. Un homme, s'il est un ami d'une femme qu'il rencontre, l'embrasse. Les hommes n'embrassent pas leurs supérieurs féminins !

Dans la plupart des rencontres informelles, les hommes néerlandais ne se serrent pas la main ni ne se touchent : ils disent simplement **hallo**. La poignée de main est surtout réservée aux occasions formelles : quand on se rencontre pour la première fois ou lors de situations spéciales telles qu'un anniversaire ou dans toute circonstance justifiant des félicitations. Les hommes néerlandais ne serrent pas non plus la main de leurs voisins : ils disent simplement **dag** (*dAR*), **hallo** (*h'hAlo*) ou **hoi** (*hOy*). Les collègues de bureau qui se voient chaque jour ou chaque semaine ne se serrent pas la main. Au bureau, ils se saluent réciproquement en disant **goedemorgen** (*RoudəmOrRə*) (bonjour) ou **goedemiddag** (*RoudəmIdAR*) (bon après-midi). Des partenaires en affaires se serrent beaucoup la main. Ils le font en arrivant et, quand l'affaire est conclue, en partant. Sous l'influence des autres cultures, les jeunes adoptent souvent des salutations internationales, comme le salut du rappeur ou la poignée de main à chaque rencontre.

INFO CULTURELLE

« Vous embrassez trop ! »

Attention aux poignées de mains, voire aux embrassades. En parlant d'amb(r)assades... À Londres, il fut une époque où l'on surnommait l'ambassade belge « *Shaking hands corner* », paraît-il ! À part cela, un jour, un expatrié américain en Belgique, apprenant de néerlandais, a dit :

« *You kiss too much* » ! C'est vrai que cette dernière remarque s'applique probablement aux Belges en général.

DIFFÉRENCES

Il va sans dire qu'aux Pays-Bas, il y a davantage de retenue lors des rencontres et salutations. En revanche, les néerlandophones emmènent leur habitude du tutoiement au-delà de leurs frontières.

Évitez d'embrasser tout le monde. N'embrassez pas un(e) supérieur(e). Réservons les embrassades (trois bises sur la joue) à

- Certaines femmes qui se connaissent bien ;
- Certains hommes et femmes qui se connaissent bien ;
- Aux enfants ou autres membres de la famille.

La poignée de main pour saluer est exclue dans la plupart des rencontres informelles. Ses origines sont européennes et traditionnelles – paraît-il. Au Moyen Âge, lorsque deux cavaliers se croisaient, ils échangeaient une poignée de main pour montrer qu'ils n'étaient pas armés.

Donnez une poignée de main

- À des hommes ou des femmes, ami(e)s ou relations ;
- Lors d'une première rencontre ;
- Lors des anniversaires ou pour exprimer vos félicitations.

Donner une poignée de main à des collègues le matin au bureau ou aux voisins est excessif. Souvent, il suffit de dire **Hallo**, **Dag**, **Goedemorgen**, etc. Dans le monde des affaires, avant et après la conclusion d'une affaire, on se serre la main.

INFO CULTURELLE

En Belgique, on s'embrasse un peu plus volontiers, les hommes et les femmes surtout ou les femmes entre elles quand elles se rencontrent, mais on n'échange plus qu'un seul baiser sur la joue. Dès qu'il y a une différence hiérarchique on se serre la main ou l'on fait un petit signe de tête avant de dire bonjour. Le mot **goedemorgen** est prononcé *RouyamQrRə*).

Donner la bonne réponse

En France, après le « Comment ça va ? » personne n'attend de réponse. Dans le monde des affaires, vous répondez toujours :

- **Prima.** [*prima.*] (Excellent.)
- **Heel goed.** [*hél Rout.*] (Très bien.)
- **Uitstekend.** [*əytstékənt.*] (Parfaitement bien.)
- **Goed, dank u.** [*Rout. dANku.*] (Bien. Merci.)

Si vous êtes entre amis, vous pouvez dire :

- **Het gaat wel.** [*ət Rat wèl.*] (Ça peut aller.)
- **Niet zo goed.** [*nit so Rout.*] (Pas très bien.)

Il est évident qu'un ami s'inquiétera d'une réponse négative ; il vous demandera sans doute plus d'explications.

Dans des situations formelles, après avoir répondu, vous demanderez à votre tour comment va votre interlocuteur. Le dialogue s'enchaîne de la façon suivante :

- **A – Hoe gaat het met u ?**
  B – Goed. Dank u. En met u ?
  [*Rout. dANk u. èn mèt u ?*]
  (Bien. Merci. Et avec vous ?)
  (Bien. Merci. Et vous ?)

Ce même dialogue, dans une situation informelle, devient :

- **A – Hoe gaat het met je ?**
  B – Met mij prima. En met jou ?
  [*mèt mèy prima. èn met yaou ?*]
  (Avec moi parfait(ement). Et avec toi ?)
  (Je vais très bien. Et toi ?)

Conversation

Dans le dialogue suivant, dans un contexte formel, vous entendrez quelques phrases de personnes âgées.

Marcel Dehaene **Goedenavond mevrouw De Bruyn.**
Roudənavənt məvraou də brəyn.
Bonsoir, Mme De Bruyn.

Hilde De Bruyn **Goedenavond meneer Dehaene. Hoe gaat het met u ?**

Roudənavənt mənér dəhanə. hou Ratət mèt u ?

Bonsoir, M. Dehaene. Comment allez-vous ?

Marcel Dehaene **Uitstekend. Dank u. En met u ?**

əytstékənt. dANku. èn mèt u ?

Tres bien. Merci. Et vous ?

Hilde De Bruyn **Ook goed. Dank u.**

okRout. dANku.

Très bien également. Merci.

Conversation

Vous allez entendre Erik et Mark, d'anciens collègues qui se rencontrent dans un supermarché.

Erik **Hallo Mark !**

hAlo mArk !

Hello Mark !

Mark **Hallo. Hoe gaat het ?**

hAlo. hou Ratət ?

Hello. Comment ça va ?

Erik **Met mij heel goed. En met jou ?**

mèt mèy hél Rout. èn mèt yaou ?

Très bien. Et toi ?

Mark **Wat doe je tegenwoordig ?**

wAdou yə téRənwordəR ?

Que fais-tu à présent ?

Erik **Ik werk bij Expertteam op personeelszaken. En jij ?**

Ik wèrk bèy èkspèrtim Op pèrsonélsakə. èn yèy ?

Je travaille chez Expertteam aux ressources humaines. Et toi ?

Mark **Ik werk als hoofdboekhouder bij Biz Accountants. Woon je nog altijd in Grimbergen ?**

Ik wèrk Als hoftboukhaoudər bèy bizakaountənts. won yə nOR In grImbèrRə ?

Je travaille en tant que chef comptable chez Biz Accountants. Demeures-tu toujours à Grimbergen ?

Erik	**Nee. Ik woon tegenwoordig in Merchtem. Maar ik moet nu snel weg, mijn vrouw en kinderen staan buiten te wachten. Ik bel je.** *né. Ik won téRənwordəR In mèrRtèm. mar Ik mout nu snèl wèR. mən vraou èn kIndərə stan bəytə tə wARtə. Ik bèl yə.* Non. J'habite actuellement à Merchtem. Mais je suis obligé de me dépêcher maintenant ; ma femme et mes enfants m'attendent dehors. Je t'appellerai.
Mark	**OK. Tot ziens.** *oké. tOtsins.* OK. Au revoir.
Erik	**Tot ziens.** *tOtsins.* Au revoir.

Mots clés

met mij goed	mèt mèy Rout	je vais bien
tegenwoordig	téRənwordəR	en ce moment
personeelszaken	pèrsonélsakə	ressources humaines
hoofdboekhouder	hoftboukhaoudər	chef comptable
snel	snèl	rapidement

Se présenter

Dans certains cas, vous devez vous présenter vous-même :

- **Hallo. Ik ben Jessica de Rover.** [*halo. Ik bèn yèsika də rovər.*] (Hello. Je suis Jessica de Rover.)
- **Ik zal me even voorstellen. Ik ben Toni Van Leeuwen.** [*Ik sAl mə évə vorstèlə. Ik bèn toni vAn leouwə.*] (Je vais me un bref instant présenter. Je suis Toni Van Leeuwen. Permettez-moi de me présenter. Je suis Toni Van.

Conversation

Erik arrive à la première réunion avec ses collègues. Il cherche un fauteuil.

Erik : **Goedemorgen, zit hier iemand?**
RoudəmOrRə. zIt hir imAnt ?
Bonjour. Être assis ici quelqu'un ?
Bonjour. Est-ce que cette place est disponible ?

Sofie **Nee hoor. Ga je gang.**
Né hor. Ra yə RAN.
Non écoute. Va ton allure.
Non. Assieds-toi seulement.

Erik **Dank je. Ik ben Erik Ruysdael van personeelszaken.**
daNkyə. Ik bèn érIk rəysdal vAn pèrsonélsakə.
Merci. Je suis Erik Ruysdael aux ressources humaines.

Sofie **Hallo. Ik ben Sofie Lenaerts, de secretaresse van Hans van der Jacht.**
hAlo. Ik bèn sofi lénarts, də səkrétArèsə vAn hAns vAn dər yARt.
Bonjour. Je suis Sofie Lenaerts, la secrétaire de Hans van der Jacht.

Présenter d'autres personnes

Présentez vos collègues, amis, relations :

- **Dit is Sofie Lenaerts, de secretaresse van Hans van der Jacht.**
  [*dIt Is sofi lénarts, də səkrétArèsə vAn hAns vAn dər yARt.*] (Voici Sofie Lenaerts, la secrétaire de Hans van der Jacht.)
- **Dit is mijn collega Jessica de Rover.**
  [*dIt Is mən koléRa yèsika də rovər.*] (Voici ma collègue Jessica de Rover.)

À de jeunes personnes, moins formelles, à qui vous venez d'être présenté, vous dites simplement **Hallo** en leur serrant la main et en répétant votre prénom.

Après la présentation, c'est le moment de poser une première question, par exemple :

- **Bent u een kennis van Erik Ruysdael ?** [*bènt u ən kènIs vAn érIk rəysdal ?*] (Êtes-vous une connaissance d'Erik Ruysdael ?)

Cette première question concerne souvent la relation avec la personne qui vous a présentés l'un à l'autre, mais pas nécessairement.

- **Bent u hier voor het eerst ?** [*bènt u hir vorət erst ?*] (Êtes-vous ici pour la première ? Est-ce la première fois que vous venez ici ?)

Présenter lors d'occasions spéciales

Pour les occasions très formelles, vous réservez les expressions suivantes :

- **Mag ik u even voorstellen ? Jessica de Rover.** [*mAR Ik u évə vorstèlə ? yèsika də rovər.*] (Puis-je vous un bref instant présenter ? Jessica de Rover. Permettez que je vous présente Jessica de Rover.)
- **Mag ik me even voorstellen ? Toni Van Leeuwen.** [*mAR Ik mə évə vorstèlə ? toni vAn léouwə.*] (Puis-je me un bref instant présenter ? Toni Van Leeuwen. Permettez que je me présente : Toni Van Leeuwen.)
- **Prettig met u kennis te maken.** [*prètəR mèt u kènIs tə makə.*] (Agréable avec vous connaissance à faire. Ravi de faire votre connaissance.)
- **Aangename kennismaking.** [*anRənamə kènIsmakIN.*] (Agréable [faire, substantif] connaissance. Enchanté de faire votre connaissance.)
- **Aangenaam.** [*anRənam.*] (Enchanté.)
- **Insgelijks.** [*InsRələks.*] (Pareillement.)

Conversation

Bart Van Ruymbeke, un jeune directeur, rencontre un directeur plus âgé, Hans Van den Heuvel dans une réunion informelle. Ils se connaissent bien, faisant partie du même secteur d'affaires. Hans présente sa femme à Bart.

Bart **Goedenavond Hans.**

Roudənavənt hAns.

Bonsoir Hans.

Hans **Goedenavond Bart. Hoe gaat het ? Mag ik je mijn vrouw Rita voorstellen ?**

Roudənavənt bArt. hou Ratət ? mAR Ik yaou mən vraouw rita vorstèlə ?

Bonsoir Bart. Comment va-t-il ? Puis-je te ma femme Rita présenter ?

Bonsoir Bart. Comment va ? Puis-je te présenter ma femme Rita ?

Bart **Goedenavond mevrouw Van den Heuvel. Ik ben Bart Van Ruymbeke van Biz Accountants. Prettig met u kennis te maken.**

Roudənavənt məvraouw vAn dən høvəl. Ik bèn bArt vAn raymbékə vAn bIs əkaounts. prètəR mèt u kènIs tə makə.

Bonsoir Mme Van den Heuvel, je suis Bart Van Ruymbeke de Biz Accounts. Heureux de vous connaître !

Rita **Insgelijks. Hans heeft mij al veel over u verteld. Woont u nog altijd in Leuven ?**

InsRəlèyks. hAns héft mə Al vél ovər u vartèlt. wont u nOR Altèyt In Løvə ?

Pareillement. Hans a me déjà beaucoup de vous raconté. Habitez-vous toujours à Louvain ?

Moi de même. Hans m'a beaucoup parlé de vous. Habitez-vous toujours à Louvain ?

Bart **Nee. Ik woon nu in Kessel-Lo.**

né. Ik won nu In kèsəlo.

Non. J'habite maintenant à Kessel-Lo.

Un au revoir

Lorsque l'heure de se séparer est arrivée, les mots les plus neutres sont **Tot ziens** [*tOtsins*], **Dag** [*dAR*] ou **Da-ag** [*da-aR*].

INFO CULTURELLE

Le néerlandais sciemment incorrect

Aux Pays-Bas, on a pour habitude d'utiliser deux formules particulièrement informelles :

- **Doei** [*douy*] et
- **Doeg** [*douR*].

Il y a quelques aannées, le Néerlandais Hans Auer publiait ***Zeg nooit doei. Het foute woordenboek van de Nederlandse taal*** [*Ne dites jamais « doei ». Le dictionnaire incorrecte de la langue néerlandaise*]. Son but était de caricaturer une certaine habitude du locuteur de néerlandais langue maternelle, qui cherche à dépasser les limites du « linguistiquement correct ».

Une même tendance existe en Flandre, où la télé (commerciale) se sert du néerlandais sciemment incorrecte : **Bewust Onbeschaafd Nederlands** ou **B.O.N.** Quelle canaille ; -) !

À la fin d'une rencontre réussie, vous pouvez dire :

- **Hou je goed.** [*haou yə Rout.*] (Tiens bon.)
- **Het was gezellig.** [*ət wAs Rəzèləʀ.*] (Ce fut super convivial.)

Si vous avez parlé « projets », vous pouvez dire : **Veel succes !** [*vél suksès.*] (Bonne chance !). Dans le monde des affaires, vous pouvez faire un rappel de ce qui a été décidé : **Ik stuur u zo spoedig mogelijk het voorstel.** [*Ik stur u zo spoudəR moRələk ət vorstèl.*] (J'envoie vous aussi rapidement possible la proposition. Je vous envoie la proposition dans les meilleurs délais.) ou **Ik wacht uw verslag af.** [*Ik wARt uou vərslAR af.*] (J'attends votre rapport.)

Conversation

Sytske et Gerda se sont rencontrées lors d'une partie chez Mike Levinson à Hilversum. Elles se disent au revoir.

Gerda **Het is laat. Ik moet naar huis. Het was leuk om je te leren kennen.**

ət Is lat. Ik mout nar həys. ət wAs løk Om yə tə lérə kènə.

Il est tard. Je dois rentrer. Cela m'a fait plaisir de te rencontrer.

Sytske **Ja, het was gezellig. Veel succes met je plannen.**

ya, ət wAs RəzèləR. vél səksès mèt yə plAnə.

Oui, c'était super convivial. Bonne chance avec tes projets.

Gerda **Bedankt en tot ziens.**

bədANkt èn tOtsins.

Merci et à bientôt.

Au sujet des villes et des pays

Après les salutations et les présentations, vous pouvez essayer une première conversation. Demander d'où vient la personne qu'on vient de vous présenter est un bon début.

Demander d'où vient quelqu'un

Parfois, demander d'où vient quelqu'un est susceptible d'être mal interprété. Imaginez-vous la question suivante : « D'où venez-vous ? » Votre interlocuteur peut vous mener en bateau avec une réponse telle que : « Je viens de sortir de ma voiture. »

Question interdite !

Nous ne vous apprendrons donc pas à poser la question…

- **Waar komt u vandaan ?** [*war kOmt u vAndan ?*] (D'où venez-vous ?)

Mais ces deux questions-ci…

Les bonnes questions à poser !

- **Uit welk land komt u ?** [*əyt wèlk lAnt kOmt u ?*] (De quel pays êtes-vous ?), ou bien :
- **Uit welke stad kom je ?** [*əyt wèlkə stAt kOm yə ?*] (De quelle ville es-tu ?]

Dire d'où vous venez

La réponse à cette question doit commencer par **Ik kom uit…** ou **We komen uit…** suivi du nom d'un village une ville, une région ou d'un pays, dont vous n'aurez peut-être jamais entendu parler.

- **Ik kom uit Kortenhoef.** [*Ik kOm əyt kOrtənhouf.*] (Je viens de Kortenhoef).
- **Ik kom uit Maastricht.** [*Ik kOm əyt mastrIRt.*] (Je viens de Maastricht.)
- **Ik kom uit West-Vlaanderen.** [*Ik kOm əyt wèstflandərə.*] (Je viens de la Flandre-Occidentale.)
- **Ik kom uit Belgisch-Limburg.** [*Ik kOm əyt bèlRis lImbərR.*] (Je viens du Limbourg belge.)

Sachez dire les noms des capitales et pays et européens en néerlandais.

Tableau 4.1. Capitales et pays européens

Capitale		***Pays***	
Berlijn [*bèrlèyn*]	Berlin	**Duitsland** [*dəytslAnt*]	Allemagne
Bern [*bèrn*]	Berne	**Zwitserland** [*zwItserlAnt*]	Suisse
Boedapest [*boudapèst*]	Budapest	**Hongarije** [*hONRarèyə*]	Hongrie
Brussel [*brəsəl*]	Bruxelles [*brusèl*]	België [*bèlRiə*] ▼	Belgique
Dublin [*dəblIn*]	Dublin	**Ierland** [*irlAnt*]	Irlande
Kopenhagen [*kopənhaRən*]	Copenhague	**Denemarken** [*dénəmArkə*]	Danemark
Luxemburg [*luksəmbərR*]	Luxembourg	**Luxemburg** [*luksəmbərR*]	Luxembourg

Lissabon [*lisabOn*]	Lisbonne	**Portugal** [*pOrtuRAl*]	Portugal
Londen [*lOndə*]	Londres	**Engeland** [*èNəlAnt*] ▼	Angleterre
Madrid [*madrIt*]	Madrid	**Spanje** [*spAnyə*]	Espagne
Oslo [*Oslo*]	Oslo	**Noorwegen** [*norwéRə*]	Norvège
Parijs [*parèys*]	Paris	**Frankrijk** [*frANkrèyk*]	France
Praag [*praR*]	Prague	**Tsjechische Republiek** [*tchèRisə républik*]	République tchèque
Rome [*romə*]	Rome	**Italië** [*italiə*] ▼	Italie
Stockholm [*stOkhOlm*]	Stockholm	**Zweden** [*zwédə*]	Suède
Warschau [*wArchaouw*]	Varsovie	**Polen** [*polə*]	Pologne
Wenen [*wénə*]	Vienne	**Oostenrijk** [*ostənrèyk*]	Autriche

Dans le **Tableau 4.1**, méfiez-vous des prononciations dans trois cas (tagués d'un ▼).

- **België** et **Italië** comptent respectivement trois et quatre syllabes. Leur [–ə] final doit être bien audible : [*bèl-Ri-ə*], [*i-ta-li-ə*].
- Dans **Engeland**, le ‹–ng–› au milieu du mot n'est pas suivi d'un [k] ! Donc : [*è-Nə-lAnt*].

Le verbe d'état « être » (ZIJN)

Regardons la conjugaison de ce *verbe « indomptable »* (voir « Le passé », chapitre 2).

Tableau 4.2. Présent du verbe « indomptable » ZIJN

Conjugaison	*Traduction / prononciation*
ZIJN	(être) [zèyn]
ik ben	*Ik bèn*
je bent	
u bent	
ben je ?	
bent u ?	*yə bènt*
u bènt	
bèn yə ?	
bènt u ?	
hij / ze / het is	*èy / zə / ət Is*
we zijn	*wə zèyn*
jullie zijn	*yəli zèyn*
ze zijn	*zə zèyn*

Conversation

Sytske et Étienne font connaissance lors d'une visite au musée.

Étienne **Uit welke stad kom je ?**
əyt wèlkə stAt kOm yə ?
De quelle ville venez-vous ?

Sytske **Uit Leeuwarden in Friesland.**
əyt léouardə In frislAnt.
De Léwarde en Frise.

Étienne **Waar ligt Friesland ?**
war lIRt frislAnt ?
Où se trouve la Frise ?

Sytske **In het noorden van Nederland. En uit welke stad kom jij ?**
Inət nordə vAn nédərlAnt. èn əyt wèlkə stAt kOm yèy ?
Dans le Nord des Pays-Bas. Et de quelle ville viens-tu ?

Étienne **Ik kom uit Luik in België.**
Ik kOm əyt ləyk In bèlRiə.
Je viens de Liège en Belgique.

Le verbe « venir » (KOMEN)

Ce verbe à l'aspect régulier dans le présent est un *verbe fort*, donc « irrégulier » dans sa forme passée. Il s'utilise avec des prépositions :

- **Komen uit. Ik kom uit België.** [*Ik kOm əyt bèlRiə.*] (Je viens de Belgique.)
- **Komen van. Ik kom van de markt.** [*Ik kOm vAn də mArkt.*] (Je viens du marché.)
- **Komen met. Ik kom met de trein.** [*Ik kOm mèt de trèyn.*] (Je viens par le train.)

Tableau 4.3. Présent du *verbe fort* « régulier » KOMEN

Conjugaison	*Traduction / prononciation*
KOMEN	(venir) [*komə*]
ik kom	*Ik kOm*
je komt **u komt** **kom je ?** **komt u ?**	*yə kOmt* *u kOmt* *kOm yə ?* *kOmt u ?*
hij / ze / het komt	*èy / zə / ət kOmt*
we komen	*wə komə*
jullie komen	*yəli komə*
ze komen	*zə komə*

Parlons langues et nationalités

Vous êtes intéressé(e) pour apprendre une ou plusieurs langues ? Lorsque vous allez parler langues et nationalités, vous aurez besoin du vocabulaire nécessaire, que vous trouverez dans le tableau suivant.

Tableau 4.4. Pays, habitant (masculin et féminin), langue

Pays	***Het land***	***De man***	***De vrouw***	***De taal***
Belgique	België [*bèlRiə*]	Belg [*bèlR*]	Belgische [*bèlRisə*]	Frans [*frAns*] Nederlands [*nédərlAnts*] Duits [*dəyts*]
Pays-Bas	Nederland [*nédərlAnt*]	Nederlander [*nédərlAndər*]	Nederlandse [*nédərlAntsə*]	Nederlands [*nédərlAnts*]
Suisse	Zwitserland [*zwItserlAnt*]	Zwitser [*zwItsər*]	Zwitserse [*zwItsərsə*]	Frans [*frAns*] Duits [*dəyts*] Italiaans [*italians*] Rheto-Romaans [*rétoromans*]
Autriche	Oostenrijk [*ostenrèyk*]	Oostenrijker [*ostənrèykər*]	Oostenrijkse [*ostənrèyksə*]	Duits [*dəyts*]
Angleterre	Engeland [*èNəlAnt*]	Engelsman [*èNəlsmAn*]	Engelse [*èNəlsə*]	Engels [*èNəls*]
France	Frankrijk [*frANkrèyk*]	Fransman [*frAsmAn*]	Française	Frans [*frAns*]
Allemagne	Duitsland [*dəytslAnt*]	Duitser [*dəytsər*]	*Duitse* [*dəytsə*]	Duits [*dəyts*]
Italie	Italië [*italiə*]	Italiaan [*italian*]	Italiaanse [*italiansə*]	Italiaans [*italians*]
États Unis	Verenigde Staten [*vərénIRdə statə*]	Amerikaan [*amerikan*]	Amerikaanse [*amerikansə*]	Engels [*èNəls*]

Utilisation de ces termes dans une phrase

- **Sofie Lenaerts komt uit België.** [*sofi lénarts kOmt əyt bèlRiə.*] (Sofie Lenaerts vient de Belgique.)
- **Sofie is Belgische.** [*sofi Is bèlRisə.*] (Sofie est belge.]
- **Mike Levinson komt uit de Verenigde Staten.** [*mayk lèvInsən kOmt əyt də vərénəRdə stata.*] (Mike Levinson vient des États-Unis.)
- **Mike is Amerikaan.** [*mayk Is amerikan.*] (Mike est américain.)
- **Mike heeft de Amerikaanse nationaliteit.** [*mayk heft də amerikansə nasionalitèyt.*] (Mike a la nationalité américaine. Mike est de nationalité américaine.)
- **Jean-François Meunier komt uit Frankrijk.** [*'JFM' kOmt əyt frANkrèyk.*] (Jean-François Meunier vient de France. Jean-François Meunier vient de la France.)
- **Jean-François is Fransman.** [*'JFM' Is frAnsmAn.*] (Jean-François est français.)
- **Jean-François Meunier heeft de Franse nationaliteit..** [*'JFM' heft də frAnsə nasionalitèyt.*] (Jean-François Meunier a la nationalité française. Jean-François Meunier est de nationalité française.)

Le verbe « parler » (SPREKEN)

POINT DE GRAMMAIRE

Ce verbe à l'aspect régulier dans le présent est un *verbe fort*, donc « irrégulier » dans sa forme passée. Il s'utilise avec les prépositions **over**, **met** et **tegen**.

Spreken met.

- **Étienne spreekt met Sytske.** [*E. sprékt mèt sitskə.*] (Étienne parle à Sytske.)

Spreken tegen.

- **Spreek niet tegen me.** [*sprék nit téRə mə.*] (Parle ne pas contre moi. Ne me parle pas.)

Spreken over.

- **Hans Van den Heuvel komt spreken over buitenlandse handel.** [*hAns vAn dən høvəl kOmt sprékənovər bəytənlAntsə hAndəl.*] (Hans Van den Heuvel vient parler du commerce extérieur. Hans Van den Heuvel parlera du commerce extérieur.)

Tableau 4.5. Présent du *verbe fort* « régulier » SPREKEN

Conjugaison	*Traduction / prononciation*
SPREKEN	(parler) [*sprékə*]
ik spreek	*Ik sprék*
je spreekt **u spreekt** **spreek je ?** **spreekt u ?**	*yə sprékt* *u sprékt* *sprék yə ?* *sprékt u ?*
hij / ze / het spreekt	*èy / zə / ət sprékt*
we spreken	*wə sprékə*
jullie spreken	*yəli sprékə*
ze spreken	*zə sprékə*

Conversation

Sytske et Étienne font connaissance lors d'une visite au musée. Le guide parle anglais et espagnol. Étienne remarque que Sytske comprend l'espagnol.

Étienne **Spreek je ook Spaans ?**
sprék yə ok spans ?
Parles-tu aussi l'espagnol ?

Sytske **Ja. Ik spreek Spaans. En Jij ?**
ya. Ik sprék spans. èn yèy ?
Oui. Je parle l'espagnol. Et toi ?

Étienne **Nee. Ik spreek alleen Frans en Duits en een beetje Nederlands. Spreek jij Duits ?**
né. Ik sprék Alén frAns èn dəyts èn ən bétyə nédərlAnds. sprék yèy dəyts ?
Non. Je ne parle que le français et l'allemand et un peu de néerlandais. Parles-tu l'allemand ?

Sytske **Nee. Ik spreek geen Duits. Ik spreek Fries, Nederlands, Engels en Spaans.**
né. Ik sprék Rén dəyts. Ik sprék fris, nédərlAnts, èNəls èn spans.
Non. Je ne parle pas l'allemand. Je parle le frison, le néerlandais, l'anglais et l'espagnol.

Étienne **Spreken alle Nederlanders zoveel talen ?**

sprékə Alə nédərlAndərs zovél talə ?

Est-ce que tous les Néerlandais parlent autant de langues ?

Sytske **Alle Nederlanders leren op school Nederlands en nog twee talen.**

Alə nédərlAndərs lérə OpsRol nédərlAnts èn nOR twé talə.

Tous les Néerlandais apprennent à l'école le néerlandais et deux autres langues.

Mots clés

Engels	eNəls	l'anglais
Duits	dəyts	l'allemand
Spaans	spans	l'espagnol
Fries	fris	le frison
Nederlands	nédərlAnts	le néerlandais
de taal	də tal	la langue
de school	də sRol	l'école

Chapitre 5

Parler de son cocon

Dans ce chapitre :

- Le début du dialogue
- Les informations personnelles
- Au sujet de la famille
- Les façons de dire « non »
- Parler de la pluie et du soleil

Vous avez découvert dans le chapitre précédent la manière de saluer et de se présenter ainsi que celle de dialoguer au sujet des pays, des nationalités et des langues.

À présent, abordons les sujets nécessaires lorsque vous ferez plus ample connaissance.

Un début prometteur

Voyons ensemble les phrases adéquates qui amorcent un dialogue plus étendu.

- **Bent u hier bekend ?** [*bènt u hir bəkè̲nt ?*] (Êtes-vous ici connu ? Est-ce que vous connaissez cet endroit ?)
- **Ben je hier bekend ?** [*bèn yə hir bəkè̲nt ?*] (Es-tu ici connu ? Est-ce que tu connais cet endroit ?)
- **Kent u deze streek ?** [*kènt u dé̲zə strék ?*] (Connaissez-vous cette région ?)
- **Ken je deze streek ?** [*kèn yə dé̲zə strék ?*] (Connais-tu cette région ?)
- **Bent u hier voor de eerste keer ?** [*bènt u hir vor də érstə kér ?*] (Êtes-vous ici pour la première fois ? Est-ce la première fois que vous venez ici ?)

- **Ben je hier voor de eerste keer ?** [*bèn yə hir vor də érstə kér ?*] (Es-tu ici pour la première fois ? Est-ce la première fois que tu viens ici ?)
- **Komt u hier wel vaker ?** [*kOmt u hir wèl vakər ?*] (Venez-vous ici bien plus souvent ? Venez-vous souvent ici ?)
- **Komen we binnenkort aan ?** [*komə wə binəkOrt an ?*] (Venons-nous bientôt [*particule* de **aankomen** = arriver] Arriverons-nous bientôt ?)
- **Moeten we lang wachten ?** [*moutə wə lAN waRtə ?*] (Devons-nous longtemps attendre ? Devrons-nous attendre longtemps ?)

POINT DE GRAMMAIRE

« Si tu le savais une fois… »

Sans doute avez-vous remarqué, dans les phrases ci-dessus, les hésitations dans les traductions, donnant lieu à des écarts entre la traduction « mot à mot » et la traduction en français acceptable.

Il s'agit de l'équivalent français de l'adverbe **wel** [*wèl*] dans la phrase **Komt u hier wel vaker ?** La traduction de **wel** (bien ou si), comme dans **Jawel !** (Si, si) ne s'applique pas. Il en est de même pour le titre « Si tu le savais une fois… », la traduction littérale de **Je moest het eens weten.** (Si tu savais…). Une fois de plus, l'adverbe **eens** [*əs*] (une fois) reste sans traduction. Le conseil est de le considérer comme mot dépourvu de sens. Prenez comme exemple l'expression française « Ma foi ! », difficile à traduire.

En néerlandais, il existe une petite collection de petits mots identiques (qu'on appelle *particules de jugement*) : **dan** [dAn] (alors), **even** [évə] (un bref instant), **nu** [nu] (maintenant, désormais), **maar** [mar] (mais), **soms** [sOms] (des fois).

- **Bedoelt u dan dat u niet komt ?** [*bədoult u dAn dAt u nit kOmt ?*] (Voulez-vous alors dire que vous ne viendrez pas ? Voulez-vous dire que vous ne viendrez pas ?)
- **De wielen slibden even.** [*də wilə slIbdə évə.*] (Les roues dérapèrent pour un bref instant. Les roues dérapèrent.)
- **En als we nu zeggen dat er geen brood meer is ?** [*èn Als wə nu zèRə dAt ər Rén brot mér Is ?*] (Et si nous maintenant disent qu'il ne pas pain plus est ? Et si nous disions qu'il ne reste plus de pain ?)
- **Ga maar zitten.** [*Ra mar zItə.*] (Allez mais asseoir. Assèyez-vous.)
- **Heb je soms een sigaret ?** [*hèp yə sOms ən sigarèt ?*] (As-tu des fois une cigarette ? As-tu une cigarette ?)

Les *particules de jugement* ont tendance à s'accumuler dans la phrase :

- **Ik moet dan maar eerst even nadenken.** [*Ik mout dAn mar érst évən nadèNkə.*] (Je dois alors mais d'abord un peu réfléchir. Je dois d'abord réfléchir.)

Une question commençant par le *verbe conjugué* ne requiert qu'un « oui » ou un « non » comme réponse. Il n'en est pas de même pour une question avec un *mot interrogatif* en tête de phrase.

Les mots interrogatifs

POINT DE GRAMMAIRE

Regardons ensemble les mots interrogatifs qui serviront le mieux vos besoins de communication

- **wie ?** *wi ?* qui ?
- **wat ?** *wAt ?* quoi ?
- **van wie ?** *vAn wi ?* à qui ?
- **welk ?** *wèlk ?* lequel ? / laquelle ?
  welke ? *wèlkə ?*
- **waar ?** *war ?* où ?
- **waarom ?** *warOm ?* pourquoi ?
- **wanneer ?** *wAnér ?* quand ?
- **hoeveel ?** *houvél ?* combien ? quelle quantité ?
- **hoe ver ?** *hou vèr ?* à quelle distance ?
- **hoe lang ?** *hou lAN ?* combien de temps ?

TRUC

Pour les questions de poids, de distance ou d'autres mesures, vous ferez précéder l'adjectif du mot interrogatif **hoe** [*hou*] (comment). Exemples : **veel** [*vél*] (beaucoup), **ver** [*vèr*] (loin), **lang** [*lAN*] (long), **groot** [*Rrot*] (grand), ou autres.

- **Wanneer komen we aan ?** [*wAnér komə wə an ?*] (Quand arrivons-nous ? Quand arriverons-nous ?)
- **Waar gaat u naartoe ?** [*war gat u nartou ?*] (Où allez-vous vers ? Vers où allez-vous ?)
- **Waar ga je naartoe ?** [*war ga yə nartou ?*] (Où vas-tu vers ? Vers où vas-tu ?)
- **Wat is dit voor een restaurant ?** [*wAt Is dIt vor ən rèstaourAnt ?*] (Qu'est-ce comme un restaurant ? Quelle sorte de restaurant est-ce ?)
- **Wie is dat ?** [*wi Iz dAt ?*] (Qui est ça ? Qui est-ce ?)

Si vous posez une question ouverte, qui requiert plus qu'un « oui » ou d'un « non » comme réponse, votre interlocuteur sera amené à vous parler davantage.

- **Hoe lang kent u de familie Sturmèy al ?** [*hou lAN kènt u dəfamili stəmi Al ?*] (Comment long connaissez-vous la famille Sturmèy déjà ? Depuis quand connaissez-vous la famille Sturmèy ?)
- **Kent u Allan Sturmèy goed ?** [*kènt u èlèn stəmi Rout ?*] (Connaissez-vous Allan Sturmèy bien ? Connaissez-vous bien Allan Sturmèy ?)

Échanger des informations personnelles

Vous serez sans doute capable de parler spontanément de vous-même. Généralement, les dialogues se limitent au travail, à la petite famille et au temps. Ce livre vous donnera également l'occasion d'échanger des numéros de téléphone.

Tu fais quoi dans la vie ?

Parler de son travail, c'est aussi préciser dans quel domaine ou corps de métier on appartient. Les phrases sont du type : « Je suis », et ensuite vous mentionnez votre profession, titre ou fonction. Certains noms désignant des métiers ou des professions ont des formes féminines.

- **Ik ben secretaris.** [*Ik bèn səkrétarls.*] (Je suis secrétaire. [masculin]).
- **Ik ben secretaresse.** [*Ik bèn səkrétarèsə.*] (Je suis secrétaire. [féminin]).
- **Ik ben student.** [*Ik bèn studènt.*] (Je suis étudiant.)
- **Ik ben hoogleraar.** [*Ik bèn hoRlérar.*] (Je suis professeur d'université.)
- **Ik ben directeur.** [*Ik bèn dirèktør.*] (Je suis directeur.)
- **Ik ben directrice.** [*Ik bèn dirèktrisə.*] (Je suis directrice.)
- **Ik ben docent.** [*Ik bèn dosènt.*] (Je suis enseignant.)
- **Ik ben docente.** [*Ik bèn dosèntə.*] (Je suis enseignante.)

Actuellement, l'Europe est envahie d'*europidgin* (le *néerlanglais*, voir chapitre 1). Ce dialecte se trouve surtout dans le vocabulaire désignant les fonctions dans les entreprises. Dans un cours de néerlandais, il est inutile de rabâcher les termes tels que **account manager**, **general manager**, **HR assistant**, **supervisor**. De plus, ils ont reçu la civilité dans l'aire francophone, donc vous les connaissez déjà.

Vous trouverez une liste de métiers et professions en néerlandais, anglais et français sur

`http://educatie-en-school.infonu.nl/buitenlands/9694-vertaling-beroepen-nederlands-engels-frans.html`

Au lieu de répondre en donnant votre profession ou votre fonction, vous pouvez indiquer le lieu de votre travail :

- **Ik werk aan de universiteit.** [*Ik wèrk an də univèrzitèyt.*] (Je travaille à l'université.)
- **Ik werk bij een internationaal bedrijf.** [*Ik wèrk bèy ən Intərnasyonal bədrèyf.*] (Je travaille dans une société internationale.)

- **Ik werk in een ziekenhuis.** [*Ik wèrk In ən zikəhèys.*] (Je travaille dans un hôpital.)

Lorsque vous êtes étudiant, vous mentionnez votre filière. Commencez par dire : **Ik studeer…** [*Ik studér*] (J'étudie), puis vous rajoutez :

- **wiskunde** [*wIskəndə*] (les mathématiques)
- **litteratuur** [*litératur*] (la littérature)
- **internationaal recht** [*IntərnasyOnal rèRt*) (le droit international)
- **geneeskunde** [*Rənéskəndə*] (la médecine)

Vous trouverez une liste des appellations des filières à tous niveaux en Flandre et aux Pays-Bas sur les sites

`http://www.ond.vlaanderen.be/onderwijsaanbod/ho/universitair/alle.asp`

`http://www.peterlexis.nl/studie.htm`

Lorsque vous n'appartenez à aucune de ces catégories, les phrases suivantes peuvent être utiles :

- **Ik ben op reis.** [*Ik bèn Op rèys.*] (Je suis en déplacement.)
- **Ik ben op zakenreis.** [*Ik bèn Op zakərèys.*] (Je suis en voyage d'affaires.)
- **Ik ben hier op tijdelijke basis.** [*Ik bèn hir Op tèydələkə bazIs.*] (Je suis ici temporairement.)

Échanger les numéros de téléphone

Lorsque vous êtes le premier à donner votre numéro de téléphone, votre interlocuteur vous communiquera probablement le sien. Si vous souhaitez garder le contact, vous direz : **Ik geef je mijn telefoonnummer in geval je contact met me wilt opnemen.** [*Ik Réf yə mən téléfonumər iNRəvAl yə kOntAkt mèt mə wIlt Opnémə.*] (Je donne-toi mon téléphonenuméro dans cas tu contact avec moi veux prendre. Je te donne mon numéro de téléphone au cas où tu voudrais prendre contact avec moi.)

Généralement, vous écrivez votre numéro de téléphone ou vous présentez votre carte de visite. Vous précisez alors :

- **Dit is mijn mobiele nummer.** [*dIt Is mən mobilə numər.*] (Voici le numéro de mon portable.) (PB)
- **Dit is het nummer van mijn GSM.** [*dIt Isət numər vAmən Ré ès èm.*] (Ceci est mon mobile numéro. Ceci est mon numéro de téléphone portable.)

Comprendre le numéro de téléphone

En dehors de ces mots, il est parfois nécessaire de préciser la structure du numéro et la signification de ses préfixes. Vous les trouverez facilement sur Internet :

http://fr.wikipedia.org/wiki/Numéro_de_téléphone

http://nl.wikipedia.org/wiki/Telefoonnummer

http://nl.wikipedia.org/wiki/Lijst_van_Belgische_zonenummers

Dans un premier temps, retenez quelques-uns de ces termes :

- **De internationale toegangscode is...** [*də Intèrnasyonalə / touRaNskodə*] (Le code d'accès international).
- **Het landnummer is...** [*ət lAntnumər Is...*] (Le préfixe national est...)
- **Het netnummer is...** (PB) [*ət nètnumər Is...*] (Le préfixe régional est...)
- **Het zonenummer is...** (B) [*ət zonənumər Is...*] (Le préfixe régional est...)
- **Het abonneenummer is ...** [*ət AbOnénumər Is...*] (Le numéro d'abonné est...)

Voici une phrase possible pour terminer le dialogue : **Je kunt me altijd bellen.** [*yə kunt mə Altèyt bèlə.*] (Tu peux me toujours appeler. Tu peux m'appeler à tout moment.)

Petite orientation dans les numéros de téléphone

En Belgique, les numéros de téléphone ont toujours neuf ou dix chiffres. Aux Pays-Bas, ils comptent toujours dix chiffres. Ils sont structurés selon le format suivant :

- **internationale toegangscode is...** [*də Intèrnasyonalə touRaNskodə*] (Le code d'accès international).
- **Het landnummer is...** [*ət lAntnumər Is...*] (Le préfixe national est...)
- **Het netnummer is...** (PB) [*ət nètnumər Is...*] (Le préfixe régional est...)
- **Het zonenummer is...** (B) [*ət zonənumər Is...*] (Le préfixe régional est...)
- **Het abonneenummer is ...** [*ət AbOnénumər Is...*] (Le numéro d'abonné est...)

En Belgique, les numéros de téléphone comptent neuf ou dix chiffres. Le premier groupe de deux ou de trois chiffres représente le préfixe du réseau. Les téléphones mobiles ont des préfixes à quatre ou cinq chiffres. Ils commencent par 046, 047, 048 ou 049. Les numéros des grandes villes commencent par 0, suivi par un ou deux chiffres. Voici des exemples :

EN BELGIQUE					
LES PORTABLES					
046 047 048 049	**nul** [*nəl*] (zéro)	**vier**	**zes** **zeven** **acht** **negen**	[*zès*] [*zévə*] [*ARt*] [*négə*]	(six) (sept) (huit) (neuf)
LES FIXES					
02	**Brussel** (Bruxelles)	**nul**	**twee**	[*twé*]	(deux)
03	**Antwerpen** (Anvers)	**nul**	**drie**	[*dri*]	(trente)
09	**Gent** (Gand)	**nul**	**negen**	[*négə*]	(septante / soixante-dix)
050	**Brugge** (Bruges)	**nul**	**vijftig**	[*fèyftəR*]	(cinquante)
016	**Leuven** (Louvain)	**nul**	**zestien**	[*zèstin*]	(seize)
011	**Hasselt**	**nul**	**elf**	[*èləf*]	(onze)

Aux Pays-Bas, les numéros de téléphone comptent toujours dix chiffres. Le premier groupe de deux, trois ou quatre chiffres représentent le préfixe du réseau : 06 pour les téléphones mobiles, 0 plus deux chiffres pour les villes importantes et 0 plus trois chiffres pour les petites villes. Voici quelques exemples :

AUX PAYS-BAS				
06	**LES PORTABLES**	**nul zes**	[*nəl zès*]	(zéro six)
010	**Rotterdam**	**nul tien**	[*nəl tin*]	(zéro dix)
020	**Amsterdam**	**nul twintig**	[*nəl twIntəR*]	(zéro vingt)
030	**Utrecht**	**nul dertig**	[*nəl dèrtIR*]	(zéro trente)
070	**Den Haag** (La Haye)	**nul zeventig**	[*nəl sévətəR*]	(zéro septante / soixante-dix)

FACILE !

Essayons de prononcer quelques numéros des annuaires. Commençons par la façon la plus simple et sans erreur !

- **02-654 78 42 : nul twee, zes vijf vier, zeven acht, vier twee.** [*nəl twé, zès vèyf fir, zévənARt, vir twé.*] (zéro deux, six cinq quatre, sept huit, quatre deux.)

- **020-679 04 28** : **nul twintig, zes zeven negen, nul vier, twee acht.** [*nəl twIntəR, zès zévənéRə, nəl vir, twé ARt.*] (zéro vingt, six sept neuf, zéro quatre, deux huit.)

Notez que vous n'avez qu'à compter jusqu'à vingt. La prononciation des numéros n'est pas standardisée en néerlandais. Or, la même personne, selon les circonstances, a le choix de prononcer entre…

- **0468-32 78 13** : **nul vier zes acht, tweeëndertig, achtenzeventig, dertien.** [*nəl vir zès ARt, twéəndèrtəR, ARtənsévətəR, dèrtin.*] (zéro quatre six huit, trente-deux, soixante-dix-huit / soixante-dix-huit, treize.)

  … et…

- **0468-32 78 13** : **nul vier zes acht, drie twee, zeven acht, een drie.** [*nəl vir zès ARt, drie twé, zévənARt, én dri.*] (zéro quatre six huit, trois deux, six huit).

Les néerlandophones s'accordent sur le préfixe. Ils commencent toujours par zéro, et les dizaines sont prononcées en tant que dizaines, comme dans **nul elf** [*nəl èlf*], **nul tien** [*nəl tin*], **nul zesenvijftig** [*nəl zèsənvèyftəR*]. Quand le préfixe comporte quatre chiffres, il est prononcé comme 0320 **nul drie twee nul** [*nəl dri twé nəl*].

Conversation

Sofie se rend à une soirée, où elle rencontre Mike. Bien que Mike parle un néerlandais presque impeccable, Sofie aimerait en savoir davantage sur lui.

Sofie **Wat heeft u naar Vlaanderen gebracht ?**

wAt héft u nar vlandərə RəbrARt ?

Qu'a vous vers la Flandre amené ?

Qu'est-ce qui vous a amené en Flandre ?

Mike **Ik ben hier op tijdelijke basis. Ik werk voor een internationaal bedrijf.**

Ik bèn hir Op tèydələkə basIs. Ik wèrk vor ən Intèrnasyonal bədrèyf.

Je suis ici à titre temporaire. Je travaille pour une société internationale.

Sofie **En welk bedrijf is dat als ik vragen mag ?**

èn wèlk bədrèyf Is dAt AlsIk fraRə mAR ?

Et quelle société est-ce si je demander peux ?

De quelle société s'agit-il, sans indiscrétion ?

Mike **Ik werk voor Sinalco Duitsland. Die zijn in Kleine Brogel gevestigd.**

Ik wèrk vor sinAlko daytslAnt. di zèyn in klèynə broRəl gəvèstəRt.

Je travaille pour Sinalco Allemagne. Ceux-là sont à Kleine Brogel implantés.

Je travaille pour Sinalco Allemagne. Ils sont implantés à Kleine Brogel.

Sofie **Bent u dan Duitser ?**

bènt u dAn dəytsər ?

Êtes-vous alors allemand ?

Êtes-vous allemand ?

Mike **Mijn moeder is Duitse en mijn vader is Amerikaan.**

mən moudər Is dəytsə èn mən vadər Is amérikan

Ma mère est allemande et mon père est américain.

Sofie **Waar woont u ?**

war wont u ?

Où habitez-vous ?

Mike **In de week woon ik in Diepenbeek. In het weekend ga ik naar Keulen, naar mijn vrouw. Dat is slechts een paar uren rijden. En waar woon jij ?**

In də wek won Ik In dipənbék. In ət wikènt Ra Ik nar kølə, nar mən vraou. dAt Is slèRs ən par urə rèydə. èn war won yèy ?

Pendant la semaine habite-je à Diepenbeek. Pendant le week-end je vais voir ma femme à Cologne. C'est qu'une paire d'heures rouler. Et où habites-tu ?

Pendant la semaine, j'habite à Diepenbeek. Les week-ends, je rejoins ma femme à Cologne. C'est à quelques heures de route. Et où habites-tu ?

Sofie **Ik woon hier. In Hasselt. Blijft u vanavond in Hasselt ?**

Ik won hir. In hAsəlt. blèyft u vAnavənt In hAsəlt ?

J'habite ici. À Hasselt. Resterez-vous ce soir à Hasselt ?

Mike **Nee. Ik rij straks naar huis.**

né. Ik rèy strAks nar həys.

Non. Je rentre dans quelques instants en voiture.

Sofie **O, dus daarom drinkt u geen alcohol. Ik wens u een goede reis !**

o. dəs darOm drINkt u Rén AlkOhOl. Ik wèns u ən Roudə rèys.

Oh, donc pour cela buvez-vous pas d'alcool. Je souhaite vous un bon voyage !

C'est sans doute la raison pour laquelle vous ne buvez pas.

Je vous souhaite un bon voyage !

Parler de ceux qui vous sont chers

Après un long entretien, votre interlocuteur et vous avez échangé les cartes de visite, le moment de parler de votre famille est arrivé.

Restez vigilant ! Ne mélangez pas les deux sphères : ce qui compte pour votre supérieur, c'est votre fonctionnement dans la société, qu'importe votre statut marital. Dans le cadre professionnel, parlons travail.

Dans d'autres circonstances, les femmes parlent plus aisément de leurs enfants.

Sentez-vous libre d'ouvrir une petite parenthèse sur la famille à votre proche entourage. Vous profiterez sans doute du vocabulaire ci-dessous.

- **de ouders** *də aoudərs* les parents
- **de vader** *də vadər* le père
- **de moeder** *də moudər* la mère
- **de kinderen** *də kIndərə* les enfants
- **de zoon** *də zon* le fils
- **de jongen** *də yONə* le garçon
- **de dochter** *də dORtər* la fille (parentée)
- **het meisje** *ət méycha* la fille (non parentée)
- **de broers en de zussen** *də brours èn də zəsə* les frères et les sœurs
- **de grootvader** *də Rrotvadər* le grand-père
- **de opa** *də opa* le papy
- **de grootmoeder** *də Rrotmoudər* la grand-mère
- **de oma** *də oma* la mamy
- **de oom** *də om* l'oncle
- **de tante** *də tAntə* la tante
- **de neef** *də néf* le cousin
- **de neef, het neefje** *də néf, ət néfjə* le neveu
- **de nicht** *də nIRt* la cousine
- **de nicht, het nichtje** *də nIRt, ət nIRyə* la nièce
- **de schoonfamilie** *də sRonfamili* la belle-famille
- **de schoonvader** *də sRonvadər* le beau-père
- **de schoonmoeder** *də sRonmoudər* la belle-mère

- **de schoonzoon** *də sRonzon* le gendre
- **de schoondochter** *də sRondORtər* la bru
- **de schoonzus** *də sRonzəs* la belle-sœur
- **de zwager** *de zwaRər* le beau-frère
- **de schoonbroer** *də sRonbrour* le beau-frère

Un « vriend » n'est pas un « copain »

Incroyable, mais vrai : le néerlandais n'a pas de mot pour « copain/copine ». Il n'y a que le mot **vriend**, qui couvre un très grand nombre de relations, et donc risque de perdre sa signification.

Prenons quelques exemples. Un homme dit **Mijn vriend Marcel.** [*mən vrint mArsèl.*] (Mon ami Marcel.) C'est probablement une connaissance de l'école ou de la fac qui est resté en contact avec le locuteur.

Il utilisera le même mot **vriend** pour parler de son marchand de journaux : **De krantenman is mijn vriend.** [*də krAntəmAn Is mən vrint.*]. Là, il s'agit vraiment d'un copain. Pourtant, en néerlandais, il ne manque pas de vocabulaire pour désigner le copain ; il suffit d'utiliser les mots qui sont devenus « obsolètes » pour un certain public, parmi lesquels **kameraad**, **maat**, et bien d'autres.

Lorsqu'une femme parle de **mijn vriend** [*mən vrint*], sans mentionner de nom, elle se réfère probablement à son compagnon de vie.

Quand elle parle de **mijn vriend Gerda** [*mən vrint Rèrda*], elle désigne certainement une fille de l'école ou de la fac avec laquelle elle a gardé le contact.

Sa « vriendin » est sa compagne

Lorsqu'un homme parle de **mijn vriendin** [*mən vrindIn*], il désigne probablement sa compagne de vie. Dans ce cas-là, il vaudrait mieux parler de **mijn partner** [*mən pArtnər*] (ma compagne).

Les noms des mariés

Il est plus simple de désigner son mari (**mijn man**) [*mən mAn*] ou son époux (**mijn echtgenoot**) [*mən èRtRənot*] ainsi que sa femme (**mijn vrouw**) [*mən vraou*], donc son épouse (**mijn echtgenote**) [*mən èRtRənotə*].

Le et la bien-aimé(e)

Un ado parlera de **mijn vriendin**, tandis qu'une ado mentionnera **mijn vriendje** [*mən vrintyə*] (mon petit ami).

Conversation

Herman a fait la connaissance de Carole, originaire de Strasbourg. Ils assistent tous les deux à un congrès à Bruxelles. Herman et Carole se rencontrent pour la seconde fois ; ils parlent de leur famille.

Herman **Heb je broers en zussen ?**
hèp yə brours èn zəsə ?
As-tu frères et sœurs ?
As-tu des frères et sœurs ?

Carole **Ik heb een zus in Duitsland.**
Ik hèp ən zəs In dəytslAnt.
J'ai une sœur en Allemagne.

Herman **Nou. Ik ook.**
Naou. Ik ok.
Eh bien, moi aussi.

Carole **Is ze ouder of jonger dan jij ?**
Isə yONər Of aoudər dAn yèy ?
Est-elle plus âgée ou plus jeune que toi ?

Herman **Ze is ouder. En die van jou ?**
zə Is aoudər. èn di vAn yaou ?
Elle est plus âgée. Et la tienne ?

Carole **Ze is even oud als ik. We zijn tweelingzussen.**
zə Is évənaout Als Ik. wə zèyn twéliNzəsə.
Elle est aussi vieille que moi. Nous sommes des jumelles-sœurs.
Elle a le même âge que moi. Nous sommes jumelles.

Herman **Heeft jouw zus kinderen ?**
héft yaou zəs kIndərə ?
A ta sœur enfants ?
Ta sœur a-t-elle des enfants ?

Carole **Ja, twee. Een jongen en een meisje.**
ya twé. ən yONə èn ən mèychə.
Oui, deux. Un garçon et une fille.
Oui, elle en a deux : un garçon et une fille.

Herman **Dus je hebt een neefje en een nichtje.**
dəs yə hèbt ən néfyə èn ən nIRyə.
Alors, tu as un neveu et une nièce.

Carole	**Ja. dat klopt.** *ya. dAt klOpt.* Oui. Ça frappe. Oui, c'est exact.

Mots clés

ouder dan	aoudər dAn	plus âgé que
jonger dan	yONər dAn	plus jeune que
even oud als	évən aout Als	aussi âgé que
die van jou	di vAn yaou	la tienne
de tweeling	də twélIN	les jumeaux
tweelingzussen	twélINzəsə	des sœurs jumelle
dat klopt	dAt klOpt	c'est exact

Savoir dire « non »

La négation en néerlandais s'exprime par deux mots :

- **niet** [*nit*] (ne pas) et
- **geen** [*Rén*] (pas de).

Geen est la contraction de

- **niet + een** ou de
- **niet + ø** (*l'article zéro* du *pluriel indéfini.*) (Voir « L'article », chapitre 2.)

Niet se place devant la partie de la phrase qui doit être niée.

- **Mijn zus is niet getrouwd.** [*mən zəs Is nit Rətraouwt.*] (Ma sœur n'est pas mariée.)
- **Ik ben niet rijk.** [*Ik bən nit rèyk.*] (Je ne suis pas riche.)
- **Ik luister niet naar jou.** [*Ik ləystər nit nar yaou.*] (J'écoute pas à toi. Je ne t'écoute pas.)

Geen se place devant un nom.

- **Mijn zus heeft geen kinderen.** [*mən zəs héft Rén kIndərə.*] (Ma sœur n'a pas d'enfants. Ma sœur n'a pas d'enfant.)
- **Ik heb geen geld.** [*Ik hèp Rén Rèlt.*] (Je n'ai pas d'argent.)
- **Ik heb geen auto.** [*Ik hèp Rén aouto.*] (Je n'ai pas de voiture.)

Geen se place devant un *groupe nominal* (= *adjectif* + *nom* – voir « L'article », chapitre 2).

- **Mijn zus heeft geen kleine kinderen.** [*mən zəs héft gén klèynə kIndərə.*] (Ma sœur n'a pas de petits enfants. Ma sœur n'a pas d'enfants en bas âge.)
- **Ik heb geen zwarte auto.** [*Ik hèp Rén zwArtə aouto.*] (Je n'ai pas de voiture noire.)
- **Ik heb geen briefje van vijf euro.** [*Ik hèp Rén brifyə vAn vèyf øro.*] (Je n'ai pas de billet de cinq euros.)

INFO CULTURELLE

Relations avec les voisins

Les Néerlandais passent beaucoup de temps à la maison ou autour de la maison, surtout en hiver. Leur maison est leur château, et en général ils n'aiment pas les visites impromptues, à moins qu'elles ne leur soient rendues par de très bons amis. S'ils vous demandent : **Kom eens langs** (*kOm əs lANs*) (Viens nous voir un de ces jours), vous devez répondre : **Wanneer komt dat uit?** (*wAnér kOmt dAt əyt?*) **Wanneer past het (voor jullie)?** (*wAnér pAstət for yəli?*) (Quand est-ce que ce serait commode pour vous ?) Ils regarderont dans leur agenda ou devront d'abord en parler avec leur compagne ou compagnon.

Ils vous diront alors quand : le matin ou l'après-midi, pour prendre un café, avant le repas du soir, pour dîner ou juste prendre un verre. Si vous être très familiarisé avec vos voisins et si vous entrez parfois simplement chez eux, ne faites pas cela à l'heure du dîner, entre 18 et 19 heures. Vos voisins se sentiraient embarrassés. De même, vos voisins s'abstiendront de vous rendre visite à l'heure du dîner.

Parler de la pluie et du beau temps

Voici quelques expressions « qui font la pluie et le beau temps ».

Quel temps fait-il ?

Vous commencez la phrase par **Het is…** (Il fait…) :

- **Het is fris.** [*ətIs frIs.*] (Il fait frais.)
- **Het is koud.** [*ətIs kaout.*] (Il fait froid.)
- **Het is mooi weer.** [*ətIs mOy wér.*] (Il fait beau.)
- **Het is warm.** [*ətIs wArm.*] (Il fait chaud.)
- **Het is heet.** [*ətIs hét.*] (Il fait très chaud.)

Si vous attendez une réponse de votre interlocuteur, vous terminerez votre phrase par la particule **hè ?** [*hè ?*] (n'est-ce pas ?). Exemples.

Tôt le matin, en hiver, il fait toujours nuit, vous constatez que le pare-brise de votre voiture est recouvert d'une couche de givre. Vous vous mettez à racler. Au même moment, le voisin sort de chez lui et constate la même chose pour sa voiture. Il vous adresse la parole :

Voisin **Koud, hè ?**
kaout, hè ?
Il fait froid, n'est-ce pas ?

Vous **Ja. Ik moet hard krabben.**
ya. Ik mout hArt krAbə.
Oui. Je suis obligé de racler fort.

C'est la canicule. Mike et son épouse sont obligés de se déplacer en voiture aux environs de midi. Il s'adresse à son épouse :

Mike **Wat een hitte, hè ?**
wAt ən hItə, hè ?
Quelle chaleur, n'est-ce pas ?

Son épouse **Ja. Hadden we maar een airco.**
ya. hAdə wə mar ən èrko.
Oui. Si seulement nous avions la clim.

Temps sur « variable fixe »

Si l'on en croit la météo française, la frontière belge formerait une barrière contre le beau temps, voire le climat clément du Midi. Il est vrai qu'à hauteur de la Belgique, le temps est différent de celui de la France. Parfois, les Belges disent : « Aujourd'hui, il a cessé de pleuvoir cent fois » ou : « Le temps s'éclaircit d'un nuage sombre. » À la météo, on dira : « Éclaircies cette nuit.

Ensuite de la pluie alternée d'averses. » Si vous voulez parler du temps, voici le vocabulaire incontournable :

- **Het is zonnig.** [*ət IsQnəR.*] (Il y a du soleil.)
- **Het is bewolkt.** [*ət Is bəwQlkt.*] (Il est nuageux. C'est nuageux.)
- **Het is mistig.** [*ət Is mIstəR.*] (Il y a du brouillard.)
- **Het is regenachtig.** [*ət Is réRənARtəR.*] (Il est pluvieux. C'est pluvieux.)
- **Het is winderig.** [*ət Is wIndərəR.*] (Il y a du vent.)
- **Het vriest.** [*ət vrist.*] (Il gèle.)

En suivant les prévisions à la télé, vous pouvez entendre les phrases suivantes :

- **Het gaat vriezen.** [*ət Rat vrizə.*] (Il va geler.)
- **Opklaringen afgewisseld met buien.** [*QpklarINə AfRəwIsəlt mèt bəyə.*] (Des éclaircies alternées d'averses.)
- **Het gaat regenen.** [*ət Rat réRənə.*] (Il va pleuvoir.)
- **Het klaart op.** [*ət klart Qp.*] (Le ciel s'éclaircit.)
- **We krijgen zonnige periodes.** [*wə krèyRə zQnəRə périQdəs.*] (Il y aura des périodes ensoleillées.)
- **Het houdt op met regenen.** [*ət haout Qp mèt réRənə.*] (Il termine de pleuvoir. Il ne pleut plus.)
- **Het gaat onweren.** [*ət Rat Qnwérə.*] (Il y aura des orages.)
- **'s Ochtends is er kans op mist.** [*sQRtəns Is ər kAns Op mIst.*] (Le matin, il pourrait y avoir du brouillard.)
- **'s Ochtends is er kans op ijzel.** [*sQRtəns Is ər kAns Op èyzəl.*] (Le matin, il pourrait y avoir du verglas.)

Le langage du thermomètre

Le thermomètre a aussi sa place dans les conversations de la pluie et du beau temps.

- **Het is min tien.** [*ət Is mIn tin.*] (Il y a moins dix. Il fait moins dix.)
- **Het is tien graden onder nul.** [*ət Is tin gradən Qndər nəl.*] (Il fait dix degrés en dessous de zéro.)
- **Het is dertig graden in de schaduw.** [*ət Is dèrtəR Rradə In də sRaduou.*] (Il fait trente degrés à l'ombre.)

La fin de la conversation se présente comme suit :

- **Morgen wordt het nog kouder.** [*mOrRə wOrtət nOR kaoudər.*] (Demain il fera encore plus froid.)

  ou

- **Morgen wordt het nog warmer.** [*mOrRə wOrtət nOR wArmər.*] (Demain il fera encore plus chaud.)

Conversation

Gerda et Jessica sont membres du même club de gym. En été, elles pratiquent d'autres sports en plein air. Elles ont convenu de faire du jogging ensemble samedi matin à 10 heures. Elles se retrouvent au club gym.

Gerda **Hallo Jessica. Hoe gaat het ?**

hAlo yèsika. hou Ratət ?

Salut Jessica. Comment ça va ?

Jessica **Hallo Gerda, met mij prima, maar ik ben bang dat het gaat regenen.**

hAlo Rèrda. mèt mèy prima. mar Ik bèn bAN dAtət Rat réRənə.

Hello Gerda, avec moi super, mais je suis peur qu'il va pleuvoir.

Hello Gerda, je vais bien, mais j'ai peur qu'il pleuve.

Gerda **Denk je dat echt ? Het weerbericht zegt dat het vanmiddag pas gaat regenen.**

dèNk yə dAt èRt ? ət wérbərlRt zèRt dAtət vAmIdAR pAs gat réRənə.

Penses-tu vraiment ? La météo dit qu'il cet après-midi seulement.

Crois-tu vraiment ? La météo dit qu'il va pleuvoir cet après-midi seulement.

Jessica **Nou, het is nu al erg bewolkt. We hebben voorzien om de lange route te lopen, maar misschien is het beter de korte te nemen.**

naou, ət Is nu Al èrR bəwOlkt. wə hèbə vorzin Om də lANə routə tə lopə, mar mIsRin Isət bétər də kOrtə tə némə.

Eh bien, il est maintenant déjà très nuageux. Nous avons prévu pour le long parcours à courir, mais peut-être est-il mieux prendre pour le court à prendre.

Eh bien, le temps est déjà très couvert. Nous avions prévu de courir la longue route, mais peut-être vaut-il mieux prendre la courte.

Gerda **Ik wil dolgraag de lange lopen. Kijk, de lucht klaart op, laten we nu gaan ! In het park kunnen we nog besluiten of we de lange of de korte route nemen.**

Ik wIl dOlRrar də lANə lopə. kèyk, də ləRt klart Op, latən wə nu Ran ! Inət pArk kanə wə nOR bəslayta Of wə də lANə Of də kOrtə némə.

Je veux très volontiers la longue courir. L'air s'éclaircit, laissons-nous maintenant aller ! Dans le parc pouvons-nous encore décider si nous la longue ou la courte prenons.

J'ai très envie de courir la plus longue. Regarde, le ciel s'éclaircit. Filons maintenant ! Dans le parc, nous aurons encore le temps de choisir le trajet long ou court.

Jessica **OK. Laten we dan gaan !**

oké. latə wə dAn Ran !

OK. Laissons-nous alors aller !

OK. Alors, allons-y !

Mots clés

bang zijn	bAN zèyn	avoir peur
het weerbericht	ət wérbərIRt	le bulletin météo
een route lopen	ən routə lopə	courir (un parcours)
laten we gaan	latə wə Ran	allons-y
pas	pAs	seulement
voorzien	vorzin	prévoir
opklaren	Opklarə	s'éclaircir

Chapitre 6

Satisfaire son estomac

Dans ce chapitre :

- Les mangeurs de pommes de terre
- Dresser la table
- Le pluriel des substantifs
- Les verbes de la table
- Choisir un restaurant
- Faire une réservation
- Les conversations au restaurant
- Rester aimable
- À la carte
- Les boissons
- La cuisson du steak
- Le pourboire
- Le verbe du repas acheté chez le traiteur : **meenemen**

La gastronomie est un excellent moyen pour apprendre à connaître les cultures, les langues et les pays. Cuisiner soi-même ou se restaurer à l'extérieur permet des échanges enrichissants avec le monde qui nous entoure.

Bon appétit !

« Les Pays-Bas ont-ils une culture gastronomique ? » Cette question est généralement soulevée par les apprenants francophones de néerlandais qui ne connaissent pas les Pays-Bas. Au XIXe siècle, les Néerlandais mangeaient, comme les Flamands, les Belges, les Irlandais et les autres peuples du Nord, de la pomme de terre. Cette identité culturelle fut entérinée par le peintre néerlandais Vincent Van Gogh (1853-1890), plus précisément par la toile

De aardappeleters. [*də ardApəlétərs.*] (*Les Mangeurs de pommes de terre.*) (1885).

Ce fut une terrible époque, ce qu'on appelait en France la « Belle Époque ». À cette période, lorsque les pommes de terre pourrissaient dans les champs à cause des trombes d'eau, cela provoquait famine ou exode. Vers 1830, beaucoup de familles d'agriculteurs flamandes ont définitivement émigré vers la France.

Il est indéniable que le « mercantilisme » néerlandais a permis un enrichissement de la gastronomie aux Pays-Bas. À partir des années cinquante, le commerce des épices (gingembre, cannelle, piments) apporta dans la cuisine néerlandaise des saveurs exotiques sans pareilles aux plats préparés par des allochtones. Les restaurants chinois, indiens, indonésiens ou orientaux s'installèrent partout aux Pays-Bas, pour déferler ensuite sur le continent européen.

L'après-guerre en Belgique et aux Pays-Bas sera marqué par l'arrivée des friteries. Les menus de cette cuisine sur le pouce afficheront – une fois de plus – des pommes de terre frites, accompagnées d'aliments frits ou de ragoûts avec des sauces froides ou chaudes. Les friteries belges et néerlandaises sont des incontournables pour les expatriés.

Il y a quelques années, l'écrivain néerlandais Gerrit Komrij, demeurant au Portugal, a confié à la presse que l'aliment qui lui manquait le plus était la **rookworst** [*rokwOrst*] (saucisse fumée chaude) du Hema. (`www.zichtopmaastricht.nl/tekst/digitale_biografie/uw_verhalen/rookworsten_van_de_hema`).

Les « carences » gastronomiques des expatriés belges tournent essentiellement autour du **filet américain préparé** (steak tartare, préparé à la belge) (`www.familles.com/v4/forums/forums-familiaux-cuisine-recherche-recettes-belges-t246016.html`).

Les quelques bribes de cuisine belgo-néerlandaise peuvent suffire pour éviter que ce livre ne se trouve dans les rayons cuisine des librairies. À tous ceux qui veulent se perfectionner dans ces spécialités, voire les concocter à domicile pour surprendre les indigènes en visite, il est conseillé de visiter les sites mentionnés ci-dessous. Aux cordons bleus, il est déconseillé d'accepter le défi de préparer des **smoutebollen** [*smaoutəbOlə*] (beignets) et les **poffertjes** [*pOfərtyəs*] (poffertjes). Vous en aurez pour une journée entière en hiver !

`www.que-faire-en-belgique.be/en_pratique/que_visiter_belgique_par_theme_specialite.htm`

`http://nl.wikipedia.org/wiki/Lijst_van_Belgische_gerechten`

`www.amb-pays-bas.fr/la-cuisine-neerlandaise.phtml`

Dresser la table

Les couverts que vous êtes susceptible de trouver sur la table, sont les suivants :

- **glas** t *RlAs* le verre
- **bord** t *bOrt* l'assiette
- **soepbord** t *soubOrt* l'assiette creuse
- **servet** t *sèrvèt* la serviette
- **vork** *vOrək* la fourchette
- **lepel** *lépəl* la cuillère
- **lepeltje** t *lépəltyə* la petite cuillère
- **kopje** t *kOpyə* la tasse
- **tafelkleed** t *tafəlklét* la nappe

S'il manque quelque chose sur la table, vous demandez au serveur :

- **Mag ik een lepel, alstublieft ?** [*mAR Ik ən lépəl Alstublift ?*] (Puis-je une cuillère, s'il vous plaît ? Puis-je avoir une cuillère, s'il vous plaît ?)

Le singulier à droite et le pluriel à gauche

Le singulier s'utilise quand on parle d'un seul exemplaire ou événement, etc. ; le pluriel s'emploie pour évoquer plusieurs exemplaires, individus ou spécimens, etc. Les *noms* néerlandais se présentent donc sous deux formes : le singulier, qui est la forme sous laquelle le nom est répertorié dans le dictionnaire, et le pluriel, dont on trouve la terminaison également dans le dictionnaire au même endroit.

Quant à la formation des pluriels, il y a de bonnes et de mauvaises nouvelles. La bonne nouvelle est que, *grosso modo*, la terminaison à rajouter au *nom* n'a que deux formes :

Singulier	Pluriel
Radical	Terminaison
NOM +	**– (e) n**
	– s

La mauvaise nouvelle est qu'il n'y a pas de règle permettant de fixer le choix entre les deux terminaisons. C'est la raison pour laquelle le mini dictionnaire (voir Annexes) vous fournira la terminaison à choisir pour chacun des *noms* de ce livre.

Regardons ensemble quelques exemples de pluriels tout en restant dans le domaine de la table :

Type 1 + –en

- **bord t** *bOrt* **borden** *bOrdə* l'assiette / les assiettes
- **vork** *vOrək* **vorken** *vOrkə* la fourchette / les fourchettes

On ne prononce pas le **–n** à la fin.

Type 2 + –s

- **lepel** *lépəl* **lepels** *lépəls* la cuillère / les cuillères
- **lepeltje** t *lépəltyə* **lepeltjes** *lépəltyəs* la petite cuillère / les petites cuillères
- **kopje** t *kOpyə* **kopjes** *kOpyəs* la tasse / les tasses

Les diminutifs (**lepeltje**, **kopje**) prennent toujours **–s** au pluriel.

Type 3 + –en avec complications d'orthographe

Vous savez, les règles de l'orthographe, ça ne rigole pas. Rappelez-vous : le néerlandais s'écrit par syllabe. Ne l'oubliez pas, sinon, reprenez la lecture de la fin du chapitre 1 et le début du chapitre 2.

- **servet** t *sèrvèt* **servetten** *sèrvètə* la serviette / les serviettes
- **tafelkleed** t *tafəlklét* **tafelkleden** *tafəlklédə* la nappe / les nappes

Observez la différente disposition des syllabes dans

ser-vet et **ser-vet-ten** et dans

ta-fel-kleed et **ta-fel-kle-den**.

Type 4 + –en avec modification de radical nominal

Il y a de l'irrégularité dans l'air, même dans le pluriel d'un *nom* anodin comme **glas t**.

- **glas** t *RlAs* **glazen** *Rlazə* le verre / les verres

Le *vocal* du *radical nominal* (le [A]) du singulier, se transforme en [a] au *pluriel* ! Par conséquent, le *pluriel* du nom **glas** comporte deux difficultés : 1° une complication d'orthographe qui ne s'applique pas car 2° il y a changement du *vocal du radical.*

Verbes essentiels à table

Les mots exprimant les actions quotidiennes sont les plus faciles à retenir, paraît-il. Une pensée pour Rabelais, qui connaissait parfaitement le sens d'une bouteille : « C'est de boire ! » – **drinken** [*drINkə*]. Par analogie, le sens du restaurant est de manger – **eten** [*étə*].

Tableau 6.1. Présent du *verbe fort*, DRINKEN

Conjugaison	*Traduction / prononciation*
DRINKEN	(boire) [*drINkə*]
ik drink	Ik drINk
je drinkt **u drinkt** **drink je ?** **drinkt u ?**	*yə drINkt* *u drINkt* *drINk yə ?* *drINkt u ?*
hij / ze / het drinkt	*èy / zə / ət drINkt*
we drinken	*wə drINkə*
jullie drinken	*yəli drINkə*
ze drinken	*zə drINkə*

Tableau 6.2. Présent du *verbe fort*, ETEN

Conjugaison	*Traduction / prononciation*
ETEN	(manger) [*étə*]
ik eet	*Ik ét*
je eet **u eet** **eet je ?** **eet u ?**	*yə ét* *u ét* *ét yə ?* *ét u ?*
hij / ze / het eet	*èy / zə / ət ét*
we eten	*wə étə*
jullie eten	*yəli étə*
ze eten	*zə étə*

Observez la différente disposition des syllabes dans **eet** et **e-ten**.

Au restaurant

Parfois l'apprenant français se demande pourquoi il n'y a pas de restaurants aux Pays-Bas. Le déjeuner est traditionnellement un repas froid. Il se compose de :

- **boterhammen** [*botərAmə*] (tartines) **met beleg** [*mèt bəlèR*] (garnies).

Vous découvrirez la multitude des garnitures gourmandes en barquettes ;

- **bakjes** [*bAkyəs*] – au rayon frais à l'heure du déjeuner dans les magasins d'alimentation.

Choisir un restaurant

Il est évident que dans les villes cosmopolites on trouve un grand choix de restaurants.

- **een Chinees restaurant** [*ən chinés rèstorAn*] (un restaurant chinois). Il y en a pour tous les goûts et de toutes influences ; parfois il est difficile d'en trouver un « authentique » ;
- **een Argentijns grillrestaurant** [*ən ArRèntèyns RrIlrèstorAn*] (un grill argentin) ;
- **een Japans restaurant** [*ən yApAns rèstorAn*] (un restaurant japonais) ;
- **een Chinees-Indonesisch restaurant** [*ən chinés Indonézis rèstorAn*] (un restaurant indonésien). C'est le type de restaurant oriental dominant aux Pays-Bas. Ils proposent traditionnellement une
- **rijsttafel** [*rèystafəl*] (table de riz). Celle-ci est servie pour plusieurs personnes et se compose d'un grand plat de riz blanc accompagné d'un nombre étonnant de sauces et de petits plats curieux. Ce dernier restaurant n'est pas à confondre avec
- **een Indiaas restaurant** [*Indias rèstorAn*] (un restaurant indien), sans oublier le populaire traiteur chinois, appelé
- **een meeneemchinees** [*ən ménémchinés*] (un chinois à emporter) ; **meenemen** [*ménémə*] = emporter. Approfondissons le sujet en évoquant
- **een Thaïs of Viëtnamees restaurant** [*ən tays Of vyètnAmés rèstorAn*] (un restaurant thaï ou vientnamien) ;

- **een visrestaurant** [*ən vIsrèstorAn*] (un restaurant de poisson) ;
- **een vegetarisch restaurant** [*ən véRétaris rèstorAn*] (un restaurant végétarien) ;
- **een zakenrestaurant** [*ən zakənrèstorAn*] (un restaurant d'affaires).

La cuisine sur le pouce

La cuisine sur le pouce est très présente aux Pays-Bas et en Flandre. Il suffit d'évoquer les deux champions de renommée internationale :

- **het frietkot** ou **het krietkraam** [*fritkOt, fritkram*] (une friterie en cabane ou ambulante), en *ex æquo* avec le marchand ambulant de hareng :
- **het haringkraam** [*harINkram*]. À côté, vous trouverez…
- **de broodjeswinkel** [*brotyəswINkəl*]. Il s'agit d'une sandwicherie ou, surtout en Belgique, d'un charcutier-traiteur qui vend des **pistolets** [*pistolés*], de petits pains fourrés de différentes déclinaisons du fameux **filet américain préparé** (steak tartare, préparé à la belge) et de petits légumes. Il vous laissera le choix de toutes ses charcuteries pour garnir vos **pistolets !**

La cuisine de bistrot

On n'en finit pas avec les différentes cuisines. Vous préférerez peut-être prendre votre déjeuner dans une brasserie ou dans un bistrot en tant qu'amateur de bonnes bières. À côté de ces breuvages dont la Belgique a édifié une réputation mondiale, on vous proposera des plats froids ou chauds :

- **een portie kaas** [*ən pOrsi kas*] (une portion de fromage) ;
- **een portie leverworst** [*ən pOrsi lévərwOrst*] (une portion de saucisse de pâté de foie) ;
- **een portie saté** [*ən pOrsi saté*] (des brochettes de porc façon satay) ;
- **een portie bitterballen** [*ən pOrsi bItərbAlə*] (une portion de mini croquettes de viande) ;
- **friet met stoofkarbonade** [*frit mèt stofkArbOnadə*] (une portion de frites au bœuf flamand ou bourguignon, ce qui revient au même) ;
- **garnaal- en kaaskroketten** [*RArnal èn kaskrOkètə*] (des croquettes de crevettes et de fromage) ;
- **friet met mosselen** [*frit mèt mOsələ*] (moules-frites).

À suivre.

INFO CULTURELLE

Manger des harengs

La génération plus âgée adore le hareng. Bien que beaucoup de jeunes soient horrifiés à l'idée de manger du poisson cru, le hareng salé, garni avec de l'oignon, est proposé comme un véritable délice dans les soirées et les réceptions. En particulier, les premiers harengs jeunes de la saison, **nieuwe haring** (*niouiə harIN*), vendus en mai, sont délicieux et chers. Toutefois, dans les grandes villes et sur les marchés traditionnels, les poissonneries vendent cette spécialité néerlandaise à ceux qui l'adorent. Essayez-la quand vous avez bu beaucoup de bière le soir précédent. On dit que le hareng est un remède contre la gueule de bois !

Faire une réservation

Les phrases suivantes vous seront utiles :

- **Ik wil graag een tafel reserveren.** [*Ik wIl RraR ən tafəl rézèrvérə.*] (Je veux volontiers une table réserver. Je voudrais réserver une table.)
- **Ik wil een tafel reserveren voor vier personen om zeven uur. Is dat mogelijk ?** [*Ik wIl ən tafəl rézèrvérə vor vir pərsonə Om zévənur. Is dAt moRələk ?*] (Je veux une table réserver pour quatre personnes à sept heures. Est-ce possible ? Je voudrais réserver une table pour quatre personnes à sept heures. Est-ce possible ?)

Soyez précis et mentionnez l'heure et la date :

- **voor vanavond** [*vor vAnavənt*] (pour ce soir)
- **voor morgenavond** [*vor mOrRənavənt*] (pour demain soir)
- **voor zaterdagavond** [*vor zatərdARavənt*] (pour samedi soir)
- **voor zondagavond** [*vor zOndARavənt*] (pour dimanche soir)

Lorsque vous souhaitez vous exprimer par des phrases complètes, utilisez celles-ci :

- **Ik wil graag een tafel voor vanavond reserveren.** [*Ik wIl RraR ən tafəl vor vAnavənt rézèrvérə.*] (Je veux volontiers une table pour ce soir réserver. Je voudrais réserver une table pour ce soir.)
- **Hebt u een tafel voor morgenavond om zeven uur ?** [*hèptu ən tafəl vor mOrRənavənt Om zévənur ?*] (Avez-vous une table pour demain soir à sept heures ?)

Conversation

Bart et son collègue Koen [*koun*] veulent essayer le restaurant Newton. Marc appelle pour faire une réservation.

Restaurant **Newton. Met Olivia.**
nyoutOn. mèt Olivia.
Newton. Avec Olivia.
Newton. Olivia à l'appareil.

Koen **Hallo. Ik wil graag een tafel reserveren voor vanavond.**
hAlo. Ik wIl RraR ən tafəl rézèrvérə vor vAnavənt.
Hello. Je veux volontiers une table réserver pour ce soir.
Bonjour. Je voudrais réserver une table pour ce soir.

Restaurant **Voor hoeveel personen ?**
vor houvél pèrsonə ?
Pour combien de personnes ?

Koen **Voor twee personen graag. Hebt u een tafel vrij om acht uur ?**
vor twé pèrsonə RraR. hèptu ən tafəl vrèy Om ARtur ?
Pour deux personnes s'il vous plaît. Avez-vous une table libre à huit heures ?
Pour deux personnes, s'il vous plaît. Avez-vous une table libre à huit heures ?

Restaurant **Het spijt me. Om acht uur zijn we volgeboekt. Er is een tafel vrij om half negen.**
ət spèyt mə. Om ARt ur zèyn wə vOlRəboukt. ər Is ən tafəl vrèy Om hAlf néRə.
Désolé. À huit heures sommes-nous complets. Il y a une table libre à demi neuf.
Désolé. Pour huit heures, nous sommes complets. Il y a une table libre à huit heures et demie.

Koen **Nou. Half negen is ook goed.**
naou. hAlf néRə IsokRout.
Ma foi. Demi neuf est aussi bien.
Ma foi. Huit heures et demie convient également.

Restaurant **Mag ik uw naam misschien ?**
mAR Ik u nam mIsRin ?
Puis-je votre nom peut-être ?
Puis-je avoir votre nom, s'il vous plaît ?

Koen	**Van Hoorelbeke.** *vAn hOrəlbékə.* Van Hoorelbeke.
Restaurant	**OK. Ik heb een tafel voor u gereserveerd om half negen vanavond.** *oké. Ik hèp ən tafəl vor u Rərézèrvért Om hAlf néRə.* OK. J'ai une table pour vous réservée à demi neuf ce soir. OK. Je vous ai réservé une table pour ce soir à huit heures et demie.
Koen	**Bedankt. Tot vanavond.** *bədANkt. tOtfAnavənt.* Merci. À ce soir.

Entrer au restaurant et prendre place

Si vous arrivez dans un restaurant sans réservation, les phrases suivantes pourront être utiles :

- **Heeft u plaats voor twee personen ?** [*héft u plats vor twé pèrsonə ?*] (Avez-vous de la place pour deux personnes ?)
- **Nee, het spijt me. We zijn volgeboekt voor vanavond.** [*né, ət spèyt mə. wə zèyn vOlRəboukt vor vAnavənt.*] (Non, désolé, nous sommes complets pour ce soir.)
- **Kunt u wachten bij de bar ? Over tien minuten komt er een tafel vrij.** [*kənt u wARtə bèy də bAr ? ovər tin minutə kOmt ər ən tafəl vrèy.*] (Pouvez-vous attendre près du bar ? Dans dix minutes vient-il une table libre. Pouvez-vous attendre près du bar ? Une table sera libre dans dix minutes.)

Dès que vous vous attablez, le serveur apportera la carte et vous demandera ce que vous aimeriez. Pendant que vous lisez la carte, il vous servira une boisson.

Conversation

Bart et Koen [*koun*] entrent dans le restaurant.

Koen **Goedenavond. Mijn naam is Van Hoorelbeke. Ik heb een tafel gereserveerd voor twee personen.**

Roudənqvənt. mən nam Is vAn horəlbékə. Ik hèp ən tafəl Rərésèrvért vor twé pərsonə.

Bonsoir. Mon nom est Van Hoorelbeke. J'ai une table réservé pour deux personnes.

Bonsoir. Mon nom est Van Hoorelbeke. J'ai réservé une table pour deux personnes.

Serveuse **Goedenavond. Gaat u hier zitten. Mag ik uw jassen aannemen ?**

Roudənqvənt. Rat u hir zItə. mAR Ik uou yAsə anémə ?

Bonsoir. Allez-vous ici asseoir. Puis-je vos manteaux prendre ?

Bonsoir. Veuillez vous asseoir ici. Puis-je prendre votre vestiaire ?

Koen **Kunnen we misschien die tafel naast het raam krijgen ?**

kənə wə mIsRin di tafəl nastət ram krèyRə ?

Pouvons-nous peut-être cette table à côté de la fenêtre obtenir ?

Pouvons-nous s'il vous plaît avoir cette table à côté de la fenêtre ?

Serveuse **Jazeker. Geen probleem. Gaat u zitten. Ik breng u de kaart.**

yazékər. Rén problém. Rat u zItə. Ik brèN u də kart.

Bien sûr. Pas de problème. Allez-vous asseoir. J'apporte vous la carte.

Bien sûr. Pas de problème. Assèyez-vous. Je vous apporte la carte.

INFO CULTURELLE

Partager une table

Aux Pays-Bas, il est inhabituel de partager une table pour déjeuner ou dîner, même pour prendre seulement un verre. La seule table que vous pouvez partager est la table de lecture, s'il y en a une.

Mots clés

gereserveerd	Rərésèrvért	réservé
gaan zitten	Ran zItə	s'asseoir
jassen aannemen	yAsə anémə	prendre le vestiaire
krijgen	krèyRə	obtenir, recevoir
het menu	ət mənu	le menu
misschien	mIsRin	peut-être

Obtenir ce que vous voulez : le verbe WILLEN

La manière la plus directe de dire ce que vous voulez est : **ik wil** [*ik wil*] (je veux). Vous trouverez le présent de **willen** ci-dessous.

Tableau 6.3. Présent du verbe « indomptable », WILLEN

Conjugaison	*Traduction / prononciation*
WILLEN	(vouloir) [*wIlə*]
ik wil	Ik wIl
je wilt **u wilt** **wil je ?** **wilt u ?**	*yə wIlt* *u wIlt* *wIl yə ?* *wIlt u ?*
hij / ze / het wil	*èy / zə / ət wIl*
we willen	*wə wIlə*
jullie willen	*yəli wIlə*
ze willen	*zə wIlə*

Commander quelque chose de spécial : GRAAG

Il est bien de dire :

- **Ik wil** [*Ik wIl*] (je veux). Toutefois, vous serez beaucoup plus poli en ajoutant le mot **graag** [*RraR*] (s'il vous plaît, volontiers). Vous pouvez donc dire :
- **Ik wil tomatensoep.** [*Ik wIl tomatəsoup.*] (Je veux de la soupe de tomates), mais le serveur sera plus attentif à vos besoins lorsque vous direz :
- **Ik wil graag tomatensoep.** [*Ik wIl GraG tomatəsoup.*] (Je voudrais de la soupe de tomates).
- **Ik wil graag een biertje.** [*Ik wIl GraG ən birtyə.*] est une garantie plus sûre pour passer une agréable soirée. Voici une façon de commander d'urgence mais poliment :
- **Geeft u me alstublieft eerst een biertje.** [*Réft u mə érst Alstublift ən birtyə.*] (Donnez-vous moi s'il vous plaît d'abord une bière. Donnez-moi d'abord une bière s'il vous plaît.)
- **Wat zou u ons aanraden ?** [*wAtsaou u Ons anradə ?*] (Que [conditionnel] vous nous recommander ? Que nous recommandez-vous ?)

TRUC

Voulez-vous exceller en politesse ? Dans ce cas, ne dites pas :

- **ik wil** au présent, mais utilisez ce même verbe au *passé* avec **graag** :
- **ik wilde graag** [*Ik wIldə Rrar*].
- **Ik wilde graag tomatensoep.** [*Ik wIldə RraR tomatəsoup.*] (Je voulais volontiers de la soupe de tomates. J'aurais voulu de la soupe de tomates.)
- **Ik wilde graag gemengde salade.** [*Ik wIldə RraR RəmèNdə saladə.*] (Je voulais volontiers de la mixte salade. J'aimerais de la salade mixte.)

Qu'y a-t-il au menu ?

Le temps est arrivé de passer votre commande.

Prendre le petit déjeuner

Le petit déjeuner proposé par les hôtels se présente ainsi :

- **de boterham** [*də botərAm*] (la tartine)
- **het broodje** [*ət brotyə*] (le petit pain)
- **de kaas** [*də kas*] (le fromage)
- **de vleeswaren** [*də vléswarə*] (la charcuterie)
- **de boter** [*də botər*] (le beurre)
- **de granen** [*də Rranə*] (les céréales)
- **het sap** [*ət sAp*] (le jus de fruits)
- **de melk** [*də mèlk*] (le lait)
- **het sinaasappelsap** [*ət sinasApəlsAp*] (le jus d'orange)
- **het ei** [*ət èy*] (l'œuf)
- **het omelet** [*ət Omlèt*] (l'omelette)
- **het roerei** [*ət rourèy*] (les œufs brouillés)
- **het spiegelei** [*ət spiRəlèy*] (l'œuf sur le plat)

Prenez votre temps pour déjeuner

Précédemment, vous avez compris les conséquences du choix du déjeuner

- la cuisine sur le pouce ;
- la cuisine de bistrot ou de brasserie.

La première est identique aux cantines d'universités et des congrès aux Pays-Bas ; les repas sont froids et sobres. Il est recommandé de prendre son temps pour déjeuner. C'est une habitude qui rendra votre travail plus efficace, paraît-il.

Les services

Vous avez décidé de prendre un repas complet à midi, ce qui vous mènera dans un restaurant où vous choisissez le menu plutôt qu'un seul plat. Voici les mots dont vous aurez besoin :

- **Het menu** [*ət mənu*] (le menu) se composera de plusieurs **gangen** [*RANə*] (services) dans un ordre établi. **De serveerder** [*də sèrvérdər*] (le serveur) ou **de serveerster** [*də sèrvérstər*] (la serveuse) proposera d'abord **het aperitief** [*ət apéritif*]. Avec l'apéritif, dans les établissements généreux, on vous offrira **het borrelhapje** [*ət bOrəlhApyə*] (l'amuse-gueule).
- Ensuite, on vous laissera choisir **het warm of het koud voorgerecht** [*ət wArm Of ət kaout vorRərèRt*] (l'entrée chaude ou froide). Après celle-ci suivra **het hoofdgerecht** [*ət hoftRərèRt*] (le plat principal), **het dessert** [*ət dèsèrt*] ou **het toetje** [*ət toutyə*], avec, pour finir **de kaasschotel** [*də kasRotəl*] (le plateau de fromages). On vous proposera peut-être **een doorduwer** [*ən dorduouər*] (un digestif).

Les entrées : les potages

- **de kippensoep** [*kIpəsoup*] (bouillon de poulet)
- **de groentesoep** [*rRountəsoup*] (potage de légumes)
- **de champignonsoep** [*chAmpinyOnsoup*] (soupe aux champignons)
- **de ossenstaartsoep** [*Osəstartsoup*] (potage de légumes)
- **de erwtensoep** [*èrtəsoup*] ou **de snert** [*snèrt*] (soupe aux petits pois cassés)

Les entrées : les plats courants

- **tomate-crevettes** ou **tomaat met noordzeegarnaal** [*tomat mèt nortséRArnal*] (tomate farcie aux crevettes grises)
- **gestoomde makreel met toast** [*Rəstomdə mAkrél mèt tost*] (toast au maquereau à la vapeur)
- **gerookte paling met toast** [*Rərokta pallN mèt tost*] (toast aux anguilles fumées)
- **koninginnehapje** [*konINInəhApyə*] (ragoût de poulet au feuilleté, vol-au-vent)

Les plats principaux

Les plats traditionnels sont à base de viande et de pommes de terre vapeur ou de frites. Des légumes supplémentaires peuvent être servis. Parfois, la salade est inclue.

- **biefstuk** [*bifstək*] (steak)
- **kipfilet** [*kIpfilè*] (blanc de poulet)
- **gebraden kip** [*Rəbradə kIp*] (poulet rôti)
- **kip met dragon** [*kIp mèt drARQn*] (poulet à l'estragon)

Les amateurs de poissons et de fruits de mer trouveront :

- **Zeeuwse mosselen** [*zéousə mQsələ*] (moules de Zélande)
- **oesters** [*ousters*] (huîtres)
- **gebakken tong** [*RəbAkə tON*] (sole meunière)
- **gerookte zalm** [*Rərokta zAləm*] (saumon fumé)
- **gerookte paling** [*Rəroktə palIN*] (anguilles fumées)
- **waterzooi van vis** [*watərzoy vAn vIs*] (waterzoi au poisson)
- **paling in't groen** [*palIN Int Rroun*] (anguilles au vert)

Les féculents accompagnant ces plats peuvent être :

- **gekookte aardappelen** [*Rəkoktə artApələ*] (pommes de terre vapeur)
- **gebakken aardappelen** [*RəbAkə artApələ*] (pommes de terre rissolées)
- **frites** [*frit*] (frites)
- **kroketten** [*krOkètə*] (croquettes de pomme de terre)

Desserts

Le classement des desserts favoris dans les Plats Pays devrait se présenter un peu comme ceci :

- **chocolademousse** [*chokoladəmous*] (mousse au chocolat)
- **warme appeltaart met ijs en slagroom** [*wArmə Apəltart mèt èys èn slARrom*] (tarte aux pommes chaudes avec glace et crème Chantilly)
- **'s lands glorie** [*slAnts Rlori*] (« la gloire nationale »). Il s'agit d'un pudding chaud, épicé. À ne pas manquer durant votre visite aux Pays-Bas.
- **flensjes** [*flènchəs*] (crêpes)

- **aardbeien met ijs en slagroom** [*artbèyə mèt èys èn slARrom*] (fraises et glace à la chantilly)
- **griesmeelpudding met bessensap** [*RrismélpudlN mèt bèsəsAp*] (pudding de semoule au jus de groseille)

Boissons

Lorsque vous commandez **water** [*watər*] (de l'eau) ou **mineraalwater** [*minéralwatər*] (de l'eau minérale), vous avez le choix entre de l'eau **met prik** [*mèt prlk*] (pétillante) ou **zonder prik** [*zOnder prlk*] (plate) ; en Flandre, on dit : **bruisend** [*brəysənt*] (pétillante) ou **plat** [*plAt*] (plate).

Concernant le vin, vous pouvez choisir **een glas wijn** [*ən RlAs wèyn*] (un verre de vin), **een karaf wijn** [*ən kArAf wèyn*] (un pichet de vin) ou **een fles wijn** [*ən flès wèyn*] (une bouteille de vin).

Dans la liste ci-après, vous trouverez quelques boissons – **dranken** [*drANkə*] – courantes, que vous pourriez repérer sur la carte :

- **het bier** [*ət bir*] (la bière)
- **het bier van 't vat** [*ət bir vAntfAt*] (bière pression) ; aux Pays-Bas, vous commandez :
- **een tapbier** [*ən tAbir*]
- **de pils** [*də plls*] (le lager)
- **de rode wijn** [*də rodə wèyn*] (le vin rouge)
- **de witte wijn** [*də wltə wèyn*] (le vin blanc)
- **de rosé** [*də rozé*] (le rosé)
- **de schuimwijn** [*də sRəymwèyn*] (le vin mousseux)
- **de huiswijn** [*də həyswèyn*] (la cuvée du patron)
- **de koffie** [*də kOfi*] (le café)
- **de thee** [*də té*] (le thé)
- **de kruidenthee** [*də krəydəté*] (la tisane)

Conversation

CD

Bart et Koen [*koun*] viennent de s'asseoir. La serveuse leur donne la carte.

Serveuse **Breng ik u iets te drinken terwijl u kiest ?**

brèN Ik u its tə drINkə tərwèyl u kist ?

Apporte-je vous quelque chose à boire pendant que vous

	choisissez ? Puis-je vous apporter quelque chose à boire pendant que vous faites votre choix ?
Koen	**Ja. Ik wil graag een biertje.** *ya. Ik wIl RraR ən birtyə.* Oui. Je veux volontiers une petite bière. Oui. Je voudrais bien une bière.
Serveuse	**Bier van 't vat ? We hebben pils en witbier.** *bir vAnt fAt ? wə hèbə pIls èn wItbir.* Bière du fût ? Nous avons lager et blanche bière. Bière pression ? Nous avons du lager et de la bière blanche.
Koen	**Witbier graag.** *wItbir Rrar.* Blanche bière, s'il vous plaît. De la bière blanche, s'il vous plaît.
Serveuse	**En wat mag het voor u zijn ?** *èn wAt mARət vor u zèyn ?* Et quoi peut-il pour vous être ? Et qu'est-ce que je peux vous servir ?
Bart	**Ik wil graag een glas droge rode wijn.** *Ik wIl Rrar ən RlAs droRə rodə wèyn.* Je veux bien un verre sec rouge vin. Je voudrais un verre de vin rouge sec.

Mots clés

een glas bier	ən RlAs bir	un verre de bière
bier van 't vat	bir vAntfAt	bière pression
tapbier	tAbir	bière pression
het witbier	ət wItbir	la bière blanche
een glas droge rode wijn	ən RlAs droRə oroda wèyn	un verre de vin rouge sec

Commander quelque chose de spécial

Vous pourriez avoir besoin des phrases suivantes pour commander quelque chose qui sort de l'ordinaire :

- **Hebt u vegetarische schotels ?** [*hèptu véRétarisə sRotəls ?*] (Avez-vous végétariens plats ? Avez-vous des plats végétariens ?)
- **Hebt u iets zonder varkensvlees ?** [*hèptu its zOndər vArkənsvlés ?*] (Avez-vous quelque chose sans porc viande ? Avez-vous quelque chose sans viande de porc ?)
- **Hebt u schotels voor diabetici ?** [*hèptu sRotəlsfor diabétisi ?*] (Avez-vous plats pour diabétiques ? Avez-vous des plats pour diabétiques ?)
- **Hebt u porties voor kinderen ?** [*hèptu porsis vor kIndərə ?*] (Avez-vous portions pour enfants ? Avez-vous un menu enfant ?)

POINT DE GRAMMAIRE

La politesse. Le verbe MOGEN

Mogen [*moRə*] (avoir la permission) est un verbe que vous utilisez lorsque vous préférez être poli.

Tableau 6.4. Présent du verbe « indomptable », MOGEN

Conjugaison	Traduction / prononciation
MOGEN	(avoir la permission) [*moRə*]
ik mag	*Ik mAR*
je mag	*yə mAR*
u mag	*u mAR*
mag je ?	*mAR yə ?*
mag u ?	*mAR u ?*
hij / ze / het mag	*èy / zə / ət mAR*
we mogen	*wə moRə*
jullie mogen	*yəli moRə*
ze mogen	*zə moRə*

- **Mag ik een glas bier ?** [*mARək ən RIAs bir ?*] (Puis-je avoir un verre de bière ?)
- **Mag ik een glas wijn ?** [*mARək ən RIAs wèyn ?*] (Puis-je avoir un verre de vin ?)
- **Mag je hier roken** ? [*mARyə hir rokə ?*] (Est-on autorisé à fumer ici ?)

INFO CULTURELLE

Tout comme en Italie et en France, la Belgique a choisi d'interdire complètement la cigarette dans les lieux publics. Les fumeurs seront obligés de se renseigner avant d'allumer une cigarette.

Répondre à la question habituelle

Durant le repas, le serveur viendra vous demander : **Is alles naar wens ?** [*Is Aləs nar wèns ?*] (Est tout selon souhait ? Est-ce que tout se passe bien ?) Lorsque vous désirez quelque chose en particulier, c'est le moment de vous exprimer. Si tout se déroule selon vos attentes, la réponse standard est : **Dank u. Alles is in orde.** [*dANku. Aləzls In Ordə.*] (Merci, tout va bien.)

INFO CULTURELLE

La cuisson du steak

Ne vous laissez pas surprendre par une cuisson de steak que vous n'aimez pas. Le serveur va sans doute vous demander quelle cuisson vous souhaitez.

- **Hoe mag uw steak gebakken zijn, mevrouw ?** [*hou mAR uou sték RəbAkə zèyn, məvraou ?*] (Comment peut votre steak cuit être, madame ? Vous désirez quelle cuisson, madame ?)
- **bleu** [*blø*] (bleu, juste bien saisie) ;
- **saignant** [*sènyAn*] (saignant) ;
- **à point** [*A poua*] (à point) ;
- **doorbakken** [*dorbAkə*] (bien cuit).

Lorsque vous aurez terminé le plat principal, le serveur peut revenir et vous demander : **Heeft het gesmaakt ?** [*héftət Rəsmakt ?*] (A-t-il goûté ? Est-ce que cela vous a plu ?) C'est le moment d'être critique. Si vous en éprouvez le besoin, vous pouvez dire : **Nou, het vlees was een beetje taai.** [*naou. ətflés wAs ən bétyə tay.*] (Eh bien, la viande était un peu dure.) Le serveur sera obligé de se défendre. **Dan had u filet pur moeten nemen.** [*dAn hAtu filè pur moutə némə.*] (Alors aviez-vous filet pur devoir prendre. Alors vous auriez dû prendre du filet pur.) Ou bien, l'autre cas classique : **De steak was aan de rauwe kant.** [*də sték wAs an də raouwə kAnt.*] (Le steak était du cru côté. Le steak était trop saignant.) Maintenant, la réponse du serveur sera : **In dat geval vraagt u beter een steak à point in het vervolg.** [*In dAtRəvAl vraRt u bétər ən sték A poua Inət fərvolR.*] (Dans ce cas demandez-vous mieux un steak à point dans la suite. Dans ce cas, vous feriez mieux de demander un steak à point à l'avenir.)

Si vous êtes satisfait du repas, vous dites : **Dank u. Goed.** [*dANku. Rout.*] (Merci. Bien. Merci. C'était bien.) Vous exprimez votre contentement en disant : **Dank u. Erg goed.** [*dANku. èrR Rout.*] (Merci. Très bien.) En montrant votre enthousiasme, vous direz soit : **Dank u. Uitstekend.** [*dANku. əytstékənt.*] (Merci. Excellent) ; soit : **Dank u. Het heeft erg goed gesmaakt.** [*dANku. ət héft èrR rout Rəsmakt.*] (Merci. Cela a très bien goûté. Merci. Cela nous a beaucoup plu.)

L'ardoise, s'il vous plaît

Les serveurs n'apprécient pas que vous vous leviez pour régler. Vous demanderez au serveur **de rekening, alstublieft.** [*də rékənIN, Alstublift.*] (L'addition, s'il vous plaît.) Il y a mille et une manières de faire :

- **Meneer. Ik wil graag afrekenen.** [*mənér. Ik wIl RraR Afrékənə.*] (Monsieur, je veux bien régler. Monsieur, je voudrais régler.)
- **Mevrouw. De rekening, alstublieft.** [*məvraou. də rékənIN, Alstublift.*] (Madame, l'addition, s'il vous plaît.)

INFO CULTURELLE

Pourboire

La plupart des consommateurs laissent un pourboire. Après avoir indiqué au serveur que vous voulez régler l'addition, vous devrez attendre. Bien souvent, l'addition doit être établie, et le serveur s'affaire à d'autres tables avant de revenir vers vous. Si vous décidez de payer en espèces et que le serveur vous rapporte la monnaie, vous pouvez dire : **Maak er ... van** [*mak ər ... vAn.*] (Faites que ce soit ...) et lui offrir un pourboire de 8 % à 10 % en plus du pourboire compris légalement, qui est de 16 %.

Lorsque vous avez le compte juste, arrondissez la somme que vous payez en augmentant de 8 % à 10 %.

Lorsque vous dites **Zo is het goed** [*zo Isət Rout*] (Comme ça c'est bien) ou **Het is OK zo** [*ətIs oké zo*] (C'est OK comme ça), le serveur comprendra qu'il gardera le surplus de la différence comme pourboire.

Quand vous réglez en carte bancaire, vous indiquez au serveur le montant tout en disant : **Maak er ... euro van.** [*mak ər ... øro vAn.*] (Faites que ce soit ... euros). Autrement, vous laissez le pourboire.

Parfois, une personne peut payer pour toute la tablée. Dans ce cas, vous dites : **Alles bij elkaar graag.** [*Aləs bèy èlkar RraR.*] (Tout ensemble, s'il vous plaît.) Vous pouvez tout aussi bien lui signaler que chacun paiera sa note de sa propre consommation. Vous dites : **We willen graag apart afrekenen.** [*wə wIlə RraR ApArt Afrékənə.*] (Nous voulons volontiers séparément régler. Nous aimerions régler séparément.)

Conversation

CD

Bart et Koen ont apprécié leur repas. Ils sont prêts à régler et prévoient de laisser un pourboire.

Koen	**Mevrouw. De rekening graag.** *məvraou. də rékənIN RraR.* Madame. L'addition, s'il vous plaît.

Serveuse **Alstublieft.**
Alstublift.
La voici.

Koen prend l'addition et y jette un coup d'œil. Le total est de 82 euros. Il laisse 90 euros.

Koen **Het is OK zo.**
ətIs oké zo.
C'est OK comme ça.
Gardez la monnaie.

Serveuse **Dank u. Een fijne avond nog.**
dANku. ən fèynə avənt nOR.
Merci. Un agréable soir encore.
Merci. Passez une agréable soirée.

Les traiteurs de nuit

Lorsque vous n'avez pas envie de vous déplacer, cherchez **een afhaalchinees** [*ən Afhalchinés*] ou **een meeneemchinees** [*ménémchinés*] (un traiteur de nuit). Si vous avez raté le supermarché de la gare – **de nachtwinkel** [*nARtwINkəl*] –, voire **de avondwinkel** [*avəntwINkəl*] (l'épicerie de nuit), il y a des chances que **de pizzakoerier** [*də pidzakourir*] (le livreur de pizzas) vous apportera **een pizza** [*ən pidza*].

Les verbes pour emporter : MEENEMEN, AFHALEN

Durant votre choix au restaurant, vous direz : **Ik neem tomatensoep.** [*Ik ném tomatəsoup.*] (Je prendrai de la soupe de tomates.) Vous pouvez utiliser la même phrase en vous adressant au serveur : **Ik neem tomatensoep en mijn vriend neemt meloen met ham.** [*Ik ném tomatəsoup èn mən vrint némt məloun mèt hAm.*] (Je prendrai de la soupe de tomates et mon ami du melon au jambon.)

Le verbe **nemen** [*némə*] (prendre) est susceptible de former des *verbes composés séparables*. Ce sont des verbes précédés d'une *particule séparable*. Cette modification entraîne un changement important de la signification du verbe d'origine. Ainsi, **nemen** [*némə*] peut devenir **meenemen** [*ménémə*] (emporter) et **halen** [*halə*] (aller chercher) devient **afhalen** [*Afhalə*] (emporter).

On peut montrer son intérêt pour la bonne chaire en terminant son assiette : **zijn bord leegeten** [*zən bOrt léRétə*] et en vidant son verre jusqu'à la lie : **zijn glas uitdrinken** [*zən RlAs əydrINkə*].

Voici la conjugaison de ces quatre *verbes composés à particule séparable*.

Tableau 6.5. Présent du verbe fort et composé à particule séparable, MEENEMEN

Conjugaison	*Traduction / prononciation*
MEENEMEN	*(emporter) [ménémə]*
ik neem mee	*Ik ném mé*
je neemt mee **u neemt mee** **neem je mee ?** **neemt u mee ?**	*yə némt mé* *u némt mé* *ném yə mé ?* *némt u mé ?*
hij / ze / het neemt mee	*èy / zə / ət némt mé*
we nemen mee	*wə némə mé*
jullie nemen mee	*yəli némə mé*
ze nemen mee	*zə némə mé*

Vous avez compris que les *verbes composés à particule séparable* ont un comportement problématique à différents niveaux. Nous ne vous parlerons pour l'instant que de l'accent. La règle générale veut que l'accent de *l'infinitif* tombe toujours sur la *particule séparable*.

Écoutez l'intonation des verbes suivants et répétez-la :

- **meenemen** [*ménémə*] (emporter)
- **afhalen** [*Afhalə*] (emporter)
- **leegeten** [*léRétə*] (vider son assiette)
- **uitdrinken** [*əydrINkə*] (vider son verre)

Tableau 6.6. Présent du verbe faible et composé à particule séparable, AFHALEN

Conjugaison	Traduction / prononciation
AFHALEN	(emporter) *[Afhalə]*
ik haal af	*Ik hal Af*
je haalt af	*yə halt Af*
u haalt af	*u halt Af*
haal je af ?	*hal yə Af ?*
haalt u af ?	*halt u Af ?*
hij / ze / het haalt af	*èy / zə / ət halt Af*
we halen af	*wə halə Af*
jullie halen af	*yəli halə Af*
ze halen af	*zə halə Af*

Tableau 6.7. Présent du verbe fort et composé à particule séparable, LEEGETEN

Conjugaison	*Traduction / prononciation*
LEEGETEN	(vider son assiette) [*léRétə*]
ik eet leeg	*Ik ét léR*
je eet leeg **u eet leeg** **eet je leeg ?** **eet u leeg ?**	*yə ét léR* *u ét léR* *ét yə léR ?* *ét u léR ?*
hij / ze / het eet leeg	*èy / zə / ət ét léR*
we eten leeg	*wə étə léR*
jullie eten leeg	*yəli étə léR*
ze eten leeg	*zə étə léR*

Tableau 6.8. Présent du verbe fort et composé à particule séparable, UITDRINKEN

Conjugaison	*Traduction / prononciation*
UITDRINKEN	(vider son verre) [*aydrINka*]
ik drink uit	*Ik drINk ayt*
je drinkt uit **u drinkt uit** **drink je uit ?** **drinkt u uit ?**	*yə drINkt ayt* *u drINkt ayt* *drINk yə ayt ?* *drINkt u ayt ?*
hij / ze / het drinkt uit	*èy / zə / ət drINkt ayt*
we drinken uit	*wə drINkə ayt*
jullie drinken uit	*yəli drINkə ayt*
ze drinken uit	*zə drINkə ayt*

Le deuxième problème lié aux *verbes composés à particule séparable* est de nature syntaxique. Faisons ensemble quelques pas en arrière jusqu'à la fin du chapitre 2, où la structure de la phrase néerlandaise est présentée.

Ces quatre verbes prennent tous un *complément d'objet direct.* Le problème est : où mettre cet objet par rapport à la *particule séparable* ? Considérons les phrases suivantes :

- **Piet neemt drie porties kip met curry mee naar huis.** [*Pit némt dri porsis kIp mét kari mé nar həys.*] (Piet emporte trois portions de poulet au curry [particule] chez lui.)
- **Myriam haalt vandaag de frites af.** [*miryAm halt vAndaR də fritə Af.*] (Myriam emporte aujourd'hui les frites. Aujourd'hui, Myriam emporte les frites.)
- **Annetje eet haar bord leeg.** [*Anətyə ét har bOrt léR.*] (Annette mange sa assiette vide. Annette vide son assiette.)
- **Herman drinkt zijn glas bier snel uit.** [*hèrmAn drINt zən RlAs bir snèl əyt.*] (Herman boit son verre bière vite [particule]. Herman vide son verre de bière rapidement.)

Il s'avère que, dans la structure de la phrase, les *verbes composés à particule séparable* suivent le ***Premier cas : le sujet occupe la zone de tête***. Par exemple :

- **Tom is nog niet aangekomen.** [*tOm Is nOR nit anRəkomə.*] (Tom est encore pas arrivé. Tom n'est pas encore arrivé.)

Tableau 6.9. Formes verbales composées et les deux pôles

Zone de tête	*Premier pôle*	*Zone médiane*	*Second pôle*
Tom	is	nog niet	aangekomen.

Les deux éléments verbaux séparés forment la trame de la phrase. De cette façon, la phrase néerlandaise s'organise autour de deux pôles : le *premier pôle*, constitué par le *verbe conjugué*, et le *second pôle*, comblé par le *reste verbal*. Dans le cas d'un *verbe composé à particule séparable*, le *reste verbal* est la *particule séparable*. Voici les exemples clarifiant l'énigme de *l'ordre de mots* en néerlandais.

Tableau 6.10. Présent des verbes composés à particule séparable et les deux pôles

Zone de tête	*Premier pôle*	*Zone médiane*	*Second pôle*	*Zone finale*
Piet	neemt	drie porties kip met curry	mee	naar huis.
Myriam	haalt	vandaag de frites	af.	
Annetje	eet	haar bord	leeg.	
Herman	drinkt	zijn glas snel	uit.	

Chapitre 7

S'approvisionner

Dans ce chapitre :

- Les magasins et les aliments
- Passer à la caisse
- Faire le marché
- Marchés traditionnels et ethniques
- Savoir réagir à l'expression « Il y a un peu plus »
- Chercher ce qu'il vous faut

Ce chapitre s'adresse à tous ceux qui mettent un point d'honneur à cuisiner. Un bon **kok** [*kOk*] (cuisinier) ou une bonne **kokkin** [*kOkIn*] (cuisinière) attache de l'importance à la qualité et à la provenance des aliments.

Faire les courses

Un cordon bleu préférera sélectionner et acheter les aliments personnellement avec soin dans les magasins d'alimentation ou au marché. Ce chapitre vous apportera conseils et mots utiles pour vous approvisionner.

Où acheter ce que vous allez manger ?

Voici une liste de commerces où vous pouvez vous approvisionner :

- **de supermarkt** [*də suparmArkt*] (le supermarché)
- **de markt** [*də mArkt*] (le marché)
- **de slager** [*də slaRər*] (le boucher)
- **de bakkerij** [*də bAkərèy*] (le boulanger)
- **de slijterij** [*də slèytərèy*] (le caviste)

- **de wijnhandel** [*də wèynhAndəl*] (le caviste)
- **de banketbakkerij** [*də bANkètbAkərèy*] (la pâtisserie)
- **de groenteboer** [*də Rrountəbour*] (le marchand de légumes)
- **de groentewinkel** [*də RrountəwINkəl*] (le marchand de légumes)
- **de visboer** [*də vIsbour*] (le marchand de poissons)
- **de viswinkel** [*də vIswINkəl*] (le marchand de poissons)
- **de kruidenier** [*də krəydənir*] (l'épicier)
- **de melkboer** [*də mèləkbour*] (le laitier)
- **de kaasboer** [*də kasbour*] (le fromager)

Vous trouverez un supermarché dans chaque **buurt** [*burt*] (quartier). Aux Pays-Bas, on les trouvera dans les gares ; en Belgique à l'entrée des agglomérations.

Trouvez ce que vous cherchez

- **Bij de bakker** [*bèy də bAkər*] (chez le boulanger)
  - **het brood** [*ət brot*] (le pain)
  - **het broodje** [*ət brotyə*] (le petit pain)
  - **het bruinbrood** [*ət brəynbrot*] (le pain gris)
  - **het witbrood** [*ət wItbrot*] (le pain blanc)
- **Bij de banketbakker** [*bèy də bANkètbAkər*] (chez le pâtissier)
  - **de cake** [*də kék*] (le cake)
  - **het gebak** [*ət RəbAk*] (la pâtisserie)
  - **de koekjes** [*də koukyəs*] (les biscuits)
- **Bij de kaasboer** [*bèy də kasbour*] (chez le fromager)
  - **de boter** [*də botər*] (le beurre)
  - **de margarine** [*də mArRarinə*] (la margarine)
  - **de kaas** [*də kas*] (le fromage)
  - **de karnemelk** [*də kArnəmèlək*] (le lait battu)
  - **de melk** [*də mèlək*] (le lait)
  - **de volle melk** [*də vOlə mèlək*] (le lait entier)
  - **de room** [*də rom*] (la crème)
  - **de slagroom** [*də slARrom*] (la chantilly)
- **Bij de slager** [*bèy də slaRər*] (chez le boucher)
  - **het rundsvlees** [*ət rəntsvlés*] (le bœuf)
  - **het varkensvlees** [*ət vArkəsflés*] (le porc)
  - **het spek** [*ət spèk*] (la poitrine, le lard)
  - **de ham** [*də hAm*] (le jambon blanc)

  - **de kip** [*də kIp*] (le poulet)
  - **In de viswinkel** [*In də vIswINkəl*] (chez le poissonnier)
  - **de forel** [*də fOrèl*] (la truite)
  - **de kabeljauw** [*də kabəlyaou*] (le cabillaud)
  - **de tonijn** [*də tOnèyn*] (le thon)
  - **de zalm** [*də zAləm*] (le saumon)
  - **de garnalen** [*də RArnalə*] (les crevettes)
  - **de kreeft** [*də kréft*] (le homard)
  - **de mosselen** [*də mOsələ*] (les moules)

- **In de groentewinkel** [*In də RrountəwINkəl*] (chez le maraîcher)
  - **de aardbei** [*də artbèy*] (la fraise)
  - **de appel** [*də Apəl*] (la pomme)
  - **de banaan** [*də bAnan*] (la banane)
  - **de peer** [*də pér*] (la poire)
  - **de sinaasappel** [*də sinasApəl*] (l'orange)
  - **de aardappel** [*də artApəl*] (la pomme de terre)
  - **de komkommer** [*də kOmkOmər*] (le concombre)
  - **de knoflook** [*də knOflok*] (l'ail)
  - **de kropsla** [*də krOpsla*] (la laitue)
  - **de paprika** [*də paprika*] (le poivron)
  - **de sperzieboon** [*də spinazi*] (les épinards)
  - **de spinazie** [*də kréft*] (le homard)
  - **de tomaat** [*də tomat*] (la tomate)
  - **de ui** [*də əy*] (l'oignon)
  - **de worteltjes** [*də wOrtəltyəs*] (les carottes)
  - **de witte kool** [*də wItə kol*] (le chou blanc)
  - **de spruitjes** [*də sprəytyəs*] (les choux de Bruxelles)
  - **het witlof** [*ət wItlOf*] (les chicons, les endives)
  - **het witloof** [*ət wItlof*] (les chicons, les endives)
  - **de radijsjes** [*də radèychəs*] (les radis)
  - **de zuurkool** [*də zurkol*] (la choucroute)

- **Bij de kruidenier** [*bèy də krəydənir*] (à l'épicerie)
  - **de macaroni** [*də makaroni*] (les macaronis)
  - **de rijst** [*də rèyst*] (le riz)
  - **de kekererwten** [*də kékərèrtə*] (les pois chiches)
  - **de gedroogde bonen** [*də RədroRdə bonə*] (les haricots secs)
  - **de linzen** [*də lInzə*] (les lentilles)

Payer et recevoir la monnaie

Dans les **supermarkten**, il est de coutume de payer par carte bancaire : **pinnen** [*pInə*] ou **met de bankkaart betalen** [*mèdə bANkart bətalə*]. Avant de faire vos achats en Belgique ou aux Pays-Bas, assurez-vous que votre type de carte est compatible avec le leur ! Sinon, munissez-vous d'espèces : **munten** [*məntə*] (des pièces) et **briefjes** [*brifyəs*] (des billets).

Si vous payez **contant** [*kOntAnt*] (en espèces), la caissière pourrait vous demander :

- **Hebt u het gepast ?** [*hèptu ət RəpAst ?*] (Avez-vous l'appoint ?)
- **Hebt u pasgeld ?** [*hèptu pAsRèlt ?*] (Avez-vous l'appoint ?)
- **Hebt u misschien een euro ?** [*hèptu mIsRin ən øro ?*] (Avez-vous peut-être un euro ? Avez-vous un euro, s'il vous plaît ?)

Vous pourriez répondre :

- **Het spijt me. Ik heb niet kleiner.** [*ət spèyt mə. Ikhèp nit klèynər.*] (Je suis désolé. J'ai pas plus petit. Je suis désolé. Je n'ai pas plus petit.)
- **Het spijt me. Ik heb helemaal geen kleingeld.** [*ət spèyt mə. Ikhèp héləmal Rén klèynRèlt.*] (Je suis désolé. J'ai pas du tout petit argent. Je suis désolé. Je n'ai pas du tout de monnaie.)

La carte de fidélité

Toujours à propos des **supermarkten**, la **getrouwheidskaart** [*Rə-traou-hèyts-kart*] {**trouw** = fidèle ; **getrouwheid** = fidélité} (carte de fidélité) a envahi le secteur du commerce de détail. Vous pouvez vous attendre à la question : **Hebt u een getrouwheidskaart ?** [*hèbtu ən Rətraouhèytskart ?*] (Avez-vous la carte de fidélité ?)

Faire le marché

Au supermarché, aux rayons frais, les aliments sont préemballés et étiquetés. Généralement, au marché, il n'y a ni préemballage, ni étiquetage. Vous serez obligé d'acheter à la coupe, en expliquant ce que vous voulez : **Ik wil graag…** [*Ik wIl RraR*] (Je voudrais…). Ensuite, vous mentionnez les poids et mesures ci-après :

- **een ons** [*ən Ons*] (cent grammes)
- **honderd gram** [*hOndərt RrAm*] (cent grammes)
- **een pond** [*ən pOnt*] (une livre)
- **vijfhonderd gram** [*vèyfhOndərt RrAm*] (cinq cents grammes)

- **een halve kilo** [*ən hAlvə kilo*] (un demi-kilo)
- **een kilo** [*ən kilo*] (un kilo)
- **een stuk** [*ən stək*] (une pièce, un morceau)
- **twee stuks.** [*twé stəks*] (deux pièces)
- **een plak** [*ən plAkə*] (une tranche)
- **twee plakken** [*twé plAkə*] (deux tranches)
- **een snee** [*ən sné*] (une tranche)
- **twee sneden** [*twé snédə*] (deux tranches)

INFO CULTURELLE

Marchés traditionnels et marchés ethniques

Les marchés traditionnels, que nos pays ont hérité de leur passé, ont lieu à la **Grote Markt** [*Rrotə mArkt*] (place du marché, grande place).

Jadis, la quantité des marchandises des grandes villes-États de la Flandre comme **Brugge** [*brəRə*] (Bruges), **Gent** [*Rènt*] (Gand), **Brussel** [*brəsəl*] (Bruxelles [*brusèl*]), **Antwerpen** [*Antwèrpə*] (Anvers [*ãvèrs*]) était tellement importante qu'on a décentralisé les places du marché. À côté du **Grote Markt**, il existe toujours **de vismarkt** [*vIsmArkt*] (le marché aux poissons), **de bloemenmarkt** [*bloumamArkt*] (le marché aux fleurs), **de botermarkt** [*botərmArkt*] (le marché au beurre), et bien d'autres.

Les marchés ethniques sont apparus récemment auprès des marchés traditionnels. On y trouve les produits alimentaires du monde entier et quelques stands de dégustation.

Vérifiez les jours et les horaires sur Internet avant de vous rendre au marché.

Dans un premier temps, il suffit de connaître les marchés les plus courus.

En Flandre, le marché le plus connu, à la fois traditionnel et ethnique, est

- **de Vogelenmarkt** [*voRələmArkt*] (le marché aux oiseaux), à **Antwerpen**. Il se tient chaque dimanche durant toute la journée. Aux Pays-Bas, le numéro un est
- **de Cuyp** [*də kəyp*] (nom du quartier), qui se tient tous les jours dans **de Albert Cuypstraat** [*də Albèrt kəypstrat*] (la rue Albert-Cuyp) à **Amsterdam** [*AmstərdAm*]. Les Pays-Bas possèdent un marché immense de produits orientaux de renommée internationale :
- **de Zwarte Markt** [*zwArtə mArkt*] (le marché « noir ») à **Beverwijk** [*bévərwèyk*].

Vous demandez la quantité souhaitée et le genre de produit désiré, sans mot supplémentaire entre la quantité et le produit (rappelez-vous, l'*article partitif* français n'existe pas en néerlandais, voir chapitre 2, « L'*article indéfini* ») :

- **Ik wil graag een kilo appels.** [*Ik wIl RraR ən kilo Apəls.*] (Je veux volontiers un kilo pommes. Je voudrais un kilo de pommes.)

- **Ik wil graag een pond kaas.** [*Ik wIl RraR ən pOnt kas.*] (Je veux volontiers une livre pommes. Je voudrais une livre de pommes.)
- **Twee sneden ham graag.** [*twé snédə hAm RraR.*] (Deux tranches de jambon blanc, s'il vous plaît.)

Savoir réagir à l'expression « Il y a un peu plus »

Au marché, les balances affichent souvent plus que ce que vous avez demandé. Parfois la question que pose le vendeur est : **Mag het ietsje meer zijn ?** [*mARət itchə mér zèyn ?*] (Peut-il un petit peu plus être ? Est-ce que ça peut être un peu plus ?) Si vous voulez connaître le prix, vous demandez : **Hoeveel kost het dan ?** [*houvél kOstət dAn ?*] (Combien coûte cela alors ? Il y en a pour combien ?) Lorsque vous êtes d'accord, vous répondez : **Dat is goed.** [*dAt IsRout.*] (Cela est bien. C'est bien.)

INFO CULTURELLE

Discuter le prix des aliments n'est pas une pratique, ni chez les Belges, ni chez les Néerlandais. Aussi, les marchés visités par les allochtones ont leurs propres règles.

Conversation

CD

Petra achète du fromage au marché.

Verkoper [*vərkopər*] (Vendeur)	**Goedemorgen. Waarmee kan ik u helpen ?** *RoudəmOrRə. warmé kAnIk u hèlpə ?* Bonjour. Quoi avec peux-je vous aider ? Bonjour. Que désirez-vous ?
Petra	**Een pond belegen gouda, alstublieft.** *ən pOnt bəléRə Raouda, Alstublift.* Une livre affiné gouda, s'il vous plaît. Une livre de gouda affiné, s'il vous plaît.
Verkoper	**Ik heb hier een mooi stuk. Mag het ietsje meer zijn. Het is 600 gram.** *Ik hèpir ən mOy stək. mARət itchə mér zèyn ? ət isèshOndərt RrAm.* J'ai ici un beau morceau. Peut-il un peu plus être ? Il est 600 grammes. J'ai là un beau morceau. Cela peut-il être un peu plus ? Il fait 600 grammes.

Petra — **Dat is goed. Wat voor soort oude kaas hebt u ?**
dAtIs Rout. wAtfor sort aoudə kas hèptu ?
Ça est bien. Quelle sorte vieux fromage avez-vous ?
C'est bien. Quelles sortes de vieux fromages avez-vous ?

Verkoper — **Ik heb edam en maasland. Wilt u proeven ?**
Ikhèp edAm èn maslAnd. wIltu prouvə ?
J'ai edam et maasland. Voulez-vous goûter ?
J'ai de l'édam et du maasland. Voulez-vous les goûter ?

Petra — **Ja graag. Ik vind de Maaslander lekker. Hoeveel kost die ?**
ya RraR. IkfIn də maslAndər lèkər. houvél kOsdi ?
Oui volontiers. Je trouve le maasland délicieux. Combien coûte celui-là ?
Oui, s'il vous plaît. J'aime bien le maasland. Combien coûte-t-il ?

Verkoper — **U mag dit stuk van 750 gram hebben voor 8,50 Đ.**
u mAR dIt stək vAn zévənhOndərtfèyftəR rRAm hèbə vor ARt øro fèyftəR.
Vous pouvez ce morceau de 750 grammes avoir pour 8,50 euros.
Vous pouvez avoir ce morceau de 750 grammes, qui coûte 8,50 euros.

Petra — **OK. Dank u.**
oké. dANku.
OK. Merci.

Verkoper — **Anders nog iets ?**
Andərs nORits ?
Sinon encore quelque chose ?
Et avec ça ?

Petra — **Nee, dank u. Dat is het.**
né. dANku. dAt Isət.
Non, merci. Ça est ce.
Non, merci. Ce sera tout.

Mots clés

een stuk	ən stək	un morceau
proeven	prouvə	goûter, déguster
lekker vinden	lèkər vIndə	trouver bon
kosten	kOstə	coûter
ietsje	itchə	un petit peu

Info culturelle

Les fromages néerlandais

La plupart des fromages ont une appellation qui renvoit à leur origine. Le **Edammer** [*édAmər*] est originaire de **Edam**, village au nord d'Amsterdam. C'est un fromage rond enveloppé dans un papier rouge. Le **Maaslander** [*maslAndər*] (fromage du pays de la Meuse) est plus doux et moins salé. Le **Oud Amsterdam** [*aout AmstərdAm*] est fort et salé. Certaines appellations de fromages indiquent la durée de leur affinage. Le processus de l'affinage change leur texture et leur goût.

Voici les mots désignant cette durée :

jonge kaas [*yONə kas*] (fromage jeune) ;

half belegen kaas [*hAlf bəléRə kas*] (fromage à moitié affiné) ;

belegen kaas [*bəléRə kas*] (fromage affiné) ;

oude ou **overbelegen kaas** [*aoudə, ovərbəléRə kas*] (fromage vieux ou suraffiné). Celui-ci s'émiette facilement et est appelé

brokkelkaas [*brOkəlkas*] (fromage émiettant).

La Belgique est également un pays producteur de bons fromages. Les types de fromages sont nombreux ; seulement, ils sont privés de la réputation mondiale dont jouissent les fromages néerlandais et français. Il suffit de les découvrir sur place.

Chercher ce qu'il vous faut

Dans les grands magasins ou au marché, vous serez peut-être à la recherche d'un article, d'un aliment ou d'une épice rare. Pour mener votre recherche, utilisez les tournures et phrases ci-dessous.

- **Hebt u ... ?** [*hèptu ... ?*] (Avez-vous... ?)
- **Waar kan ik ... vinden ?** [*war kAnIk ... vIndə ?*] (Où puis-je ... trouver ? Où puis-je trouver ... ?)

- **Verkopen ze … op deze markt ?** [*vərkopə zə … Op dézə mArkt ?*] (Vendent-ils … sur ce marché ? Est-ce qu'on vend … sur ce marché ?)

On vous répondra probablement ainsi :

- **Nee, dat heb ik niet.** [*ne. dAt hèplk nit.*] (Non, cela ai-je pas. Non, je n'ai pas cela.)
- **Nee, dat verkopen we niet.** [*ne. dAtfərkopəwə nit.*] (Non, cela vendons-nous pas. Non, nous ne vendons pas cela.)

Chapitre 8

Faire les magasins

Dans ce chapitre :

- Trouver les bons endroits
- Faire le tour des magasins
- Acheter des vêtements
- Indiquer ce que l'on veut
- Comparer ce qui est comparable

Faire des achats à l'étranger peut être une façon agréable de se faire plaisir, dans une autre culture que la sienne et de faire des rencontres. Lorsque vous faites vos achats habituels, vous vous rendez probablement toujours aux mêmes endroits, aux mêmes grands magasins en centre-ville.

Vous trouverez au centre-ville, dans les zones piétonnes, les boutiques ou autres magasins que vous préférez. Le seul inconvénient est de garer sa voiture, à moins d'emprunter les transports en commun.

Les magasins spécialisés sont les plus difficiles à trouver. Consultez Internet afin d'éviter des déceptions.

Trouver les bons endroits

Les magasins que l'on trouve en centre-ville sont les suivants :

- **het warenhuis** [*ət warəhəys*] (le grand magasin)
- **de speciaalzaak** [*də spésyalzak*] (le magasin spécialisé) comme :
  - **de antiquair** [*də Antikèr*] (l'antiquaire)
  - **het antiquariaat** [*ət AntikwAriat*] (le libraire d'occasion, le libraire-antiquaire)
  - **de bloemenwinkel** [*də bloumewINkəl*] (le fleuriste)
  - **de boekwinkel** [*də boukwINkəl*] (le libraire)

- **de computerwinkel** [*də kOmpyoutərwINkəl*] (le magasin d'informatique)
- **de delicatessenwinkel** [*də délikatèsəwINkəl*] (le traiteur)
- **de dierenwinkel** [*də dirəwINkəl*] (l'animalerie)
- **de drogisterij** [*də drORIstərèy*] (la droguerie)
- **de apotheek** [*də apoték*] (la pharmacie)
- **de ijzerwinkel** [*də èyzərwINkəl*] (la quincaillerie)
- **de juwelier** [*də juwəlir*] (le bijoutier)
- **de kledingzaak** [*də kledINzak*] (le magasin de vêtements)
- **de leerwinkel** [*də lérwINkəl*] (la maroquinerie)
- **de notenbar** [*də notəbAr*] (la boutique de noix, unique aux Pays-Bas)
- **de parfumerie** [*də pArfuməri*] (le parfumeur)
- **de poelier** [*də poulir*] (le marchand de volaille)
- **de schoenenwinkel** [*də sRounəwINkəl*] (le magasin de chaussures)
- **de sportzaak** [*də spOrtsak*] (le magasin de sport)
- **de telefoonwinkel** [*də téléfonwINkəl*] (la boutique du téléphone)

Vous aurez remarqué que les noms de magasins se terminent souvent par

- **zaak** [*zak*] ou
- **winkel** [*wINkəl*], des synonymes pour magasin, boutique.

Pour connaître les heures d'ouverture d'un magasin, vous pouvez demander :

- **Wanneer is deze winkel open ?** [*wAnér Is dézə wINkəl opə ?*] (Quand est ce magasin ouvert ? Quand ce magasin est-il ouvert ?)
- **Wanneer bent u gesloten ?** [*wAnér bèntu Rəslotə ?*] (Quand êtes-vous fermé ?)
- **Hoe laat sluit u vanavond ?** [*houlat slaytu vAnavənt ?*] (Combien tard fermez-vous ce soir ? À quelle heure fermez-vous ce soir ?)
- **Bent u open op zondag ?** [*bèntu opə OpsOndAR ?*] (Êtes-vous ouvert sur dimanche ? Êtes-vous ouvert le dimanche ?)

INFO CULTURELLE

Les horaires à « emmagasiner »

En Belgique, les magasins de mode (vêtements, chaussures, lingerie, accessoires) sont souvent ouverts jusqu'à 19 heures. Les autres magasins, par exemple d'alimentation, ferment à 18 heures dans les centres-villes, y compris le samedi.

Pour les produits alimentaires, vous avez recours aux épiceries de nuit dans les villes. Les supermarchés sont ouverts de 9 à 21 heures et jusqu'à 19 heures le samedi. Les ouvertures exceptionnelles le dimanche ne sont pas encore très répandues.

En dehors des villes, vous trouverez de petites zones industrielles où des grandes surfaces spécifiques se sont implantées. Elles sont spécialisés dans les appareils ménagers, les chaussures, la mode, l'informatique, les articles de camping, etc.

Aux Pays-Bas, la plupart des magasins sont ouverts de 9 à 18 heures. Les supermarchés vous accueillent de 9 à 20 heures. Souvent, le jeudi ou le vendredi pendant la nocturne, **koopavond** [*kopavənt*], les magasins restent ouverts jusqu'à 21 heures.

Le samedi, les magasins ferment à 17 heures. Dans les villes de quelque importance, certains magasins restent ouverts le dimanche – généralement une fois par mois. Il s'agit des grands magasins et des jardineries ; des endroits agréables pour flâner.

En dehors des villes, souvent le long d'une grande route, vous trouverez **de meubelboulevard** [*møbəlboulvAr*] (le boulevard des meubles) : des magasins de meubles ainsi que des magasins de bricolage et des halls d'exposition de cuisines ou de salles de bains. Ces magasins sont ouverts non seulement le dimanche mais aussi les jours fériés. Consultez leurs sites web.

Dans les endroits touristiques comme les stations balnéaires, les magasins restent ouverts le soir et les week-ends en période estivale.

Le verbe des achats : KOPEN

Le verbe **kopen** [*kopə*] (acheter) est incontournable dans le sens où il est capable de produire un grand nombre de mots et expressions liés aux achats. Évoquons-en quelques-uns : **te koop** [*tə kop*] (à vendre) ; **de uitverkoop** [*də əytfərkop*] (liquidation), **de verkoper** [*də vərkopər*] (le vendeur), **de aankoop** [*də ankop*] (l'acquisition).

Observons ensemble sa conjugaison de plus près.

Tableau 8.1. Présent du verbe fort, KOPEN (kocht, gekocht)

Conjugaison	*Traduction / prononciation*
KOPEN	(acheter) [*kopə*]
ik koop	*Ik kop*
je koopt **u koopt** **koop je ?** **koopt u ?**	*yə kopt* *u kopt* *kop yə ?* *kopt u ?*
hij / ze / het koopt	*èy / zə / ət kopt*
we kopen	*wə kopə*
jullie kopen	*yəli kopə*
ze kopen	*zə kopə*

Observez la différente disposition des syllabes dans **ko-pen** contrairement à **koop** et **koopt** !

Rappelons-nous brièvement la règle de l'orthographe (chapitre 1, dernier paragraphe).

À l'écoute, on observe que les trois formes verbales contiennent la même voyelle *lâchée* [o].

La première syllabe dans

- **ko-pen** est ouverte, donc la voyelle est automatiquement *lâchée* comme le [o] de « beau ». Il ne faut qu'un seul <o>.

Le mot

- **koopt** ne compte qu'une seule syllabe. Celle-ci est fermée, car les voyelles <pt> « couvrent » « étouffent » ou « bloquent ») la voyelle. Pour éviter que, par ce blocage, cette voyelle change en voyelle *tendue*, comme le [O] de « bol », il faut la rendre *lâchée*. Pour indiquer qu'il s'agit d'une voyelle *lâchée*, au niveau de l'orthographe, il faut *doubler* le <o> en <oo>.

Ce doublement vaut, bien évidemment, aussi pour la forme

- **koop**.

Faire le tour des magasins

Après la concentration, la détente ; faisons le tour des magasins. Si vous avez besoin d'aide pour trouver un article ou un rayon dans un grand magasin, vous pouvez demander des **inlichtingen** [*InlIRtINə*] (renseignements) ou consulter l'accueil, **onthaal** [*Onthal*]. Vous y trouverez des réponses à la plupart de vos questions.

Si vous cherchez un article en particulier, vous pouvez le demander au moyen d'une des expressions suivantes. À la fin de l'expression, ajoutez la forme plurielle de l'article que vous chercher.

- **Waar zijn de... ?** [*war zèyn də... ?*] (Où sont les... ?)
- **Waar zijn de badjassen ?** [*war zèyn də bAtyAsə ?*] (Où sont les peignoirs ?)

Vous pouvez également utiliser l'expression suivante en lui adjoignant un mot au singulier ou au pluriel :

- **Waar kan ik ... vinden ?** [*war kAnIk de ... vIndə ?*] (Où puis-je trouver ... ?)
- **Waar kan ik de handtassen vinden ?** [*war kAnIk də hAntAsə vIndə ?*] (Où puis-je trouver les sacs à main ?).
- **Waar kan ik agenda's vinden ?** [*war kAnIk aRèndas fIndə ?*] (Où puis-je trouver des agendas ?)
- **Waar kan ik waspoeder vinden ?** [*war kAnIk wAspoudər vIndə ?*] (Où puis-je trouver de la lessive ?)
- **Waar kan ik de mobiele telefoons vinden ?** [*war kAnIk də mobilə téléfons vInde ?*] (Où puis-je trouver les téléphones mobiles ?)
- **Waar kan ik handschoenen vinden ?** [*war kAnIk hAntsRounə vInde ?*] (Où puis-je trouver des gants ?)

POINT DE GRAMMAIRE

LE PLURIEL : AVEC OU SANS ARTICLE ?

Début du chapitre 2. Concerne l'*article défini* et *indéfini*. Concentrons-nous sur les seuls *noms* au *pluriel*. Ils peuvent prendre soit *l'article défini* (**de** partout), soit *l'article indéfini* (l'article **Ø**, zéro). Voici des exemples pour compléter la question suivante :

Waar kan ik … vinden ?	
Pluriel	
Article défini **de**	*Article indéfini* **Ø**
de handtassen **de mobiele telefoons**	**agenda's** **handschoenen**

De verkoper [*də vərkopər*] (le vendeur) ou **de verkoopster** [*də vərkopstər*] (la vendeuse) vous dira : **Die verkopen we niet.** [*di vərkopə wə nit.*] (Ceux-là/celui-là vendons-nous pas. Nous n'en vendons pas.) Il ou elle vous dirigera probablement vers le rayon approprié au moyen de l'une des expressions suivantes :

- **op de parterre** [*Obdə pArtèrə*] (au rez-de-chaussée) (PB)
- **op de benedenverdieping** [*Obdə bənédəvərdipIN*] (au rez-de-chaussée)
- **op het gelijkvloers** [*Opət Rəlèykflours*] (au rez-de-chaussée)
- **op de begane grond** [*Obdə bəRanə RrOnt*] (au rez-de-chaussée) (PB)
- **in het souterrain** [*Inət soutèrèn*] (au sous-sol) (PB)
- **op min een** [*Op mIn én*] (au sous-sol)
- **op de eerste verdieping** [*Obdə érstə vərdipIN*] (au premier étage)
- **een verdieping hoger** [*ən vərdipIN hoRər*] (un étage plus haut)
- **een verdieping lager** [*ən vərdipIN laRər*] (un étage plus bas)

Si vous désirez fouiner dans votre rayon favori, vous pouvez utiliser l'expression **Waar kan ik … vinden ?** [*war kAnIk de … vIndə ?*] (Où puis-je trouver … ?) et terminer la phrase par l'un des noms de rayon, d'article ou d'endroit suivants :

- **huishoudelijke artikelen** [*həyshaoudələkə Artikələ*] (ustensiles de cuisine)
- **huishoudapparaten** [*həyshaoudApArata*] (appareils électroménagers)
- **herenkleding** [*hérəklédIN*] (vêtements pour hommes)
- **dameskleding** [*daməsklédIN*] (vêtements pour femmes)
- **grote maten** [*Rrotə matə*] (vêtements pour les rondes)

- **kinderkleding** [*kIndərklédIN*] (vêtements pour enfants)
- **tienerkleding** [*tinərklédIN*] (fringues pour ados)
- **de schoenenafdeling** [*də sRounənAvdéllN*] (rayons des chaussures)
- **de parfumerie** [*də pArfuməri*] (parfumerie)
- **de lift** [*də llft*] (l'ascenseur)
- **de roltrap** [*də rOltrAp*] (l'escalator)

S'enquérir courtoisement

Si vous demandez à quelqu'un de vous aider, vous avez intérêt à le faire poliment.

La façon la plus simple de demander est **Kunt u me zeggen waar de badjassen zijn ?** [*kəntu mə zèRə war də bAtyAsə zèyn ?*] (Pouvez-vous me dire où les peignoirs sont ? Pouvez-vous me dire où sont les peignoirs ?)

Vous pouvez inclure le mot **misschien** [*mlsRin*] (peut-être) pour être plus poli : **Kunt u me misschien zeggen waar de badjassen zijn ?** [*kəntu mə mlsRin zèRə war də bAtyAsə zèyn ?*], ou bien, rajouter **alstublieft** [*Alstublift*] : **Kunt u me zeggen waar de badjassen zijn, alstublieft.** Cette dernière variante est très courtoise.

Si vous avez l'impression que vous dérangez vraiment quelqu'un, par exemple s'il parle à quelqu'un d'autre, vous pouvez commencer par l'interpeller. **Pardon mevrouw. Kunt u me zeggen waar de badjassen zijn ?** [*pArdOn, məvraou. kəntu mə zèRə war də bAdyAsə zèyn ?*] (S'il vous plaît, madame, pourriez-vous me dire où se trouvent les peignoirs ?)

POINT DE GRAMMAIRE

L'ordre des mots dans la principale et dans la subordonnée

Profitons de la *phrase composée* ci-dessus pour expliquer la structure différente entre la *proposition principale* et la *proposition subordonnée* en néerlandais Il suffit de comparer la place du *verbe conjugué* dans les trois phrases. Cette remarque rejoint les précisions sur l'ordre des mots à la fin du chapitre 2.

Commençons par la comparaison de la *proposition principale*, qui prend la forme d'une question oui/non.

Tableau 8.2. Comparaison de la structure de la proposition principale

Zone de tête	*Premier pôle*	*Zone médiane*	*Second pôle*
	Kunt	**u me**	**zeggen**
	Pouvez	vous me	dire

Nous constatons que, dans le cas de cette *proposition principale*, l'ordre de mots est identique dans les deux langues. Il en est tout autrement dans le cas de la *proposition subordonnée* qui la suit.

Tableau 8.3. Comparaison de la structure de la proposition subordonnée

Zone de tête	*Premier pôle*	*Zone médiane*	*Second pôle*
Kunt u me zeggen	**waar**	**de badjassen**	**zijn ?**
Pouvez-vous me dire	où	les peignoirs	**sont ?**
Pouvez-vous me dire	où **sont**	les peignoirs ?	

La zone de tête, dans les phrases néerlandaise et française, est réservée à la proposition principale. Le *premier pôle* de la *proposition subordonnée* néerlandaise est prise par le *subordinateur* (**waar**, où). La *zone médiane* en néerlandais est l'endroit du sujet (**de badjassen**, les peignoirs) ; en revanche, en français, il n'est pas certain que la *zone médiane* existe vraiment. La place du sujet (les peignoirs) est certainement après le *second pôle* (sont). En néerlandais, le second pôle, comme d'habitude, restera la place du groupe verbal (**zijn**). De ce fait,

LE VERBE CONJUGUÉ NÉERLANDAIS SE TROUVE VERS LA FIN DE LA SUBORDONNÉE.

C'est l'éternel piège de l'apprenant francophone de néerlandais.

Flâner

Parfois, vous voulez seulement regarder les articles sans l'assistance de personne. Cependant, les vendeurs peuvent vouloir s'assurer que vous n'avez pas besoin d'aide en disant quelque chose comme :

- **Wilt u geholpen worden of rondkijken ?** [*wIltu RəhOlpə wOrdə Of rOntkèykə ?*] (Voulez-vous aidé être ou regarder autour ? Voulez-vous que je vous aide, ou regarder vous-même ?)
- **Kan ik u misschien helpen ?** [*kAnIku mIsRin hèlpə ?*] (Puis-je vous aider ?)

Votre réponse pourrait être :

- **Ja graag. Dank u.** [*ya. RraR. dANku.*] (Oui, volontiers. Merci.)

Dans certains petits magasins, les vendeurs n'aiment pas vous voir fouiner. Ils vous proposeront leur aide et diront : **Zoekt u iets speciaals ?** [*zouktu its spésyals ?*] (Cherchez-vous quelque chose de spécial ? Cherchez-vous quelque chose en particulier ?)

Si vous voulez seulement regarder, cette expression peut vous aider à décliner poliment une offre de service : **Ik wil graag rondkijken.** [*Ikwll RraR rOntkèykə.*] (Je voudrais seulement regarder.) Le vendeur vous dira :

- **Natuurlijk. Zegt u het maar als u een vraag hebt.** [*naturlək. zèRtuət mar Alsu ən vraR hèpt.*] (Bien sûr. Dites vous le seulement quand vous une questions avez. Bien sûr. N'hésitez pas à faire appel à mes services.)
- **Roept u me als u een vraag hebt.** [*rouptumə Alsu ən vraR hept.*] (Appelez-vous me quand vous une question avez. Appelez-moi quand vous le souhaitez.)

Obtenir de l'aide

Dans certaines situations, vous pouvez souhaiter de l'aide ou en avez vraiment besoin. Dans ce cas, vous pouvez dire :

- **Kunt u me alstublieft helpen ? Ik zoek…** [*kəntume Alstublift hèlpe ? Iksouk…*] (Pouvez-vous me s'il vous plaît aider ? Je cherche… Pouvez-vous m'aider s'il vous plaît ? Je cherche…)

Vous pourrez entendre les expressions suivantes :

- **Welke maat zoekt u ?** [*wèlkə mat zouktu ?*] (Quelle taille cherchez-vous ?)
- **Welke kleur zoekt u ?** [*wèlkə klør zouktu ?*] (Quelle couleur cherchez-vous ?)
- **Hoe vindt u deze kleur ?** [*hou vIntu dézə klør ?*] (Comment trouvez-vous cette couleur ?)

Acheter des vêtements

De quoi avez-vous besoin ? De nombreux termes d'habillement sont unisexes, mais certains sont réservés à un seul genre.

Voici quelques articles habituellement portés par les femmes :

- **de bloes, de blouse** [*də blous*] (le corsage)
- **de jurk** [*də yərk*] (la robe)
- **het pak, het mantelpak** [*ət pAk ; ət mAntəlpAk*] (le tailleur)
- **het broekpak** [*ət broukpAk*] (le tailleur pantalon)
- **de rok** [*də rOk*] (la jupe)

Les mots suivants s'appliquent généralement à des vêtements masculins :

- **het overhemd** [*ət ovərhèmt*] (la chemise)
- **het kostuum** [*ət kOstum*] (le costume)
- **het pak** [*ət pAk*] (le costume)
- **de das** [*də dAs*] (la cravate)

Les vêtements suivants sont aussi bien portés par les hommes et les femmes :

- **de trui** [*də trəy*] (le pull-over)
- **de pull-over** [*də pəlovər*] (le pull-over)
- **het sweatshirt** [*ət swètchət*] (le sweat-shirt)
- **het jasje** [*ət yAchə*] (la veste)
- **de blazer** [*də blézər*] (le blazer)
- **het vest** [*ət vèst*] (le gilet)
- **de pantalon** [*də pAntAlOn*] (le pantalon)
- **de broek** [*də brouk*] (le pantalon)
- **het T-shirt** [*ət tichət*] (le T-shirt)

Ces articles peuvent être fabriqués dans toutes sortes de textiles et dans des styles différents. Voici des mots pour les décrire :

- **de zijde** [*də zèyde*] (la soie)
- **de wol** [*də wOl*] (la laine)
- **het katoen** [*ət katoun*] (le coton)
- **het linnen** [*ət lInə*] (le lin)

- **het leer** [*ət lér*] (le cuir)
- **gestreept** [*Rəstrépt*] (rayé)
- **geruit** [*Rərəyt*] (vichy, écossais)
- **gebloemd** [*Rəbloumt*] (à fleurs)
- **met stippen** [*mèt stIpə*] (à pois)
- **met bolletjes** [*mèt bOlətyəs*] (à pois)
- **effen** [*èfə*] (uni)
- **sportief** [*spOrtif*] (de sport, décontracté)
- **gekleed** [*Rəklét*] (classic)
- **netjes** [nètyəs] (chic)

Annoncer la couleur – et la taille

Avez-vous une couleur favorite ? Les noms des couleurs de base sont :

- **zwart** [*zwArt*] (noir)
- **wit** [*wIt*] (blanc)
- **rood** [*rot*] (rouge)
- **geel** [*Rél*] (jaune)
- **blauw** [*blaou*] (bleu)
- **groen** [*Roun*] (vert)

Les règles à respecter :

- rajouter la *terminaison* **–e** à *l'adjectif* et
- ne pas rajouter la *terminaison* **–e** à *l'adjectif* dans les cas plus rares : un *groupe nominal* qui est *neutre* et *indéfini* à la fois.

La formule de cette *règle générale*, vous vous en souvenez peut-être, est la suivante :

+ –e SNI

Nous reprenons ci-dessous quelques exemples de *groupes nominaux* dont vous aurez besoin lors de vos achats de vêtements. Dans ces exemples,

- Nous excluons les *groupes nominaux* au *pluriel*, car ils prennent toujours l'article **de**. Par conséquent, l'adjectif prend toujours la terminaison **–e** (voir chapitre 2, « L'adjectif et le nom ») ;
- Nous excluons également les groupes nominaux précédés de l'article **de**, car ceux-ci prennent forcément la terminaison **–e.** Nous nous limitons aux exemples de *groupes nominaux neutres* et *singuliers*, susceptibles de faire exception à la *règle générale*.

Tableau 8.4. : La terminaison –e de l'adjectif dans les groupes nominaux neutres au singulier

Nom neutre	*Article indéf. + A + N*	*Article déf. + A + N*	*Groupe indéf. A + N*
het linnen	—	het witte linnen	wit linnen
het leer	—	het zwarte leer	zwart leer
het T-shirt	een nieuw T-shirt	het nieuwe T-shirt	nieuw T-shirt
het pak	een blauw pak	het blauwe pak	blauw pak
het jasje	een geruit jasje	het geruite jasje	geruit jasje
het kostuum	een zwart kostuum	het zwarte kostuum	zwart kostuum
het overhemd	een wit overhemd	het witte overhemd	wit overhemd

Connaître votre taille

TRUC

Il vous sera plus facile de trouver la bonne taille si vous consultez le tableau des tailles européennes et américaines.

Vêtements de dames				Chemises d'hommes			
US	UK	NL	FR/BEL	US	UK	NL	FR/BEL
6	8	34	36	14 ½	14 ½	37	37
8	10	36	38	15	15	38	38
10	12	38	40	15 ½	15 ½	39,5	39,5
12	14	40	42	16	16	41	41
14	16	42	44	16 ½	16 ½	42	42
16	18	44	46	17	17	43	43
18	20	46	48	17 ½	17 ½	44	44
20	22	48	50				

Conversation

Petra achète un corsage.

Vendeuse :	**Kan ik u helpen?** *kân ik uu hèlpə* Puis-je vous aider ?
Petra	**Ja graag. Ik zoek een bloes.** *ya RraR. Iksouk ən blous.* Oui volontiers. Je cherche un corsage.
Verkoopster	**Welke kleur ?** *wèlkə klør ?* Quelle couleur ? De quelle couleur ?
Petra	**Wit.** *wIt.* Blanc.
Verkoopster	**Zoekt u iets sportiefs ?** *zouktu its spOrtifs ?* Cherchez-vous quelque chose de sportif ?
Petra	**Nee. Ik zoek een geklede bloes.** *né. Iksouk ən Rəklédə blous.* Non. Je cherche un corsage habillé. Non. Je cherche un corsage plutôt classique.
Verkoopster	**Prima. Welke maat hebt u ?** *prima. wèlkə mat hèptu ?* Très bien. Quelle taille avez-vous ? Très bien. Quelle taille désirez-vous ?
Petra	**Maat veertig.** *mat fértəR* Taille 40.
Verkoopster	**Hoe vindt u dit model ?** *hou vIntu dIt mOdèl ?* Comment trouvez-vous ce modèle ?

Petra	**Ik vind het erg mooi.** *Ik fIntət erR mQy.* Je le trouve très beau. C'est parfait.

Mots clés

gekleed	Rəklét	classique
de maat	də mat	la taille
het model	ət mOdèl	le modèle
erg	èrR	très

Montrer : DEZE, DIE, DIT, DAT

Dans la majorité des boutiques de vêtements, vous pourrez aisément décrocher les articles vous-même afin de les essayer. En revanche, dans d'autres boutiques, telles qu'une bijouterie, vous devrez désigner le bijou ou la parure choisie. Pour cela, vous aurez besoin des mots adéquats : ceci, ceux-ci, cela et ceux-là.

L'important est de connaître le *genre* du *nom* de l'article désigné ; en d'autres termes, si ce mot prend comme *article défini* **de** ou **het**. Le **Tableau 8.5** montre un aperçu du système des *adjectifs démonstratifs*. Il n'en y a que quatre – et c'est une bonne chose !

Tableau 8.5. : Les adjectifs démonstratifs

	Noms « **de** »	Noms « **het** »
ce, cette, ces (PROXIMITÉ)	**deze** [*dézə*]	**dit** [*dIt*]
ce, cette, ces (ÉLOIGNEMENT)	**die** [*di*]	**dat** [*dAt*]

Exemples :

Les noms DE		
de	de ➔ deze (PROXIMITÉ)	de ➔ die (ÉLOIGNEMENT)
de pull-over *də pəlovər* le pull-over	**deze pull-over** *dézə pəlovər* ce pull-over	**die pull-over** *di pəlovər* ce pull-over-là
de rok *də rOk* la jupe	**deze rok** *dézə rOk* cette jupe-ci	**die rok** *di rok* cette jupe-là
de sok *də sOk* la chaussette	**deze sok** *dézə sOk* cette chaussette	**die sok** *di sOk* cette chaussette-là
de broek *də brouk* le pantalon	**deze broek** *dézə brouk* ce pantalon-ci	**die broek** *di brouk* ce pantalon-là
de broeken *də broukə* les pantalons	**deze broeken** *dézə broukə* ces pantalons-ci	**die broeken** *di broukə* ces pantalons-là
de zonnebril *də zOnəbrIl* la paire de lunettes de soleil	**deze zonnebril** *dézə zOnəbrIl* cette paire-ci de lunettes de soleil	**die zonnebril** *di zOnəbrIl* cette paire-là de lunettes de soleil
de zonnebrillen *də zOnəbrIlə* les paires de lunettes de soleil	**deze zonnebrillen** *dézə zOnəbrIlə* ces paires-là de lunettes de soleil	**die zonnebrillen** *di zOnəbrIlə* ces paires-là de lunettes de soleil

Les noms HET	ICI	LÀ
het	het ➔ dit (proximité)	het ➔ dat (éloignement)
het overhemd	**dit overhemd**	**dat overhemd**
ət ovərhèmt	*dIt ovərhèmt*	*dAt ovərhèmt*
la chemise	cette chemise	cette chemise-là
het T-shirt	**dit T-shirt**	**dat T-shirt**
ət tichət	*dIt tichət*	*dAt tichət*
le T-shirt	ce T-shirt-ci	ce T-shirt-là
het kostuum	**dit kostuum**	**dat kostuum**
ət kOstum	*dIt kOstum*	*dAt kOstum*
le costume	ce costume-ci	ce costume-là

TRUC

Un peu de temps vous sera nécessaire pour vous habituer à utiliser **deze**, **die**, **dit** et **dat**. Voici une astuce mnémotechnique.

d e **d eze** **d ie**	Tous ces mots commencent par **d**, ce qui vous aidera à vous souvenir que les *noms* **de** (**de auto**) sont remplacés par **deze** (**deze auto**) ou **die** (**die auto**) quand vous les pointez du doigt. Car **deze** et **die** commencent également par **d**.
he t **di t** **da t**	Tous ces mots se terminent par **t**. Cela vous aidera à vous souvenir que les *noms* **het** (**het meisje**) sont remplacés par **dit** (**dit meisje**) ou **dat** (**dat meisje**) quand vous les pointez du doigt. Car **dit** et **dat** se terminent également par **t**.

<table>
<tr><td>Mots neutres</td><td>Repère</td><td>Signification</td><td rowspan="4">Tous les mots neutres se terminent par t.
Ils contiennent un I ou un A. Voilà un repère à retenir. Il suffit d’associer le I avec le mot ICI et le A avec le mot LÀ. Ainsi leur signification, soit PROXIMITÉ, soit ÉLOIGNEMENT sera révélée.</td></tr>
<tr><td>he t</td><td></td><td></td></tr>
<tr><td>d I t</td><td>ICI</td><td>PROXIMITÉ</td></tr>
<tr><td>d A t</td><td>LÀ</td><td>ÉLOIGNEMENT</td></tr>
</table>

Choisir et essayer

Si vous repérez un vêtement qui semble vous convenir, vous souhaiterez l'essayer. Vous poser la question suivante au vendeur en ajoutant le nom de l'article que vous voulez essayer :

- **Kan ik dit/deze ... passen ?** [*kAnlk dlt/dézə ... pAsə ?*] (Puis-je essayer ce... ?)
- **Kan ik dit overhemd passen ?** [*kAnlk dlt ovərhèmt pAsə ?*] (Puis-je essayer cette chemise ?)
- **Kan ik deze broek passen ?** [*kAnlk dézə brouk pAsə ?*] (Puis-je essayer ce pantalon ?)

Pour trouver la cabine d'essayage, demandez :

- **Waar zijn de paskamers ?** [*war zèyn də pAskamərs ?*] (Où sont les cabines d'essayage ?)

Le vendeur pourrait utiliser les mots suivants :

- **Wilt u dat passen ?** [*wIltu dAt pAsə ?*] (Voulez-vous essayer celui-là ?)

Après votre essayage, le vendeur pourrait vous demander :

- **Pas het ?** [*pAstət ?*] (Est-ce que ça vous va ?)
- **Hoe is het ?** [*hou Isət ?*] (Comment est-ce ? Ça se présente comment ?)
- **Wat vindt u ervan ?** [*wAt fIntu ərvAn ?*] (Quoi pensez-vous ce de ? Qu'en pensez-vous ?)

Votre réponse peut être l'une des suivantes, selon le cas :

- **Het is te lang.** [*ətIs tə lAN.*] (C'est trop long.)
- **Het is te kort.** [*ətIs tə kOrt.*] (C'est trop court.)
- **Het is te groot.** [*ətIs tə Rrot.*] (C'est trop grand.)
- **Het is te klein.** [*ətIs tə klèyn.*] (C'est trop petit.)
- **Het is te wijd.** [*ətIs tə wèyt.*] (C'est trop large.)
- **Het is te breed.** [*ətIs tə brét.*] (C'est trop large.)
- **Het is te strak.** [*ətIs tə strAk.*] (C'est trop serré.)
- **Het is te smal.** [*ətIs tə smAl.*] (C'est trop serré.)
- **Het zit hier niet goed.** [*ətzIt hir nitRout.*] (Ça ne va pas bien ici.)
- **Ik denk dat ik een grotere maat nodig heb.** [*Ik dèNk dAtIk ən Rrotərə mat nodəRhèp.*] (Je pense avoir besoin d'une taille plus grande.)
- **Ik denk dat ik een kleinere maat nodig heb.** [*Ik dèNk dAtIk ən klèynərə mat nodəRhèp.*] (Je pense avoir besoin d'une taille plus petite.)

- **Kunt u me een andere maat brengen ?** [*kantumə ən Andərə mat brèNə ?*] (Pourriez-vous m'apporter une autre taille ?)
- **Ik denk dat het prima past.** [*Ik dèNk dAtət prima pAst.*] (Je pense que ça va très bien.)
- **Het zit als gegoten.** [*ətsIt AlsRəRotə.*] (Ça me va comme un gant.)
- **Ik vind het leuk staan.** [*Ik vIntət løk stan.*] (Je pense que ça va très bien.)
- **Ik vind het mooi staan.** [*Ik vIntət mOy stan.*] (Je pense que ça va très bien.)
- **Ik vind het niet leuk staan.** [*Ik fIntət nitløk stan.*] (Je trouve que ça ne me va pas bien.)
- **Ik vind het niet mooi staan.** [*Ik fIntət nitmOy stan.*] (Je trouve que ça ne me va pas bien.)
- **Ik vind het niet mooi.** [*Ik fIntət nitmOy.*] (Je ne trouve pas ça beau.)
- **Ik heb liever de andere kleur.** [*Ikhèp livər də Andərəklør.*] (Je préfère l'autre couleur.)
- **Ik neem dit.** [*Ikném dIt.*] (Je prends celui-là.)
- **Ik koop dit.** [*Ikop dIt.*] (J'achète celui-là.)

Comparer ce qui est comparable : comparatif et superlatif

Lorsque vous sélectionnez des articles en vue de les acheter et que vous en faites part au vendeur, vous avez besoin de mots pour exprimer ce que vous aimez, ce que vous aimez davantage, et ce que vous aimez le plus.

- **Dit is mooi.** [*dItIs moy.*] (Celui-ci est beau.)
- **Dit is mooier.** [*dItIs moyər.*] (Celui-ci est plus beau.)
- **Dit is de mooiste.** [*dItIs də moystə.*] (Celui-ci est le plus beau.)

Pour ce qui est de la qualité des articles, vous pouvez dire :

- **Dit is goed.** [*dItIs Rout.*] (C'est bien.)
- **Dit is beter.** [*dItIs bétər.*] (C'est mieux.)
- **Dit is de beste.** [*dItIs də bèstə.*] (C'est ce qu'il y a de mieux.)
- **goed** [*Rout*] (bon / bien)
- **beter** [*bétər*] (meilleur / mieux)
- **de beste** [*də bèstə*] (le meilleur / le mieux)

Voici la façon usuelle de formuler les *degrés de comparaison*, appliquée à *l'adjectif* **leuk** [*løk*] (joli) et son synonyme **mooi** [*moy*] :

- **leuk** [*løk*] (joli)
- **leuker** [*løkər*] (plus joli)
- **de leukste** [*də løkstə*] (le/la plus joli(e))
- **mooi** [*moy*] (joli)
- **mooier** [*moyər*] (plus joli)
- **de mooiste** [*də moystə*] (le/la plus joli(e))

Ainsi,

- *le premier degré de comparaison* (*le positif*) utilise seul le *radical de l'adjectif* ; au
- *deuxième degré de comparaison* (*le comparatif*) vous ajoutez **–er** au *radical de l'adjectif,* et pour
- le *troisième degré (le superlatif)* vous ajoutez **–ste** au *radical de l'adjectif,* que vous faites précéder de **de** ou **het**.

Le **tableau 8.6** ci-dessous est conçu pour tous ceux qui mémorisent plus vite à l'aide de schémas :

Tableau 8.6. Les degrés de comparaison

Degré de comparaison		Article		Terminaison
Premier	le positif	—	radical	—
Deuxième	le comparatif	—	de	**–er**
Troisième	le superlatif	**de / het**	l'adjectif	**–ste**

- **klein** [*klèyn*] (petit)
- **kleiner** [*klèynər*] (plus petit)
- **de kleinste** [*də klèynstə*] (le/la plus petit(e))

POINT DE GRAMMAIRE

Pour la formation des *degrés de comparaison*, il est parfois nécessaire d'adapter l'orthographe. Vous connaissez les principes :

- **Il faut garder la nature articulatoire de la voyelle, et**
- **Il faut scinder les mots en syllabes.**

Considérons les degrés de comparaison de l'adjectif **snel** [*snèl*] (rapide) :

- **snel** [*snèl*] (rapide)
- **sneller** [*snèlər*] (plus rapide)
- **de snelste** [*də snèlstə*] (le/la plus rapide)

Observez la différente disposition des syllabes dans **snel** contrairement à **snel-ler** :

- **snel** [*snèl*]. Le mot ne compte qu'une seule syllabe. La voyelle est *tendue* : [è]. Elle se trouve dans une *syllabe fermée* (syllabe qui se termine par une *consonne*). Pour ce qui suit : il ne faut surtout pas changer la nature articulatoire de la voyelle *tendue*, donc il faut faire en sorte que le <e> reste dans une *syllabe fermée.*
- **snel-ler** [*snèlər*]. Maintenant, le mot compte deux syllabes. La syllabe qui nous intéresse est uniquement la première. Selon la règle générale, la césure des syllabes tombe toujours entre deux consonnes (s'il y en a). Pour que le <e> de **snel** reste dans une *syllabe fermée*, il faut doubler le <l>.
- L'orthographe « **sneler** » est erronée. Si on scinde le mot, on obtient **sne-ler**. Dans ce cas-là, la première syllabe (la seule qui nous intéresse), **sne** [*sné*], devient une *syllabe ouverte*. Le <e> *tendu* d'origine – le [è] donc, comme dans le mot « bec » – devient *lâché* et devient donc [*é*] comme dans le mot « été ». Par conséquent, la voyelle d'origine perd son caractère articulatoire, celui du [è] (*tendu*). Aussi, le mot perd sa signification (« **sneler** » ne veut rien dire !) ainsi que sa fonction communicative.

Une adaptation de l'orthographe s'impose également dans les *degrés de comparaison* de *l'adjectif* **groot** [*Rrot*] (grand) :

- **groot** [*Rrot*] (grand)
- **groter** [*Rrotər*] (plus grand)
- **de grootste** [*də Rrotstə*] (le/la plus grand(e))

Observons la différente disposition des syllabes dans **groot** contrairement à **grot-er** :

- **groot**
  - est un mot d'une seule syllabe ;
  - cette syllabe est *fermée* ;
  - la voyelle dans la syllabe fermée est *lâchée* [o], comme dans « eau » ;
  - pour obtenir le <o> *lâché*, il a fallu doubler le <o>, sinon on écrit : **grot** [*RrOt*] (grotte), ce qui n'est pas le but.

CONTRAIREMENT À

- **gro-ter**
  - est un mot de deux syllabes ;
  - seule la première syllabe, **gro**, nous intéresse ;
  - la syllabe est *ouverte* ;
  - dans une *syllabe ouverte*, la *voyelle* est automatiquement *lâchée* [o], comme dans « eau ». C'est ce qu'il nous faut.

Histoire close.

Pour ce qui est des quantités, vous pouvez tomber sur des *degrés de comparaison* irréguliers :

- **Dit is veel.** [*dItIs fél.*] (C'est beaucoup.)
- **Dit is meer.** [*dItIs mér.*] (C'est plus.)
- **Dit is het meeste.** [*dItIs ətméstə.*] (C'est le maximum.)

Conversation

Petra aime le corsage que la vendeuse lui a montré. Elle veut l'essayer.

Petra : **Ik wil de bloes graag passen. Waar zijn de paskamers?**
Ik wIl də blous Rrar pAsə. war zèyn də pAskamərs ?
Je veux le corsage volontiers essayer. Où sont les cabines d'essayage ?
J'aimerais essayer le corsage. Où sont les cabines d'essayage ?

Verkoopster [*vərkopstər*] **Deze kant op graag.**
dézə kAntOp RraR.
Ce côté vers s'il vous plaît.
De ce côté, s'il vous plaît.

Quelques minutes plus tard, Petra sort de la cabine d'essayage.

Verkoopster **Past hij ?**
pAsti ?
Vous va-t-il ?

Petra **Hij is te groot.**
èy Istə Rrot.
Il est trop grand.

Verkoopster **Ik heb hem ook kleiner, in maat 38. Wilt u die passen ?**
khèpəm ok klèynər, In mat ARtəndèrtəR. wIltudi pAsə ?
J'ai le aussi plus petit, dans mesure 38. Voulez-vous celui-là essayer ?
Je l'ai aussi en plus petit, en taille 38. Voulez-vous l'essayer ?

Petra **Ja, ik wil graag een maat kleiner in het blauw.**
ya, IkwIl Rrar ən mat klèynər Inət blaou.
Oui, je veux bien une taille plus petite dans le bleu.
Oui, j'aimerais la taille en dessous et en bleu.

Tandis que Petra l'essaie, la vendeuse demande :

Verkoopster **Is deze beter ?**
Izdézə bétər ?
Est celui-ci mieux ?
Celui-ci est-il mieux ?

Petra **Ja, hij past beter en blauw is leuker.**
ya, èy pAst bétər èn blaou is løkər.
Oui, il va mieux et bleu est plus joli.
Oui, il me va et le bleu me plaît davantage.

Mots clés

passen	pAsə	essayer
de paskamer	də pAskamər	la cabine d'essayage
deze kant op	dézə kAntOp	de ce côté-ci
past hij ?	pAsti ?	est-ce qu'il va ?
in het blauw	Inət blaou	en bleu

Demander le prix

Petra a fait son choix mais elle ignore le prix. Elle demande :

- **Hoeveel kost hij ?** [*houvél kOsti ?*] (Combien coûte-t-il ?)

Remplacer les noms par des pronoms

Dans certaines langues, le remplacement d'un *nom* (*substantif*) par un *pronom* (un *pronom personnel* par exemple ; *la pronominalisation*) peut poser problème aux apprenants.

Pour le néerlandais, nous avons mis sur pied un système pour apprendre facilement.

Premier cas : DE ➔ HIJ

Pour des raisons de brièveté, vous supprimez *le groupe nominal* (*l'article et le nom*) **de**, donc :

de + nom

vous utiliserez le *pronom personnel de la troisième personne du singulier masculin*, **hij**.

- **De bloes kost 45 euro.** [*də blous kOst vèyfənvértəR øro.*] (Le corsage coûte 45 euros.)
- **Hij kost 45 euro.** [*èy kOst vèyfənvértəR øro.*] (Il coûte 45 euros.)

Point de grammaire

La vache ! Il donne du lait

Les noms **de** couvrent deux *genres* : le *masculin* et le *féminin*. Seul pour les *noms* des êtres humains, **de vrouw** et **de man**, le *genre* s'avère physiquement.

On remplacera le *groupe nominal* **de vrouw** par le pronom féminin **ze** et le *groupe nominal* **de man** par le pronom masculin **hij**.

Jusque-là, tout va bien. Mais que faire avec des *groupes nominaux qui désignent des choses* et qui sont soit féminins, soit masculins sans que le genre s'avère ? Exemples :

- **de roos** [*də ros*] (la rose)
- **de deur** [*də dør*] (la porte)
- **de ladder** [*də lAdər*] (l'échelle)
- **de zee** [*də zé*] (la mer)
- **de weg** [*də wèR*] (le chemin)
- **de tafel** [*də tafəl*] (la table)
- **de stoel** [*də stoul*] (la chaise)

En Flandre, la notion des deux genres pour les *noms* des choses est toujours vivante. Un Flamand vous dira sans réfléchir que **de roos**, c'est **ze**, ainsi que pour **de deur**, **de ladder** et **de zee.** Ce sera toujours **ze**. En revanche, **de weg**, **de tafel** et **de stoel**, dira-t-il, seront toujours remplacés par **hij**.

Les Néerlandais, eux, ont perdu toute notion de *masculin/féminin* par rapport aux *groupes nominaux qui désignent des choses*. Ils ont simplifié la façon dont le pronom les remplacera (la *pronominalisation*). Le remplaçant sera toujours le *pronom masculin* **hij**, situation comparable à l'anglais.

Aux Pays-Bas, la perte de notion des genres a tellement évolué que le genre des noms des animaux suit la même règle que celle des noms des objets. Il est habituel pour les Néerlandais de remplacer le groupe nominal **de koe** [*də kou*] (la vache) par **hij**. Donc :

- **De koe geeft melk.** [*də kou Réft mèlək.*] (La vache donne du lait.)
- **Hij geeft melk.** [*èy Réft mèlək.*] (**Il** donne du lait.)

Ici, la question sur la meilleure méthode pédagogique pour le *néerlandais langue étrangère* s'impose. Il faut opter pour le système le plus simple dans l'intérêt de l'apprenant, donc le système **DE KOE ➔ HIJ** l'emporte.

Or, entre Flamands, nous continuons de dire : **de koe ➔ ze geeft melk.**

Second cas : HET à HET

Quand, pour des raisons de brièveté, vous supprimez *le groupe nominal* (*l'article et le nom*) **het**, donc :

het + nom

vous utiliserez le *pronom personnel de la troisième personne du singulier neutre*, **het**.

- **Het overhemd kost 20 euro.** [*ət ovərhèmt kOst twIntəR øro.*] (La chemise coûte 20 euros.)
- **Het kost 20 euro.** [*ət kOst twIntəR øro.*] (Il coûte 20 euros. Elle coûte 20 euros.)

Conversation

Petra décide d'acheter le corsage. Elle se rend à la caisse avec la vendeuse.

Caissière **Dat is dan 45 euro alstublieft. Welk betaalmiddel gebruikt u ?**
dAtIzdAn vèyfənvértəR øro. wèlək bətalmIdəl Rəbrəykt u ?
Cela est alors 45 euros s'il vous plaît. Quel moyen de paiement utilisez-vous ?
45 euros s'il vous plaît. Vous réglez par quel moyen ?

Petra **Met mijn bankkaart.**
mètmən bANkart.
Avec ma carte bancaire.
Par carte bancaire.

Caissière **Een ogenblikje, alstublieft.**
ən oRənblIkyə AlstublIft.
Un instant, s'il vous plaît.

Petra insère sa carte à l'envers.

Caissière **De strip aan deze kant, alstublieft.**
dəstrIp an dézə kAnt, AlstublIft.
La bande de ce côté-ci, s'il vous plaît.

Caissière **Zo is het goed, dank u. En hier is uw bon.**
zo Isət Rout, dANku. èn hir Isuou bOn.
Comme ça est-il bien, merci. Et ici est votre ticket.
C'est ça, merci. Et voici votre ticket.

La caissière lui tend le sac avec le corsage.

Caissière **Veel plezier ermee.**

vél plәzir әrmé.

Beaucoup de plaisir avec cela.

Profitez-en bien.

Petra **Dank u. Tot ziens.**

dANku. tOtsins.

Merci. Au revoir.

Mots clés

het betaalmiddel	әt bәtalmIdәl	le moyen de paiement
een ogenblikje	әn oRәnblIkyә	un instant
aan deze kant	an dézә kAnt	de ce côté-ci
de bon	dә bOn	le ticket de caisse
veel plezier ermee	vél plәzir әrmé	profitez-en bien

Chapitre 9

Regard sur les loisirs

Dans ce chapitre :

- Les jours
- Le cinéma
- Le concert
- Le musée
- Une soirée
- Être invité
- Quitter la ville
- Les hobbys
- Sports, sports, sports

Ce chapitre est entièrement consacré aux moments de loisirs, comme voir un film, visiter un musée ou se rendre à une soirée.

Chaque grande ville comporte une salle de concert, des cinémas, des musées, de grandes salles réservées aux festivals et aux événements.

Chaque semaine, dans les journaux locaux, ainsi que sur Internet, vous pourrez lire le programme culturel. C'est un moyen qui vous permettra de vous divertir tout en découvrant la culture.

Les jours

Pour pouvoir lire les titres des films ou autres, il vous sera impératif de connaître les jours. Tous prennent l'article **de**, mais cet article est rarement utilisé. En néerlandais, comme en français, les jours et les mois s'écrivent sans majuscule.

- **zondag** [*zOndAR*] (dimanche)
- **maandag** [*mandAR*] (lundi)

- **dinsdag** [*dInzdAR*] (mardi)
- **woensdag** [*wounsdAR*] (mercredi)
- **donderdag** [*donderdAR*] (jeudi)
- **vrijdag** [*vrèydAR*] (vendredi)
- **zaterdag** [*zatərdAR*] (samedi)

L'expression d'une habitude

Il y a une façon d'exprimer une habitude, un événement ou une action qui a lieu le même jour. Si vous connaissez un marché qui a lieu dimanche prochain, vous dites : « Ce dimanche, il y a un marché » ou : « Dimanche, il y a un marché. » S'il s'avère que ce même marché se tient tous les dimanches, il s'agit d'une habitude. Dans ce cas, vous direz : « Le dimanche, il y a un marché. » Ci-dessous vous trouverez la façon d'exprimer une répétition régulière utilisant les jours en néerlandais.

Tableau 9.1. La répétition régulière un jour de la semaine

Jour	*Répétition régulière*			
zondag [*zOndAR*]	**op zondag** [*Op sOndAR*]	le dimanche	**'s zondags** [*sOndARs*]	chaque dimanche
maandag [*mandAR*]	**op maandag** [*Op mandAR*]	le lundi	**'s maandags** [*smandARs*]	chaque lundi
dinsdag [*dInzdAR*]	**op dinsdag** [*Ob dInzdAR*]	le mardi	**dinsdags** [*dInzdAR*]	chaque mardi
woensdag [*wounsdAR*]	**op woensdag** [*Op wounsdAR*]	le mercredi	**'s woensdags** [*swounsdARs*]	chaque mercredi
donderdag [*donderdAR*]	**op donderdag** [*Ob donderdAR*]	le jeudi	**donderdags** [*donderdARs*]	chaque jeudi
vrijdag [*vrèydAR*]	**op vrijdag** [*Op frèydAR*]	le vendredi	**'s vrijdags** [*sfrèydARs*]	chaque vendredi
zaterdag [*zatərdAR*]	**op zaterdag** [*Op satərdAR*]	le samedi	**'s zaterdags** [*satərdARs*]	chaque samedi

ATTENTION !

Observez les irrégularités dans les formations de la troisième colonne. Elles se répercutent sur la prononciation. Méfiez-vous de **dinsdags**, **donderdags**, qui ne prennent pas de **'s** devant le mot.

C'est le jour qui précède à celui qui le suit

Si vous ne comprenez pas ce titre, lisez la suite.

- **vandaag** [*vAndaR*] (aujourd'hui)
- **gisteren** [*RIstərə*] (hier)
- **eergisteren** [*érRIstərə*] (avant-hier)
- **morgen** [*mOrRə*] (demain)
- **overmorgen** [*ovərmOrRə*] (après-demain)

C'est facile à retenir. Si aujourd'hui était demain, après-demain serait demain, hier serait aujourd'hui et avant-hier serait hier, tandis que si aujourd'hui était hier, demain serait aujourd'hui, après-demain serait demain et avant-hier serait hier. En revanche, si aujourd'hui était après-demain, demain serait hier et avant-hier serait aujourd'hui.

Les parties de la journée

La journée se divise en quatre parties :

- **de morgen** [*də mOrRə*] (le matin)
- **de ochtend** [*də ORtənt*] (le matin)
- **de middag** [*də mIdAR*] (l'après-midi)
- **de avond** [*də avənt*] (le soir)
- **de nacht** [*də nARt*] (la nuit)

Lorsque vous parlez des moments de la journée d'aujourd'hui (**vandaag**), utilisez les mots suivants :

- **vanmorgen** [*vAmOrRə*] (ce matin)
- **vanochtend** [*vAnORtənt*] (ce matin)
- **vanmiddag** [*vAmIdAR*] (cet après-midi)
- **vanavond** [*vAnavənt*] (ce soir)
- **vannacht** [*vAnARt*] (cette nuit)

Ce qui vaut pour aujourd'hui (**vandaag**) vaut aussi pour demain (**morgen**) et hier (**gisteren**) :

- **morgenochtend** [*mOrRənORtənt*] (demain matin)
- **morgenmiddag** [*mOrRəmIdAR*] (demain après-midi)
- **morgenavond** [*mOrRənavənt*] (demain soir)

- **gisterochtend** [*RIstərQRtənt*] (hier matin)
- **gistermiddag** [*RIstərmIdAR*] (hier après-midi)
- **gisteravond** [*RIstərqvənt*] (hier soir)

Mettre les petites fleurs dehors

De bloemetjes buiten zetten [*də bloumətyəs baytə zètə*] veut dire sortir le soir en ville jusqu'au petit matin. L'équivalent anglais est « *to paint the town red* », en français, c'est « faire la bringue ». En Flandre et aux Pays-Bas, on aime « sortir les petites fleurs » – ou « les fleurettes », si vous voulez.

Généralement, dans les grandes villes, il existe un choix inépuisable de festivités. N'hésitez pas à consulter Internet pour les découvrir. Vous y trouverez :

- **de discotheek** [*də dIskoték*] (discothèque)
- **de discobar** [*də dIskobAr*] (discothèque)
- **de schouwburg** [*də sRaoubərR*] (théâtre)
- **het theater** [*ət téatər*] (théâtre)
  - **het toneelstuk** [*ət tonélstək*] (pièce de théâtre)
  - **de musical** [*də myouzikəl*] (la comédie musicale)
  - **het cabaret** [*ət kabarèt*] (le stand-up, le one-man/woman show)
- **de concerthal** [*də kOnsèrthAl*] (la salle de concert)
  - **het concert** [*ət kOnsèrt*] (le concert)
- **het voetbalstadion** [*ət foutbAlstadiOn*] (le stade de football)
  - **het popconcert** [*ət pOpkOnsèrt*] (le concert de pop-rock)
  - **het openluchtconcert** [*ət opələRtkOnsèrt*] (le concert en plein air)

Dans la suite de ce chapitre, vous trouverez d'autres expressions utiles pour « sortir les fleurettes ». Voici maintenant quelques expressions utiles pour faire votre choix.

« Virée » nocturne

La question pour commencer une « virée » nocturne peut prendre différentes formes :

- **Wat zullen we gaan doen ?** [*wAt sələwə Ran doun ?*] (Que [futur]-nous aller faire ? Qu'allons-nous faire ?)
- **Heb je iets te doen ?** [*hèpyə its tə doun ?*] (As-tu quelque chose à faire ?)

- **Heb je plannen voor morgenavond ?** [*hèpyə plAnə vor mOrRənavənt ?*] (As-tu des projets pour demain soir ?)
- **Heb je vanavond tijd ?** [*hèpyə vAnavənt tèyt ?*] (As-tu du temps ce soir ?)

Le verbe pour sortir : UITGAAN

Uitgaan [*əytRan*] (sortir) est le *verbe composé à particule séparable* à utiliser pour se réjouir en ville.

POINT DE GRAMMAIRE

Rappelez-vous que les le *verbes composés à particule séparable* font l'objet d'une parenthèse grammaticale dans le chapitre 6, lorsque l'on parle de plats à emporter du traiteur chinois : **MEENEMEN** et **AFHALEN**.

Tableau 9.2. : Présent du verbe fort et composé à particule séparable, UITGAAN (ging uit, uitgegaan)

Conjugaison	*Traduction / prononciation*
UITGAAN	(sortir) [*əytRan*]
ik ga uit	*Ik Ra əyt*
je gaat uit	*yə Rat əyt*
u gaat uit	*u Rat əyt*
ga je uit ?	*Ra yə əyt ?*
gaat u uit ?	*Rat u əyt ?*
hij / ze / het gaat uit	*èy / zə / ət Rat əyt*
we gaan uit	*wə gan əyt*
jullie gaan uit	*yəli gan əyt*
ze gaan uit	*zə gan əyt*

ATTENTION !

Problème récurrent ! Observez la différente disposition des syllabes dans **gaan** et **gaat**, contrairement à **ga**.

Voici quelques *expressions verbales* pour dire que vous sortez : **uit eten gaan** [*əyt été Ran*] (aller au restaurant) ; **naar de bioscoop gaan** [*nar də biOskop Ran*] (aller au cinéma) ; **naar het theater gaan** [*nar ətéatər Ran*] (aller au théâtre).

Outre **uitgaan**, d'autres verbes forment des expressions pour dire que l'on sort : **een festival bezoeken** [*ən fèstivAl bəzouka*] (assister à un festival) ; **iets gaan drinken in een café** [*its Ran drINkən Inən kafé*] (prendre un verre dans un café). En Flandre, on dit : **een pintje gaan pakken** [*ən pIntyə Ran pAkə*] (boire une pinte dans un café) ou **een terrasje pakken** [*ən tèrAchə pAkə*] (aller boire une chope de bière à une terrasse de café).

Voici des exemples d'invitations à sortir avec le verbe **uitgaan** :

- **Zullen we vanavond uitgaan ?** [*zələwə vAnɑvənt èytRan ?*] (Allons-nous sortir ce soir ?)
- **Waar zullen we vanavond uitgaan ?** [*war zələwə vAnɑvənt èytRan ?*] (Où allons-nous sortir ce soir ?)

Festoyer en groupe : STAPPEN

Le verbe **stappen** [*stApə*] (marcher ; sortir en groupe) s'utilise pour aller boire et danser en groupe la nuit. **Stappen** implique que ce groupe d'amis ne reste pas au même endroit au cours de leurs pérégrinations nocturnes ; ils s'attarderont dans plusieurs établissements : dans des cafés sans doute, des bars et discothèques et des friteries. Ce phénomène est plus connu sous le terme **een kroegentocht** [*ən krouRətORt*], **kroeg** étant le mot germanique pour « café » et **tocht** synonyme de « randonnée ». Il s'agit donc d'une « virée » dans les cafés et les discothèques, plus connue chez les Anglais sous l'expression « *pub crawling* ».

Pour organiser cette sortie, vous aurez besoin du vocabulaire spécialisé ci-dessous.

- **Vanavond ga ik stappen.** [*vAnɑvənt Ra Ik stApə.*] (Ce soir, je sors en ville.)
- **Ik heb zin om vanavond te stappen.** [*khèpsIn Om vAnɑvənt tə stApə.*] (J'ai envie à ce soir de faire un tour des cafés. J'ai envie de faire la tournée des bars ce soir.)
- **Waar zullen we vanavond gaan stappen ?** [*war zələwə vAnɑvənt Ran stApə ?*] (Où [futur]-nous ce soir aller faire un tour des cafés ? Où allons-nous sortir ce soir ?)
- **Als ik ga stappen, ga ik naar de Oude Markt.** [*AlsIkRa stApə Ra Ik nar də aoudə mArkt.*] (Quand je vais sortir, vais-je vers l'Ancien Marché. Quand je sortirai, j'irai à l'Ancien Marché.)

Le « septième art » : le cinéma

La salle de cinéma, en néerlandais, ainsi que dans certaines langues nordiques, porte le nom particulier **de bioscoop** [*biOskop*] (salle de cinéma). Ce mot, tiré de l'ancien grec (*bios* = vie ; *skopein* = regarder) existe à côté du mot néerlandais **de cinema** [*də sinéma*], réservé au cinéma en tant « septième art ».

Énumérons d'abord quelques genres de films. Il y a **de sciencefictionfilm** [*də sayənsfIkchənfIlm*] (le film de science fiction) ; **de misdaadfilm** [*də mIzdat-fIlm*] (le polar) ; **het psychologisch drama** [*ət psiRoloRis drama*] (le drame psychologique).

Accompagnez-vous un enfant ? Choisissez alors un autre genre, comme **de kinderfilm** [*də kIndərfIlm*] (le film pour enfants), **de tekenfilm** [*də tékəfIlm*] (le dessin animé), **de avonturenfilm** [*də avəntürəfIlm*] (le film d'aventures) ou **de komedie** [*də komédi*] (la comédie).

La prochaine fois que vous souhaitez voir un film, utilisez les expressions ci-dessous :

- **Ik wil graag naar de bioscoop.** [*IkwIl RraR nar də bioskop.*] (Je veux volontiers vers le cinéma. J'aimerais aller au cinéma.)
- **Ik wil graag een film zien.** [*IkwIl RraR ən fIlm zin.*] (Je veux volontiers voir un film. J'aimerais voir un film.)

Lorsque vous vous êtes mis d'accord pour aller voir un film, vous pouvez utiliser l'une des phrases suivantes :

- **In welke bioscoop draait « Gejaagd door de wind » ?** [*In wèlkə bioskop drayt RəyaRtor də wInt ?*] (Dans quelle salle de cinéma tourne *Autant en emporte le vent* ?)
- **Hoe laat begint de voorstelling ?** [*hou lat beRIntə vorstèlIN ?*] (Comment tard commence la représentation ? À quelle heure commence la séance ?)

Info culturelle

« Mon nom est Bond, James Bond »

En Flandre et aux Pays-Bas, tous les films, quelle que soit la langue, sont projetés en version originale. Ils sont sous-titrés en néerlandais. À Bruxelles, le sous-titrage est bilingue : français et néerlandais. On considère que c'est un crime de lèse-majesté cinématographique d'entendre Steve McQueen parler français, Fernandel s'exprimer en néerlandais ou encore Jean Gabin parler allemand ou polonais. Suivre un film en VO par le biais des (doubles) sous-titres représente un apport d'information linguistique massif dans l'intérêt de la progression de l'apprenant.

Acheter les places

Souvent, vous serez obligé de réserver ou d'acheter vos places une ou plusieurs heures avant le début de la séance. Lorsque vous voulez acheter vos places juste avant que **de voorstelling begint** [*də vorstèllN bəRInt*] (la séance commence), vous entendrez ou lirez sans doute à la caisse **Uitverkocht** [*əytfərkORt*] (complet).

Pour faire une réservation par téléphone, servez-vous de la phrase

- **Ik wil graag kaartjes reserveren voor 'Once Upon A Time In The West'.** [*Ik wIl RraR kartyəs rézèrvérə vor ouans əpOn ə taym In Tə ouèst.*] (Je veux volontiers billets réserver pour *Il était une fois dans l'Ouest.* J'aimerais réserver des billets pour *Il était une fois dans l'Ouest.*)
- **In de rij staan voor een kaartje** [*In də rèy stan vor ən kartyə*] (Faire la queue pour acheter un billet) est une autre possibilité. En arrivant à la caisse, vous risquez d'entendre les mots :
- **De voorstelling is al begonnen.** [*də vorstèllN IsAl bəROnə.*] (La séance a déjà commencé.)
- **De voorstelling is uitverkocht.** [*də vorstèllN Is əytfərkORt.*] (Il n'y a plus de place pour la séance.)
- **We hebben nog kaartjes voor de voorstelling van negen uur.** [*wə hèbə nOR kartyəs vor də vorstèllN vAnèRənur.*] (Il nous reste encore des billets pour la séance de neuf heures.)

Vous pouvez employer ces phrases non seulement pour les films, mais aussi pour n'importe quel spectacle ou concert.

Conversation

CD

Sandra parle à son ami. Elle veut aller au cinéma.

Sandra **Ik heb gehoord dat *A Room with a View* een heel mooie film is en ik wil hem graag zien.**

Ikhèp RəhordAt ə Roum wIT ə vyou ən hélə moyə fIlm Is èn Iksaou hèm RraR sin.

J'ai entendu qu'*Une chambre avec vue* un très beau film est et je veux le volontiers voir.

J'ai entendu dire qu'*Une chambre avec vue* est un très beau film et j'aimerais le voir.

Olivier **Waar draait hij ?**

war drayti ?

Où tourne-t-il ?

Sandra **Hij draait in het Cinecenter.**

èy drayt inət sinésèntər.

Il tourne au Cinecenter.

Olivier **Wanneer wil je gaan ?**

wAner wIlyə Ran ?

Quand veux-tu aller ?

Quand veux-tu y aller ?

Sandra **Morgenavond, want dan ben je vrij.**

mOrRənavənt wAndAn bènyə vrèy.

Demain soir, car alors es-tu libre.

Demain soir, parce qu'à ce moment tu sera libre.

Olivier **OK. Morgenavond is goed. Hoe laat is de voorstelling ?**

oké. mOrRənavənt IsRout. hou lat Izdə vorstèlIN ?

OK. Demain soir est bien. Combien tard est la séance ?

OK. Demain soir c'est bien. À quelle heure est la séance ?

Sandra **De voorstelling begint om kwart over zeven, maar we moeten de kaartjes om kwart voor zeven afhalen.**

də vorstèlIN bəRInt Om kwArt ovərzévə, mar wə moutə də kartyəs Om kwArt vor zévə Afhalə.

La séance commence à quart après sept, mais nous devons les cartes à quart avant sept retirer.

La séance commence à sept heures et quart, mais nous devons retirer les billets à sept heures moins le quart.

Olivier **Dat is erg vroeg. Je zult geen tijd hebben om te eten.**

dAtIs èrR frouR. yə zəltRén tèyt hèbə Om tə étə.

Cela est très tôt. Tu [futur] ne pas de temps avoir pour manger.

C'est très tôt. Tu n'auras pas le temps de manger.

Sandra **Ik koop wel iets op het station voor in de trein en we kunnen koffie drinken voor de film begint.**

Ik kop wèl its Opət stAsyOn vor In də trèyn èn wə kanə kOfi drINkə vor də fIlm bəRInt.

J'achète bien quelque chose à la gare pour dans le train et nous pouvons café boire avant que le film commence.

J'achèterai quelque chose à la gare pour manger dans le train et nous pourrons prendre un café avant que le film commence.

Olivier	**OK. Ik haal de kaartjes en daarna drinken we koffie.** *oké. Ikhal də kartyəs èn darna drINkə wə kOfi.* OK. Je cherche les cartes et ensuite buvons-nous café. OK. Je retire les billets et ensuite nous boirons un café.
Sandra	**Ik heb er zin in. Iedereen praat over die film.** *Ik hèpər zInIn. idərén prat ovər di fIlm.* J'y ai envie. Tout le monde parle au-dessus de ce film. Je suis ravie d'y aller. Tout le monde parle de ce film.

Mots clés

de film	də fIlm	le film
zien	zin	voir
zin	zIn	envie
de koffie	də kOfi	le café (boisson)
de tijd	də tèyt	le temps (chrono)
vroeg	vrouR	tôt, de bonne heure
de trein	də trèyn	le train
praten	pratə	bavarder
draaien	drayə	tourner
want	wAnt	car
maar	mar	mais

POINT DE GRAMMAIRE

L'ordre des mots dans la subordonnée

Les *subordinateurs* soudent la *proposition subordonnée* à la *proposition principale.* Dans la conversation ci-dessus, nous observons la présence des *subordinateurs* suivants :

- **dat** [*dAt*] (que)
- **voor** [*vor*] (avant que)

Les *propositions principales* qui précèdent ces *subordinateurs* sont :

- **Ik heb gehoord dat…** [*Ikhèp RəhordAt…*] (J'ai entendu dire que…)
- **We kunnen koffie drinken voor…** [*wə kanə kOfi drINkə vor…*] (Nous pourrons prendre un café avant que…)

La description de l'ordre des mots dans ces deux *propositions principales* se trouve dans le **Tableau 9.3.**

Tableau 9.3. Comparaison de la structure de la *proposition principale*

Zone de tête	Premier pôle	Zone médiane	Second pôle
Ik	heb	Ø	gehoord
we	kunnen	koffie	drinken

Reprenons les deux *propositions subordonnées* qui suivent chacune des *propositions principales.*

- **dat *A Room with a View* een heel mooie film is.** [*dAt ə Roum wIT ə vyou ən hélə moyə fIlm Is*] (qu'*Une chambre avec vue* est un très beau film.)
- **voor de film begint.** [*vor də fIlm bəRInt.*] (avant que le film commence.)

Leur description se trouve dans le tableau ci-dessous.

Tableau 9.4. Comparaison de la structure de la *proposition subordonnée*

Premier pôle	Zone médiane	Second pôle
dat	A Room with a View een heel mooie film	is.
voor	de film	begint.

- Le *premier pôle* de la *proposition subordonnée* néerlandaise est prise par le *subordinateur* (**dat** [*dAt*] (que), **voor** [*vor*] (avant que).
- La *zone médiane* en néerlandais est l'endroit du sujet (***A Room with a View*, de film**).
- Le *second pôle*, comme d'habitude, restera la place réservée au *groupe verbal* (**is**, **begint**).

De ce fait,

LE VERBE CONJUGUÉ NÉERLANDAIS SE TROUVE VERS LA FIN DE LA SUBORDONNÉE,

Piège éternel de l'apprenant francophone de néerlandais.

Chaque ville a son propre **festival** [*festivAl*] (festival) et son **evenement** [*évènəmènt*] (événement), généralement au cours de l'été. Ces festivals et événements portent sur des thèmes culturels variés. Il y en a pour tous les goûts, dans tous les styles, pour toutes les bourses, dans tous les arts et avec des artistes de toutes disciplines… l'offre est très vaste. Il y a des festivals et événements de renommée mondiale, qui existent depuis des décennies, aussi bien dans les métropoles que dans les villes ou même les villages de province.

`www.festival.bewww.evenementkalender.nl`

Sur place, vous pouvez toujours vous rendre

- **naar het toerismebureau** [*narət tourIsməburo*] (à l'office de tourisme). Aux Pays-Bas, vous demandez
- **de VVV** [*də vévévé*],
- **de Vereniging voor Vreemdelingenverkeer** [*vərénIRIN vor vrémdəlINəvərkér*] ou syndicat d'initiative.

Aller au concert

Comme évoqué précédemment, les salles de spectacle sont nombreuses, en ville comme à la campagne. Cependant, il existe des salles réservées aux concerts, **concertzalen** [*kOnsèrtzalə*]. Par ailleurs, les concerts sont organisés dans des églises ou d'autres endroits susceptibles d'accueillir un public, comme les salles de bal, **balzalen** [*bAlzalə*], des salles rattachées à un café ou une brasserie ou des presbytères. Pour assister aux concerts, une fois de plus, Internet est votre meilleur guide ainsi que les journaux locaux et les affiches.

Certains mélomanes **zingen in een koor** [*zINənIn ən kor*] (faire partie d'une chorale), où ils chantent en vue de donner un concert annuel. Très souvent, il s'agit de musique religieuse, donnée dans l'église ou dans le temple protestant de la paroisse. D'autres répètent des **zeemansliedjes** [*zémAnslidyəs*] (chansons de marins).

Bien que les membres des chorales soient des amateurs, le chef de la chorale et les musiciens qui accompagnent les chanteurs sont des professionnels. N'oublions pas les répétitions des **fanfares** [*fAnfarəs*] et **harmonieën** [*hArmoniéə*] qui s'organisent de la même manière et dans l'allégresse.

Visiter un musée

De nombreux musées sont à visiter en Flandre et aux Pays-Bas, et ça vaut le détour. Les amateurs d'art trouveront des musées d'art classique et moderne dans toutes les grandes villes ayant une **academie der kunsten** [*akadémi dèr kønstə*] (académie des arts) ou à la campagne. Certains villages où ont habité des peintres impressionnistes flamands détiennent plusieurs **galerieën** [*RAlərie*] (galeries d'art). Chacun pourra « s'y retrouver » grâce au guides d'art touristiques spécialisés qui sont proposés dans les librairies et les syndicats d'initiative.

Les goûts et les couleurs ne se discutent pas

Bien que les goûts et les couleurs ne se discutent pas, chacun peut les partager, à savoir échanger quelques mots sur ses préférences.

« Qu'en penses-tu ? »

Quelqu'un pourrait demander, ou vous pourriez demander l'avis à quelqu'un pour amorcer une conversation sur un film, une exposition, un concert ou un spectacle :

- **Hoe vond je de film ?** [*hou vOntyə də fIlm ?*] (Comment trouvais-tu le film ? Comment as-tu trouvé le film ?)
- **Hoe vond je de tentoonstelling ?** [*hou vOntyə də tèntonstèlIN ?*] (Comment trouvais-tu l'exposition ? Comment as-tu trouvé l'exposition ?)
- **Hoe vond je het concert ?** [*hou vOntyə ət kOnsèrt ?*] (Comment trouvais-tu le concert ? Comment as-tu trouvé le concert ?)
- **Hoe vond je de opera ?** [*hou vOntyə də opéra ?*] (Comment trouvais-tu l'opéra ? Comment as-tu trouvé l'opéra ?)

Faire part de votre opinion

Une occasion se présente de vous exprimer sur un objet culturel. Soyez naturel.

- **Ik vond de film / de tentoonstelling / het concert / de opera erg mooi.** [*Ik vOntə fIlm / də tèntonstèlIN / ət kOnsèrt / də opéra èrR moy.*] (J'ai trouvé le film / l'exposition / le concert / l'opéra très beau / belle.)

- **De film / de tentoonstelling / het concert / de opera was saai.** [*də fIlm / də tèntonstèlIN / ət kOnsèrt / də opéra wAs say.*] (Le film / l'exposition / le concert / l'opéra était ennuyeux(se).)
- **De film / de tentoonstelling / het concert / de opera viel tegen.** [*də fIlm / də tèntonstèlIN / ət kOnsèrt / də opéra vil téRə.*] (Le film / l'exposition / le concert / l'opéra m'a déçu.)

TRUC

Les chaussettes de l'archiduchesse, sont-elles toujours sèches ?

Saisissons l'occasion de donner des précisions à propos de la **de tentoonstelling** (l'exposition) pour vous présenter une phrase difficile à prononcer (*un virelangue*), comme celle du titre de cet encadré, connue par tout un chacun. La fonction de ces phrases est de frimer avec les connaissances d'une langue.

L'histoire, qui date du début du XXe siècle, est la suivante. Elle concerne la tribu des Hottentots, **de Hottentotten** [*də hOtəntOtə*], peuple de nomades vivant dans les tentes, **de tenten** [*də tèntə*]. À cette époque se trouve à **Antwerpen** [*Antwèrpə*] (Anvers) le musée d'Ethnologie. S'il y avait une exposition, **een tentoonstelling** [*təntonstéllN*], de ces tentes de Hottentots, ce serait :

een hottentottententententoonstelling

[*ən hOtəntOtəntèntəntèntonstèlIN*]

Voici d'autres adjectifs et phrases permettant d'exprimer votre opinion :

- **echt mooi** [*èRt moy*] (vraiment beau)
- **opwindend** [*OpwIndent*] (passionant)
- **fantastisch** [*fAntAstis*] (fantastique)
- **te gek** [*tə Rèk*] (le top)
- **interessant** [*IntrèsAnt*] (intéressant)
- **meeslepend** [*méslépənt*] (entraînant)
- **de moeite waard** [*də mouytə wart*] (cela en valait la peine)
- **teleurstellend** [*tələrstèlənt*] (déconcertant)
- **buitengewoon** [*baytəRəwon*] (hors du commun)
- **saai** [*say*] (ennuyeux)
- **Het was een hele zit.** [*ət wAs ən hélə zIt.*] (Le temps m'a paru long.)
- **Opera is niets voor mij.** [*opéra Is nits vor mèy.*] (L'opéra n'est pas ma tasse de thé.)
- **Een opera is niet aan mij besteed.** [*ən opéra Is nit an mèy bəstét.*] (L'opéra n'est pas fait pour moi.)

Conversation

Tine [*tinə*] (Christine) a assisté à la comédie musicale *Cats* en version néerlandaise. Son collaborateur Bart [*bArt*] lui en demande son avis.

Bart **Hoe was je musical zaterdagavond ?**

hou wAs yə myouzikəl zatərdARavənt ?

Comment était la comédie musicale de samedi soir ?

Tine **Ik heb er erg van genoten.**

khèpər èrR vAn Rənotə.

J'ai beaucoup aimé.

Tine **De dansers waren te gek, de kostuums fantastisch en de muziek was buitengewoon, erg ritmisch en meeslepend.**

də dAnsərs warə tə Rèk, də kOstums fAntAstis èn də muzik wAs bəytənRəwon, èrR ritmis èn méslépənt.

Les danseurs étaient au top, les costumes fantastiques et la musique était extraordinaire, très rythmique et entraînante.

Tine **Je kon het je bijna niet voorstellen dat de dansers het zo lang volhielden. De hele voorstelling duurde drie uur.**

yə kOn ət yə bèyna nit forstèlə dAt də dAnsərs ət so lAN vOlhildə. də hélə vorstèlIN durdə dri ur.

Tu pouvais le te presque pas imaginer que les danseurs le si longtemps enduraient. La complète représentation durait trois heures.

Tu ne pouvais imaginer que les danseurs puissent tenir aussi longtemps. Le spectacle entier a duré trois heures.

Bart **Was het makkelijk om aan kaartjes te komen ?**

wAsət mAkələk Om an kartyəs tə komə ?

Était-il facile pour aux cartes à venir ?

Était-ce facile de se procurer des places ?

Tine **Ja. Het was heel makkelijk. We hebben ze via internet gekocht. Je kunt op de site kijken naar Hot Tickets. Dat zijn kaartjes die nog over zijn.**

ya. ət wAs mAkələk. wə hèbəzə via Intèrnèt RəkORt. yə kant Obdə sit kèykə nar hOt tikèts. dAtsèyn kartyəs di nOR ovər zèyn.

Oui. C'était très facile. Nous avons les par le biais d'Internet achetés. Tu peux sur le site regarder vers Hot Tickets. Ceux-ci sont des tickets qui encore invendus sont.

Oui. C'était très facile. Nous les avons achetées par le biais d'Internet. Il suffit de regarder sur le site pour les Hot Tickets. Ce sont des tickets qui sont encore disponibles.

Bart	**Nou, een voorstelling van drie uur is me veel te lang. Ik heb vroeger de musical *Tommy* gezien. Dat was ook een hele zit.** *naou, ən vorstèlIN vAn dri ur Is mə vél tə lAN. Ikhèp frouRər də myouzikəl tOmi Rəzin. dAt wAs ok ən hélə zIt.* Eh bien, un spectacle de trois heures est trop long pour moi. J'ai déjà vu la comédie musicale *Tommy* et le temps m'a paru trop long.
Tine	**Ik hoor het al. Een musical is gewoon niets voor jou.** *Ikhorət Al. ən myouzikəl IsRəwon nits vor yaou.* Je l'entends déjà. Une comédie musicale est simplement rien pour toi. Je te vois venir. Une comédie musicale n'est tout simplement pas intéressant selon toi.
Bart	**Nee. Een musical is aan mij niet besteed.** *né. ən myouzikəl Is an mèy nit bəstét.* Non. Une comédie musicale est à moi pas dépensée. Non. Les comédies musicales ne sont pas ma tasse de thé.

Mots clés

de musical	də myouzikəl	la comédie musicale
ik heb genoten	Ik hèp Rənotə	j'ai beaucoup aimé
de dansers	də dAnsərs	les danseurs
ritmisch	zItmis	rythmique
zich voorstellen	zIR vorstélə	s'imaginer
volhouden	vOlhaoudə	tenir le coup, endurer, tenir
de zit	də zIt	la session
vroeger	vrouRər	jadis, dans le passé
besteden	bəstédə	dépenser
makkelijk	mAkələk	facile
duren	durə	durer

POINT DE GRAMMAIRE

La subordonnée infinitive

La structure de la *subordonnée infinitive* est différente :

- de *celle de la propositi*on principale
- et de celle de la *proposition principale* et de celle de la *proposition subordonnée.*

La *subordonnée infinitive* utilise la *préposition :*

- **om** [*Om*] (pour) comme *subjoncteur*, qui trouvera toujours sa place dans le *premier pôle.* Elle emploiera la préposition
- **te** [*tə*] (à) suivie de l'INFINITIF pour combler le *second pôle.*

Dans les deux conversations de ce chapitre, nous avons repéré deux exemples de *subordonnées infinitives.*

Les *propositions principales* qui précèdent la préposition **om** sont :

- **Je zult geen tijd hebben…** [*yə zəlt Rén tèyt hèbə…*] (Tu n'auras pas de temps…) et
- **Was het gemakkelijk…** [*wAsət mAkələk…*] (Était-ce facile…)

La description de l'ordre des mots dans ces deux *propositions principales* se trouve dans le **Tableau 9.5**.

Tableau 9.5. Comparaison de la structure de la *proposition principale*

Zone de tête	*Premier pôle*	*Zone médiane*	*Second pôle*
Je	**zult**	**geen tijd**	**hebben**
—	**Was**	**het**	**makkelijk**

Reprenons les deux *propositions subordonnées* qui suivent chacune des *propositions principales.*

- **om te eten.** [*Om tə étə.*] (pour manger.)
- **om aan kaartjes te komen ?** [*Om an kartyəs tə komə ?*] (de se procurer des places ?)

Leur description se trouve dans le tableau ci-dessous.

Tableau 9.6. Comparaison de la structure de la *subordonnée infinitive*

Premier pôle	*Zone médiane*	*Second pôle*
om	—	**te eten.**
om	**aan kaartjes**	**te komen ?**

Ce type de phrase pose moins de problèmes à l'apprenant que la construction *proposition principale + proposition subordonnée.*

Aller à une soirée

Lorsque vous êtes convié à une réception au domicile de quelqu'un ou dans un établissement de banquets, il est de bon ton de ne pas arriver les mains vides. Un cadeau, une bouteille de vin, un bouquet de fleurs, minime soit-il, c'est le geste qui compte.

Quand vous recevez une **uitnodiging** [*əytnodIRIN*] (invitation) écrite, vérifiez si elle comporte la mention « RSVP » : « Répondez S'il Vous Plaît ».

Dans le cas où vous serez invité à une soirée improvisée, votre hôte peut vous demander une participation : une bouteille de vin, un pack de bières, une salade, un gâteau. Vous pouvez tout aussi bien proposer votre aide dans différentes tâches.

- **Kan ik me met iets nuttig maken ?** [*kAnIk mə mètits nətəR makə ?*] (Puis-je me rendre utile avec quelque chose ?)

Ou bien, vous pouvez prendre l'initiative de demander si vous devez apporter quelque chose :

- **Moet ik wat meenemen ?** [*moutək wAt ménémə ?*] (Dois-je apporter quelque chose ?)
- **Moet ik iets meebrengen ?** [*moutək its mébrèNə ?*] (Dois-je apporter quelque chose ?)

Les anniversaires sont généralement l'occasion d'une petite fête :

- **een verjaardagsfeestje** [*ən vəryardARsféchə*] (une petite fête d'anniversaire) ou
- **een verjaardag** [*ən vəryardAR*] (un anniversaire).

Jour d'anniversaire

Personne n'a aucune obligation de donner une fête à son anniversaire. Lorsqu'on vous demande :

- **Doe je iets voor je verjaardag ?** [*dou yə its vor yə vəryardAR ?*] (Fais-tu quelque chose pour ton anniversaire ?),

Vous pouvez répondre par l'une des phrases suivantes :

- **Nou, er komt wat familie zaterdagavond.** [*naou, ər kOmt wAt famili zatərdARavənt.*] (Eh bien, quelques proches viendront samedi soir.)
- **Ja, er komen vanavond wat mensen. Als je ook wilt komen, ben je welkom.** [*ya, ər komə vAnavənt wAt mènsə. Alchə ok wIlt komə bènyə wèlkOm.*] (Oui, quelques personnes viendront ce soir. Il ne manque plus que toi. Je souhaite ta présence.)

- **Nee, ik doe niets speciaals. Ik hoop dat mijn dochter vanavond komt.** [*né, Ik dou nits spésyals. Ikhop dAt mən dORtər vAnavənt kOmt.*] (Non, je ne fais rien de spécial. J'espère que ma fille viendra ce soir.)
- **Ja, ik ga vanavond uit eten met mijn vriend(in).** [*ya, IkRa vAnavənt əyt étə mèt mən vrindIn.*] (Oui, j'ai prévu un dîner.)
- **Ja, ik heb zaterdagavond een etentje met wat goede vrienden.** [*ya, Ikhèp zatərdARavənt ən étəntyə mèt wAt Roudə vrində.*] (Oui, je fais une petite fête samedi soir avec quelques amis.)
- **Nee, ik doe dit jaar niets.** [*né, Ik dou dIt yar nits.*] (Non, je ne fais rien cette année.)
- **Nee, ik heb voorzien om dit jaar niets te doen.** [*né. khèpforzin dIt yar nits tə doun.*] (Non, cette année, j'ai prévu de ne rien faire.)

Vous pouvez alors réagir par l'une des phrases suivantes :

- **OK. Veel plezier !** [*oké. vél pləzir !*] (OK. Amuse-toi bien !)
- **Dank je. Ik kom vanavond langs.** [*dANkyə.IkOm vAnavənt lANs.*] (Merci. Je passerai te voir ce soir !)

Être invité

Voici des phrases simples et courantes pour lancer **een uitnodiging voor een feestje** [*ən əytnodIRIN vor ən féchə*] (une invitation à une petite fête) :

- **Ik wil je graag uitnodigen voor een feestje.** [*Ik wIl yə RraR əytnodIRə vor ən féchə.*] (Je voudrais t'inviter à une petite fête.)
- **Ik geef een feestje. Vind je het leuk om te komen ?** [*Ik Réf ən féchə. vIntyənət løk Om tə komə ?*] (Je fais une petite fête. Voudrais-tu venir ?)

Vous pouvez demander quand et où les réjouissances auront lieu avant d'accepter ou de décliner l'invitation. Ces simples phrases vous seront nécessaires pour cette occasion :

- **Wanneer is het feest ?** [*wAnér Isət fést ?*] (Quand a lieu la fête ?)
- **Waar is het feest ?** [*war Isət fést ?*] (Où se tient la fête ?)

Décliner une invitation

Pour une raison ou pour une autre, vous pouvez décliner poliment l'invitation en disant :

- **Nee, het spijt me. Ik kan niet komen.** [*né, ət spèyt mə. Ik kAnit komə.*] (Non, je suis désolé, je ne peux pas venir.)

- **Nee, ik kan niet komen. Ik heb al iets anders.** [*né, Ik kAnit koma. Ik hèpAl its Andərs.*] (Non, je ne peux pas venir. J'ai déjà prévu autre chose.)

Accepter

Si le cœur vous en dit, vous pouvez vous exprimer de la manière suivante :

- **Dank je. Ik neem de uitnodiging graag aan.** [*dANkyə.Ik ném də əytnodlglN RraR an.*] (Merci. J'accepte avec plaisir l'invitation.)
- **OK. Ik vind het leuk om te komen. Moet ik iets meebrengen ?** [*oké. Ik flntət løk Om te komen. moutək its mébrèNə ?*] (OK. Ça me fera très plaisir de venir. Veux-tu que j'apporte quelque chose ?)

À chaque culture ses particularités. Lorsque vous êtes à Rome, vous faites comme les Romains. Parfois, la question est de savoir si vous devez apporter quelque chose. Votre hôte vous en informera :

- **Nee, het is niet nodig om iets mee te nemen. Voor eten en drinken wordt gezorgd.** [*né, ətls nit nodəR Om its mé tə némə. vor étənèn drlNkə wOrtRəzOrRt.*] (Non, ce n'est pas nécessaire d'apporter quelque chose. Il y aura ce qu'il faut à manger et à boire.)
- **Het zou leuk zijn als je een salade meenam.** [*ətsaou løksèyn Alchə ən saladə ménAm.*] (Ce serait bien si tu apportais une salade.)
- **Ja graag. Ik weet dat je heerlijke appeltaart bakt. Neem er eentje mee.** [*ya RraR. Ik wédAt yə hérləkə Apəltart bAkt. ném ər éntyə mé.*] (Oui, merci. Je sais que tu prépares de merveilleuses tartes aux pommes. Apportes-en une s'il te plaît.)

Parler d'une soirée

Lorsque l'on vous demande : **Hoe was het feest ?** [*hou wAsət fést ?*] (Comment s'est passée la fête ?), vous pouvez répondre selon les cas :

- **Leuk. We zijn daar heel lang gebleven.** [*løk. wə zèyn dar hélAN Rəblévə.*] (Très bien. Nous y sommes restés très longtemps.)
- **We hebben het erg leuk gehad.** [*wə hèbənət èrR løk RəhAt.*] (Nous nous sommes beaucoup amusés.)
- **Het feestje was** [*ət féchə wAs*] (La soirée était) :
  - **erg gezellig** [*èrR Razèlar*] (très agréable)
  - **leuk** [*løk*] (sympa)
  - **te gek** [*tə Rèk*] (formidable)
  - **fantastisch** [*fAntAstis*] (super)
  - **nogal saai** [*nORAl say*] (assez ennuyeuse)
  - **erg vermoeiend** [*èrR vərmouyənt*] (très fatigante)

Les hobbies

Soyez préparé à participer à une conversation qui traite des hobbies. Vous savez bien que chacun est maître dans son domaine.

Collectionner : VERZAMELEN

Les objets susceptibles d'intéresser les collectionneurs, **de verzamelaars** [*də vərzaməlar*], sont innombrables.

- **Ik ben verzamelaar van...** [*Ik bèn vərzaməlar vAn...*] (je suis collectionneur de...)
- **Ik verzamel ...** [*Ik vərzaməl...*] (je collectionne...)
- **Ik heb een verzameling van...** [*Ik hèp ən vərzaməlIN vAn...*] (j'ai une collection de...)

Mais que collectionnent-ils ? Vous n'en avez aucune idée !

- **bierviltjes** [*birvIltyəs*] (les dessous de verre)
- **antieke poppen** [*Antikə pQpə*] (les poupées anciennes)
- **koekblikken** [*koukblIkə*] (les boîtes à biscuits)
- **munten** [*məntə*] (les pièces de monnaie)
- **postzegels** [*pQséRəls*] (les timbres)
- **sigarenbandjes** [*sigarənbAntyəs*] (les bandes de cigares)
- **kroonkurkjes** [*kronkərkyəs*] (les capsules de bouteilles)
- **luciferdoosjes** [*lusifèrdochəs*] (les boîtes d'allumettes)
- **porceleinen beeldjes** [*pOrsəlèynə béltyəs*] (les figurines)
- **tinnen soldaatjes** [*tInə sOldatyəs*] (les soldats de plomb)
- **stickers** [*stIkərs*] (les autocollants)
- **sleutelhouders** [*sløtəlhaoudərs*] (les porte-clés)

INFO CULTURELLE

Les objets culte des collectionneurs aux Plats Pays

Les objets cultes des collectionneurs néerlandais sont :

- **verzilverde koffielepeltjes** [*vərzIlvərdə kOfilépəltyəs*] (cuillères à café argentées) ;
- **miniklompjes** [*miniklOmpyəs*] (mini sabots) ;
- **koffiemolens** [*kOfimoləs*] (moulins à café) ;
- **windmolentjes** [*wIntmolətyəs*] (mini moulins à vent).

Les objets culte des collectionneurs du côté des Flamands sont les :

- **bierglazen** [*birRlazə*] (verres à bière) ;
- **caféspiegels** [*kAféspiRəls*] (mirroirs de brasserie) ;
- **asbakken** [*AzbAkə*] (cendriers).

Décrire son hobby

Certaines personnes aiment les travaux manuels. Utilisez cette expression pour aborder le sujet :

- **Mijn hobby is...** [*mən hObi Is...*]

À la fin de cette expression, vous donnez l'information adéquate, par exemple :

- **koken** [*kokə*] (faire la cuisine)
- **tuinieren** [*təynirə*] (jardiner)
- **doe-het-zelven** [*dou ət sèlvə*] (bricoler)
- **schilderen** [*sRIldərə*] (peindre)

Jonge gezinnen [*yONə RəzInə*] (les jeunes familles) et **drukke mensen** [*drəkə mènsə*] (les gens très occupés) ont peu de temps pour leurs hobbies. Quand vous leur demandez comment ils occupent leurs loisirs, ils peuvent vous répondre :

- **Ik ontspan me met televisiekijken.** [*Ik OntspAn mə mèt télévisikèykə.*] (Je me décompresse en regardant la télé les pieds en éventail.)
- **Ik vermaak me met de kinderen.** [*Ik fərmakmə mèdə kIndərə.*] (Je joue avec mes enfants.)
- **Ik verwen mezelf met een sauna.** [*Ik fərwèn məzèlf mètən saouna.*] (Je me détends dans un sauna.)

- **Ik veroorloof me een taartje.** [*Ikfərorlof mə ən tartyə.*] (Je m'offre une pâtisserie.)

Verbes réfléchis : ZICH ONTSPANNEN

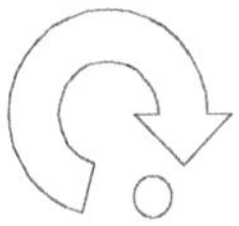

Un *verbe réfléchi* (***wederkerend werkwoord***) exprime une action qui émane du *sujet* pour ensuite se « refléter » sur le *sujet* même. De ce fait, le *sujet* est en même temps l'origine et le bénéficiaire de l'action exprimée dans le verbe. L'icône à retenir pour comprendre l'action du verbe réfléchi se trouve à gauche de cette définition.

Il suffit ensuite de comparer les formes *non réfléchies* et *réfléchies* d'un verbe comme **wassen** [*wAsə*] (laver).

- **Ik was mijn auto.** [*Ik wAs mən aouto.*] (Je lave ma voiture.) **Ik** ⇨ **auto**
- **Ik was me.** [*Ik wAs mə.*] (Je me lave.) 

L'objet de l'action du *verbe réfléchi* est identique au sujet. Il est exprimé par le *pronom réfléchi*, dont les formes, sauf une, rejoignent celles du *pronom personnel objet.*

Tableau 9.7. : Pronom personnel objet et pronom réfléchi

Personne		*Pronom personnel objet*	*Pronom réfléchi*
		Personnes singulier	
1re	me	**me** [*mə*]	**me** [*mə*]
2e	te	**je** [*yə*]	**je** [*yə*]
	vous (politesse)	**u** [*u*]	**zich** [*zIR*]
3e	le / lui	**hem** [*hèm*]	**zich** [*zIR*]
	la / lui	**haar** [*har*]	**zich** [*zIR*]
		Personnes pluriel	
1re	nous	**ons** [*Ons*]	**ons** [*Ons*]
2e	vous	**jullie** [*yəli*]	**je** [*yə*]
	vous (politesse)	**u** [*u*]	**zich** [*zIR*]
3e	ils/elles	**ze** [*zə*] / **hen** [*hèn*]	**zich** [*zIR*]

Dans les pages précédentes, nous avons déjà fait la connaissance des verbes aptes à être conjugués avec un pronom réfléchi. Les voici :

- **zich vermaken** [*zIR vərmakə*] (s'amuser)
- **zich verwennen** [*zIR vərwènə*] (se faire plaisir)
- **zich veroorloven** [*zIR vərorlovə*] (se permettre)
- **zich schamen** [*zIR sRamə*] (avoir honte)
- **zich vergissen** [*zIR vərRIsə*] (se tromper)
- **zich vervelen** [*zIR vərvélə*] (s'ennuyer)
- **zich herinneren** [*zIR hèrInərə*] (se rappeler)
- **zich bemoeien met** [*zIR bəmouyə mèt*] (se mêler de)
- **zich gedragen** [*zIR RədraRə*] (se comporter)
- **zich ontspannen** [*zIR OntspAnə*] (se détendre)

Voici la conjugaison complète de ce dernier verbe.

Tableau 9.8. : Présent du verbe réfléchi faible, ZICH ONTSPANNEN

Conjugaison	*Traduction / prononciation*
ZICH ONTSPANNEN	(se détendre) [*zIR OntspAnə*]
ik ontspan me	*Ik OntspAn mə*
je ontspant je	*yə OntspAnt yə*
u ontspant zich	*u OntspAnt zIR*
ontspan je je ?	*OntspAn yə yə ?*
ontspant u zich ?	*OntspAnt u zIR ?*
hij / ze / het ontspant zich	*èy / zə / ət OntspAnt zIR*
we ontspannen ons	*wə OntspAnən Ons*
jullie ontspannen je	*yəli OntspAnə yə*
ze ontspannen zich	*zə OntspAnə zIR*

Ci-dessous vous trouverez des exemples de phrases avec un verbe utilisé avec un *pronom réfléchi*.

- **Ik schaam me vreselijk.** [*Ik sRamə vrésələk.*] (J'ai terriblement honte.)
- **Je vergist je.** [*yə vərRIst yə.*] (Tu te trompes.)
- **Ik herinner me zijn naam.** [*Ik hèrInər mə zən nam.*] (Je me souviens de son nom.)

- **Ik verveel me nooit.** [*Ik fərvé̱l mə nO̱yt.*] (Je ne m'ennuie jamais.)
- **Ik bemoei me nooit met haar zaken.** [*Ik bəmouy mə noyt mèt har zakə.*] (Je ne me mêle jamais de ses affaires.)
- **Gedraag je !** [*RədraR yə !*] (Comporte-toi !)

Les verbes réfléchis ne le sont pas toujours, laver, par exemple : on peut laver sa voiture, ses cheveux ou se laver. Voici une petite liste de verbes *non nécessairement réfléchis* :

Verbe non réfléchi	*Verbe réfléchi*
Ik was mijn haar. *Ik wAs mən har.* Je me lave les cheveux.	**Ik was me.** *Ik wAs mə.* Je me lave.
De verpleger scheert de patiënt. *də vərpléRər sRért də pAsyènt.* L'infirmier rase le patient.	**Ik scheer me elke dag.** *Ik sRér mə èlkə dAR.* Je me rase chaque jour.
Die man ergert me. *di mAn érRərt mə* Cet homme m'énerve.	**Ik erger me aan die man.** *Ik èrRər mə an di mAn.* Je suis agacé par cet homme.
Het kind vermaakt me. *ət kInt fərmakt mə.* L'enfant m'amuse.	**Het kind vermaakt zich.** *ət kInt fərmakt sIR.* L'enfant s'amuse.

Pour terminer ces précisions sur les verbes réfléchis, voici un dernier exemple d'une conjugaison complète.

Tableau 9.9. : Présent du verbe réfléchi faible, ZICH VERMAKEN

Conjugaison	*Traduction / prononciation*
ZICH VERMAKEN	(se détendre) [*zIR vərmakə*]
ik vermaak me	*Ik vərmak mə*
je vermaakt je	*yə vərmakt yə*
u vermaakt zich	*u vərmakt zIR*
vermaak je je ?	*vərmak yə yə ?*
vermaakt u zich ?	*vərmakt u zIR ?*
hij / ze / het vermaakt zich	*èy / zə / ət vərmakt sIR*
we vermaken ons	*wə vərmakən Ons*
jullie vermaken je	*yali vərmakə yə*
ze vermaken zich	*zə vərmakə zIR*

Escapade à la campagne

Lorsque les villes deviennent étouffantes à cause de la chaleur, nous n'avons qu'une envie, c'est de prendre la poudre d'escampette afin de rechercher la fraîcheur, à savoir l'ombre des arbres. C'est peut-être le bon moment pour flâner à la lisière des bois, avec ou sans vélo.

We gaan naar buiten

We gaan naar buiten
wə Ran nar bèytə
Nous partons pour la campagne

Waar de vogeltjes fluiten
war də voRəltyəs fləytə
Où les petits oiseaux gazouillent

En waar het zonnetje
èn war ət sOnətyə
Et où le petit soleil

Zo heerlijk schijnt
zo hérlək sRèynt
Brille si délicatement

Waar de koetjes zoetjes loeien
war də koutyəs zoutyəs louyə
Où les vachettes meuglent tendrement

En de sperziebonen groeien
èn də spèrzibonə Rrouyə
et les haricots verts poussent

Waar al je misère verdwijnt
war Al yə misèrə vərdwèynt
Où ta misère entière s'en va

Promenade champêtre

En Flandre, profitez de faire un tour vers un château ou une abbaye avec étang et parc.

Chaque village de la campagne flamande compte au moins **een kasteelpark** [*kAstélpArk*], un château entouré d'un parc et d'un étang, où il fait bon **om een eindje te gaan wandelen** [*Om ən èyntyə tə Ran wAndələ*] (flâner). En été, les propriétaires-exploitants de ces lieux attendent les promeneurs pour leur proposer des **ijsjes** [*èychəs*] (glaces), **lichte maaltijden** [*lIRtə maltèydə*] (repas légers) ou **trappist** [*trApIst*] (trappiste) et **abdijbieren** [*Abdèybirə*] (bières d'abbaye).

Bien sûr, les syndicats d'initiative sauront vous renseigner afin de rendre agréable votre sortie.

Faire du vélo : FIETSEN

Een eindje fietsen [*ən èyntyə fitsə*] (faire un tour en vélo) ou **een fietstocht maken** [*ən fitstORt makə*] (faire une randonnée en vélo) est probablement, après la marche à pied, le passe-temps le plus populaire en Flandre et aux Pays-Bas. Ce dernier pays, qui est mondialement associé au vélocipède, compte plus de vélos que d'habitants. Le réseau néerlandais des **bewegwijzerde fietspaden** [*bəwèRwèyzərdə fitspadə*] (pistes cyclables balisées), avec une circulation séparée de celle des voitures, est connu à travers le monde. Ce qui ne l'est pas, en revanche, c'est qu'en Flandre, **de fietsers** [*də fitsərs*] (les cyclistes) sont également les bienvenus et qu'il y existe un réseau pareil.

Les parcs d'attractions

Lorsque vous voulez faire plaisir aux enfants, allez visiter un des très nombreux **pretparken** [*prètpArkə*] (parcs d'amusement, littéralement : parcs de plaisir) ou allez sur le **naar de speeltuin** [*nar də spéltəyn*] (terrain de jeu).

Les stations balnéaires et leurs activités

De badplaatsen [*də bAdplatsə*] (les stations balnéaires) se trouvent sur **de kust** [*də kəst*] (la côte). Elles ont chacune leur infrastructure spécifique, adaptée aux activités économiques et de loisirs qui s'y déroulent.

- **Scheveningen heeft een 'Kurhaus'.** [*sRévənINə héft ən kourhaous.*] (Scheveningen a une « maison thermale ».)
- **Zeebrugge heeft een containerterminal.** [*zébrəRə héft ən kOnténərtərminəl.*] (Zeebrugge a un terminal de containers.)
- **Veel badplaatsen zoals Knokke-Het Zoute hebben een casino.** [*vél bAdplatsə zoAls knOkə ət zaoutə hèbənən kasino.*] (Beaucoup de stations balnéaires comme Knokke-le-Zoute ont un casino de jeux.)

- **Oostende heeft een zeedijk en een pier.** [*ostèndə héft ən zédèyk èn ən pir.*] (Ostende a une digue et une jetée.)
- **Verder is er nog een Casino-Kursaal, een pier en een haven voor de carferry.** [*vèrdər Isər nOR ən kasino kursal, ən pir èn ən havə vor də kArfèri.*] (Ensuite, il y a un Casino-Kursaal, une jetée et un port pour les ferry.)
- **Nieuwpoort en Zeebrugge hebben een vismijn.** [*nioupori èn zébrəRə hèbənən vIsmèyn.*] (Nieuport et Zeebrugge ont une criée.)

Aux Pays-Bas, la criée se nomme **de visafslag** [*də vIsAfslAR*]. Les lieux où une criée est implantée n'ont pas la vocation de station balnéaire.

- **Langs de Vlaamse kust, van De Panne tot Knokke, loopt het traject van de kusttram.** [*lANs də vlamsə kəst, vAn də pAnə tOt knOkə, lopt ət trayèkt vAn də kəstrAm.*] (Le long de la côte flamande, de La Panne à Knokke, il y a le parcours du tramway de la côte. Il y a le tramway de la côte flamande de La Panne à Knokke.)

Les stations balnéaires sont aussi connues pour leurs petits coins.

- **De Panne heeft mooie duinen.** [*də pAnə héft moyə dəynə.*] (La Panne a de magnifiques dunes.)

Plage, coquillages et crustacés

Aux Pays-Bas, **Zandvoort aan Zee** [*zAntfort an zé*] est probablement la station balnéaire la plus populaire pour sa taille et sa proximité de la capitale. Ceux qui apprécient **het strandleven** [*ət strAntlévə*] (la vie à la plage) louent **een strandhuisje** [*ən strAnthəycha*] (une cabine de plage) pour plusieurs semaines, plage où ils peuvent se rendre **om te gaan zwemmen** [*Om tə Ran zwèmə*] (pour aller nager) et **om te zonnebaden** [*Om tə zOnəbadə*] (pour prendre des bains de soleil).

Les enfants adorent **pootjebaden** [*potyəbadə*] (patauger dans l'eau), **schelpen zoeken** [*sRèlpə zoukə*] (chercher des coquillages) et **zandkastelen bouwen** [*zAntkAstélə baouwə*] (construire des châteaux de sable). Cette activité n'est possible qu'à **eb** [*èp*] (marée basse). Le château sera détruit par les vagues lors de la **vloed** [*vlout*] (marée haute). **Vloed** arrive deux fois par **etmaal** [*ètmal*] (période de 24 heures).

- **surfen** [*sərfə*] (surfer) et
- **vliegeren** [*vliRərə*] (faire voler des cerfs-volants) ne sont possibles qu'à certains endroits. Il est interdit de nager pendant les périodes où la plage n'est pas gardée par
- **de redder** [*rèdər*] (le sauveteur, maître nageur). Munissez-vous des objets suivants :

- **de zwembroek** [*zwèmbrouk*] (maillot de bain masculin),
- **het badpak** [*bAtpAk*] (maillot de bain féminin), voire de
- **de bikini** [*bikini*],
- **het strandlaken** [*strAntlakə*] (drap de bain),
- **de badhanddoek** [*bAthAndouk*] (serviette de bain),
- **de handdoek** [*hAndouk*] (serviette),
- **de zonnebrandcrème** [*zOnəbrAntkrèmə*] (crème solaire),
- **de strandtas** [*strAntAs*] (sac de plage).

La plage est **openbaar** [*opənbar*] (publique). Il est possible de louer **een strandstoel** [*ən strAntstoul*] (un transat) à l'un des nombreux **strandpaviljoens** [*strAntpAvIlyouns*] (pavillons de plage). Parfois, des **kleedhokjes** [*kléthOkyəs*] (cabines) ont été installées. La plupart des gens se changent sur la plage. Certains portent déjà leur maillot de bain sous leurs vêtements. **Toiletten** [*toualètə*] (plusieurs toilettes), **douches** [*douchəs*] (douches), **een kinderbadje** [*ən kIndərbAtyə*] (un bain pour enfants) **met of zonder toezicht** [*mèt OfsOndər touzIRt*] (avec ou sans surveillance) sont disponibles sur toutes les plages aménagées, ainsi que **reddingsbrigade** [*də rèdINsbriRadə*] (l'équipe de sauvetage). Cette brigade essaiera de vous sauver la vie si vous êtes emporté par **een gevaarlijke stroming** [*ən gəvarləkə stromIN*] (un courant dangereux). Même si vous êtes **een goede zwemmer** [*ən Roudə zwèmər*] (bon nageur), restez là où vous avez pied. De **oostenwind** [*ostəwInt*] (le vent de l'est) est particulièrement dangereux, et il apporte des **kwallen** [*kwAlə*] (méduses). Les expressions suivantes vous aideront à en apprendre davantage sur **het strandleven** [*ət strAntlévə*] (la vie à la plage).

- **Is hier een zwembad ?** [*Is hir ən zwèmbAt ?*] (Y a-t-il une piscine ici ?)
- **Is hier een overdekt zwembad ?** [*Is hir ən ovərdèkt zwèmbAt ?*] (Y a-t-il une piscine couverte ici ?)
- **Wanneer wordt het eb ?** [*wAnér wOrtət èp ?*] (Quand serons-nous à marée haute ?)
- **Mag je hier zwemmen ?** [*mAR yə hir zwèmə ?*] (Est-il permis de nager ici ?)
- **Zijn hier gevaarlijke stromingen ?** [*zèyn hir Rəvarləkə stromINə ?*] (Y a-t-il des courants dangereux ici ?)

Vous pourrez entendre l'une des réponses ci-après :

- **De zee is rustig.** [*də zé Is rəstəR.*] (La mer est calme.)
- **De zee is woest.** [*də zé Is woust.*] (La mer est agitée.)
- **De golven zijn hoog.** [*də ROlvə zèyn hoR.*] (Les vagues sont hautes.)

- **Er komt storm.** [*ər kOmt stOrm.*] (Il va y avoir une tempête.)
- **Het water is te koud.** [*ət watər Is tə kaout.*] (L'eau est trop froide.)
- **Je mag hier niet zwemmen.** [*yə mAR hir nit swèmə.*]

Wadlopen

La Frise, superbe région, vous donnera aussi bien en été que dans les entre-saisons, de nombreuses occasions de vous promener. Un peu de géo, juste pour le plaisir. Quand vous regardaisir. Quand vous regardaisir. Quand vous regardez la carte des Pays-Bas, vous voyez que, du nord à la pointe ouest du pays, nombre de petites îles en forme de cigares courbés forment un quart de cercle jusqu'à la frontière allemande au nord. Ce sont les **Waddeneilanden** [*wAdənèylAnde*], (les îles des Wads). **Het wad** [*ət wAt*] est une mer de peu de profondeur qui, à marée basse, donne l'illusion d'une terre sans fin. On peut même marcher dessus, mais il faut se méfier de la marée haute ! Lors de celle-ci, l'eau envahit l'ensemble de ce bel espace, et le risque d'une noyade n'est pas moindre. Traverser **de Waddenzee** [*wAdəzé*] est ce que l'on appelle **wadlopen** [*wAtlopə*]. La traversée de la Waddenzee ne se fera qu'en présence d'un guide.

Une activité à ne pas manquer : la marche à pied en aller simple jusqu'à l'île de **Schiermonnikoog** [*sRirmOnəkoR*] avec retour en bateau conçu pour naviguer sur une mer peu profonde.

Que seraient les sports sans les sportifs ?

Les sports ne font pas seulement partie de la vie quotidienne en Flandre et aux Pays-Bas ; ils constituent en partie la fierté nationale.

Tandis que la Flandre s'est faite une certaine renommée internationale dans le passé avec le cyclisme **in de Ronde van Frankrijk** [*In də rOndə vAn frANkrèyk*] (dans le Tour de France), **de atletiek** [*də Atlétik*] (l'athlétisme) et **het voetbal** [*ət foutbAl*] (le foot), actuellement, les grands sportifs flamands se trouvent dans **de wielersport** [*də wilərspOrt*] (le cyclisme), **het tennis** [*ət tènis*] (le tennis) et **de cyclocros** [*də siklokrOs*] (le cyclocross).

Les Pays-Bas, pays de grands sportifs, offrent une autre image grâce à l'actualité. **Het wereldvoetbal** [*ət wérəltfoutbAl*] (le foot international) ne peut pas se passer de leur **nationale voetbalploeg** [*nAsyonalə voutbAlplouR*] (équipe nationale). Il en va de même pour **de Nederlandse wielrijders** [*də nédərlAntsə wilrèydərs*] (les cyclistes néerlandais) et **de judoka's** [judokas] (les judokas).

Le sport le plus populaire : HET VOETBAL

Regarder le foot à la télé, **voetbal kijken** [*voutbAl kèykə*], n'est pas la panacée de tous ces messieurs. Certains préféreront « aller suer » sur le terrain, **voetballen** [*voutbAlə*] ou **voetbal spelen** [*voutbAl spélə*], à l'exemple des grands. Les matchs de football, pendant **de Europese kampioenschappen** [*də øropésə kAmpiounsRApə*] (les championnats européens) ou **de Wereldkampioenschappen** [*də wérəltkAmpiounsRApə*] (les championnats du monde), sont massivement suivis **op de televisie** [*Opdə télévizi*] (à la télé).

Ce sera sans doute l'occasion pour ces dames – du moins pour celles qui n'adhèrent pas à ce sport – d'aller faire une bouffe entre amies, de faire un cinoche ou de téléphoner à leur mère.

Pour **de televisiekijkers** [*də télévisiekèykers*] (les téléspectateurs), les conversations du lendemain porteront sur **een prachtige bal** [*ən prARtəRə bAl*] (une passe sublime), **een schitterend doelpunt** [*ən sRItərən doulpənt*] (un but brillant), **in de eerste helft** [*In də érstə hèləft*] (dans la première mi-temps) ou **in de tweede helft** [*In də twédə hèləft*] (dans la seconde mi-temps), **een misser** [*ən mIsər*] (un tir maladroit) par **de linksvoor** [*də lINksfor*] (l'avant-gauche) ou **de rechtsvoor** [*də rèRtsfor*] (l'avant-droit), **de middenvelder** [*də mIdəvèldər*] (le joueur du centre) ou **de doelman** [*də doulmAn*] (le gardien de but), ainsi que **de strafschoppen** [*də strAfsROpə*] (les pénalités) **voor de rust** [*vor də rəst*] (avant la mi-temps) et **na de rust** [*na də rəst*] (après la mi-temps).

Avant l'événement, les gens mettent un point d'honneur à décorer leur maison de rangées de drapeaux de couleur **oranje** [*orAnyə*] (orange). Lorsque c'est **een wedstrijd** [*ən wètstrèyt*] (un match important) qui se joue, presque tous les Néerlandais y assistent. On peut remarquer alors que les rues sont désertes. Et pleines de couleur orange.

Si vous êtes le collègue ou la compagne d'un fanatique de football, vous aurez besoin des phrases suivantes :

- **Wie spelen er vanavond ?** [*wi spélənər vAnavənt ?*] (Qui joue ce soir ?)
- **Wie zitten er in de finale ?** [*wi zItənər In də finalə ?*] (Qui se trouve en finale ?)

Lorsque, le lendemain, vous demandez comment s'est passé **de wedstrijd** [*də wètstrèyt*] (le match), vous entendrez les opinions suivantes :

- **De wedstrijd was** [*də wétstrèyt wAs*] (Le match était) :
  - **spannend** [*spAnənt*] (captivant)
  - **waardeloos** [*wardəlos*] (sans intérêt).

Et le club favori :

- **Hij heeft gewonnen** [*èy héft RəwOnə*] (il a gagné) ;
- **Hij heeft verloren** [*èy héft vərlorə*] (il a perdu).

POINT DE GRAMMAIRE

Nederland heeft gewonnen L'utilisation du passé composé

Vous utiliserez le passé composé pour désigner des événements qui ont commencé dans le passé et qui sont totalement terminés ; ils ne se poursuivent pas dans le présent.

- **Nederland heeft gewonnen** [*nédərlAnt héft RəwOnə*]

veut dire que de wedstrijd [də wétstrèyt] (le match) est fini et que les Pays-Bas sont vainqueurs.

Vous emploierez également le passé composé pour amorcer une histoire qui se déroule dans le passé.

- **Nederland heeft gewonnen. In de tweede helft scoorde Ruud Gullit een doelpunt.** [*nédərlAnt heft RəwOnə. In də twédə hèləft skordə rut Rəllt ən doulpənt.*] (Les Pays-Bas ont gagné. Dans la seconde mi-temps, Ruud Gullit a marqué un but.)

Vous trouverez plus d'information au chapitre 2 sur les *formes* et les *verbes* auxiliaires du *passé composé* et sur son utilisation aux chapitres 2 et 13.

Ce n'est qu'un jeu

C'est vrai que **het voetbal is een spel** [*ət foutbAl Isən spèl*] (le football n'est qu'un jeu). L'expression est **voetbal spelen** [*voutbAl spélə*] (jouer au football). Regardons ensemble de plus près la conjugaison du verbe **SPELEN**.

Tableau 9.10. Présent du verbe faible, SPELEN

Conjugaison	***Traduction / prononciation***
SPELEN	(jouer) [*spélə*]
ik speel	*Ik spél*
je speelt	*yə spélt*
u speelt	*u spélt*
speel je ?	*spél yə ?*
speelt u ?	*spélt u ?*
hij / ze / het speelt	*èy / zə / ət spélt*
we spelen	*wə spélə*
jullie spelen	*yəli spélə*
ze spelen	*zə spélə*

Adhérez à l'Association Pour la Prononciation Correcte des Noms des Grandes Célébritées Néerlandophones (A.P.P.C.N.G.C.N)

L'adhésion est automatique lorsque vous aurez parcouru trois ou quatre fois la liste ci-dessous en utilisant le CD-audio. Cet exercice vous permettra de prononcer correctement les noms des célébrités néerlandophones. L'adhésion vous donnera un statut exceptionnel d'utilisateur de la langue néerlandaise. Elle restera valable jusqu'à la prochaine mise à jour de cette liste.

		ACCENT SUR	AVEC	COMME	PAS AVEC	COMME
Tom Boonen	*tOm bonə*	[*bonə*]	[*o*]	eau	[*ou*]	loup
Kim Clijsters	*kIm klèystərs*	[*klèystərs*]	[*èy*]	soleil	[*ij*]	Dijon
Joop **Zoetemelk**	*yop* *zoutəmèlək*	[*yop*]	[*o*]	eau	[*ou*]	loup
Johan Cruijff	*yohAn krəyf*	[*krəyf*]	[*əy*]	Argenteuil	[*u*]	lu
Rembrandt	*rèmbrAnt*	*[rèmbrAnt]*	[è] [A] [t]	Thérèse et Anne et un [t] à la fin	nasalisation et mauvaise accentuation	
Vermeer	*vərmér*	*[vərmér]*	[ə] [é]	Thérèse [ə] et [é]	[è] et [è]	
Van Dijk	*vAn dèyk*	*[dèyk]*	[èy]	soleil	[ij]	Dijon
Jean-Luc Dhaene	*Zã luk danə*	*[danə]*	[a]	âge	[è]	Thérèse

Chapitre 10

Au sein du travail

Dans ce chapitre :

- Les conversations téléphoniques
- Au bureau
- Au plan relationnel

Il y a plusieurs moyens et manières de communiquer. Ce chapitre vous aidera, entre autres, à maîriser les communications par téléphone, la réception et l'envoi d'e-mails, les recherches sur Internet.

Les conversations téléphoniques

Mobieltjes [*mObiltyəs*] ou **GSM's** [*Réèsèms*] (les portables) ont changé les habitudes téléphoniques. Lorsque l'on reçoit un appel sur **zijn mobieltje** [*zən mobiltyə*] (son portable) et que le nom de son interlocuteur s'affiche, le saluer est un gain de temps et une marque d'attention, par exemple : **Goedemorgen meneer De Boer.** [*RoudəmOrRə mənér də bour.*] (Bonjour monsieur De Boer.)

Lorsque l'on reçoit un appel, on peut dire : **Ik krijg net een telefoontje.** [*Ik krèyR nèt ən téléfontyə.*] Surtout, n'interprétez pas cette phrase comme « Je viens de recevoir un petit appareil de téléphone » !

Pour passer et recevoir un appel, on utilise le verbe **bellen** [*bèlə*] : **Ik bel Jan Goossens even.** [*Ik bèl yAn Rosəns évə.*] (J'appelle Jan Goossens.) ; **Rutger Vlaemick heeft met net gebeld.** [*rətRər vlamINk héft mə nèt Rəbèlt.*] (Rutger Vlaeminck vient de m'appeler.) À la fin d'une communication d'affaires, on se salue avec **Tot ziens !** [*tOtsins !*] (au revoir !). On peut y rajouter : **We bellen** [*wə bèlə*] (Nous nous appellerons), ou : **Ik bel je** [*Ik bèlyə*] (Je t'appellerai.)

Le *verbe faible et composé à particule séparable* **opbellen** [*Obèlə*] est synonyme du verbe *faible* **bellen.** Vous trouverez leurs conjugaisons respectives ci-dessous pour ce qui est du présent.

- **Ik bel hem even op.** [*Ik bèl hèm évə Op.*] (Je l'appelle un bref instant. Je saisirai l'occasion de l'appeler.)
- **Greet belt me wel eens vaker op.** [*Rrét bèlt mə wèləs vakər Op.*] (Greet appelle me bien un bref instant plus souvent. Greet m'appelle souvent.)

Tableau 10.1. : Présent du verbe faible, BELLEN

Conjugaison	*Traduction / prononciation*
BELLEN (belde gebeld)	(appeler) [*bèlə*]
ik bel	*Ik bèl*
je belt	*yə bèlt*
u belt	*u bèlt*
bel je ?	*bèl yə ?*
belt u ?	*bèlt u ?*
hij / ze / het belt	*èy / zə / ət bèlt*
we bellen	*wə bèlə*
jullie bellen	*yəli bèlə*
ze bellen	*zə bèlə*

Tableau 10.2. : Présent du verbe faible et composé à particule séparable OPBELLEN

Conjugaison	*Traduction / prononciation*
OPBELLEN (belde … op, opgebeld)	(appeler) [*Obèlə*]
ik bel … op	*Ik bèl Op*
je belt … op	*yə belt Op*
u belt … op	*u belt Op*
bel je … op ?	*bèl yə Op ?*
belt u … op ?	*bèlt u Op ?*
hij / ze / het belt … op	*èy / zə / ət belt Op*

we bellen … op	*wə bèlə Op*
jullie bellen … op	*yəli bèlə Op*
ze bellen … op	*zə bèlə Op*

Décrocher le téléphone

De nombreux salariés ont **een mobieltje van de zaak** [*ən mobiltyə vAn də zak*] (un portable de la société), c'est-à-dire **de GSM van het werk** [*də Réèsèm vAnət wèrək*]. Parfois les salariés utilisent ce même portable à des buts personnels. Au sein du travail, ils attendent des appels professionnels et ils doivent y répondre en mentionnant le nom de la société, suivi de leur prénom et leur nom de famille.

- **Biz Accounts. Met Joop Kluijvert.** [*bIz əkaounts. mèt yop klayvərt.*] (Biz Accounts. Joop Kluijvert à l'appareil.)

Les personnes âgées et les personnes occupant un poste important mentionnent uniquement leur nom de famille.

- **Lease Consult. Wilders.** [*liz kOnsəlt. wIldərs.*] (Lease Consult. Wilders à l'appareil.)

L'ordre des mots : bellen et opbellen [bèlə] ET [Obèlə]

Nous venons de spécifier que

- **BELLEN** [*bèlə*] est un *verbe non composé* et qu'en revanche,
- **OPBELLEN** [*Obèlə*] est un *verbe composé à particule séparable*.

Ces deux verbes de composition différente (*un verbe non composé*, en contraste avec *un verbe composé*), entraînent chacun un ordre de mots différent dans la phrase néerlandaise.

Considérons QUATRE CAS, en commençant par le plus facile et en terminant par le plus complexe.

Regardons ensemble le **Tableau 10.3**. C'est le cas du verbe *non composé* **bellen**. Il est privé de *particule séparable* (**op**), contrairement à **opbellen**, *verbe composé avec particule séparable*. Au *présent*, qui, lui aussi, est une *forme verbale non composée*, il suffit de commencer la plus simple des phrases par le sujet (*zone de tête*), **Ik**, suivi du verbe conjugué (*premier pôle*), qui est **bel** et de l'objet direct **je** (*zone médiane*). Le *second pôle* reste vide.

Tableau 10.3. BELLEN [*b<u>è</u>lə*], *verbe non composé au présent*

Zone de tête	*Premier pôle*	*Zone médiane*	*Second pôle*
Ik	bel	je.	Ø
We	bellen	Jan Goossens even.	Ø

Le second cas, représenté dans le **Tableau 10.4**, montre le *verbe composé avec particule séparable* **opbellen**, de nouveau au *présent*. Attention ! Le *second pôle* prend la *particule séparable* **op**.

Tableau 10.4. OPBELLEN [*<u>O</u>bèlə*], *verbe composé à particule séparable* (OP) *au présent*

Zone de tête	*Premier pôle*	*Zone médiane*	*Second pôle*
Ik	bel	je	op.
We	bellen	Jan Goossens even	op.

Le troisième cas, représenté dans le **Tableau 10.5**, montre,

1° le *verbe composé avec particule séparable* (**opbellen)**

2° dans une *forme verbale composée* (le *passé composé*).

3° Attention ! Le *second pôle* prend

ET la *particule séparable* **op**,

ENCHÂSSÉE dans une formation de *participe passé* INHABITUELLE :

OP-GE-BELD [*<u>O</u>pRəbèlt*]

Tableau 10.5. BELLEN [*b<u>è</u>lə*] et OPBELLEN [*<u>O</u>bèlə*] *dans un temps composé (le passé composé)*

Zone de tête	*Premier pôle*	*Zone médiane*	*Second pôle*
Ik	heb	gisteren Jan Goossens	gebeld.
Ik	heb	gisteren Jan Goossens	opgebeld.

Le quatrième cas n'a rien à voir directement avec la nature composée du verbe. Il y a eu une simple commutation de **gisteren** et de **ik**, qui, en tant que *satellites* du *premier pôle* ont changé leurs places :

- juste avant le *premier pôle* (dans la *zone de tête*), et
- juste après le *premier pôle* (au début de la *zone médiane*).

Tableau 10.6. BELLEN [*bèlə*] et OPBELLEN [*Obèlə*] *dans un temps composé (le passé composé)* avec commutation de la place du sujet

Zone de tête	*Premier pôle*	*Zone médiane*	*Second pôle*
Gisteren	heb	ik Jan Goossens	gebeld.
Gisteren	heb	ik Jan Goossens	opgebeld.

Contrairement aux habitudes françaises, il n'est pas de bon ton en Flandre et aux Pays-Bas de faire précéder son nom de famille de **meneer** [*mənér*] (monsieur). Cette habitude peut mener à une situation où, par exemple, un membre d'un conseil municipal, qui s'appelle **Jef Van den Daele** [*jèf vAn dən dalə*], appelle sa relation politique, le ministre, **Jos Lambert** [*jOs lAmbèr*] qu'il connaît bien et le nomme par son prénom :

- **Dag Jos. Hier meneer Van den Daele.** [*dAR jOs. hir mənér vAn dən dalə.*] (Bonjour Joseph. Monsieur Van den Daele à l'appareil.)

En fait, c'est le privilège des dames d'un certaine âge de faire précéder leur nom de famille par **mevrouw** [*məvraou*] (madame) :

- **Biz Accounts. Mevrouw Sonnema.** [*blz əkaounts. məvraou sOnema.*] (Biz Accounts. Madame Sonnema. Biz Accounts. Madame Sonnema à l'appareil.)

Les téléphonistes et les secrétaires commencent toujours par **Goedemorgen** [*RouyəmOrRə*] (bonjour) ou, après midi, par **goedemiddag** [*RouyəmIdAR*].

- **Goedemiddag, Lease Consult, Greet Boon.** [*RouyəmIdAR. liz kOnsəlt. Rrét bon.*] (Bonjour. Lease Consult. Greta Boon.)

Dans les petites entreprises, telles que les instituts de beauté, les salons de coiffure ou les centres de gym et les autres, la culture sociale n'est pas codifiée et il en résulte des prises de liberté indésirables. Dans ces corps de métier, les personnes s'interpellent par leur prénom en faisant abstraction de tout protocole :

- **Beautysalon Welling. Met Marieke.** [*byoutisAlOn wèlIN. mèt mArikə.*] (Institut de beauté Welling. Marieke à l'appareil.)

Décrocher le téléphone

Savoir décrocher et raccrocher

L'expression « décrocher le téléphone » se traduit par

- **de telefoon aannemen** [*də téléfon anémə*]. Jusque-là, tout va bien.

L'expression « raccrocher le teléphone » se traduit par

- **ophangen** [*OphANə*].

Voici le fait historique qui fait la réputation de ce dernier verbe.

Un étudiant ayant ramassé une sale note auprès d'un professeur appelle ce dernier pendant la soirée. L'étudiant lui explique les raisons pour lesquelles il n'a pas mérité cette note. Le professeur, énervé, lui répond : « Raccrochez ! », en néerlandais : **Hang op !** [*hAN Op !*]. Le pauvre étudiant avait compris **Hang je op !** [*hAN yə Op !*] : « Allez vous pendre ! » car **zich ophangen** [*zIR OphANə*] signifie « se pendre ».

Vous composez un numéro privé et la personne qui décroche le téléphone n'est pas l'interlocuteur souhaité, vous demanderez la personne que vous recherchez. Vous vous identifiez d'abord :

- **Hallo. Met Geert.** [*hAlo. mèt Rért.*] (Allô. Geert à l'appareil.)

Vous demandez ensuite la personne :

- **Is Eefje thuis ?** [*Is éfyə təys ?*] (Est Eefje là ? Est-ce que Eefje est là ?)
- **Kan ik Joop spreken ?** [*kAnIk yop sprékə ?*] (Puis-je parler à Joop ?)

Dans le cadre professionnel, vous serez formel. Vous vous annoncerez avec le salut qui convient, c'est-à-dire selon le moment de la journée :

- **Goedemorgen. Met Greet Boon.** [*RouyəmOrRə. mèt Rrét bon.*] (Bonjour. Greta Boon à l'appareil.)

Les formules les plus utilisées pour demander Untel sont :

- **Is de heer Van Rijn aanwezig ?** [*Iz də hér vAn rèyn anwézəR ?*] (M. Van Rijn est-il disponible ?)
- **Is mevrouw Cuypers bereikbaar ?** [*Is məvraou kəypərs bərèykbar ?*] (Mme Cuypers est-elle joignable ?)

Contrôler le débit de paroles de votre interlocuteur

Pour comprendre quelqu'un s'exprimant très vite, vous pouvez utiliser l'une des formules ci-après :

- **Kunt u wat langzamer spreken ?** [*kuntu wAt lANksamər sprékə ?*] (Pourriez-vous parler un peu moins vite ?)
- **Kunt u dat herhalen ?** [*kuntudAt hèrhalə ?*] (Pourriez-vous répéter ?)

Pour éviter que les Néerlandais ne vous parlent en anglais, dites :

- **Ik ben Nederlands aan het leren. Wilt u Nederlans spreken alstublieft ?** [*Ik bèn nédərlAnts anət lérə. wIltu nédərlAnts sprékə Alstublift ?*] (Je suis néerlandais en train d'apprendre. Voulez-vous néerlandais parler, s'il vous plaît ? J'apprends le néerlandais en ce moment. Pourriez-vous vous exprimer en néerlandais, s'il vous plaît ?)

Comment dire « meneer »

Ne vous trompez pas de voyelle lorsque vous vous adressez à un collaborateur avec le mot **meneer** [*mənér*] (monsieur). Tout le monde sait, qu'en néerlandais, il existe trois <e>, ceux qu'on trouve dans le prénom féminin français Thérèse [*térèzə*]. Le premier <e> est le [é] et le troisième est le [ə]. Dans le mot meneer, il y a une suite du

- <e> 3, soit [ə], et de
- <e> 1, soit [é] : [*mənér*].

Certains apprenants de néerlandais ne sortent pas de ce petit labyrinthe. Ils persisteront à dire autre chose que [mənér] pendant toute leur vie (phénomène connu sous le nom de fossilisation). Le résultat est une double erreur de lecture et de prononciation. Ils prennent la voyelle de la première syllabe pour un <e> 3, soit [è], et la voyelle de la première syllabe, écrite avec deux <e> (<ee>) pour un [i] – confusion avec l'orthographe anglaise.

Ces erreurs résultent dans la prononciation du mot qui va avec l'objet à côté.

MENHIR [*mènhir*] (menhir)

Pour bien saisir le [é] de la seconde syllabe de meneer, entraînez-vous en répétant la phrase :

Nee. Ik spreek zeer geaffecteerd Nederlands, meneer. [*né. Ik sprék zér geAfèktért nédərlAnts, mənér.*] (Non, monsieur, je parle un néerlandais très soutenu.)

Contact avec l'interlocuteur

Après avoir contacté une société ou une organisation pour demander à parler à Untel, vous pouvez vous attendre à plusieurs réponses :

- **Daar spreekt u mee.** [*dar spréktu mé.*] (C'est lui-même / C'est elle-même.)
- **Ik verbind u door.** [*Ikfərblntu dor.*] (Ne quittez pas.)
- **Ik verbind u door met hem.** [*Ikfərblntu dor mèt hèm.*] (Je vous le passe. Je vous passe votre correspondant.)
- **Een momentje. Ik verbind u door.** [*ən momèntyə. Ikfərblntu dor.*] (Un instant, je vous prie. Je vous mets en relation.)
- **De lijn is bezet. Wilt u wachten of belt u terug ?** [*də lèyn Izbəzèt. wIlt u wARtə Ovbèltu trəR ?*] (La ligne est occupée. Souhaitez-vous patienter ou préférez-vous rappeler ?)

La personne n'est pas joignable

Il arrive souvent que vous ne puissiez joindre la personne souhaitée. Vous entendrez alors l'une des expressions suivantes :

- **Mevrouw Cuijpers is op dit moment aan de telefoon. Wilt u wachten ?** [*məvraou kaypərs IsOp dIt moment an də téléfon. wIltu wARtə ?*] (Mme Cuijpers est en communication en ce moment. Voulez-vous patienter ?)
- **Mevrouw Cuijpers is telefonisch in gesprek.** [*məvraou kaypərs Is téléfonis In Rəsprèk.*] (Mme Cuijpers est en communication.)
- **Mevrouw Cuijpers is in bespreking. Kunt u over een uur terugbellen ?** [*məvraou kaypərs IzIn bəsprékIN. kəntu ovər ən ur trəRbèlə ?*] (Mme Cuijpers est en réunion. Pourriez-vous la rappeler dans une heure ?)
- **Mevrouw Cuijpers is in bespreking. Kan ze u terugbellen ?** [*məvraou kaypərs IzIn bəsprékIN. kAn zə u trəRbèlə ?*] (Mme Cuijpers est en réunion. Peut-elle vous rappeler ?)
- **Het spijt me, mevrouw Cuijpers is niet op haar plek.** [*ət spèyt mə. məvraou kaypərs Isnit Op har plèk.*] (Je suis désolé, Mme Cuijpers n'est pas à son bureau.)
- **Mevrouw Cuijpers neemt niet op.** [*məvraou kaypərs némt nit Op.*] (Mme Cuijpers ne répond pas.)
- **Zou u later terug kunnen bellen ?** [*zaou u latər trəR kənə bèlə ?*] (Pourriez-vous rappeler plus tard ?)
- **Mag ik uw telefoonnummer ?** [*mARIk uou téléfonəmər ?*] (Puis-je avoir votre numéro de téléphone ?)

L'expression suivante pourrait vous être utile en cas de mauvaise connexion :

- **Het is een slechte lijn.** [*ətIs ən slèRtə lèyn.*] (La ligne est défectueuse.)
- **Ik versta u slecht.** [*Ik fərsta u slèRt.*] (Je vous entends mal.)

Convenir d'un rendez-vous

De plus en plus de transactions et de négociations se traitent par e-mail ou par téléphone. Cependant, dans certains cas, vous devez convenir d'un rendez-vous pour rencontrer la personne concernée. Voici le processus :

- **Ik wil graag een afspraak maken.** [*Ik wIl RraR ən Afsprak makə.*] (Je voudrais prendre rendez-vous.)
- **Kan ik mijn afspraak verzetten ?** [*kAnIk mən Afsprak vərzètə ?*] (Je voudrais décaler mon rendez-vous.)

Voici quelques réponses possibles :

- **Wanneer komt het u uit ?** [*wAnér kOmtət u əyt ?*] (Quel moment vous conviendrait ?)
- **Wat denkt u van woensdag elf uur ?** [*wAdèNktu vAn wounsdAR éləf ur ?*] (Que diriez-vous de mercredi onze heures ?)
- **Er is deze week geen tijd meer voor een afspraak.** [*ər Iz dézə wék Rén tèyt mér vor ən Afsprak.*] (Il n'y a plus de disponibilités pour cette semaine.)
- **De eerste gelegenheid is volgende week.** [*də érstə RəléRənhèyt IsfOlRəndə wék.*] (Il y a de la disponibilité la semaine prochaine.)

La forme la plus facile du *pronom personnel* est celle qui est la plus fréquente, là où elle prend la fonction du *sujet grammatical.* Elle est fréquente, car on la trouve dans les tableaux de conjugaison devant le verbe. Celle que l'on voit plus difficilement se cache derrière le verbe ; c'est *la forme objet du pronom personnel.*

Tableau 10.5. Pronom personnel objet

		Personnes au singulier	
		Forme réduite	**Forme pleine**
1re	me	**me** [*mə*]	**mij** [*mèy*]
2e	te vous (politesse)	**je** [*yə*] **u** [*u*]	**jou** [*yaou*] —
3e	le / lui la / lui	**hem** [*hèm*] **haar** [*har*]	— —
		Personnes au pluriel	
1re	nous	**ons** [*Ons*]	—
2e	vous vous (politesse)	**jullie** [*yəli*] **u** [*u*]	— —
3e	ils/elles	**ze** [*zə*] / **hen** [*hèn*]	—

Voici ce qu'il se passe quand le pronom n'est pas sujet, mais objet dans une phrase. L'utilisation des *formes pleines* (**mij, jou**) sera abordée par la suite.

Personnes au singulier

Meneer van Rijn belt me op.
mənér vAn rèyn bilt mə Op.
M. Van Rijn m'appelle.

Meneer van Rijn belt je op.
mənér vAn rèyn bèlt yə Op.
M. Van Rijn t'appelle.

Meneer van Rijn belt u op.
mənér vAn rèyn bèlt u Op.
M. Van Rijn vous appelle.

Meneer van Rijn belt hem op.
mənér vAn rèyn bèlt hèm Op.
M. Van Rijn l'appelle.

Meneer van Rijn belt haar op.
mənér vAn rèyn bèlt har Op.
M. Van Rijn l'appelle.

Personnes au pluriel

Meneer van Rijn belt ons op.
mənér vAn rèyn bèlt Ons Op.
M. Van Rijn nous appelle.

Meneer van Rijn belt jullie op.
mənér vAn rèyn bèlt yəli Op.
M. Van Rijn vous appelle.

Meneer van Rijn belt u op.
mənér vAn rèyn bèlt u Op.
M. Van Rijn vous appelle.

Meneer van Rijn belt ze op.
mənér vAn rèyn bèlt zə Op.
M. Van Rijn les appelle.

Meneer van Rijn belt hen op.
mənér vAn rèyn bèlt hèn Op.
M. Van Rijn les appelle.

Conversation

CD

Lies Clijsters veut convenir d'un rendez-vous avec l'institut de beauté. Elle parle avec l'assistante.

Beautysalon Welling. Met Eefje.
byoutisAlOn wèlN. mèt éfyə.
Beautésalon Welling. Avec Eefje.
Institut de beauté Welling. Eefje à l'appareil.

Lies **Goedemorgen Eefje. Ik wil een afspraak maken voor een behandeling. Heb je plek op zaterdagmiddag ?**
RouyəmOrRə éfyə. Ik wIl ən Afsprak makə vor ən bəhAndəlIN. Hèp yə plèk Op sAtərdaRmIdAR ?
Bonjour Eefje. Je veux un rendez-vous faire pour un traitement. As-tu place sur samedi après-midi ?
Bonjour Eefje. Je voudrais convenir d'un rendez-vous pour un traitement. As-tu un créneau samedi après-midi ?

Eefje **Goedemorgen mevrouw Clijsters. Wat voor behandeling wilt u ? Zoals gebruikelijk ?**

RouyəmOrRə məvraou klèystərs. wAtfor bəhAndəlIN wIltu ? zoAls Rəwonlək.

Bonjour Mme Clijsters. Quelle sorte de traitement voulez-vous ? Comme d'habitude ?

Lies **Ja en ik wil ook een uitgebreide make-up. Ik heb die avond een feest.**

ya èn Ik wIl ok ən aytRəbrèydə mékəp. Ikhèp di avənt ən fést.

Oui et je veux aussi une séance de make-up. J'ai ce soir-là une fête.

Oui et je voudrais également une séance de maquillage. Je suis conviée à une fête ce soir-là.

Eefje **U bedoelt niet komende zaterdag, hoop ik ?**

u bədoult nit koməndə zatərdAR, hop Ik ?

Vous voulez dire ne pas prochain samedi, espère-je ?

Vous ne voulez pas dire samedi prochain, j'espère ?

Lies **Nee. Het is zaterdag de 14de.**

ne. ətlsatərdAR də vértində.

Non. C'est samedi quatorze.

Eefje **OK. We hebben nog een beetje plek. Komt half drie goed uit ?**

oké. wə hèbə nOR ən bétyə plèk. kOmt hAləf dri Rout ayt ?

OK. Nous avons encore un peu de place. Vient demi trois bien dehors ?

OK. Nous avons encore un créneau. Deux heures et demie, est-ce que cela vous convient ?

Lies **Dat is goed.**

dAtIs Rout.

C'est bien.

Eefje **Ik noteer een afspraak van twee uur voor u. Dus zaterdag 14 september, half drie.**

Ik notér ən Afsprak vAn twé ur vor u. dəs zatərdAR vértin sèptèmbər, hAləf dri.

Je note un rendez-vous de deux heures pour vous. Donc samedi 14 septembre, demi trois.

Je note un rendez-vous de deux heures pour vous. Donc le samedi 14 septembre, deux heures et demie.

Lies	**Dank je en tot dan.** *dANkyə èn, tOdAn* Merci et à alors. Merci et à bientôt.
Eefje	**Nog een prettige dag, mevrouw Clijsters.** *nOR ən prétəRə dAR, məvraou klèystərs.* Encore une agréable journée, Mme Clijsters. Bonne journée, Mme Clijsters.

Mots clés

de behandeling	də bəhAndəlIN	le traitement (paramédical)
zoals gebruikelijk	zoAls Rəbrəykələk	comme d'habitude
uitgebreid	əytRəbrèyt	étendu, complet
een uitgebreide make-up	ən əytRəbrèydə mékəp	une séance de maquillage
noteren	notérə	noter, inscrire
plek	plèk	créneau
dus	dəs	donc
tot dan	tOdAn	à bientôt
nog een prettige dag	nOR ən prètəRə dAR	bonne journée

Les verbes KUNNEN [kənə] et ZULLEN [zələ]

Ces deux *auxiliaires* sont toujours suivis d'un *infinitif direct* (un *infinitif non précédé de la préposition* ***te***).

Tableau 10.6. Présent du verbe-auxiliaire « indomptable », KUNNEN [*kənə*] (kon, gekund)

Conjugaison	*Traduction / prononciation*
KUNNEN [*kənə*]	(être capable de) [*kənə*]
ik kan	*Ik kAn*
je kunt	*yə kənt*
u kunt	*u kənt*
kun je ?	*kənyə ?*
kunt u ?	*kəntu ?*
hij / ze / het kan	*èy / zə / ət kAn*
we kunnen	*wə kənə*
jullie kunnen	*yəli kənə*
ze kunnen	*zə kənə*

Tableau 10.7. Présent du verbe-auxiliaire « indomptable », ZULLEN [*zələ*] (zou, Ø)

Conjugaison	*Traduction / prononciation*
ZULLEN [*zələ*]	(1° auxiliaire du futur ; 2° auxiliaire de modalité : « promesse ») [*zələ*]
ik zal	*IksAl*
je zult	*yə zəlt*
u zult	*u zəlt*
zul je ?	*zəlyə ?*
zult u ?	*zəltu ?*
hij / ze / het zal	*èy / zə / ətsAl*
we zullen	*wə zələ*
jullie zullen	*yəli zələ*
ze zullen	*zə zələ*

En ce qui concerne **zullen** [*zələ*], *auxiliaire* du *futur*, vous avez constaté qu'il possède une forme pour indiquer le *passé* : **zou** [*zaou*]. Cette forme paradoxale (il ne peut y avoir de futur et de passé en même temps) sera utilisée comme *auxiliaire du conditionnel*.

Ce même verbe **zullen** [*zələ*] n'a pas de *participe passé* ; indiqué par **Ø**.

- **Kan ik mijn afspraak verzetten ?** [*kAnIk mən Afsprak fərzètə ?*] (Puis-je décaler mon rendez-vous ?)
- **Ik zal eens kijken.** [*IksAl əs kèykə.*] (Je verrai. Je vérifie. Je regarde. Voyons voyons – selon le contexte.)

Une telle utilisation est valable avec les deux autres *auxiliaires* **WILLEN** [*wIlə*] (vouloir) (voir **Tableau 6.3**) et **MOGEN** [*moRə*] (demander ou obtenir la permission) (voir **Tableau 6.4**).

- **Ik zou graag een afspraak maken.** [*Iksaou RraR ən Afsprak makə.*] (J'aimerais convenir d'un rendez-vous.)
- **Mag ik u iets vragen ?** [*mARIk u its fraRə ?*] (Puis-je vous demander quelque chose ?)

INFO CULTURELLE

Les auxiliaires et la politesse WILLEN [*wIlə*] et MOETEN [*moutə*]

Peu de néerlandophones connaissent les moyens linguistiques pour atténuer leurs propos en français. Ils utiliseront les deux auxiliaires trop forts dans la communication :

WILLEN [*wIlə*] (vouloir) et

MOETEN [*moutə*] (devoir).

Néerlandais et Flamands, sans rougir, vous diront :

Ik wil een afspraak maken. [*Ik wIl ən Afsprak makə.*]

La même expression sans atténuation sera traduite en français. Un francophone les entendra dire :

JE VEUX PRENDRE RENDEZ-VOUS !

Dans ce cas-là, il faut un moyen pour leur faire dire :

« Puis-je obtenir un rendez-vous ? »,

« Je voudrais avoir un rendez-vous. »

« Pouvons-nous convenir d'un rendez-vous ? »

« J'aimerais prendre rendez-vous. »

N'oublions pas qu'en néerlandais, il existe également des auxiliaires qui expriment la politesse, comme **MOGEN** [*moRə*] (demander la permission).

Vous aurez sans doute constaté la régularité de l'ordre des mots dans les quatre dernières phrases néerlandaises, où les deux pôles sont comblés.

Tableau 10.8. La *structure bipolaire* de la *proposition principale* avec les *auxiliaires* KUNNEN [*kənə*] et ZULLEN [*zələ*]

Zone de tête	*Premier pôle*	*Zone médiane*	*Second pôle*
Ø	Kan	ik mijn afspraak	verzetten ?
Ik	zal	eens	kijken.
Ik	zou	graag een afspraak	maken.
Ø	Mag	ik u iets	vragen ?

Nous avons précisé antérieurement que, dans le cas des *questions du type « oui/non »*, la *zone de tête* est toujours vide (Ø) et que le *verbe conjugué* sera le premier mot de la question. Cette situation se présente dans la première et la dernière des phrases d'exemple ci-dessus.

Conversation

Voici un appel de Joop, reçu par la réceptionniste de Experteam.

Réceptionniste **Goedemorgen. Experteam, receptie.**

RouyəmOrRə. èkspèrtim, résèpsi.

Bonjour. Experteam, réception.

Joop **Goedemorgen. Is de heer Moermans bereikbaar ?**

RouyəmOrRə. Is də hér mourmAns bərèykbar ?

Bonjour. Est M. Moermans joignable ?

Bonjour. M. Moermans est-t-il joignable ?

Réceptionniste **Het spijt me, maar de heer Moermans zit in een bespreking. Mag ik u doorverbinden met zijn secretaresse ?**

ət spèyt mə, mar də hér mourmAns zIt In ən bəsprékIN. mAR Ik u dorvərbIndə métsən sèkrètArèsə ?

Je suis désolée, mais M. Moermans est en réunion. Puis-je vous mettre en communication avec sa secrétaire ?

Joop **Ik wil hem graag zelf spreken.**

Ik wIl hèm RraR zèlf sprékə.

Je veux lui volontiers même parler.

Je voudrais lui parler personnellement.

Réceptionniste **Kan hij u terugbellen ?**

kAn èy u trəRbèlə ?

Peut-il vous rappeler ?

Joop	**Ja. Dat kan tot twee uur.** *ya. dAt kAn tOt twé ur.* Oui. C'est possible jusqu'à deux heures.
Réceptionniste	**Ik zal dat aan zijn secretaresse doorgeven. Wat zijn uw naam en telefoonnummer ?** *IksAl dAt an zən sèkrètArèsə dorRévə. wAt sèyn uou nam èn téléfonumər ?* Je le communiquerai à sa secrétaire. Quels sont votre nom et numéro de téléphone ? Je préviendrai sa secrétaire. Pouvez-vous me donner votre nom et votre numéro de téléphone ?
Joop	**Joop Maas. Mijn nummer is 03 259 87 04.** *yop mas. mən namər Is nəl dri twéhOndərtnéRənənvèyftəR zévənəntARtəR nəl vir.* Joop Maas. Mon numéro est le 03 259 87 04.
Réceptionniste	**Dank u meneer Maas. Nog een prettige dag.** *dANku mənér mas. nOR ən prètəRə dAR.* Merci monsieur Maas. Encore une agréable journée. Merci monsieur Maas. Bonne journée.

Mots clés

meneer Dijkman (langage parlé)	mənér dèykman	monsieur Dijkman
de heer Dijkman (soutenu ou langage écrit)	də hér dèykmAn	monsieur Dijkman
goedemorgen	RouyəmOrRə	bonjour (informel)
goedemorgen	RoudəmOrRə	bonjour (formel)

Conversation

Voici un appel de Geert De Gent, reçu par la réceptionniste de Biz Accounts.

Réceptionniste	**Goedemorgen. Biz Accounts, receptie.** *RoudəmOrRə. bIz əkaounts, résèpsi.* Bonjour. Biz Accounts, réception.
Geert De Gent	**Goedemorgen. Met De Gent. Kunt u mij doorverbinden met de heer Steenbergen ?** *RouyəmOrRə. mèt də Rènt. kantu mə dorvərbIndə mèdə hér sténbèrRə ?* Bonjour. Avec De Gent. Pouvez-vous me mettre en communication avec M. Steenbergen ? Bonjour. De Gent à l'appareil. Pouvez-vous me mettre en communication avec M. Steenbergen ?
Réceptionniste	**Het spijt me, maar de heer Steenbergen zit in een bespreking. Wilt u een boodschap achterlaten ?** *ət spèyt mə, mar də hér sténbèrRə zIt In ən bəsprékIN. wIlt u ən botsRAp ARtərlatə ?* Je suis désolée, mais M. Steenbergen est en réunion. Voulez-vous lui laisser un message ?
Geert De Gent	**Ja. Of hij me terug wil bellen. Mijn naam is De Gent en mijn telefoonnummer is 020 631 66 00.** *ya. Ofi mə traR wIl bèlə. mən téléfonnəmər Is nəl twIntəR zèshOndərténèndèrtəR zèsənsèstəR nal nal.* Oui. S'il me [particule] veut rappeler. Mon nom est De Gent et mon téléphone numéro est 020 631 66 00. Oui. Qu'il veuille bien me rappeler. Mon nom est De Gent et mon numéro de téléphone est le 020 631 66 00.
Réceptionniste	**OK. Dank u. Ik zal meneer Steenbergen vragen of hij u terugbelt.** *oké. dANku. IksAl mənér sténbèrRə vraRə Ofi u traRbèlt.* OK. Merci. Je [futur] M. Steenbergen demander s'il vous rappelle. OK. Merci. Je demanderai à M. Steenbergen de vous rappeler.
Geert De Gent	**Dank u. Goedemiddag.** *dANku. RouyəmIdAR.* Merci. Bon après-midi.

Réceptionniste	**Goedemiddag, meneer De Gent.**
	RoudəmIdAR, mənér də Rènt.
	Bon après-midi, M. De Gent.

Épeler son nom : l'alphabet néerlandais du téléphone

On peut se demander si l'alphabet du téléphone, que ce soit en français ou en néerlandais, est sérieux. Ce que l'on constate, y compris dans les grandes entreprises, c'est que chacun fait à sa guise. C'est normal, car un alphabet de téléphone n'aura jamais de consensus international.

Le seul alphabet doté d'un certain consensus international, c'est celui des forces armées et de l'ordre ainsi que de la navigation aérienne. Fondé sur un vocabulaire et une prononciation anglo-américains, il est très connu et répandu. En le récitant – « alfa, bravo, Charlie, delta, echo, foxtrott, golf, hotel, India, Juliett, kilo, Lima, Mike, November, Oscar, papa, Québec, Romeo, sierra, tango, uniform, Victor, Whiskèy, X-ray, Yankee, Zulu » –, on se croit dans un film en noir et blanc de la Seconde Guerre mondiale. De plus, dans la vie civile, cet alphabet ne fonctionne pas. En France, à l'heure actuelle, on ne comprend pas la plupart des mots, sauf, peut-être Charlie, partie d'un nom de magazine hebdomadaire. Il en va de même pour la Belgique. En revanche, un gendarme vous comprendra parfaitement.

La solution est d'établir vous-même un tel alphabet, pourvu qu'il ne soit copié sur l'actuel alphabet français, bien qu'il vaille la peine de copier son principe. Il s'agit de collectionner les prénoms célèbres en Flandre et aux Pays-Bas.

Tout d'abord, il y a les prénoms des rois, des reines, princes et princesses. C'est avantageux, car la Belgique et les Pays-Bas sont respectivement dotés d'une dynastie : **Albert**, **Alexander**, **Beatrix**, **Bernard**, **Boudewijn**, **Claus**, **Elisabeth**, **Juliana**, **Leopold**, **Maxima**, **Wilhelmina**.

Ensuite, il suffit de se tourner vers les grands de notre passé pour y découvrir **Hendrik**, **Karel**, **Otto**, **Rudolf**, **Victor**.

En troisième lieu, en tant que membres de pays chrétiens, n'oublions pas les prénoms bibliques, comme **Christof**, **David**, **Isaak**, **Mozes**, **Paulus**, **Petrus**, **Salomon**, **Simon**, **Thomas**.

Au XIIe siècle, nos contrées produisirent un nombre considérable de prénoms de saints, connus par les chrétiens : **Barbara**, **Quintinus**, **Quinten**, **Ursula**.

Une cinquième catégorie est celle de nos peintres célèbrissimes : **Rembrandt**, **Rubens**, **Vermeer**.

Les prénoms bien connus et fréquents comprennent aussi ceux de nos écrivains et autres artistes : **Claus**, **Etienne**, **Frederik**, **Gerard**, **Harry**, **Hugo**, **Louis**.

Pour combler la liste, nous aurons besoin de quelques orphelines et d'un peuple : **Noémie**, **Xantippe**, **Yvette**, **Zoeloe**.

Lorsque, au téléphone, vous n'êtes pas sûr de l'orthographe d'un nom, vous demandez :

- **Kunt u dat spellen ?** [*kantu dAt spèlə ?*] (Pouvez-vous l'épeler ?), ou
- **Hoe spelt u dat ?** [*hou spèltu dAt ?*] (Comment épelez-vous cela ? Pouvez-vous me l'épeler ?).

On vous répondra :

- **Met de A van Albert** [*mèdə a vAn Albèrt*]
- **de B van Boudewijn** [*də bé vAn baoudəwèyn*]
- **de C van Claus** [*də sé vAn klaous*], etc., etc.

Tableau 10.9. L'alphabet néerlandais du téléphone

Met de	A	*a*	**van**	**Albert**	*Albèrt*
				Alexander	*AlèksAndər*
(Met) de	B	*bé*	**van**	**Barbara**	*bArbAra*
				Beatrix	*béatrIks*
				Bernard	*bèrnArt*
				Boudewijn	*baoudəwèyn*
(Met) de	C	*sé*	**van**	**Christof**	*krIstOf*
				Claus	*klaous*
(Met) de	D	*dé*	**van**	**David**	*davIt*
(Met) de	E	*é*	**van**	**Elisabeth**	*élIsabèt*
				Etienne	*ètyèn*
(Met) de	F	*èf*	**van**	**Frederik**	*frédərIk*
(Met) de	G	*gé*	**van**	**Gerard**	*gérArt*
(Met) de	H	*ha*	**van**	**Hendrik**	*hèndrIk*
				Hugo	*huRo*

(Met) de	I	*i*	**van**	**Isaak**	*izak*
(Met) de	J	*yé*	**van**	**Juliana**	*yuliana*
(Met) de	K	*ka*	**van**	**Karel**	*karəl*
(Met) de	L	*èl*	**van**	**Leopold**	*léopOlt*
				Louis	*loui*
(Met) de	M	*èm*	**van**	**Maxima**	*mAksima*
				Mozes	*mozès*
(Met) de	N	*èn*	**van**	**Noémie**	*noémi*
(Met) de	O	*o*	**van**	**Otto**	*Oto*
(Met) de	P	*pé*	**van**	**Paulus**	*paouləs*
				Petrus	*pétrəs*
(Met) de	Q	*ku*	**van**	**Quinten**	*kwIntən*
				Quintinus	*kwIntinəs*
(Met) de	R	*èr*	**van**	**Rembrandt**	*rèmbrAnt*
				Rubens	*rubəns*
				Rudolf	*rudOləf*
(Met) de	S	*ès*	**van**	**Salomon**	*salomOn*
				Simon	*simOn*
(Met) de	T	*té*	**van**	**Theresa**	*téréza*
				Thomas	*tomAs*
(Met) de	U	*u*	**van**	**Ursula**	*ərsəla*
(Met) de	V	*vé*	**van**	**Vermeer**	*vərmér*
				Victor	*vIktOr*
(Met) de	W	*wé*	**van**	**Wilhelmina**	*wIlhèlmina*
(Met) de	X	*Iks*	**van**	**Xantippe**	*ksAntipə*
(Met) de	Y	*upsilOn*	**van**	**Yvette**	*ivèt*
(Met) de	Z	*zèt*	**van**	**Zoeloe**	*zoulou*

Protocole du courrier électronique

Le courrier électronique a pris un tel essor que les questions sur les modalités de son utilisation s'imposent. Dans quelles circonstances est-il déconseillé ? Il y a quelques années, les nomades des grandes entreprises, qui étaient privés d'Internet : les responsables ou ingénieurs de chantiers, étaient munis de **smartphones**, permettant l'utilisation de l'e-mail.

Les textes électroniques **de e-mail** [*də imél*] (e-mail) et **de SMS** [*də èsèmès*] (texto) ont obtenu une valeur juridique. Dans les universités, le dépôt de thèse par le biais du courier électronique est autorisé.

Probablement, les faire-part de mariage, **de huwelijksaankondiging** [*də huwələksankOndəRIN*], ou le carton de réception de la haute société, **de uitnodiging voor een cocktail** [*də əytnodIRIN vor ən kOktél*], ou encore le faire-part obituaire, **de overlijdensaankondiging** [*də ovərlèydənsankOndəRIN*] et la candidature pour un emploi, **de sollicitatiebrief** [*də sOlisitasibrif*], s'effectuent toujours sur papier, bien que les habitudes changent rapidement. Prenons donc le courriel comme moyen dominant de communication par courrier.

Les courriels en néerlandais sont **kort** [*kOrt*] (brefs) et ne traitent que d'un seul **onderwerp** [*Ondərwèrp*] (sujet) : celui annoncé dans **de hoofding** [*də hofdIN*] (l'en-tête). Le courriel, qui a pris la place de ce que les anglophones appellent le *snailmail* (« courrier à vitesse d'escargot »), le courrier papier, **de brief op papier** [*də brif Op pApir*], n'a pas manqué de s'accaparer le style de son prédecesseur.

Dans la pratique, cela veut dire que la forme d'adresse y trouve sa place :

- **Geachte heer Moeremans,** [*RəARtə hér mourəmAns*] (Cher monsieur Moeremans) ;
- **Geachte mevrouw Mariën,** [*RəARtə mevraou mariən*] (Chère madame Mariën).

Lorsque vous ne connaissez pas la personne, écrivez :

- **Geachte heer,** [*RəARtə hér*] (Monsieur,) ;
- **Geachte mevrouw,** [*RəARtə mevraou*] (Madame,).

Trop d'informalité risque de nuire à vos contacts d'affaires. Bien que les Néerlandais aient tendance à être informels dans les affaires, il n'en reste pas moins qu'ils conservent toujours une certaine distance pour pouvoir prendre une position plus ferme le cas échéant.

Dans de nombreuses relations d'affaires, les gens utilisent des prénoms et se disent **je** [*yə*] (tu). Cependant, dans les documents, tels que les propositions ou les contrats, le style est formel et l'on s'adresse au partenaire par son **achternaam** [*ARtənam*] (nom de famille) en le vouvoyant : **u** [*u*] (vous – formel). C'est la raison pour laquelle les offres et les contrats ne sont pas dans les e-mails eux-mêmes, mais transmis dans les **attachment** [*ətètchmənt*] (pièces jointes). Malgré le ton formel de ces courriers, le *pronom personnel de politesse de la deuxième personne*, **u**, s'écrit toujours avec *minuscule*.

Quand vous nommez votre relation d'affaires par son prénom et que vous voulez marquer une certaine distance, vous pouvez utiliser la formulation suivante :

- **Beste Geert,** [*bèstə Rért*] (Cher Geert,) ;
- **Beste Liesbet,** [*bèstə lisbèt*] (Chère Élisabeth,).

Les courriers électroniques sont habituellement brefs (deux à six lignes). Les néerlandophones, contrairement aux anglophones, laissent – comme les Français – souvent du blanc entre chaque partie du texte. Le message ci-après en est un exemple. Sa forme est informelle, mais avec retenue ; le message est d'affaires.

> to : `info@author.nl`
>
> from : `wardy@theEditor.com`
>
> Margreet,
>
> Je hebt beloofd iedere week twee hoofdstukken op te sturen. In de maand november hebben we slechts vier hoofdstukken ontvangen. Ik maak me zorgen of het boek wel op tijd af komt.
>
> Ik wil nu sluitende afspraken maken over de deadline.
>
> Ik hoor graag van je.
>
> Wardy

[*mArgrét,*

yə hèpt bəloft idərə wék twa hofstəkə op tə sturə. In də mant novèmbər hèbawə slèRs fir hofstəkə OntfANə. Ik mak mə zOrRə Ofət bouk wèl Op tèyt Af kOmt.

Ik wll nu slaytəndə Afsprakə makə ovər də dèdlayn.

Ik hor RraR vAn yə.

wArdi.]

> Margaret,
>
> Tu m'avais promis d'envoyer deux chapitres par semaine. Mais en novembre, nous n'avons reçu que deux chapitres. Je crains que le livre ne soit pas prêt à temps.
>
> J'aimerais maintenant arriver à un accord certain sur la date limite.
>
> J'attends ta réponse avec intérêt.
>
> Wardy

L'introduction de la plupart des courriels professionnels est l'explication d'une situation ; souvent un résumé de ce qu'il s'est passé antérieurement jusqu'à ce jour. La fin consiste en quelques mots de remerciements pour le travail de la personne concernée. Au centre du courriel, vous énoncez le problème à résoudre ou vous posez la question à laquelle il convient de répondre. Dans la dernière phase, vous indiquez clairement ce que vous attendez de votre correspondant. Lorsque vous attendez une réponse, vous utilisez une de ces expressions :

- **Ik kijk uit naar uw antwoord.** [*Ik kèyk ayt nar uou Antwort.*] (poli et formel : Votre réponse sera la bienvenue.)
- **Ik hoor graag van u.** [*Ik hor Rrar vAn u.*] (formel : Je serai heureux de lire votre réponse.)
- **Ik wacht uw antwoord af.** [*Ik wARt uou Antwort Af.*] (formel : J'attends votre réaction.)
- **Ik hoor graag van je.** [*Ik hor Rrar vAn yə.*] (Je suis impatient d'avoir de tes nouvelles.)
- **Graag een reactie.** [*Rrar ən réAksi.*] (formel mais inamical : Merci de me répondre.)

Tous les courriels n'appellent pas une réponse. Si tel est le cas, de nombreuses personnes utilisent l'option **leesbevestiging** [*lésbəvèstəRIN*] (avis de réception) de leur logiciel de courrier. Quand le destinataire utilise l'option, l'émetteur sait que son courriel a été lu.

S'il n'est pas nécessaire de répondre, vous pouvez faire usage d'une des formules de clôture ci-après :

- **Met vriendelijke groet,** [*mèt frindələkə Rrout*] (Salutations amicales. Amicalement,)
- **Vriendelijke groeten,** [*vrindələkə Rroutə*] (Salutations amicales. Amicalement,)
- **Groeten,** [*Rroutə*] (Avec mes salutations,)
- **Groet,** [*Rrout*] (Salutations, – dans des e-mails peu chaleureux)
- **Groeten,** [*Rroutə*] (Avec mes salutations,)
- **Groetjes,** [*Rroutyəs*] (Affectueusement, – réservé aux bons amis et aux parents)

INFO CULTURELLE

Faites gaffe !

Lorsque vous occupez une position importante, prenez garde à ne pas mélanger les sentiments et le travail.

Le maire d'une ville proche d'Amsterdam a dû démissionner après être tombé amoureux de l'une de ses fonctionnaires de haut rang.

Il est donc nécessaire d'écarter toute ambiguïté et de percevoir le danger dans les e-mails professionnels où quelqu'un s'épanche ou fait des déclarations d'amour.

Le premier mot de la formule d'adresse, **Lieve Agaat**, [*liva ARat*] (Ma très chère Agathe,) est déjà le début d'une histoire tragique.

Ma très chère Agathe

(s'il m'est permis de t'appeler ainsi),

Nous nous sommes entrevus ce matin lors de ma réunion avec Jan Steenbergen. J'aimerais faire plus ample connaissance avec toi.

Aimerais-tu dîner avec moi un jour ou l'autre ?

Appelle-moi s'il te plaît quand tu auras fini ton travail. Je suis au bureau les lundis, mardis et jeudis soir jusqu'à 21 heures. Mon numéro privé est le 06 536 68 723.

Geert De Gent
Directeur Biz Accounts

Lieve Agaat (als ik je zo mag noemen),

We hebben elkaar vanochtend ontmoet toen ik een bespreking had met Jan Steenbergen.

Ik zou je graag beter willen leren kennen.

Heb je zin in een etentje ?

Wil je me bellen na je werk ?

Ik werk iedere maandag-, dinsdag- en donderdagavond tot 21 : 00 uur op mijn kantoor.

Mijn privé-nummer is 06 536 68 723.

Geert De Gent
Directeur Biz Accounts

[*liva ARat. Als Ik ya zo mAR nouma.*

Wa hèba èlkar vAnORtant Ontmout toun Ik an bapsprékIN hAt mèt yAn sténbèrRa.

Ik saou ya RraR bétar wIla léra kèna

hèpya zIn In an étantya ?

wIl ya ma bèla na ya wèrak ?

Ik wèrak idara mandAR dInzdAR èn wounzdARavant tOt énantwIntaR ur Op man kAntor.

man privénamar Is nal zès vèyfhOndartzèsandèrtaR ARtansèstaR zévahOndartdriantwIntaR.

Rert da Rènt
dirèktor bIz akaounts]

L'organisation au bureau

La plupart des sociétés ont **een kantoor** [*ən kAntor*] (un bureau, les lieux) ou **een aantal kantoren** [ən antAl kAntorə] (plusieurs bureaux, plusieurs lieux). Lorsque vous quittez votre domicile pour vous y rendre, vous pouvez dire : **Ik ga naar kantoor.** [*IkRa nar kAntor.*] (Je vais au bureau.) Si l'on vous demande ce que vous allez faire, vous pouvez répondre : **Ik ben tot vanavond negen uur op kantoor.** [*Ik bèn tOt fAnavənt néRənur Op kAntor.*] (Je serai au bureau ce soir jusqu'à neuf heures.)

Les bureaux sont organisés de telle manière qu'une grande partie du travail est réalisée par des employés à temps partiel. **Hun taakbeschrijving** [*hən takbəsRèyvIN*] (la description de leur tâche) doit être clairement définie.

- **De morgenstond heeft goud in de mond.** [*də mOrGənstOnt héft Rout In də mOnt.*] (L'avenir appartient à ceux qui se lèvent tôt !)

Cet adage signifie que l'on « abat » plus de travail le matin, ce qui explique le pourquoi de l'essentiel du travail le matin.

Na het middageten [*na ət mIdARétə*] (après l'heure du déjeuner) ou **omstreeks drie uur** [*Omstréks dri ur*] (vers 15 heures), les employés à temps partiel commencent à quitter les lieux. De nombreuses sociétés ont facilité la tâche de leurs employés qui ont des enfants, en leur offrant **soepele werkuren** [*soupələ wèrkurə*] (des horaires flexibles).

Les nécessaires de bureau

Vous trouverez **de bureaubehoeftes** [*də burobəhouftəs*] (les nécessaires de bureau) **bij het bureau** [*bèy ət buro*] (autour du bureau, le meuble) :

- **de computer** [*də kOmpyoutər*] (l'ordinateur)
- **papieren en mappen** [*pApirə èn mApə*] (du papier et des chemises)
- **ordners** [*Ordnərs*] (des classeurs)
- **de printer** [*də prIntər*] (l'imprimante)

Une question très fréquente quand on cherche un objet indispensable :

- **Waar zijn de balpennen ?** [*war zèyn də bAlpènə ?*] (Où sont les stylos à bille ?)
- **Waar zijn de viltstiften ?** [*war zèyn də vIltstIftə ?*] (Où sont les feutres ?)
- **Waar is het papier ?** [*war Isət pApir ?*] (Où est le papier ?)
- **Waar is de nietmachine ?** [*war Izdə nitmAchinə ?*] (Où est l'agrafeuse ?)
- **Waar is de perforator ?** [*war Izdə pèrforatOr ?*] (Où est la perforeuse ? la « trouilloteuse » ?)
- **Waar is mijn potlood ?** [*war Is mən pOtlot ?*] (Où est mon crayon à papier ?)
- **Waar zijn de cartridges ?** [*war zèyn də kartridZəs ?*] (Où sont les cartouches à encre ou à toner ?)
- **Waar zijn de cartouches ?** [*war zèyn də kartouchəs ?*] (Où sont les cartouches à encre ou à toner ?)

L'informatique

De informatica [*də InfOrmatika*] (l'informatique) accélère le travail au bureau. Lorsque le système tombe « malade », il est important de **zijn hoofd koel te houden** [*zən hoft koul tə haoudə*] (garder son sang-froid) en **geduld oefenen** [*Rədalt oufənə*] (faisant preuve de patience) jusqu'à la « guérison » de celui-ci.

Dans les **grote ondernemingen** [*Rrotə OndərnémIN ə*] (grandes sociétés), le contact avec le service assistance est inexistant. Les problèmes doivent obligatoirement se résoudre **via de telefoon** [*via də téléfon*] (par le biais du téléphone).

La machine à café

INFO CULTURELLE

« La machine à café » aurait bien pu être une métaphore pour la vie active aux Pays-Bas. La Flandre également assimile parfaitement la consommation de café avec le travail et la vie familiale, mais dans une autre mesure. Aux Pays-Bas, le café marque le rythme de la journée partout dans le pays.

Het koffiezetapparaat [*ət kOfizètaparat*] ou en langage parlé **de koffiezet** [*də kOfizèt*] (le percolateur, la machine à dosettes, capsules ou autres) ainsi que **de koffiemachine** [*də kOfimachinə*] (le distributeur de café fraîchement moulu) font partie du décor. Ce sera pour vous l'opportunité d'échanger quelques mots avec **uw medewerkers** [*uou médəwèrkərs*] (vos collaborateurs). **Een lekker kopje koffie** [*ən lèkər kOpyə kOfi*] (un bon petit café) vous permettra de démarrer la journée « au quart de tour », ce qui n'est pas négligeable au sein du travail. Si vous n'aimez pas le café, vous pouvez toujours **uw dorst lessen** [*uou dOrst lésə*] (vous désaltérer) avec un verre d'eau fraîche.

Dans les chansons populaires des années trente, le rituel du **koffie zetten** [*kOfi zètə*] (faire du café), faisait déjà partie de l'organisation au bureau.

« Lekker gezellig »

De koffiepauze [*də kOfipaouzə*] (la pause café) est un moment toujours agréable et salutaire dans une journée de travail. Il existe un mot spécial pour ces moments de pause dans une atmosphère chaleureuse : **gezellig** [*RəzèləR*]. Cette qualification s'étend pour une sortie en ville : **een gezellige avond** [*ən RəzèləRə avənt*]. Une personne peut être **een gezellige prater** [*ən RəzèləRə pratər*] (un causeur sympathique) ; la dame qui prépare le café peut être **een gezellige vrouw** [*ən RəzèləRə vraou*] et le lieu peut être **een gezellige kamer** [*ən RəzèləRə kamər*] (une pièce où il fait bon vivre). L'adverbe adéquat pour monter le degré de **gezellig** d'un cran est **lekker** [*lèkər*] (délicieux), autre mot avec une longue histoire. D'amples précisions à ce sujet suivront.

Tout ce qui est petit est mignon. Le diminutif

On apprécie d'échanger quelques mots autour d'une tasse de café dans une ambiance conviviale. L'adjectif néerlandais adéquat, nous l'avons vu, est **gezellig** [*Rəzèləʀ*] :

- **Gezellig kletsen met een kopje koffie.** [*Rəzèləʀ klètsə mèt ən kOpyə kOfi.*] (Bavarder en toute convivialité avec une petite tasse de café.)

Pour souligner **de gezelligheid** [*də RəzèləRhèyt*] (la chaleur humaine), on utilise *le diminutif.*

- **het kopje koffie** [*ət kOpyə kOfi*] (la tasse de café)
- **het leuke feestje** [*ət løkə fécha*] (l'agréable fête)
- **het gezellige hoekje** [*ət RəzèləRə houkyə*] (le coin bien sympathique)
- **een ritje in je nieuwe auto** [*ən rItyə In yə niouə aouto*] (un petit tour dans ta nouvelle voiture)

Le *nom* prenant la forme d'un *diminutif* n'entraîne pas nécessairement que la signification de « petitesse » soit rajoutée à ce *nom*. L'apport du *diminutif* est généralement d'ordre sentimental.

En général, on rajoute **–je** [*yə*] à un *nom* qui se termine par une consonne :

- **het kopje koffie** [*ət kOpyə kOfi*] (la tasse de café)
- **het kopje** [*ət kOpyə*] (la petite tasse, ma tasse préférée)
- **het feest** [*ət fést*] (la fête, la soirée)
- **het feestje** [*ət fécha*] (la petite fête, la soirée)
- **de hoek** [*də houk*] (le coin)
- **het hoekje** [*ət houkyə*] (le petit coin, le bon coin)
- **de rit** [*də rIt*] (le tour en voiture)
- **het ritje** [*ət rItyə*] (le petit tour agréable en voiture)

Les *noms* qui se terminent par **l**, **n**, **w**, **r** ou par une voyelle (**a**, **e**, **i**, **o**, **u**) prennent la forme **–tje** du *diminutif.* Des adaptations d'orthographe peuvent s'avérer nécesssaires.

- **het ei** [*ət èy*] (l'œuf)
- **het eitje** [*ət èytyə*] (l'œuf bien savoureux)
- **de la** [*də la*] (le tiroir)
- **het laatje** [*ət latyə*] (le petit tiroir)

- **het la'tje** [*ət latyə*] (le petit tiroir)
- **de auto** [*də aouto*] (la voiture)
- **het autootje** [*ət aoutotyə*] (la belle petite voiture)
- **het auto'tje** [*ət aoutotyə*] (la belle petite voiture)

Les *noms* qui se terminent par **m** prennent la forme **–pje** du *diminutif* :

- **de boom** [*də bom*] (l'arbre)
- **het boompje** [*ət bompyə*] (le petit arbre)
- **het raam** [*ət ram*] (la fenêtre)
- **het raampje** [*ət rampyə*] (la petite fenêtre)

Certains *noms* prennent la forme **–etje** :

- **de brug** [*də brəR*] (le pont)
- **het bruggetje** [*ət brəRətyə*] (le petit pont)
- **de weg** [*də wèR*] (le chemin)
- **het weggetje** [*ət wèRətyə*] (le petit chemin)

FACILE !

Observez que tous les *diminutifs* prennent *l'article défini neutre* **het**.

Les us et coutumes

INFO CULTURELLE

Les néerlandophones ont une notion de temps bien stricte : tolérence zéro pour ceux ou celles qui ne planifient pas comme l'exige le protocole.

Aux Pays-Bas, durant les congrès, ne soyez pas surpris quand on vous coupe la parole lorsque vous dépassez le temps qui vous est imparti. Il en va de même en Flandre, où cette valeur de temps est identique, mais les façons d'intervenir différentes.

Dans le cadre d'une entrevue professionnelle, soyez ponctuel. Si vous êtes en avance, attendez à l'extérieur du lieu du rendez-vous. Veillez à terminer votre visite en moins d'une heure. Si vous venez de loin et devez discuter des choses importantes, indiquez à la personne qui vous reçoit le temps dont vous pensez avoir besoin. Évitez tout embarras en évoquant clairement ce point. Les secrétaires néerlandophones sont habituées à prévoir des rendez-vous d'une heure sur les agendas de leur directeur.

Apprenez les formules de présentation et les salutations formelles. Lisez la section du chapitre 4 relative à la manière de parler de votre travail.

Dans le cas où vous arriveriez dans le courant de la journée, on vous emmènera déjeuner dans un restaurant si vous êtes un personnage important. Un déjeuner néerlandais traditionnel se compose de quelques petits pains et de lait. En revanche, Flamands et Wallons ont une réputation de bons vivants. Dans les universités et les entreprises, un repas chaud est traditionnellement servi le midi. Dans le milieu des affaires, on vous proposera **de werklunch** [*də wèrklənch*] (le déjeuner de travail). Ce déjeuner a l'avantage de joindre l'utile à l'agréable.

Les deux verbes pour « faire »

Travailler implique de faire des choses. Le néerlandais possède deux verbes pour désigner « faire » :

- **DOEN** [*doun*] (agir), et
- **MAKEN** [*makə*] (produire, fabriquer).

Tableau 10.10. Présent du verbe fort DOEN [*doun*] (deed, gedaan)

Conjugaison	*Traduction / prononciation*
DOEN [*doun*]	(agir) [*doun*]
ik doe	*Ik dou*
je doet	*yə dout*
u doet	*u dout*
doe je ?	*dou yə ?*
doet u ?	*dout u ?*
hij / ze / het doet	*èy / zə / ət dout*
we doen	*wə doun*
jullie doen	*yəli doun*
ze doen	*zə doun*

Voici quelques exemples de l'utilisation de ce verbe :

- **Ze doet haar e-mail twee keer per dag.** [*ze dout har imél twé kér pèr dAR.*] (Elle traite son courrier électronique deux fois par jour.)
- **Ik doe 's ochtends het meest.** [*Ik dou sORtəns ət mést.*] (C'est le matin que je fais le plus de choses.)
- **Wil je dat alsjeblieft voor me doen ?** [*wIlyə dAt Alchəblift vor mə doun ?*] (Voudrais-tu faire cela pour moi s'il te plaît ?)

Tableau 10.11. Présent du verbe faible MAKEN [*makə*] (maakte, gemaakt)

Conjugaison	*Traduction / prononciation*
MAKEN [*makə*]	(produire, fabriquer) [*makə*]
ik maak	*Ik mak*
je maakt	*yə makt*
u maakt	*u makt*
maak je ?	*mak yə ?*
maakt u ?	*makt u ?*
hij / ze / het maakt	*èy / zə / ət makt*
we maken	*wə makə*
jullie maken	*yəli makə*
ze maken	*zə makə*

Le néerlanglais au bureau

L'essor de l'informatique au bureau : **de bureautica** [*də burotika*] (la bureautique), a introduit un vocabulaire d'origine anglo-saxonne en néerlandais : **printen** [*prIntə*] (imprimer), **faxen** [*fAksə*] (faxer), **plannen** [*plènə*] (planifier). Le plus indésirable de ces emprunts en néerlandais est **checken** [*tchèkə*] (contrôler, vérifier) avec son synonyme **afchecken** [*Aftchèkə*]. Voici quelques phrases utiles :

- **Ik print mijn rapport wel op de printer boven.** [*Ik prInt mən rAport wèl Obdə prIntər bovə.*] (J'imprimerai mon rapport sur l'imprimante d'en haut.)
- **Greet faxt de getekende overeenkomst naar Oek van Lease Consult.** [*Rrét fAkst də gətékəndə ovərénkOmst nar ouk vAn liz kOnsəlt.*] (Greet faxe l'accord signé à Oek de Lease Consult.)
- **Lien plant de bespreking van Geert De Gent met Jan Steenbergen.** [*Lin plènt də bəsprékIN vAn Rért də Rènt mèt yAn sténbèrRə.*] (Lien planifie la réunion de Geert De Gent avec Jan Steenbergen.)

Les saluts qui conviennent

La façon de dire bonjour et au revoir dans une société dépend de la culture de la société et de votre statut social. En compagnie de vos collaborateurs du même statut que vous, vous pouvez les saluer de différentes manières : **Hallo !** [*hAlo !*] (Hello !), **Hoi !** [*hOy !*] (Salut !), **Dag** [*dAR*] (Bonjour) ou **Goedemorgen** [*RouyəmOrRə*] (Bonjour). Quand vous devez être plus formel, vous dites **Goedemorgen** [*RoudəmOrRə*] (Bonjour) et vous mentionnez le nom de la personne que vous saluez : **Goedemorgen Lien** [*RoudəmOrRə lin.*] (Bonjour Lien) ou **Goedemorgen mevrouw Moermans** [*RoudəmOrRə mevraou mourmans*] (Bonjour madame Moermans).

En partant, vous pouvez dire de façon informelle **Dag** [*dAR*] (Bonjour), ou de manière encore plus familière aux Pays-Bas : **Doei** [*douy*] (ciao) et dans certaines régions **Doei doei** [*douy douy*] (bye bye). Les équivalents flamands sont **Salut** [*sAlu*] (salut) ou **Salu'tjes** [*salutyəs*] (ciao). Les salutations familières varient selon la région. À **Nijmegen** [*nèyméRə*] (Nimègue), on entend : **Houdoe** [*haoudou*], dérivé de l'expression **Houd u goed.** [*haoudu Rout.*] (Tenez-vous bien.) Il existe également les salutations familières **Doeg** [*douR*] et **Hoi** [*hoy*]. Écoutez ce que disent les autres et adaptez votre comportement en conséquence. **Tot morgen** [*tOt mOrRə*] (À demain) et **prettig weekend** [*prètəR wikènt*] seront appréciés partout où vous irez.

Quand vous voulez être en même temps formel, amical et personnel, dites : **Dag Greet** [*dAR Rrét*], **Dag mevrouw Vermeer** [*dAR məvraou vərmér*], **Tot morgen, Annie** [*tOt mOrRə Ani*], **Tot morgen, mevrouw Steenbergen** [*tOt mOrRə, məvroau sténbèrRə*].

Donner des directives ou demander respectueusement

En Belgique et aux Pays-Bas, les sociétés ne sont pas aussi hiérarchisées que dans certains pays. Si vous ne travaillez pas dans une société internationale, mais dans une société belge ou néerlandaise, vous remarquerez que les manières y sont spontanées et que la tenue vestimentaire n'est pas formaliste.

N'oubliez pas que vos collègues n'aiment pas recevoir des ordres, car la description de la tâche de chacun est bien définie. Cela est dû à la profonde conviction que tous les individus sont égaux, même si l'un des leurs montre des signes extérieurs de richesse.

Les secrétaires se considèrent comme des conseillères de leurs supérieurs et elles vous aideront davantage si vous les traitez avec respect. Au lieu de dire :

- **Kopieer dat voor mij.** [*kopiér dAt for mèy.*] (Photocopie cela pour moi.), ou
- **Ik wil vijf exemplaren van dat eerste document en zeven van het tweede.** [*Ik wIl vèyf èksèmplarə vAn dAt érstə dokumènt ən zévə vAn ət twédə.*] (Je veux cinq exemplaires de ce premier document et sept du second.)

Dites plutôt :

- **Wil je dat alsjeblieft voor mij kopiëren ?** [*wIl yə dAt Alchəblift vor mèy kopiérə ?*] (Veux-tu s'il te plaît photocopier cela pour moi ?)

Une secrétaire compétente organise elle-même son travail. C'est donc encore mieux de lui dire :

- **Wil je dat op een geschikt moment voor me kopiëren ?** [*wIl yə dAt Op ən RəsRIkt momènt vor mə kopiérə ?*] (Veux-tu s'il te plaît photocopier cela pour moi quand tu auras trouvé un moment ?)

La règle générale pour formuler une demande respectueuse est donc de rajouter **alsjeblieft** [*Alchəblift*] et **wil je** [*wIl yə*].

ATTENTION !

Entraînez-vous à bien prononcer les deux mots

ALSTUBLIEFT et **ALSJEBLIEFT**.

Ce sont les contractions de « **abshet u belieft** » et de « **abshet je belieft** ». Leur traduction littérale est « s'il vous plaît » et « s'il te plaît ». La traduction obsolète **believen** du verbe « plaire » date du XIXe siècle. Méfiez-vous donc de la prononciation différente de chacun. [*Al-stu-blIft*] [*Al-chə-blIft*]

Conversation

CD

Voici une conversation entre Jan Steenbergen et sa secrétaire Agaat. Aujourd'hui, Jan est au bureau de bonne heure parce qu'il y a une réunion importante.

Jan **Goedemorgen Agaat.**
RoudəmOrRə aRat.
Bonjour Agathe.

Agaat **Goedemorgen Jan.**
RoudəmOrRə yAn.
Bonjour Jan.

Jan **Is Pierre Lagrange al binnen ?**
Is pyèr lARrAnZə Al bInə ?
Est Pierre Lagrange déjà entré ?
Est-ce que Pierre Lagrange est déjà là ?

Agaat **Ja, hij staat bij de koffieautomaat.**

Ya. èy stat bèy də kOfiaoutomat.

Oui. Il se trouve dans une position debout près de la machine à café.

Oui. Il est à côté de la machine à café.

Jan **Ik moet dringend met hem spreken.**

Ik mout drINənt mèt hèm sprékə.

Je dois urgent avec lui parler.

Il faut que je lui parle d'urgence.

Agaat **OK. En Geert De Gent van Experteam heeft net gebeld.**

oké. èn Rért də Rènt vAn èkspèrtim héft nèt Rəbèlt.

OK. Et Geert De Gent de Experteam a juste appelé.

OK. Et Geert De Gent de Experteam vient d'appeler.

Jan **Dank je. Ik ga hem meteen bellen. Heb je tijd om deze documenten te kopiëren ?**

dANkyə. IkRa hèm mètén bèlə. hèpyə tèyt Om dézə dokumèntə tə kopiérə ?

Merci. Je vais le tout de suite appeler. As-tu temps pour ces documents à copier ?

Merci. Je vais l'appeler tout de suite. As-tu le temps de me photocopier ces documents ?

Agaat **Ja. Heb je ze nu of zo meteen nodig ?**

ya. hèpyə zə nu Of so mètén nodəR ?

Oui. As-tu les maintenant ou tout à l'heure besoin ?

Oui. En as-tu besoin tout de suite ou tout à l'heure ?

Jan **Ik heb ze om vier uur nodig. Er is dus geen haast bij.**

Ik hèpsə Om vir ur nodəR. ər Iz dəs Rén hast bèy.

J'ai les à quatre heures besoin. Il y a donc pas de hâte avec.

J'en ai besoin à quatre heures. Ce n'est donc pas urgent.

Agaat **OK. Geen probleem. Ze liggen om vier uur op je bureau.**

oké. Rén problém. zə lIRə Om vir ur Op yə buro.

OK. Pas de problème. Ils se trouveront allongés à quatre heures sur ton bureau.

OK. Pas de problème. Ils seront sur ton bureau à quatre heures.

Mots clés

de koffieautomaat	də kOfiaoutomat	le distributeur de café
de koffiemachine	də kOfimachinə	la machine à café
dringend	drINənt	urgent
de haast	də hast	l'urgence
zich haasten	zIR hastə	se dépêcher
het bureau	ət buro	le bureau (le meuble)
nodig hebben	nodəR hèbə	avoir besoin de
meteen	mètén	tout de suite
zo meteen	zo mètén	tout à l'heure

À l'écoute du besoin de l'autre

Agaat demande à son supérieur s'il a besoin de certains documents tout de suite ou tout à l'heure. Elle utilise *l'expression verbale* **nodig hebben** [*no̲dəR hè̲bə*] (avoir besoin).

Dans un premier temps, regardons sa conjugaison.

Tableau 10.12. Présent de l'expression verbale NODIG HEBBEN [*nodəR hèbə*] (had nodig, nodig gehad)

Conjugaison	*Traduction / prononciation*
NODIG HEBBEN [*no̲dəR hè̲bə*]	(avoir besoin) [*no̲dəR hè̲bə*]
ik heb … nodig	*Ik hèp … no̲dəR*
je hebt … nodig	*yə hèpt … no̲dəR*
u hebt … nodig	*u hèpt … no̲dəR*
heb je … nodig ?	*hèp yə … no̲dəR ?*
hebt u … nodig ?	*hèpt u…no̲dəR ?*
hij / ze / het heeft … nodig	*èy / zə / ət heft…nodəR*
we hebben … nodig	*wə hè̲bə … no̲dəR*
jullie hebben … nodig	*ye̲li hè̲bə … no̲dəR*
ze hebben … nodig	*zə hè̲bə … no̲dəR*

Vous aurez compris que cette *expression verbale* avec ces deux éléments, dans la phrase néerlandaise, se comporte comme une *structure bipolaire*. Regardons ensemble son comportement dans la *proposition principale*.

Tableau 10.13. L'expression verbale NODIG HEBBEN [*nodəR hèbə*] (had nodig, nodig gehad) dans la *structure bipolaire* de la *proposition principale*

Zone de tête	*Premier pôle*	*Zone médiane*	*Second pôle*
Ik	heb	fotokopieën nodig.	Ø
Ø	Hebben	jullie morgen de printer nodig ?	Ø
Jan	heeft	's ochtends koffie nodig.	Ø
Ik	heb	die fotokopieën nooit nodig	gehad.

Comme vous pouvez le constater, **nodig** ne prend jamais la place du *second pôle*, qui est réservé au *verbe non conjugué* (voir dernière phrase). **Nodig** se met donc juste avant le *second pôle*.

Troisième partie

Savoir bourlinguer

Dans cette partie...

Vous trouverez dans cette partie toutes les expressions dont vous aurez besoin pour voyager et retrouver votre chemin là où vous résidez, temporairement ou définitivement. Elle vous donne les termes néerlandais utilisés dans les banques, les bureaux de poste, les hôtels et les services de transport. Elle comporte enfin des phrases dont vous pourrez avoir besoin dans des situations d'urgence.

[**Bourlinguer** : mener une vie aventureuse]

Chapitre 11

Où suis-je ?

Dans ce chapitre :

- Se diriger au gré des points cardinaux : **noord, zuid, oost, west**
- « La Flandre » et « Les Flandres »
- Exprimer la direction : **naar**
- Retrouver sa boussole : **links, rechts, rechtdoor**
- Les verbes de la route font peur : **slaan, afslaan, steken, oversteken**
- Une chose à la fois : **eerst, dan, daarna**
- En voiture, en train ou en avion : **gaan**, **rijden**, **vliegen**

Les déplacements se préparent et vous serez peut-être amené à vous entretenir avec quelqu'un sur votre itinéraire. Malgré les cartes routières et les GPS, il vous arrivera tôt ou tard de devoir demander où se trouve la gare, le musée ou autre. Quand un ami souhaitera vous rendre visite, il faudra bien lui décrire l'itinéraire. Voilà quelques raisons qui rendront ce chapitre utile pour vous.

Ne perdez pas le nord

Remarquez que **de windstreken** [*də wIntstrékə*] (les points cardinaux) en néerlandais, comme en français, s'écrivent avec des minuscules :

- **het noorden** [*ət nordə*] (le nord)
- **het zuiden** [*ət zəydə*] (le sud)
- **het oosten** [*ət ostə*] (l'est)
- **het westen** [*ət wèstə*] (l'ouest)

Vous combinez ces *substantifs* avec la préposition **in** [*In*] (dans) :

- **Groningen ligt in het noorden.** [*RronINə lIRt In ət nordə.*] (Groningue se trouve allongé dans le nord. Groningue se trouve dans le nord.)

- **Halle ligt in het zuiden.** [*hAlə lIRt Inət zəydə.*] (Hal se trouve allongé dans le sud. Hal se trouve dans le sud.)
- **De Panne en Den Haag liggen in het westen.** [*də pAnə èn dən haR lIRə Inət wèstə*] (La Panne et La Haye se trouvent allongés dans l'ouest. La Panne et La Haye se trouvent dans l'ouest.)
- **Arnhem ligt in het oosten.** [*Arnhèm lIRt Inət ostə.*] (Arnhem se trouve allongé dans l'est. Arnhem se trouve dans l'est.)

INFO CULTURELLE

La Flandre et les Flandres !

En abordant la correction dans la désignation des pays et régions, traitons de la Flandre. Il existe d'abord **Vlaanderen** [*vlandərə*] (la Flandre). C'est le nom en langage parlé qu'on donne couramment à l'appellation officielle **het Vlaamse Gewest** [*ət vlamsə Rəwèst*] (la Région flamande), qui, dans l'État fédéral belge, existe territorialement à côté de **het Brusselse Gewest** [*ət brəsəlsə Rəwèst*] (la Région de Bruxelles) et **het Waalse Gewest** [*ət walse Rəwèst*] (la Région wallonne).

En revanche, en France, « Les Flandres » se situent au nord-ouest de Lille, jusqu'à la mer du Nord, le long de la frontière belge. Ce sont les deux départements de la région Nord-Pas-de-Calais. Les Flamands désignent cette région comme **Frans Vlaanderen** [*frAns flandərə*] (la Flandre française) ou **Zuid-Vlaanderen** [*zəyt flandərə*] (la Flandre du Sud).

Historiquement, les Flamands conçoivent la Flandre comme un territoire à part entière, qui regroupe actuellement, à côté de **Frans-Vlaanderen**, les deux provinces belges de **West-Vlaanderen** [*wèst flandərə*] (la Flandre-Occidentale) et de **Oost-Vlaanderen** [*ost flandərə*] (la Flandre-Orientale) et le Sud de la province néerlandaise de **Zeeland** [*zélAnt*] (la Zélande) : **Zeeuws Vlaanderen** [*zéous flandərə*] (la Flandre zélandaise).

Conclusion : ne confondez pas

- LES FLANDRES (les deux départements de la région Nord-Pas-de-Calais en FRANCE) et
- LA FLANDRE (la Région flamande dans l'État fédéral BELGE).

Vous avez remarqué que les quatre mots indiquant les points cardinaux sont des substantifs ; ils sont précédés d'un article. En néerlandais, il y a une façon d'utiliser ces quatre mots en tant qu'adjectifs, précédant le nom et liés avec celui-ci avec un trait d'union. Comparons ensemble la situation en néerlandais et en français :

- **het Noordstation** [*ət nortstAsyOn*] (la gare du Nord, nom propre)
- **Noord-Frankrijk** [*nort frANkrèyk.*] (le Nord de la France)
- **Noord-Italië** [*nort Italiə*] (l'Italie du Nord)
- **Zuid-Afrika** [*zəyt afrika*] (l'Afrique du Sud, nom propre)

Il y a donc une différence entre

- **Oost-Duitsland** [*osdəytslAnt*] (l'ex-RDA) et
- **het oosten van Duitsland** [*ət ostə vAn dəytslAnt.*] (l'est de l'actuelle République fédérale d'Allemagne).

Demander son chemin

Le mot interrogatif pour demander son chemin est **waar ?** [*war ?*] (où ?). La question que vous posez commence par

- **Waar is... ?** [*war Is... ?*] (Où est ?), ou
- **Waar zijn... ?** [*war zèyn... ?*] (Où sont... ?)

Voici les noms des lieux publics que vous êtes susceptible de chercher. Les noms **de** et **het** sont présentés dans deux listes afin de vous faciliter l'apprentissage de leur genre :

- **de taxistandplaats** [*də tAksistAntplats*] (la station de taxis)
- **de bushalte** [*də bəshAlte*] (l'arrêt de bus)
- **de luchthaven** [*də ləRthavə*] (l'aéroport)
- **de haven** [*də havə*] (le port)
- **de kerk** [*də kèrək*] (l'église)
- **de markt** [*də mArkt*] (le marché)
- **het museum** [*ət muzéum*] (le musée)
- **het park** [*ət pArk*] (le parc)
- **het station** [*ət stAsyOn*] (la gare)
- **het metrostation** [*ət métrostAsyOn*] (la station de métro)
- **het vliegveld** [*ət fliRfèlt*] (l'aérodrome)
- **het hotel** [*ət hotèl*] (l'hôtel)
- **het postkantoor** [*ət pOskAntor*] (le bureau de poste)

Dans une ville cosmopolite, il y a plusieurs gares, églises et hôtels ; il est donc impératif de poser des questions précises.

- **Waar is het station Hollands Spoor ?** [*war Isət stAsyOn hOlAnts spor ?*] (Où est la gare Hollands-Spoor ?)
- **Waar is de Carolus Borromeüskerk ?** [*war Izdə kAroləs bOroméuskèrək ?*] (Où est l'église Carlos-Borromeo ?).

Lorsque vous ignorez le nom exact du lieu que vous cherchez, par exemple un parc, vous demanderez le chemin vers **het dichtstbijzijnde park** [*ət dIRtst-bèyzèyndə pArk*] (le parc le plus proche).

- **Waar is het dichtsbijzijnde station ?** [*war Isət dIRtstbèyzèyndə stAsyOn ?*] (Où est la gare la plus proche ?)
- **Waar is de dichtstbijzijnde kerk ?** [*war Izdə dIRtstbèyzèyndə kèrək ?*] (Où est l'église la plus proche ?)

TRUC

La prononciation de ce dernier mot est difficile, ce qui est notamment dû à sa longueur. Dans un tel cas, on apprend d'abord :

- Les mots et autres éléments qui le composent et ensuite
- Sa prononciation syllabe par syllabe dans sa transcription.
- Le mot **dichtstbijzijnde** [*dIRtstbèyzèyndə*] (le plus proche) se compose du radical
  - **dicht** [*dIRt*] (proche). Dans un premier temps, il y a eu la formation du *superlatif* de **dicht**, ce qui produit la forme **dicht + st** :
  - **dichtst**. Ensuite, un autre adverbe s'y est rajouté : **bij** (à côté), ce qui a produit la forme
  - **dichtstbij** [*dIRtstbèy*] (proche). Ces trois éléments sont cumulés du *participe présent* de **zijn** [zèyn] (être), qui est **zijnde** [*zèyndə*] (étant), ce qui mène à la forme
  - **dichtstbijzijnde**. Les mots et autres éléments qui composent cette formation sont donc :
  - **dicht-st-bij-zijn-de**.
- Le mot, qui est composé de cinq mots et autres éléments, compte quatre syllabes :

  [*dIRtst-bèy-zèyn-də*]

La prononciation des quatre consonnes [*Rtst*] constitue la difficulté majeure.

C'est encore loin ?

Les mots clés pour demander la distance de votre but sont : **dichtbij** [*dIRtbèy*] (tout près, tout près d'ici) ; **vlakbij** [*vlAkbèy*] (tout près, tout près d'ici) ; **ver** [*vèr*] (loin) ou **ver weg** [*vèr wèR*] (très loin). Vous posez la question :

- **Is … ver weg ?** [*Is … vèr wèR ?*] (… est-il très loin ?)

Vous insérez le nom de votre destination, par exemple :

- **Is de Carolus Borromeüskerk ver weg ?** [*Izdə kArolәs bOroméuskèrk vèr wèR ?*] (L'église Carlos-Borromeo est-elle très loin ?)

La réponse pourrait être :

- **Nee, de Carolus Borromeüskerk is niet ver weg. Het is vlakbij.** [*né. də kArolәs bOroméuskèrk Is nit vèr wèR. ətIs flAkbèy.*] (L'église Carlos-Borromeo n'est pas très loin. Elle est près d'ici.)

Votre interlocuteur vous donnera les bonnes indications pour que vous puissiez trouver votre destination. La section « À gauche une fois et à droite une fois », plus loin dans ce chapitre, vous apprendra à comprendre ces précisions.

Une autre stratégie est de s'informer de la proximité de votre destination grâce au mot **dichtbij** [*dIRtbèy*] (tout près, tout près d'ici). Vous posez la question :

- **Is het station Hollands Spoor dichtbij ?** [*Isət stAsyOn hOlAnts spor dIRtbèy ?*] (La gare Hollands-Spoor est-elle près d'ici ?)

Le mot dichtbij est utilisé dans la question. Dans la réponse, vous entendrez souvent le mot vlakbij [*vlAkbèy*] (tout près, tout près d'ici) :

- **Ja. Het station Hollands Spoor is vlakbij ?** [*ya. ət stAsyOn hOlAnts spor Is flAkbèy*] (Oui. La gare Hollands-Spoor est près d'ici.)

Quand votre destination est imprécise mais fonctionnelle, vous posez la question :

- **Is er een station in de buurt ?** [*Isər ən stAsyOn In də burt ?*] (Y a-t-il une gare près d'ici ?)

Lorsque vous ne connaissez pas les lieux, vous dites :

- **Ik ben hier niet bekend.** [*Ik bèn hir nit bəkènt.*] (Je ne connais pas le quartier.)
- **Ik ken hier mijn weg niet.** [*Ik kèn hir mən wèR nit.*] (Je ne connais pas le quartier.)
- **Ik ben niet van hier.** [*Ik bèn nit vAn hir.*] (Je ne suis pas d'ici.)

Si vous voulez être plus poli que poli, vous dites :

- **Het spijt me, ik ben hier niet bekend.** [*ət spèyt mə. Ik bèn hir nit bəkènt.*] (Je suis désolé, je ne reconnais pas mon chemin.)

TRUC

Pour vous rassurer que la personne connaisse le quartier, vous demandez :

- **Pardon meneer, bent u hier bekend ?** [*pArdOn mənér bènt u hir bəkènt ?*] (S'il vous plaît, monsieur, connaissez-vous le coin ?)
- **Pardon meneer, kent u de weg hier ?** [*pArdOn mənér. kèntu də wèR hir ?*] (S'il vous plaît, monsieur, connaissez-vous le coin ?)

Ici et là

Les deux adverbes néerlandais qui correspondent à « ici » et « là » sont faciles à retenir car ils contiennent la même voyelle :

ICI ⇔ **HIER**
[i] [hir]

LÀ ⇔ **DAAR**
[a] [dar]

- **Het station is hier niet ver vandaan.** [*ət stAsyOn Is hIr nitfèr vAndan.*] (La gare n'est pas loin d'ici.)
- **De bushalte Rembrandtstraat is hier niet ver vandaan.** [*də bəshAltə rèmbrAntstrat Is hIr nitfèr vAndan.*] (L'arrêt Rembrandtstraat n'est pas loin d'ici.)

Les expressions suivantes sont fréquentes :

- **Dat is hier.** [*dAt Is hIr.*] (C'est ici.)
- **Dat is daar.** [*dAt Is dar.*] (C'est là.)

Ci-dessus, nous avons démontré la combinaison des adverbes **hier** et **daar** avec l'adverbe **vandaan**. Il n'est pas exceptionnel en néerlandais que des adverbes forment des groupes entre eux. Il en est de même pour **vlak** et **bij** ainsi que pour **hier** + **recht** + **tegenover** :

- **hier** [*hir*] (ici)
- **daar** [*dar*] (là, là-bas)
- **recht** [*rèRt*] (droit)
- **tegenover** [*téRənovər*] (en face)
- **Dat is hier recht tegenover.** [*dAt Is hIr rèRt téRənovər.*] (C'est ici juste en face.)
- **Dat is daar tegenover.** [*dAt Is dar téRənovər.*] (C'est là-bas en face.)

Demander comment y aller

Pour demander « Comment puis-je y aller ? », vous avez besoin du *verbe intransitif de mouvement* **komen** [*komə*] (venir).

Tableau 11.1. Présent du verbe fort KOMEN [*komə*] (kwam, gekomen)

Conjugaison	*Traduction / prononciation*
KOMEN [*komə*]	(venir) [*komə*]
ik kom	*Ik kOm*
je komt	*yə kOmt*
u komt	*u kOmt*
kom je ?	*kOm yə ?*
komt u ?	*kOmt u ?*
hij / ze / het komt	*èy / zə / ət kOmt*
we komen	*wə komə*
jullie komen	*yəli komə*
ze komen	*zə komə*

Problème récurrent ! Observez la différente disposition des syllabes dans **kom** et **komt**, contrairement à **ko-men**.

Voici la question basique :

- **Hoe kom ik... ?** [*hou kOm Ik... ?*] (Comment puis-je aller à... ?)

Pour finir la phrase, vous devez utiliser une préposition, comme **in** [*In*] (dans) :

- **Hoe kom ik in het centrum ?** [*hou kOm Ik Inət sèntrəm ?*] (Comment puis-je aller au centre-ville ?)
- **Hoe kom ik in Zaandam ?** [*hou kOm Ik In zandAm ?*] (Comment puis-je aller à Zaandam ?)

Indiquer la position

Habituellement, on définit une position par rapport à un repère très connu. En pareil cas, votre interlocuteur utilisera des *prépositions d'espace* (voir chapitre 2).

- **voor** [*vor*] (avant / devant)
- **na** [*na*] (après)
- **bij** [*bèy*] (près de)

- **op** [*Op*] (sur)
- **in** [*In*] (dans)

Les phrases suivantes sont fréquentes :

- **U gaat voor het park rechtsaf.** [*u Rat vor ət pArk rèRsAf.*] (Vous allez devant le parc vers la droite. Devant le parc, vous tournez à droite.)
- **U gaat na het park rechtsaf.** [*u Rat na ət pArk rèRsAf.*] (Vous allez après le parc vers la droite. Après le parc, vous tournez à droite.)
- **U gaat bij het eerste verkeerslicht rechtsaf.** [*u Rat bèy ət erstə vərkérslIRt rèRsAf.*] (Vous allez près du premier feu vers la droite. Au premier feu, vous tournez à droite.)
- **Dan rijdt u op de A7.** [*dAn rèytu Obdə a zévə.*] (Ensuite roulez-vous sur l'A7. Ensuite, vous roulez sur l'A7.)

La préposition de direction NAAR

Le mot **naar** [*nar*] (vers) est incontournable dans la description d'un itinéraire.

- **Hoe kom ik naar het Centraal Station ?** [*hou kOmIk nar ət sèntral stasyOn ?*] (Comment puis-je aller à la Gare centrale ?)
- **Ik probeer naar het Centraal Station te komen.** [*Ik probér narət sèntral stasyOn tə komə.*] (J'essaie d'aller à la Gare centrale.)
- **Laten we naar Gent gaan.** [*latə wə nar Rènt ran.*] (Allons à Gand.)
- **Morgen ga ik naar het strand.** [*mOrRə Ra Ik narət strAnt.*] (Demain vais-je à la plage. Demain j'irai à la plage.)

Observez le contraste entre le néerlandais et le français au niveau de l'ordre des mots dans les phrases d'exemple.

- **Ik ga morgen naar het strand.**
  [*Ik Ra mOrRə narət strAnt.*]
  (J'irai à la plage demain.)
- **Morgen ga ik naar het strand.**
  [*mOrRə Ra Ik narət strAnt.*]
  (Demain j'irai à la plage.)

Ces deux phrases contrastives nous permettent de formuler deux règles de l'ordre des mots dans la *proposition principale* néerlandaise.

Première règle

En premier lieu, nous observons que :

La première phrase néerlandaise commence par le *sujet* et se termine par **naar het strand**, le *complément de direction*.

La première phrase française commence par le *sujet* et se termine par « demain », qui n'est pas le *complément de direction*.

Tableau 11.2. L'ordre des mots dans la *proposition principale*. Le sujet se trouve dans la *zone de tête* et le *complément de direction* se trouve devant le *second pôle*

Zone de tête	*Premier pôle*	*Zone médiane*	*Second pôle*
Ik	**ga**	**morgen naar het strand**	**Ø**
J'	irai	à la plage demain.	Ø

La règle qui en découle est :

Le *complément de direction* se trouve obligatoirement devant le *second pôle*.

Seconde règle

En second lieu, nous observons que :

La seconde phrase néerlandaise commence par le *complément de temps*, **morgen**. Le *sujet* **ik** se trouve après le *premier pôle*. Le *complément de direction* **naar het strand** se trouve toujours dans la *zone médiane* juste devant le *second pôle*.

La seconde phrase française contient dans sa *zone de tête* le *complément de temps* (demain) ainsi que le *sujet* (je). Ces deux *parties du discours* sont séparées par une virgule.

Tableau 11.2. L'ordre des mots dans la *proposition principale*. Le sujet se trouve dans la *zone de tête* et le *complément de direction* se trouve devant le *second pôle*

Zone de tête	*Premier pôle*	*Zone médiane*	*Second pôle*
Morgen	**ga**	**ik naar het strand**	**Ø**
Demain, j'	irai	à la plage.	Ø

La règle qui en découle est :

Le *zone de tête* ne peut contenir qu'une seule partie du discours

Conversation

Pierre Lagrange a pris le train pour un voyage d'affaires à **Kortrijk** [*kOrtrèyk*] (Courtrai). Il doit être présent à deux réunions professionnelles ayant lieu en centre-ville. La première réunion est planifiée pour le matin ; l'autre pour la fin d'après-midi. Après sa première réunion, il parle avec la réceptionniste de la société qu'il a visitée. Il lui demande si elle peut lui recommander un restaurant.

Pierre Lagrange : **Mag ik u wat vragen. Kunt u me een restaurant in de buurt aanbevelen ? Ik heb in de late middag een afspraak in het centrum.**

mARIk u wAt fraRə ? kəntu mə ən rèstorAn In də burt anbəvélə ? Ikhèp In de latə mIdAR ən Afsprak Inət sèntrəm.

Peux-je vous quelque chose demander. Pouvez-vous me un restaurant dans le quartier recommander ? J'ai dans le tard après-midi un rendez-vous dans le centre.

Puis-je vous demander quelque chose. Pourriez-vous me recommander un restaurant dans le quartier ? J'ai un rendez-vous en fin d'après-midi dans le centre.

Réceptionniste : **Op de Werf zijn veel restaurants.**

Obdə wèrf zèyn vél rèstorAns

Sur la Werf il y a beaucoup de restaurants.

Pierre Lagrange : **Ik ben hier niet bekend. Hoe kom ik daar ?**

Ik bèn hir nit bəkènt. hou kOmIk dar ?

Je suis ici pas connu. Comment viens-je là-bas ?

Je ne connais pas l'endroit. Comment puis-je y aller ?

Réceptionniste : **Ziet u die kerk daar ? Na de kerk gaat u linksaf. U komt dan op een plein.**

zit u di kèrək dar ? na də kèrək Rat u lINksAf. u kOmt dAn Op ən plèyn.

Voyez-vous cette église là-bas ? Après l'église allez-vous à gauche. Vous venez ensuite sur une place.

Voyez-vous cette église là-bas ? Après l'église, vous tournez à gauche. Vous arrivez alors sur une place.

Réceptionniste : **U loopt een smal straatje door en dan bent u op de Werf.**

u lopt ən smAl stratyə dor èn dAn bènt u Obdə wèrəf.

Vous marchez une étroite ruelle par et alors vous êtes sur le Werf.

Vous traversez une ruelle étroite et vous tombez sur le Werf.

Pierre Lagrange

Dus na de kerk linksaf en na het plein moet ik door een nauw straatje. Kunt u me misschien een restaurant aanbevelen ?

dəs na də kèrk lINksAf èn na ət plèyn moutIk dor ən naou stratyə. kantu me mIsRin ən rèstorAnt anbəvélə ?

Donc après l'église à gauche et après la place dois-je par une étroite ruelle. Pouvez-vous me peut-être un restaurant recommander ?

Donc après l'église à gauche et après la place je passe par une ruelle étroite. Peut-être pouvez-vous me recommander un restaurant ?

Réceptionniste

Restaurant 'De Werf' op het Rombautsplein is erg goed.

rèstorAnt də wèrəf Opət rOmbaoutsplèyn Is èrR Rout.

Restaurant De Werf sur la Rombauts place est très bien.

Le restaurant De Werf place Rombauts est très bien.

Pierre Lagrange

Hoe kom ik op het Rombautsplein ?

hou kOmIk Opət rOmbaoutsplèyn ?

Comment viens-je sur la Rombauts place ?

Comment puis-je aller à la place Rombauts ?

Réceptionniste

Dat is het plein bij de kerk.

dAtIs ət plèyn bèy də kèrək.

C'est la place près de l'église.

Pierre Lagrange

OK. Bedankt.

oké. bədANkt.

OK. Merci.

Réceptionniste

Graag gedaan.

RraR Rədan.

Volontiers fait.

Je vous en prie.

Mots clés

in de late middag	In də latə mIdAR	en fin d'après-midi
het plein	ət plèyn	la place
smal	smAl	étroit
doorlopen	dorlopə	passer par
nauw	naou	étroit
het is erg goed	ətIs èrR Rout	il est très bien / bon
graag gedaan	RraR Rədan	je vous en prie
het straatje	ət stratyə	la ruelle

Retrouver sa boussole : LINKS, RECHTS, RECHTDOOR

Savoir exprimer la direction est essentiel pour demander ou indiquer l'itinéraire. Voici les mots dont vous aurez besoin :

À gauche une fois, à droite une fois et tout droit une fois

Pour demander ou indiquer un chemin, on ne peut se passer des mots clés **links** [*lINks*] (à gauche), **rechts** [*rèRs*] (à droite) et **rechtdoor** [*rèRdor*] (tout droit).

Pour indiquer qu'un objet est situé à droite ou à gauche par rapport à un autre objet, vous rajoutez la préposition **van** [*vAn*] (de), ce qui donne :

- **Links van** [*lINks fAn*] (à gauche de), par exemple :
- **De kerk is links van het museum.** [*də kérək Is lINks vAnət muzéum.*] (L'église est gauche du musée. L'église est à gauche du musée.)
- **Rechts van** [*rèRs fAn*] (à droite de), par exemple :
- **Het museum is rechts van de kerk.** [*ət muzéum Is rèRs vAn də kérək.*] (Le musée est droite de l'église. Le musée est à droite de l'église.)

Il existe également l'expression **aan de linkerkant** [*an də lINkərkAnt*] (du côté gauche, à votre gauche) ou tout simplement **links** [*lINks*] (à gauche).

- **De kerk is aan de linkerkant.** [*də kérək Is an də lINkərkAnt.*] (L'église est du gauche côté. L'église est du côté gauche / L'église est à votre gauche.)
- **Het museum is aan de rechterkant.** [*ət muzéum Is an də rèRtərkAnt.*] (Le musée est du droit côté. Le musée est du côté droit / Le musée est à votre droite.)

Le verbe **afslaan** [*Afslan*] (tourner à) est fréquemment utilisé avec les adverbes **links** et **rechts**.

- **Sla linksaf.** [*sla lINksAf.*] (Tournez à gauche.)
- **Na het museum slaat u linksaf.** [*na ət muzéum slat u lINksAf.*] (Après le musée tournez-vous à gauche [particule]. Après le musée, tournez à gauche.)
- **Sla rechtsaf.** [*sla rèRsAf.*] (Tournez à droite.)
- **Na de kerk slaat u rechtsaf.** [*na də kérək slat u rèRsAf.*] (Après l'église tournez-vous à droite [particule]. Après l'église, tournez à droite.)

Les deux expressions verbales **links afslaan** et **rechts afslaan** sont réductibles aux deux adverbes composés **linksaf** [*lINksAf*] (tourner à gauche) et **rechtsaf** [*rèRsAf*] (tourner à droite) tout en supprimant le verbe **slaan**.

- **Na het museum linksaf.** [*na ət muzéum lINksAf.*] (Après le musée à gauche [particule]. Après le musée, tournez à gauche.)
- **Na de kerk rechtsaf.** [*na də kérək rèRsAf.*] (Après l'église à droite [particule]. Après l'église, tournez à droite.)

Rien ne vous empêche de rajouter le verbe **gaan** [*Ran*] (aller) ou **lopen** [*lopə*] (marcher) aux phrases ci-dessus.

- **Na het museum gaat u linksaf.** [*na ət muzéum Rat u lINksAf.*] (Après le musée allez-vous à gauche [particule]. Après le musée, vous allez à gauche.)
- **Na de kerk loopt u rechtsaf.** [*na də kérək lopt u rèRsAf.*] (Après l'église marchez-vous à droite [particule]. Après l'église, vous allez à droite.)

Ce qui s'impose maintenant, c'est la présentation de ce verbe très fréquent : **lopen** [*lopə*] (marcher).

Tableau 11.4. Présent du *verbe fort* LOPEN [*lopə*] (liep, gelopen)

Conjugaison	*Traduction / prononciation*
LOPEN [*lopə*]	(marcher) [*lopə*]
ik loop	*Ik lop*
je loopt	*yə lopt*
u loopt	*u lopt*
loop je ?	*lop yə ?*
loopt u ?	*lopt u ?*
hij / ze / het loopt	*èy / zə / ət lopt*
we lopen	*wə lopə*
jullie lopen	*yəli lopə*
ze lopen	*zə lopə*

Problème récurrent ! Observez la différente disposition des syllabes dans **loop** et **loopt**, contrairement à **lo-pen**.

Quand l'épingle magnétisée de votre boussole pointe vers le nord pour indiquer le bon chemin, ne tournez pas !

Surtout, arrêtez de girouetter ! Vous n'irez ni à gauche, ni à droite, mais vous marchez droit devant vous.

rechtdoor [*rèRdor*] (tout droit).

- **U loopt rechtdoor tot u een kerk ziet.** [*u lopt rèRdor tOtu ən kérək sit.*] (Vous marchez tout droit jusqu'à ce que vous une église voyiez. Vous marchez tout droit jusqu'à ce que vous voyiez une église.)

Observez la structure de la phrase ci-dessus. **U loopt rechtdoor** est la *proposition principale* ; **tot** est un *subordinateur* et **tot u een kerk ziet** est la *proposition subordonnée.* Sa structure est expliquée ci-dessous.

Tableau 11.5. L'ordre des mots dans la *proposition principale*

Zone de tête	*Premier pôle*	*Zone médiane*	*Second pôle*
U	**loopt**	**rechtdoor**	**Ø**
Vous	continuez	tout droit	Ø

Tableau 11.6. L'ordre des mots dans la *proposition subordonnée*

Zone de tête	*Premier pôle*	*Zone médiane*	*Second pôle*
Ø	**tot**	**u een kerk**	**ziet.**
Ø	*jusqu'à ce que	vous une église	voyiez.

Vous avez compris que la *subordonnée* française précédée d'un astérisque (*) est incorrecte. Par cet exemple, vous observerez mieux ce qu'il se passe avec la structure de la *subordonnée* néerlandaise :

Le *verbe conjugué* se place dans la case du *second pôle*.

Sur la route

Stap in de auto [*stAp In də aouto*] (montez en voiture) ou **stap op de motor** [*stAp Op də motOr*] (montez en moto) ; quelques instants après vous serez obligé de traverser **knooppunten** [*knopəntə*] (des échangeurs), **rotondes** [*rotOndəs*] (des ronds-points), **kruispunten** [*krəyspəntə*] (des croisements), et **agglomeraties** [*ARloméRasis*] (des agglomérations) ou **de bebouwde kom** [*də bəbaoudə kOm*] (littéralement : « le bassin bâti » ; l'agglomération.)

Vous prendrez **de autoweg** [*də aoutowèR*] (l'autoroute) ou **de snelweg** [*də snèlwèR*] (la voie rapide), que vous quitterez à **afslag 32** [*AfslAR twéəndèrtəR*] (sortie 32) ou **uitrit 32** [*əytrIt twéəndèrtəR*], **richting Namen** [*rIRtIN namə*] (direction Namur) par **Rijksweg N6** [*rèykswèR én zès*] (route nationale N6).

Disposez-vous d'un **GPS** [*Répéès*] (GPS), acronyme de « *global positioning system* », traduit en néerlandais par **satellietplaatsbepalingssysteem** [*SarèlitplatsbəpalINsIstém*] (satellite) – bonne raison pour parler de **GPS** ? Si oui, vous n'avez pas besoin de consulter sur Internet le **routeplanner** [*routəplènər*] (le planificateur d'itinéraire).

Pour désigner votre itinéraire, les expressions suivantes pourraient être utiles :

- **U neemt de rotonde driekwart.** [*u némt de rotOndə drikwArt*] (Vous prenez le rond-point aux trois quarts.)
- **Op de rotonde neemt u de eerste rechts.** [*Obdə rotOndə némt u də érstə rèRs.*] (Sur le rond-point, vous prenez la première à droite.)
- **Vervolgens neemt u bij het knooppunt de Nieuwe Meer de A10 West richting Zaanstad-Leeuwarden.** [*vərvOlRəns némt u bèy ət knopənt də niouə mér de a tin wèst rIRtIN zanstAt léouArdə.*] (Ensuite vous prenez, à l'échangeur Nieuwe-Meer l'A10 ouest, direction Zaanstad-Léouarde.)

- **U gaat onder het viaduct door.** [*u Rat Ondər ət viadukt dor.*] (Vous passez sous le viaduc.)
- **Over de brug rechtsaf.** [*ovər də brəR rèRsAf.*] (Après le pont à droite.)

Les verbes de la route font peur : SLAAN, AFSLAAN, STEKEN et OVERSTEKEN

On a vu que l'addition d'une particule à un verbe, comme c'est le cas avec **slaan** [*slan*] (battre) et **afslaan** [*Afslan*] (tourner), changera le sens du verbe et de la particule. Confirmons que « battre » et « tourner » n'ont pas une signification identique.

Nous avons également évoqué le comportement différent dans la structure de la phrase des verbes composés et non composés. Ci-dessous, nous vous présentons leur conjugaison seule au présent, ce qui éclipse les difficultés des verbes forts au passé et au passé composé.

Tableau 11.7. Présent des verbes *forts* SLAAN [*slan*] (sloeg, geslagen) et AFSLAAN [*Afslan*] (sloeg … af, afgeslagen)

Conjugaison	*Traduction / prononciation*	*Conjugaison*	*Traduction / prononciation*
SLAAN [*slan*]	(battre) [*slan*]	**AFSLAAN** [*Afslan*]	(tourner) [*Afslan*]
ik sla	*Ik sla*	**ik sla … af**	*Ik sla … Af*
je slaat	*yə slat*	**je slaat … af**	*yə slat … Af*
u slaat	*u slat*	**u slaat … af**	*u slat … Af*
sla je ?	*sla yə ?*	**sla je … af ?**	*sla yə … Af ?*
slaat u ?	*slat u ?*	**slaat u … af ?**	*slat u … Af ?*
hij / ze / het slaat	*èy / zə / ət slat*	**hij / ze / het slaat … af**	*èy / zə / ət slat … Af*
we slaan	*wə slan*	**we slaan … af**	*wə slan … Af*
jullie slaan	*yəli slan*	**jullie slaan … af**	*yəli slan … Af*
ze slaan	*zə slan*	**ze slaan … af**	*zə slan … Af*

Problème récurrent ! Observez la différente disposition des syllabes dans **slaan** et **slaat**, contrairement à **sla**.

Il en va de même pour les verbes **steken** [*stékə*] (transpercer) et **oversteken** [*ovərstékə*] (traverser). Franchement, avec les deux verbes vus avant, **slaan** et **afslaan**, ça fait peur ! **Steken** et **oversteken** se comportent comme ces premiers verbes dans leur forme au sein de la phrase.

Tableau 11.8. Présent des verbes *forts* STEKEN [*stékə*] (stak, gestoken) et OVERSTEKEN [*ovərstékə*] (stak … over, overgestoken)

Conjugaison	*Traduction / prononciation*	*Conjugaison*	*Traduction / prononciation*
STEKEN [*stékə*]	(transpercer) [*stékə*]	**OVERSTEKEN** [*ovərstékə*]	(traverser) [*ovərstékə*]
ik steek	Ik sték	**ik steek … over**	*Ik sték … ovər*
je steekt	*yə stékt*	**je steekt … over**	*yə stékt … ovər*
u steekt	*u stékt*	**u steekt … over**	*u stékt … ovər*
steek je ?	*sték yə ?*	**steek je … over ?**	*sték yə … ovər ?*
steekt u ?	*stékt u ?*	**steekt u … over ?**	*stékt u … ovər ?*
hij / ze / het steekt	*èy / zə / ət stékt*	**hij / ze / het steekt … over**	*èy / zə / ət stékt … ovər*
we steken	*wə stékə*	**we steken … over**	*wə stékə… ovər*
jullie steken	*yəli stékə*	**jullie steken … over**	*yəli stékə… ovər*
ze steken	*zə stékə*	**ze steken … over**	*zə stékə… ovər*

Problème récurrent ! Observez la différente disposition des syllabes dans **steek** et **steekt**, contrairement à **ste-ken**.

Vous sentez-vous d'attaque pour une petite démonstration ?

- **U slaat linksaf.** [*u slat lINksAf.*] (Vous tournez à gauche.)
- **U slaat rechtsaf.** [*u slat rèRsAf.*] (Vous tournez à droite.)
- **U slaat rechtsaf na de kerk.** [*u slat rèRsAf na də kèrək.*] (Vous tournez à droite après l'église.)
- **Na de kerk slaat u rechtsaf.** [*na də kèrək slat u rèRsAf.*] (Vous tournez à droite après l'église.)
- **Bij de manège slaat u linksaf.** [*bèy də mAnèZə slat u lINsAf.*] (Vous tournez à gauche près du manège.)
- **U steekt nu over.** [*u stékt nu ovər.*] (Maintenant vous traversez.)
- **U steekt de straat over.** [*u stékt də strat ovər.*] (Vous traversez la rue.)
- **U steekt de brug over.** [*u stékt də brəR ovər.*] (Vous traversez le pont.)
- **Steek het plein over.** [*sték ət plèyn ovər.*] (Traversez la place.)
- **Ga de brug over.** [*Ra də brəR ovər.*] (Traversez le pont.)

Si vous êtes obligé de rebrousser chemin, on vous dira :

- **U moet terug.** [*u mout trəR.*] (Vous faites demi-tour.)

Une chose à la fois : EERST, DAN, DAARNA

Si vous connaissez votre itinéraire, il importe de faire les choses dans le bon ordre. La langue néerlandaise dispose de moyens pour l'exprimer : **eerst** [*érst*] (en premier, d'abord), **dan** [*dAn*] (ensuite) et **daarna** [*darna*] (après).

U gaat eerst rechtdoor. [*u Rat érst rèRdor.*] (D'abord vous allez tout droit.) **Dan neemt u de eerste straat rechts.** [*dAn némt u də érstə strat rèRs.*] (Ensuite vous prenez la première rue à droite), **en daarna steekt u de brug over** [*èn darna stékt u də brəR ovər*] (et après vous traversez le pont).

Conversation

Greet doit se rendre à Anvers pour un entretien. Elle connaît l'adresse et, en sortant de la Gare centrale, elle demande son chemin.

Greet	**Pardon, mevrouw. Kent u hier de weg ?** *pArdOn, məvraou. kèntu hir də wèR ?* Pardon, madame. Connaissez-vous ici le chemin ? S'il vous plaît, madame. Connaissez-vous le coin ?
Interlocutrice	**Nogal.** *nORAl.* Assez.
Greet	**Kunt u me zeggen waar de Nieuwstraat is ?** *kəntu mə zéRə war də nioustrat Is ?* Pouvez-vous me dire où la Neuve rue est ? Pouvez-vous me dire où se trouve la rue Neuve ?
Interlocutrice	**Ja. Die is vlakbij. Als u het station uitkomt, gaat u rechtsaf. Dan steekt u over en u neemt de eerste straat links.** *ya. di Is flAkbèy. Alsu ət stAsyOn əytkOmt, gat u rèRsAf. dAn stékt u ovər èn u némt də érstə strat lINks.* Oui. Celle-ci est tout près. Quand vous de la gare sortez, allez-vous droite. Ensuite traversez-vous [particule] et vous prenez la première rue gauche. Oui. Elle est tout près. Quand vous sortez de la gare, vous tournez à droite. Ensuite vous traversez et vous prenez la première rue à gauche.
Greet	**Hoe heet die straat ?** *hou hédi strat ?* Comment appelle cette rue ? Comment s'appelle cette rue ?

Interlocutrice **Dat weet ik niet. Maar ze gaat naar het centrum en u kunt haar niet missen. Daarna kruist u een tramspoor, dat is de Prinsstraat.**

dAt wétlk nit. mar zə Rat nar ət sèntrəm èn u kənt har nit misə. darna krəyst u ən trAmspor, dAt izdə prInstrat.

Cela sais-je pas. Mais elle va vers le centre et vous pouvez la ne pas rater. Après croisez-vous une voie de tramway, ça est la rue du Prince.

Je ne sais pas. Mais elle va vers le centre et vous ne pouvez pas la rater. Après vous croisez une voie de tramway, c'est la rue du Prince.

Greet **O ja. Die straat ken ik. Daar zijn allemaal terrasjes.**

o ya. di strat kènIk. dar zèyn Aləmal tèrAchəs.

Ah oui. Cette rue connais-je. Là-bas sont partout de petites terrasses.

Ah oui. Je connais cette rue. Il y a plein de petites terrasses de café partout.

Interlocutrice **Als u dan nog even rechtdoor loopt komt u in de Nieuwstraat.**

Alsu dAn nOR évə rèRdor lopt kOmtu In də nioustrat.

Quand vous alors encore un bref instant tout droit marchez venez vous dans la Neuve rue.

Vous continuez tout droit encore un peu et vous arriverez à la rue Neuve.

Greet **Dank u wel.**

dANku wèl.

Merci bien.

Merci beaucoup.

Mots clés

pardon	pArdOn	s'il vous plaît
nogal	nORAl	assez
smal	smAl	étroit
heten	hétə	s'appeler
Dat weet ik niet	dAt wétIk nit	Je ne sais pas
u kunt haar niet missen	u kənt har nit mIsə	vous ne pouvez pas la rater
het tramspoor	ət trAmspor	la voie de tramway
allemaal	Aləmal	beaucoup, partout
het terrasje	ət tèrAchə	la petite terrasse
wel	wèl	bien
veel	vél	beaucoup
Dank u wel	dANku wèl	Merci bien / Merci beaucoup

Récapitulons

Quand vous demandez votre chemin, la réponse sera souvent **U neemt…** [*u némt…*] (Vous prenez…). Notez qu'on utilise l'indicatif présent pour décrire un itinéraire : **U gaat** [*u Rat*] (Vous allez) et **U slaat linksaf** [*u slat lINksAf*] (Vous tournez à gauche). Vous entendrez rarement l'impératif, comme en français : prenez à gauche, allez à droite. Dans les instructions écrites, on emploie parfois, comme en français, des infinitifs : **bij het stoplicht rechtdoor rijden** [*bèy ət stOplIRt rèRdor rèydə*] (au feu continuer tout droit), **over de brug de eerste rechts nemen** [*ovər də brəR də érstə rèRs némə*] (après le pont prendre la première à droite).

Les *numéraux ordinaux*, tels que **de eerste** [*də érstə*] (la première / le premier), **de tweede** [*də twédə*] (la deuxième / le deuxième), **de derde** [*də dèrdə*] (la troisième / le troisième), répondent à la question « laquelle ? » ou « lequel ? ». Par exemple, pour répondre à la question « Quelle rue ? », vous utiliserez un *numéral ordinal* : « La première à gauche. » Vous trouverez plus d'informations sur les *numéraux ordinaux* au chapitre 3.

Avez-vous peur de vous perdre ? Que vous soyez à pied ou en voiture, la phrase suivante pourra vous aider :

- **Ik ben de weg kwijt.** [*Ik bèn də wèR kwèyt.*] (J'ai perdu mon chemin.)

Adaptez le verbe au moyen de transport

Pour ce qui est déplacement, en néerlandais, il existe un « verbe passe-partout », c'est **gaan** [*Ran*] (aller). Voici sa conjugaison.

Tableau 11.8. Présent du verbe *fort* GAAN [*Ran*] (ging, gegaan)

Conjugaison	*Prononciation*
GAAN [*Ran*]	(aller) [*Ran*]
ik ga	*Ik Ra*
je gaat **u gaat** **ga je ?** **gaat u ?**	*yə Rat* *u Rat* *Ra yə ?* *Rat u ?*
hij / ze / het gaat	*èy / zə / ət Rat*
we gaan	*wə Ran*
jullie gaan	*yəli Ran*
ze gaan	*zə Ran*

Problème récurrent ! Observez la différente disposition des syllabes dans **gaan** et **gaat**, contrairement à **ga**.

Ce « verbe à tout faire » constitue de nombreuses expressions :

- **Ik ga vanmiddag naar Luik.** [*IkRa vAnmIdAR narləyk*] (J'irai cette après-midi à Liège.)
- **Mijn dochter gaat naar school.** [*mən dORtər Rat nar sRol*] (Ma fille va à l'école.)
- **Ik ga vanmiddag naar de supermarkt.** [*IkRa vAnmIdAR nar də supərmArkt*] (J'irai cette après-midi au supermarché.)

Dans ces exemples, le moyen de déplacement n'est pas indiqué ; le verbe **gaan** vaut aussi bien pour le déplacement en bateau, à pied, à vélo et à cheval. La preuve : vous pouvez spécifier, à côté de **gaan**, le moyen de déplacement au sein de la phrase :

- **Ik ga vanmiddag met de auto naar Luik.** [*IkRa vAnmIdAR mèdə aouto nar ləyk.*] (J'irai cette après-midi à Liège en voiture.)
- **Mijn dochter gaat met de bus naar school.** [*mən dORtər Rat mèdə bəs nar sRol.*] (Ma fille va à l'école en autobus.)
- **Ik ga met de fiets vanmiddag naar de supermarkt.** [*IkRa mèdə fits vAnmIdAR nar də supərmArkt.*] (J'irai cette après-midi au supermarché à vélo.)

Quand vous en avez marre de répéter le verbe **gaan**, vous choisirez par exemple le verbe **rijden** [*rèydə*] (aller en voiture en conduisant) pour les moyens de transport qui utilisent au moins une roue, comme **de kruiwagen** [*də krəywaRə*] (la brouette).

Tableau 11.10. Présent du verbe *fort* RIJDEN [*rèydə*] (reed, gereden)

Conjugaison	*Prononciation*
RIJDEN [*rèydə*]	(aller en véhicule en conduisant) [*rèydə*]
ik rij(d)	*Ik rèy(t)*
je rijdt	*yə rèyt*
u rijdt	*u rèyt*
rijd je ?	*rèy yə ?*
rijdt u ?	*rèyt u ?*
hij / ze / het rijdt	*èy / zə / ət rèyt*
we rijden	*wə rèydə*
jullie rijden	*yəli rèydə*
ze rijden	*zə rèydə*

Observez la *terminaison* ! L'*infinitif* **rijden** produit le *radical* **rijd**. Il se termine par **–d**. Cela n'empêche pas qu'il prenne dans le *présent* la *terminaison* de la conjugaison : **–t** à la *deuxième et la troisième personne du singulier* (avec l'exception de l'inversion avec la *deuxième personne* **je** (tu).)

- **Vanmiddag rij(d) ik naar Luik.** [*vAnmIdAR rèy Ik nar ləyk.*] (Cette après-midi, j'irai en voiture à Liège.)
- **Mijn dochter rijdt naar school.** [*mən dORtər rèyt nar sRol.*] (Ma fille va à l'école en voiture, qu'elle conduit elle-même.)
- **Ik rij(d) vanmiddag naar de supermarkt.** [*Ik rèy vAnmIdAR nar də supərmArkt.*] (J'irai cette après-midi en voiture au supermarché.)

Lorsque vous prenez l'avion, vous pouvez recourir au verbe **gaan**, comme en français :

- **Volgend jaar gaan we naar Paramaribo.** [*vOlRənt yar Ran wə nar paramaribo.*] (L'année prochaine nous irons à Paramaribo.)
- **Volgende maand ga ik naar Ajaccio.** [*vOlRəndə mant Ra Ik nar aZAksyo.*] (Le mois prochain j'irai à Ajaccio.)
- **Ik ga naar Londen.** [*IkRa nar lOndən.*] (Je vais à Londres.)

Lorsque vous voulez préciser que vous voyagez en avion et que vous ne prenez ni voiture, ni train, ni bateau, vous employez le verbe **vliegen** [*vliRə*] (voler) :

- **Volgende week vlieg ik naar Biarritz.** [*vOlRəndə wék fliRIk nar biarlts.*] (La semaine prochaine je prends l'avion pour Biarritz.)
- **Volgende maand vlieg ik naar Marseille.** [*vOlRəndə mand fliRIk nar mArsèy.*] (Le mois prochain je prends l'avion pour Marseille.)

Tableau 11.11. Présent du verbe *fort* VLIEGEN [*vliRə*] (vloog, gevlogen)

Conjugaison	*Traduction / prononciation*
VLIEGEN [*vliRə*]	(prendre l'avion) [*vliRə*]
ik vlieg	*Ik vliR*
je vliegt	*yə vliRt*
u vliegt	*u vliRt*
vlieg je ?	*vliR yə ?*
vliegt u ?	*vliRt u ?*
hij / ze / het vliegt	*èy / zə / ət vliRt*
we vliegen	*wə vliRə*
jullie vliegen	*yəli vliRə*
ze vliegen	*zə vliRə*

FACILE !

Enfin un verbe sans problèmes au présent.

Conversation

CD

Lies rend visite à une amie dans un petit village en Zélande. Lies est presque arrivée, mais dans la nuit elle a perdu son chemin. Elle s'arrête à une station d'essence pour demander où elle est exactement.

Lies **Sorry. Kunt u me de weg wijzen naar Oude Tonge ?**

sOri. kantu mə də wèR wèyzə nar aoudə tONə ?

Excusez-moi. Pouvez-vous me le chemin montrer vers Oude Tonge ?

Excusez-moi. Pouvez-vous m'indiquer le chemin pour aller à Oude Tonge ?

Employé **Komt u van de A15 ?**

kQmtu vAn də a vèyftin ?

Venez-vous de la A15 ?

Lies **Ja. Maar ik denk dat ik de weg kwijt ben.**

ya. mar Ik dèNk dAt Ik də wèR kwèyt bèn.

Oui. Mais je pense que je le chemin quitte suis.

Oui. Mais je crois que j'ai perdu mon chemin.

Employé **U hebt de verkeerde afslag genomen. Dit is afslag 33.**

u hèpt də vərkérdə AfslAR rənomə. dIt Is AfslAR drièndèrtəR.

Vous avez la mauvaise sortie pris. Ceci est sortie 33.

Vous avez pris la mauvaise sortie. Ici, c'est la sortie 33.

Employé **U moet terug naar de A15 richting Hoogvliet. Als u weer op de A15 bent neemt u afslag 34 richting Zierikzee.**

u mout trəR nar de a vèyftin rIRtIN hoRflit. Als u wér Qbdə a vèyftin bènt némt u AfslAR virəndèrtəR rIRtIN zirIksé.

Vous devez retour vers la A15 direction Hoogvliet. Quand vous de nouveau sur la A15 êtes prenez vous sortie 34 direction Zierikzee.

Vous devez faire demi-tour vers la A15 et prendre la direction Hoogvliet. Quand vous serez de nouveau sur la A15, prenez la sortie 34 direction Zierikzee.

Lies **Maar ik moet naar Oude Tonge.**

mar Ik mout nar aoudə tQNə.

Mais je dois vers Oude Tonge.

Mais je dois aller à Oude Tonge.

Employé **Ja. Als u afslag 34 hebt genomen, rijdt u alsmaar richting Zierikzee. U ziet dan borden met Oude Tonge en het volgende dorp is Oude Tonge.**

ya. Alsu AfslAR virəndèrtəR hèpt Rənomə rèytu Alsmar rIRtIN zirIksé. u zidAn bQrdə mèt aoudə tQNə èn ət fQlRəndə dQrp Is aoudə tQNə.

Oui. Quand vous sortie 34 avez pris, continuez-vous tout le temps direction Zierikzee. Vous voyez alors panneaux avec Oude Tonge et le suivant village est Oude Tonge.

Oui. Quand vous aurez pris la sortie 34, vous continuerez tout le temps direction Zierikzee. Vous verrez alors des panneaux avec Oude Tonge et le village suivant est Oude Tonge.

Lies	**OK. Ik hoop dat ik het nu vind. Hartelijk dank.** *oké. Ikhop dAtIk ət nu vInt. hArtələk dANk.* OK. J'espère que je le maintenant trouve. Merci infiniment. OK. J'espère que je le trouverai. Merci infiniment.
Employé	**Graag gedaan en nog een fijne avond.** *RraR rədan èn nOR ən fèynə avənt.* Volontiers fait et encore un bon soir. Il n'y a pas de quoi. Je vous souhaite une bonne soirée.

Mots clés

de weg wijzen	də wèR wèyzə	montrer le chemin
ik ben de weg kwijt	Ik bèn də wèR kwèyt	j'ai perdu mon chemin
verkeerd	vərkért	mauvais
de afslag	də AfslAR	la sortie
weer	wér	de nouveau
de richting	də rIRtIN	la direction
het bord	ət bOrt	le panneau
ik hoop	Ik hop	j'espère
hartelijk dank	hArtələk dANk	merci infiniment

Chapitre 12

Laissez-vous transporter

Dans ce chapitre :

- À l'aéroport
- La voiture
- Les formes verbales du passé
- Le mot de fonction **er**
- Les deux-roues
- Les verbes de position
- Le train
- Les transports en commun

Laissez-vous transporter par l'avion, le train, le bus, le métro, le tramway et le taxi. Après la lecture de ce chapitre vous saurez communiquer avec l'employé de la compagnie aérienne, le douanier, les employés des sociétés de location de voitures, le chauffeur de taxi et le personnel des transports en commun.

À l'aéroport

Qui dit « aéroport » dit « files d'attente ». Généralement cela débute par l'achat ou le retrait de votre billet et ça se termine par l'enregistrement de vos bagages. Même si un billet électronique vous dispense d'aller chercher votre billet, vous devez toujours enregistrer vos bagages. Dans ce chapitre, vous trouverez les expressions relatives pour demander si vous êtes dans la bonne file d'attente, à quelle heure vous partez et où est votre porte d'embarquement.

Si vos connaissances de néerlandais sont encore insuffisantes, exprimez-vous dans votre langue la plus forte.

Vous avez dans la main **het ticket** [*ət tIkèt*] (le billet) et probablement **het retourticket** [*ət rətourtIkèt*] (le billet de retour) pour **de retourvlucht** [*də rətourvləRt*] (le vol de retour). Lors de l'enregistrement, vous recevez votre **instapkaart** [*InstApkart*] (carte d'embarquement).

Retrait du billet

À moins que vous n'ayez imprimé vous-même votre billet électronique ou reçu le billet par avance par la Poste, vous devrez retirer votre billet à l'aéroport. Tout d'abord il faut trouver le bon guichet. Si vous ne le trouvez pas, demandez à un employé du bureau des reseignements :

- **Waar is de ticketbalie ?** [*war Izdə tIkètbali ?*] (Où peut-on retirer les billets ?)

Une fois devant le guichet approprié, vous pouvez utiliser l'expression suivante :

- **Ik kom mijn ticket ophalen.** [*Ik kOm mən tIkèt Ophalə.*] (Je viens retirer mon billet.)

Après avoir effectué le retrait de billet, il faut s'enregistrer : **Hoe laat kan ik inchecken ?** [*hou lat kAnIk Intchèkə ?*] (À quelle heure puis-je m'enregistrer ?) Vous pouvez enchaîner par la question : **Hoeveel kilo mag ik meenemen ?** [*houvél kilo mARIk ménémə ?*] (Combien de kilos de bagages puis-je emporter ?) Il s'agit de faire la différence entre **de handbagage** [*də hAntbaRaZə*] (les bagages de cabine) et **de bagage in het ruim** [*də baRaZə Inət rəym*] (les bagages dans la soute).

Enregistrement

Lors de l'enregistrement, **het grondpersoneel** [*ət RrOntpèrsonél*] (le personnel au sol) vous posera l'une des questions suivantes :

- **Hebt u bagage ?** [*hèptu baRaZə ?*] (Avez-vous des bagages ?)
- **Wilt u uw bagage op de band zetten ?** [*wIltu uou baRaZə Obdə bAnt sètə ?*] (Voulez-vous mettre vos bagages sur le tapis roulant ?)
- **Is dit uw handbagage ?** [*IzdIt uou hAntbaRaZə ?*] (Est-ce votre bagage de cabine ?)

Après avoir pesé vos bagages, le personnel au sol vous annoncera peut-être :

- **Uw overbagage is twee kilo.** [*uou ovərbaRaZə Is twé kilo.*] (Votre surcharge est de deux kilos.)
- **Uw overbagagetarief is 50 euro.** [*uou ovərbaRaZətArif Is fèyftəR øro.*] (Votre tarif de surcharge est de 50 euros.)

En préparant votre **instapkaart** [*InstApkart*] (carte d'embarquement), votre interlocuteur est libre de vous demander :

- **Wilt u bij het raam zitten of bij het gangpad ?** [*wIltu bèy ət ram zItə Of bèy ət RANpAt ?*] (Préférez-vous un siège près d'une fenêtre ou de l'allée ?)

Vous répondrez simplement **bij het raam** [*bèy ət ram*] (près de la fenêtre) ou **bij het gangpad** [*bèy ət RANpAt*] (près de l'allée).

Si nécessaire, vous poserez les questions suivantes :

- **Hoe lang duurt de vlucht ?** [*hou lAN durdə vləRt ?*] (Combien de temps dure le vol ?)
- **Wanneer vertrekt het vliegtuig ?** [*wAnér vərtrèktət fliRtəyR ?*] (Quand l'avion décolle-t-il ?)

À l'aéroport, pour aller à la rencontre d'une personne qui arrive, vous demandez :

- **Wanneer landt het vliegtuig uit Parijs ?** [*wAnér lAntət fliRtəyR əyt pArèys ?*] (Quand l'avion atterrit-il ?)

Quand l'attente est plus longue que prévue, vous demandez :

- **Heeft het vliegtuig vertraging ?** [*héftət fliRtəyR fərtrARIN ?*] (L'avion a-t-il du retard ?)

POINT DE GRAMMAIRE

Décoller et atterrir

En néerlandais, il n'existe pas de mot pour « décoller ». On dit **vertrekken** [*vərtrèkə*] comme pour une course cycliste ou un véhicule quelconque. En revanche, le *verbe* **landen** [*lAndə*] (atterrir) existe. Attardons-nous sur les formes de ce verbe. La dernière lettre du *radical verbal* (c'est *l'infinitif* moins la *terminaison* **–en**) est **–d**, ce qui veut dire : PROBLÈME ! Car, au *présent*, la *deuxième et la troisième personnes* du *singulier* (sauf la deuxième personne en inversion) prennent TOUJOURS **–t** dans la *conjugaison*. Alors, contemplons ensemble la beauté des formes : **ik land**, **je landt**, **u landt**, **land je** et **landt u.** Toutes ces formes ont la même prononciation : [*lAnt*] avec un [*t*] final.

Conversation

Joop Van Dijk, directeur de Eurocargo, fait un aller-retour d'affaires Amsterdam-Zaventem. Dans le hall des départs à Schiphol, il va directement au guichet d'Air Flance-KLM pour retirer son billet.

Joop Van Dijk	**Goedemorgen. Ik kom mijn ticket ophalen.** *RoudəmQrRə. Ik kOm mən tIkèt Ophalə.* Bonjour. Je viens mon billet retirer. Bonjour. Je viens retirer mon billet.
Bediende [*bədində*] (employée)	**Mag ik uw naam alstublieft.** *mARIk uou nam Alstublift.* Votre nom s'il vous plaît.
Joop Van Dijk	**Van Dijk.** *vAn dèyk* (ON PRONONCE LE « *IJ* » [*èy*] COMME DANS « SOL*EIL* ») Van Dijk.
Bediende	**Alstublieft meneer Van Dijk, uw ticket naar Brussel, vlucht KL128. U kunt doorlopen naar de check-in balie.** *Alstublift mənér vAn dèyk. uou tIkèt nar brəsəl. vləRt ka èl hOndərtARtəntwIntəR. u kənt dorlopə nar de tchèk In bali.* S'il vous plaît, monsieur Van Dijk, votre billet vers Bruxelles, vol KL128. Vous pouvez continuer vers l'enregistrement guichet. Voici, monsieur Van Dijk, votre billet pour Bruxelles, vol KL128. Vous pouvez vous rendre au guichet d'enregistrement.

Joop Van Dijk arrive au guichet d'enregistrement.

Grondpersoneel [*RrOntpèrsonél*] (Personnel au sol)	**Goedemorgen. Hebt u bagage ?** *RoudəmQrRə. hèptu baRaZə ?* Bonjour. Avez-vous bagage ? Bonjour. Avez-vous des bagages ?
Joop Van Dijk	**Ik heb deze laptop als handbagage.** *Ik hèp dézə lèptOp Als hAntbaRaZə.* J'ai cet ordinateur portable comme bagage de cabine.
Grondpersoneel	**Wilt u een plaats bij het raam of bij het gangpad ?** *wIltu ən plats bèy ət ramOf bèy ət RANpAt ?.* Voulez-vous une place près de la fenêtre ou près de l'allée ? Voulez-vous une place fenêtre ou allée ?

Joop Van Dijk	**Bij het raam graag.** *bèy ət ram RraR.* Près de la fenêtre s'il vous plaît.
Grondpersoneel	**Hier is uw instapkaart. U heeft stoel B158, bij het raam.** *hir Is uou InstApkart. u héft stoul bé hOndərtARtənvèyftəR, bèy ət ram.* Ici est votre carte d'embarquement. Vous avez siège B158, près de la fenêtre. Voici votre carte d'embarquement. Vous avez le siège B158, près de la fenêtre.
Joop Van Dijk	**Is de vlucht op tijd ?** *Izdə vləRt Op tèyt ?* Est le vol à temps ? Le vol est-il à l'heure ?
Grondpersoneel	**Ja, hij is op tijd. U vertrekt om 11 : 20u precies. U kunt nu meteen doorlopen naar uitgang 10. Goede reis.** *ya, èy IsOp tèyt. u vərtrèkt om èləf ur twIntəR prəsis. u kənt nu mètén dorlopə nar əytRAN tin. Roudə rèys.* Oui, il est à temps. Vous partez à 11 : 20 précises. Vous pouvez tout de suite continuer vers sortie 10. Bon voyage. Oui, il est à l'heure. Vous partirez à 11 h 20 précises. Vous pouvez tout de suite rejoindre la porte numéro 10. Bon voyage.
Joop Van Dijk	**Dank u.** *dANku.* Merci.

Contrôle des passeports

Une fois parvenu à votre destination, vous devez passer par **de paspoort-controle** [*də pAsportkOntrolə*] (le contrôle des passeports).

En général, il y a deux files d'attente : une pour les **EU-onderdanen** [*é u Ondərdanə*] (ressortissants UE) et une pour les **niet-EU-onderdanen** [*nit é u Onderdanə*] (ressortissants non UE). Après le contrôle des passeports, vous passez à travers **de douaneafhandeling** [*də douanəAfhAndəlIN*] (le contrôle douanier), où vos bagages peuvent être vérifiés.

Voici quelques mots et expressions qui vous aideront pour passer **de paspoortcontrole** [*də pAsportkOntrolə*] (le contrôle des passeports) :

- **het paspoort** [*ət pAsport*] (le passeport)
- **onderdaan van de Europese Unie** [*Onderdan vAn də øropésə uni*] (ressortissant de l'Union européenne)
- **andere nationaliteiten** [*Andərə nasyonalitèytə*] (autres nationalités)

Le policier peut vous demander combien de temps vous allez rester ainsi que l'objet de votre voyage :

- **Hoe lang blijft u in Nederland ?** [*hou lAN blèyftu In nédərlAnt ?*] (Combien de temps resterez-vous aux Pays-Bas ?)
- **Hoe lang blijft u in België ?** [*hou lAN blèyftu In bèlRiə ?*] (Combien de temps resterez-vous en Belgique ?)
- **Bent u hier als toerist of voor zaken ?** [*bèntu hir Als tourIst Ofor zakə ?*] (Êtes-vous ici en tant que touriste ou pour des raisons professionnelles ?)

Vous répondrez :

- **Ik ben hier op vakantie.** [*Ik bèn hir Op fakAnsi.*] (Je suis ici pour passer les vacances.)
- **Ik ben hier voor zaken.** [*Ik bèn hir vor zakə.*] (Je suis ici pour des affaires.)
- **Ik ben op doorreis naar America.** [*Ik bèn Obdorèys nar amérika.*] (Je suis en transit pour l'Amérique.)

La douane

Après le contrôle des passeports, vous irez retirer vos bagages et vous passerez **de douane** [*də douanə*] (la douane) ; ils ont le droit de vous faire ouvrir vos bagages afin de les inspecter. Généralement, il y a deux sorties : celle marquée **Aangifte** [*anRIftə*] (déclaration), et l'autre : **Niets aan te geven** [*nits an tə Révə*] (rien à déclarer).

Si le douanier vous demande :

- **Hebt u iets aan te geven ?** [*hèptu its an tə Révə ?*] (Avez-vous quelque chose à déclarer ?)

vous répondez :

- **Ik wil dit graag aangeven.** [*Ik wIl dIt RraR anRévə.*] (Je voudrais déclarer ceci.)

Ou bien le douanier vous demande d'ouvrir vos bagages :

- **Wilt u deze tas openmaken ?** [*wIltu dézə tAs opəmakə ?*] (Voulez-vous ouvrir ce sac ?)
- **Wilt u deze koffer openmaken ?** [*wIltu dézə kOfər opəmakə ?*] (Voulez-vous ouvrir cette valise ?)

Si le douanier demande ce que vous allez faire avec un de vos achats, vous dites :

- **Het is voor persoonlijk gebruik.** [*ətIs for pərsonlək Rəbrəyk.*] (C'est pour un usage personnel.)
- **Het is een cadeautje.** [*ətIs ən kadotyə.*] (C'est pour offrir.)

Si le douanier n'est pas d'accord, il vous dira :

- **U mag dit niet invoeren.** [*u mAR dIt nit Invourə.*] (Vous n'êtes pas autorisé à importer cela.)
- **U mag dit niet uitvoeren.** [*u mAR dIt nit əytfourə.*] (Vous n'êtes pas autorisé à exporter cela.)
- **U moet hiervoor invoerrechten betalen.** [*u mout hirvor InvourèRtə bətalə.*] (Vous êtes obligé de payer des droits d'importation pour cela.)

Vous lui demanderez :

- **Hoeveel moet ik betalen ?** [*houvél moutIk bətalə ?*] (Combien dois-je payer ?)

Lorsque vous aurez payé les droits, vous êtes libre de passer. Le douanier vous dira :

- **U mag doorlopen.** [*u mAR dorlopə.*] (Vous pouvez passer.)

Voyager en voiture

Si vous devez voyager en voiture dans différents pays, assurez-vous que vous avez un permis de conduire valable. Vous trouverez des informations sur `www.rdw.nl` ou à votre mairie.

Les autoroutes

Les routes les plus importantes sont **de autowegen** [*aoutowéRə*] (les autoroutes). Elles sont construites de sorte qu'il n'y ait ni feux ni croisements sur votre parcours. En revanche, **de snelwegen** [*də snèlwéRə*] (les voies rapides) ne sont pas dépourvues d'obstacles, ce qui explique la limitation plus importante de vitesse.

Bien que **de autowegen** aient de quatre à six **rijbanen** [*rèybanə*] (voies), vous y rencontrerez de nombreux **files** [*filəs*] (bouchons). C'est surtout le cas **op het spitsuur** [*ət spltsur*] (à l'heure de pointe) qui peut durer jusqu'à 9 heures le matin et commencer après 15 heures l'après-midi.

Les circonstances de la conduite changent perpétuellement. **Een ongeluk** [*ən ONRələk*] (un accident), **regen** [*réRən*] (de la pluie), **mist** [*mlst*] (du brouillard), **sneeuw** [*snéou*] (de la neige), **ijzel** [*èyzəl*] (du verglas) font que vous allez **in de file staan** [*In də filə stan*] (vous trouver dans un embouteillage). **Wegwerkzaamheden** [*wèRwèrəkzamhédə*] (les travaux), particulièrement **het onderhoud** [*ət Ondərhaout*] (l'entretien) ont généralement lieu l'été, au cours de la nuit et des week-ends. Même à ces moments-là, vous n'êtes pas sûr d'avancer.

TRUC

WEGWERKZAAMHEDEN

Le mot **wegwerkzaamheden** [*wèRwèrəksamhédə*] (travaux de la chaussée) se compose du *nom*

- **(het) werk** [*ət wèrək*] (le travail). Ce *nom* n'a pas de *pluriel* en **–en** car **werken** [*wèrəkə*] est *l'infinitif* du verbe. Pour former le *pluriel du nom* **werk**, il faut lui adjoindre deux *suffixes* :
- **–zaam–** et
- **–heid**, dont résulte le *nom*

werkzaamheid [*wérəksamhèyt*] (activité de travail). Ensuite, le *pluriel* s'y rajoute. Il est irrégulier dans le cas : **–heid** [*hèyt*] devient **–heden** [*hédə*].

- **werkzaamheden.** Ce *pluriel* prend comme complément à sa tête le *nom* **weg** [*wèR*] (chaussée). La *composition* qui en résulte est
- **wegwerkzaamheden**. L'analyse de cette composition sera donc :
- **weg-werk-zaam-hed-en**

2. Ce *nom* qui est composé de cinq mots et autres éléments compte cinq syllabes :

[*wèR-wèrək-sam-hé-də*]

Le seul accent sur la première syllabe rend ce mot difficile à prononcer.

En Belgique et aux Pays-Bas, des campagnes de sécurité ont relevé l'importance de **defensief rijden** [*défènsif rèydə*] (la conduite défensive). Cela revient à une situation où le conducteur pense pour deux et s'attend constamment à des comportements dangereux des autres : **de wegpiraten** [*də wèRpiratə*] (les fous de la route) et **de zondagsrijders** [*də zOndARsrèydərs*] (les chauffeurs du dimanche).

Aperçu du réseau autoroutier dans les Plats Pays

Afin de vous repérer dans le réseau des autoroutes dans les Plats Pays, voici un aperçu des grandes axes…

… en Belgique…

L'autoroute **de E19** [*də é néRətin*]. Elle va de **Bergen** [*bèrRə*] (Mons) dans le sud à **Rotterdam** dans le nord. Elle passe par **de Brusselse Ring** [*də brəsələ rIN*] (le boulevard périphérique de Bruxelles [*brusèl*]), direction **Antwerpen** [*Antwèrpə*] (Anvers [*ãvèrs*]). En passant par **de Antwerpse Ring** [*də Antwèrpsə rIN*] (le boulevard périphérique d'Anvers), surnommé **de Spaghettiknoop** [*də spARètiknop*] (le nœud de spaghetti), elle continue vers **Rotterdam** et **Amsterdam**. C'est la rallonge de l'A1 à Paris.

L'autoroute **de E40** [*də é fértəR*]. Elle suit le tracé de la voie romaine est-ouest qui liait « Colonia », **Keulen** [*kølə*] (Cologne) à la mer, le cas échéant **Oostende** [*ostèndə*] (Ostende). Le trafic est-ouest se donne rendez-vous sur le boulevard périphérique de Bruxelles.

L'autoroute **de E17** [*də é zévətin*]. Elle lie le réseau français autoroutier à **Rijsel** [*rèysel*] (Lille) avec les Pays-Bas en contournant Bruxelles. Il passe par **Kortrijk** [*kOrtrèyk*] (Courtrai), **Gent** [*Rènt*] (Gand) vers le boulevard périphérique d'Anvers pour continuer vers le nord.

… et aux Pays-Bas

L'autoroute **de A1** [də a én]. Elle traverse les Pays-Bas d'ouest en est. D'**Amsterdam** [*AmstərdAm*], il passe à **Enschede** [*ènsRədé*] et continue en Allemagne.

L'autoroute **de A2** [*də a twé*]. Elle va du nord au sud. Elle relie **Amsterdam** à **Maastricht** [*mastrIRt*] (« Traiectum ad Mosam » = « Passage sur la Meuse »).

L'autoroute **de A4** [*də a vir*]. Elle fait la jonction entre **Amsterdam** [*AmstərdAm*] (« Amstel + er + Dam » = « Barrage de l'Amstel »), **Den Haag** [*dèn haR*] (La Haye) et **Rotterdam** [*ROtərdAm*] (« Rotte + r + Dam » = « Barrage de la Rotte »).

Pour profiter davantage du paysage, vous devez prendre des routes moins importantes : **de rijkswegen** [*də rèyksweRə*] (les routes nationales) en Belgique et **de provinciale wegen** [*də provInsyalə wéRə*] (les routes provinciales) aux Pays-Bas. Elles portent un numéro précédé d'un « N » et ont de deux à quatre voies. Lorsque vous les empruntez, sachez qu'elles ne sont pas forcément un gain de temps, car, bien sûr, beaucoup d'autres ont pensé comme vous !

Location d'une voiture

Lorsque vous décidez de louer une voiture, vous vous rendez à **een autoverhuurbedrijf** [*aoutovərhurbədrèyf*] (une agence de location de voitures).

TRUC

Ne vous mettez pas sur la paille avec la location d'une voiture !

Un conseil : vérifiez d'abord auprès de la société qui assure votre propre voiture s'il n'y pas anguille sous roche. Si vous souscrivez une assurance auprès du loueur, lisez bien le contenu de celle-ci, surtout dans les sociétés **low cost**. Si l'assurance ne couvre pas l'ensemble des risques (aux tiers, à la société du loueur elle-même, aux vôtres, etc.) ou contient des clauses qui ne vous conviennent pas, abstenez-vous de signer le contrat et passez voir la concurrence. N'oubliez pas d'exiger, sur place, un reçu pour chaque paiement que vous effectuez.

En arrivant à l'agence, la conversation commence ainsi :

- **Ik wil graag een auto huren.** [*Ik wIl RraR ən aouto hurə.*] (Je voudrais louer une voiture.)

Le préposé vous demandera quel genre de voiture vous préferez :

- **Wat soort auto wilt u huren ?** [*wAtfor aouto wIltu hurə ?*] (Quel genre de voiture voulez-vous louer ?)

Vous donnez une de ces réponses :

- **een personenwagen** [*ən pərsonəwaRə*] (une voiture légère)
- **een busje** [*ən bachə*] (un minibus)
- **een stationcar** [*ən stéchənkAr*] (un grand break)
- **een break** [*ən brèk*] (un petit break)
- **een automaat** [*ən aoutomat*] (une automatique)
- **een diesel** [*ən dizəl*] (un diesel)

Chaque type de voiture a son propre tarif. Les suppléments suivants sont en option :

- **een kinderzitje** [*ən kIndərzItyə*] (un siège pour enfant)
- **handbediening rechts** [*hAntbədinIN rèRs*] (conduite à droite)
- **handbediening links** [*hAntbədinIN lINs*] (conduite à gauche)

- **een bagagerek** [*ən baRaZərèk*] (une galerie)
- **een mobiele telefoon** [*ən mobilə téléfon*] (un téléphone mobile)
- **een navigatiesysteem** [*ən naviRasisIstém*] (un GPS)
- **een GPS** [*ən Répéès*] (un GPS)

Attendez-vous aux questions suivantes :

- **Voor hoe lang wilt u de auto houden ?** [*vor hou lAN wIltu də aouto haoudə ?*] (Pour combien de temps voulez-vous garder la voiture ?)
- **Tot wanneer wilt u de auto huren ?** [*tOt wAnér wIltu də aouto hurə ?*] (Jusqu'à quand voulez-vous louer la voiture ?)
- **Wanneer brengt u de auto terug ?** [*wAnér brèNt u də aouto trəR ?*] (Quand rapporterez-vous la voiture ?)

Et vous répondez :

- **Ik heb de auto op 30 december nodig.** [*Ik hèp də aouto Op dèrtəR désèmbər nodəR.*] (J'ai besoin de la voiture le 30 décembre.)
- **Ik wil graag een auto huren vanaf 30 december.** [*Ik wIl RraR ən aouto hurə vAnAf dèrtəR désèmbər.*] (Je voudrais louer une voiture à partir du 30 décembre.)
- **Ik wil graag een auto huren tot 10 januari.** [*Ik wIl RraR ən aouto hurə tOt tin yanuari.*] (Je voudrais louer une voiture jusqu'au 10 janvier.)
- **Ik breng de auto terug op 10 januari.** [*Ik brèN də aouto trəR Op tin yanuari.*] (Je rapporterai la voiture le 10 janvier.)

En réglant certains « détails » (voir encadré ci-dessus !), vous entendrez les expressions suivantes :

- **de verzekering** [*də vərzékərIN*] (l'assurance)
- **een schadeverzekering** [*ən sRadəvərzékərIN*] (une assurance accidents)
- **een verzekering tegen diefstal** [*ən vərzékərIN téRə difstAl*] (une assurance vol)
- **een aansprakelijkheidsverzekering** [*ən anspraKələkhèytsvərzékərIN*] (une assurance au tiers)
- **inclusief** [*INkluzif*] (compris)
- **plaatselijke belastingen** [*platsələkə bəlAstINə*] (les impôts locaux)
- **het rijbewijs** [*ət rèybəwèys*] (le permis de conduire)
- **de grijze kaart** [*də Rrèyzə kart*] (la carte grise)
- **zonder kilometerbeperking** [*zOndər kilométərbəpèrkIN*] (kilométrage illimité)

Conversation

Geert vient d'arriver de Bruxelles à l'aéroport de Schiphol [*sRIphOl*] (« Trou des navires »). Après avoir passé la douane, il se rend à une agence de location de voitures. Il parle avec **de bediende** [*də bədində*] (l'employé).

Geert **Goedemorgen. Ik wil een auto huren.**

RoudəmOrRə. Ik wIl ən aouto hurə.

Bonjour. Je veux louer une voiture.

Bonjour. Je souhaite louer une voiture.

Bediende **Wat voor type auto wilt u ?**

wAtfor tipə aouto wIltu ?

Quel type de voiture voulez-vous ?

Geert **Een personenwagen klasse F. Kan ik die in Brussel afleveren ?**

ən pərsonəwaRə klAsə èf. kAnIk di In brəsəl Aflévərə ?

Une voiture légère classe F. Puis-je la remettre à Bruxelles ?

Bediende **Dan kan. Voor hoe lang wilt u de auto huren ?**

dAt kAn. vor hou lAN wIltu də aouto hurə ?

Vous pouvez. Pour combien de temps voulez-vous louer cette voiture ?

Geert **Voor twee dagen. Ik lever hem af op 2 januari.**

vor twé daRə. Ik lévər hèm Af Op twé yanuari.

Pour deux jours. Je la rendrai le 2 janvier.

Bediende **We kunnen u een Mercedes C320-CDI meegeven. Dat is een sportieve wagen.**

wə kənənu ən mèrsédès sé drihOndərtwIntəR sé dé i méRévə. dAt Izən spOrtivə waRə.

Nous pouvons vous donner une Mercedes C320-CDI. C'est une voiture sportive.

Geert **Wat is bij de prijs inbegrepen ?**

wAt izbèy də prèys InbəRrépə ?

Qu'est-ce qui est compris dans le prix ?

Bediende **Belastingen. U hebt een schadeverzekering met een franchise van 750 euro en het aantal kilometers is onbeperkt.**

bəlAstINə. u hèpt ən sRadəvərzékərIN mèt ən frAnchizə vAn zévəhOndərtfèyftəR øro èn ət antAl kilométərs Is Ombəpèrəkt.

Les taxes. Vous avez une assurance accidents avec une franchise de 750 euros et le kilomètrage est illimité.

Bediende **Het totaalbedrag komt op 515,13 euro. Hebt u een bankkaart ?**

ət totalbədrAR kOmt Op vèyfhOndərtvèyftin øro en dèrtin sènt. hèptu ən bANkart ?

Le montant total est de 515,13 euros. Avez-vous une carte bancaire ?

Geert **Ik reken toch af na afloop ?**

Ik rékən tOR Af na Aflop ?

Je calcule [particule] [particule verbale] après déroulement ?

Je règle après, n'est-ce pas ?

Bediende **We nemen de gemaakte kosten af van uw bankkaart. Daarom willen we graag uw bankkaartgegevens.**

wə némə də Rəmaktə kOstə Af vAn uou bANkart. darOm wIləwə RraR uou bANkartRəRévəns.

Nous débiterons les frais effectués de votre carte bancaire. C'est pourquoi nous avons besoin des données de votre carte bancaire.

Geert **Heeft de auto een navigatiesysteem ?**

hévdə aouto ən naviRasisIstém ?

La voiture a-t-elle un GPS ?

Bediende **Ja. Maar dat is dan 10 euro extra per dag.**

ya. mar dAt IzdAn tin øro èkstra pər dAR.

Oui, avec un supplément de 10 euros par jour.

Geert **Dat wil ik er graag bij. Ik ken de weg niet in Nederland.**

dAt wIl Ik ər RraR bèy. Ik kèn də wèR nit In nédərlAnt.

Cela veux-je y volontiers avec. Je connais la route pas aux Pays-Bas.

Rajoutez cette option pour moi. Je ne connais pas la route aux Pays-Bas.

Bediende **Dat komt in orde. Mag ik uw bankkaart ?**

dAt kOmt In Ordə. mAR Ik uou bANkart ?

Cela ira dans l'ordre. Puis-je votre carte bancaire ?

Ce sera fait. Puis-je avoir votre carte bancaire ?

Geert **Natuurlijk. Ik zie dat de auto op 2 januari om 09 : 00 uur terug moet zijn. Dan sta ik in de file op de Brusselse Ring.**

naturlək. Iksi dAdə aouto Op twé yanuari OmnéRən ur trəR moutsèyn. dAn sta Ik In də filə Obdə brəsəlsə rIN.

Naturellement. Je vois que la voiture sur 2 janvier à 9 heures de retour doit être. À ce moment-là suis je dans l'embouteillage sur le bruxellois périph.

Bien sûr. Je vois que la voiture doit être remise le 2 janvier à 9 heures. À ce moment-là, je serai sans doute dans un embouteillage sur le périph de Bruxelles.

Bediende **U kunt de auto op elk gewenst moment afleveren, ook 's nachts als u wilt.**

u kəndə aouto Op èlək Rəwènst momènt Afléverə, ok snARs Alsu wIlt.

Vous pouvez la voiture à chaque souhaité moment remettre, aussi la nuit si vous voulez.

Vous pouvez remettre la voiture à tout moment, même la nuit si vous voulez.

Mots clés

huren	hurə	louer (un bien)
verhuren	vərhurə	louer (un bien à quelqu'un)
afleveren	Aflévərə	rendre, remettre, livrer
meegeven	méRévə	donner à emporter
inbegrepen	InbəRrépə	compris
de belasting	də bəlAstIN	la taxe, l'impôt
de schade	də sRadə	les dégâts, le sinistre
de verzekering	də vərzékərIN	l'assurance
eigen	èyRə	propre
het aantal	ət antAl	le nombre (quantité)
onbeperkt	Ombəpèrəkt	illimité
het bedrag	ət bədrAR	le montant
afrekenen	Afrékənə	régler
de afloop	də Aflop	la fin
de kosten	də kOstə	les frais
afnemen	Afnémə	saisir, prendre
de gegevens	də RəRévəns	les données
erbij	ərbèy	avec cela

Savoir lire les cartes et les panneaux de signalisation

Il est utile de savoir lire une carte routière ou un plan de ville, même si vous êtes équipé d'un GPS. Une carte est d'une grande aide, car elle permet de repérer la destination à une grande échelle. De plus, les cartes parlent – comme la musique – une langue universelle. Avant d'acheter une carte, routière ou autre, sachez à quel but elle servira.

- **de wegenkaart** [*də wéRəkart*] (la carte routière)
- **de plattegrond** [*də plAtəRrOnt*] (le plan)
- **de stadsplattegrond** [*də stAtsplAtəRrOnt*] (le plan de ville)
- **de stafkaart** [*də stAfkart*] (la carte de l'état-major)

De wegenkaart [*də wéRəkart*] (la carte routière) apporte de l'information sur :

- **autowegen** [*aoutowéRə*] (les autoroutes) ;
- **snelwegen** [*snèlwéRə*] (les voie rapides) ;
- **nationale wegen** [*nasyonalə wéRə*] (les routes nationales) ;
- **provinciale wegen** [*provInsyalə wéRə*] (les routes provinciales) ;
- **genummerde afritten** [*Rənəmərdə AfrItə*] (les bretelles numérotées) ;
- **viaducten** [*viadəktə*] (les viaducs) ;
- **tankstations met nachtdienst** [*tANkstAsyOns mèt nARdinst*] (les stations de service 24h/24 et 7j/7).

Les icônes sur la carte vous aideront à trouver les **bezienswaardigheden** [*bəzinswardIRhédə*] (attractions touristiques).

POINT DE GRAMMAIRE

« Plus long que ce mot et on meurt » : BEZIENSWAARDIGHEDEN

se compose de :

zien	*radical verbal*	*voir*
bezien	+ *préfixe* **–be**	observer
waard	adjectif qualificatif	ayant une valeur
waardig	+ suffixe **–ig,** *adjectif qualificatif*	ayant une valeur
–s–	élément de *liaison*	—
bezienswaardig	adjectif qualificatif	qui vaut d'être vu
bezienswaardigheid	+ **–heid ;** *l'adjectif* devient *nom*	objet qui vaut d'être vu
bezienswaardigheden	*pluriel* de **–heid = –heden**	*pluriel*
be-zien-s-waard-ig-hed-en	sont les éléments de la *composition.*	
bə-zins-wa̲r-dIR-hé-də	est son découpage en *syllabes.*	

Parmi les **bezienswaardigheden**, on compte des **kastelen** [*kAstéːlə*] (châteaux) et des **ruïnes** [*rui̲nəs*] (ruines).

Dans le cadre d'une **wandeltocht** [*wA̲ndəltORt*] (randonnée pédestre), vous trouverez sur la **stafkaart** [*də stA̲fkart*] (carte de l'état-major) l'indication **duinen** [*dəy̲nə*] (dunes), **de heide** [*də hèy̲də*] (la lande), **het bos** [*ət bO̲s*] (le bois). Pour ceux qui sont en voyage d'affaires : **industrieterreinen** [*Indəstri̲tèrèynə*] (les zones d'activité) sont clairement indiquées.

Plan de ville

Lorsque vous voulez découvrir une ville, commencez par vous procurer **de stadsplattegrond** [*də stA̲tsplAtəRrO̲nt*] (le plan de ville). Celui-ci vous montre non seulement **straten** [*stra̲tə*] (des rues) et **pleinen** [*plèy̲nə*] (des places) mais aussi, entre autres :

- **het stadhuis** [*ət stAthəy̲s*] (l'hôtel de ville) ;
- **het postkantoor** [*ət pO̲skAntor*] (le bureau de poste) ;
- **het politiebureau** [*ət poli̲siburo / poli̲tsiburo*] (le bureau de police).

Le **stadsplattegrond** vous indiquera que **het centrum** [*ət sèntrəm*] (le centre) ou **het stadscentrum** [*stAdsèntrəm*] (le centre-ville) est **een voetgangerszone** [*voutRANərsonə*] (zone piétonne). Quand vous visitez un tel centre, laissez votre voiture dans **een parkeerplaats** [*ən pArkérplats*] (un parking) ou dans **een parkeergarage** [*pArkérRaraZə*] (un parking souterrain ou en hauteur), à proximité du centre.

Dans les villes moins importantes, vous pourrez garer la voiture dans le centre, où vous trouverez des **parkeermeters** [*pArkérmétərs*] (parcmètres) dans lesqueles vous devez **geld inwerpen** [*Rèlt Inwèrpə*] (insérer des pièces). Le **inworp per uur** [*InwOrp pər ur*] (prix par heure) varie de 1 à 5 euros, **op werkdagen tot 18 : 00 uur** [*Op wèrkdaRə tOt sès ur*] (jusqu'à 18 heures en semaine), **met uitzondering van feestdagen** [*mèt əytsondərIN vAn fésdaRə*] (à l'exception des jours fériés).

Après avoir récupéré votre voiture, vous vous dirigerez dans la direction de votre prochaine destination. Vous verrez en circulant **een wegwijzer** [*ən wèRwèyzər*] (un panneau indicateur) avec l'indication **alle richtingen** [*Alə rIRtINə*] (toutes directions). Il vous conduit à **de rondweg** [*də rOntwèR*] (le périphérique) ou **de ring** [*də rIN*] (l'anneau) : la route qui fait un cercle autour de la ville. Elle lie les croisements avec les routes vers toutes les directions.

Dans les centres historiques des villes importantes, c'est le parcours du combattant pour vous garer. Ne garez pas votre voiture aux endroits portant le panneau rouge avec un tiret blanc et portant les mots **Uitrit vrijlaten** [*əytrit frèylaten*] (stationnement gênant).

Voici d'autres écriteaux et leur signification :

- **Verboden toegang** [*vərbodə touRAN*] (accès interdit) ;
- **Verboden toegang voor onbevoegden** [*vərbodə touRAN vor Ombəvou Rdə*], dont la traduction en français donne le pléonasme : « accès interdit aux personnes non autorisées ».

Conversation

Koen Maes [*koun mas*] a besoin d'une coupe de cheveux. Il prend rendez-vous avec son coiffeur, Wouter [*waoutər*], qui tient son salon dans une des petites rues **in het Patershol** [*in ət patərshOl*] (littéralement : « le trou des moines »), le vieux centre de **Gent** [*Rènt*] (Gand), à côté du **Gravensteen** [*Rravəstén*] (château des comtes).

Koen **Hallo Wouter. Kun je morgenochtend mijn haar knippen ?**

halo waoutər. kən yə mOrRənORtənt mən har knIpə ?

Bonjour Wouter. Peux-tu demain matin ma chevelure couper (avec des ciseaux) ?

Bonjour Wouter. Pourrais-tu me couper les cheveux demain matin ?

Wouter **Morgenochtend heb ik nog plaats om 11 uur. Is dat goed ?**

mOrRənQRtənt hèbIk nOR plats om éləf ur. IzdAt Rout ?

Demain matin ai-je encore place à 11 heures. Est-ce bien ?

Demain matin j'ai encore de la place à 11 heures. Est-ce que ça va ?

Koen **Wel, ik moet om half één bij een collega zijn in Wetteren. Zal dat lukken ?**

wèl, Ik mout Om hAlf én bèy ən koléRa zèyn In wètərə. zAl dAt ləkə ?

Eh bien, je dois à demie une chez un collègue être à Wetteren. [futur] cela réussir ?

Eh bien, je dois être à midi et demi chez un collègue à Wetteren. Est-ce que c'est jouable ?

Wouter **Dus dan kom je met de auto ?**

dəs dAn kOm yə mèdə aouto ?

Donc alors viens-tu avec la voiture ?

Donc tu viens en voiture ?

Koen **Ja. Denk je dat ik een parkeerplaats vind ?**

ya. dèNk yə dAtIk ən pArkérplats vInt ?

Oui. Penses-tu que je une place de stationnement trouve ?

Oui. Crois-tu que je trouverai une place de stationnement ?

Wouter **Op zaterdag is het altijd erg druk op de markt.**

Op satərdAR Isət Altèyt èrR drək Obdə mArkt.

Le samedi est-il toujours très animé sur le marché.

Le samedi, le marché est toujours très animé.

Koen **OK. Zaterdag kunnen we dus wel vergeten. Wat denk je van maandag om tien uur ?**

oké. zatərdAR kənə wə dəs wèl vərRétə. wAdèNkyə vAn mandAR Om tin ur ?

OK. Samedi pouvons-noue donc bien oublier. Que penses-tu de lundi à 10 heures ?

OK. Oublions donc samedi. Que penses-tu de lundi à 10 heures ?

Wouter **Je weet dat ik op maandag niet werk.**

yə wédAt Ik Op mandAR nit wèrək.

Tu sais que je le lundi ne travaille (pas).

Tu sais que je ne travaille pas le lundi.

Koen **Ben je op dinsdag open ?**

bènyə Ob dInzdAR opə ?

Es-tu le mardi ouvert ?

Es-tu ouvert le mardi ?

Wouter **Ja. Je kunt dan de eerste zijn, om half elf. Dan vind je ook parkeerplaats langs de Leie, vlakbij.**

ya. jə kənt dAn də érstə zèyn, Om hAlf èləf. dAn vInt yə ok pArkérplats lANs də lèyə, vlAkbèy.

Oui. Tu peux alors le premier être, à demi onze. Alors trouves-tu aussi stationnement place le long de la Lys, tout près.

Oui. Tu peux être le premier, à dix heures et demie. À cette heure, tu trouveras une place de stationnement le long de la Lys, tout près.

Koen **Afgesproken. Tot dinsdag half elf.**

AfRəsprokə. tOdInzdAR hAləf èləf.

Convenu. Jusqu'à mardi dix heures et demie.

Entendu. Mardi dix heures et demie.

Mots clés

knippen	knIpə	couper aux ciseaux
lukken	ləkə	réussir (prenant risque)
parkeerplaats	pArkérplats	place de stationnement
druk	drək	animé, mouvementé, agité, tumultueux
vergeten	vərgétə	oublier
de Leie	də lèyə	la Lys

L'ordre des mots dans la subordonnée

Observez la structure de la phrase : **Je weet dat ik op maandag niet werk**.

La *proposition principale* est très courte : **Je weet** ;

dat est le *subordinateur* et

dat ik op maandag niet werk. est la *proposition subordonnée*. Sa structure est expliquée ci-dessous.

Tableau 12.1. L'ordre des mots dans la *proposition principale*

Zone de tête	*Premier pôle*	*Zone médiane*	*Second pôle*
Je	weet	Ø	Ø

Tableau 12.2. L'ordre des mots dans la *proposition subordonnée*

Zone de tête	*Premier pôle*	*Zone médiane*	*Second pôle*
(Je weet)	dat	ik op maandag niet	werk

Le piège éternel de l'apprenant francophone de néerlandais est la place du *verbe conjugué* dans la *subordonnée*. Il se trouve dans la case du *second pole*.

Une multitude de panneaux

La majorité des villes regorgent de rues à sens unique. À chacune son panneau !

- **Afgesloten.** [*AfRəslotə.*] (Passage interdit) ;
- **Afgesloten voor…** [*AfRəslotə vor…*] (Interdit aux…) ;
- **Gesloten.** [*Rəslotə.*] (Fermé) ;
- **Doodlopende weg.** [*dotlopəndə wèR.*] (Voie sans issue) ;
- **Gesloten voor doorgaand verkeer.** [*Rəslotə vor dorRant fərkér.*] (Circulation interdite) ;
- **Behalve voor plaatselijk verkeer.** [*bəhAlvə vor platsələk fərkér.*] (Sauf riverains) ;
- **Vrij parkeren voor omwonenden.** [*vrèy pArkérə vor Omwonəndə.*] (Stationnement réservé aux riverains) ;
- **Eenrichtingsverkeer.** [*énrIRtiNsfərkér.*] (Sens unique).

Limitations et infractions

Dans **de bebouwde kom** [*də bəbaoudə kOm*] (l'agglomération), **de maximumsnelheid** [*də mAksiməmsnèlhèyt*] (la vitesse maximum) est de **vijftig kilometer per uur** [*fèyftəR kilométər pər ur*] (50 kilomètres-heure). À la proximité des **scholen** [*sRolə*] (écoles), dans les **dorpen** [*dOrpə*] (villages), elle est de **dertig kilometer per uur** [*dèrtIR kilométər pər ur*] (30 kilomètres-heure).

Les aléas de la route

Les villages sont munis de **flitspalen** [*fIItspalə*] (littéralement « poteaux à flash », des radars). Si vous êtes flashé aux Pays-Bas, vous recevrez, six semaines plus tard, **een acceptgiro** [*ən AksèptRiro*] (un formulaire de virement). Les tarifs des amendes sont élevés. Chaque kilomètre au-dessus des 30 kilomètres-heure **binnen de bebouwde kom** [*bInə də bəbaoudə kOm*] (dans l'agglomération) se paie. Si vous avez conduit 30 kilomètres-heure de plus que la vitesse autorisée, **de boete** [*də boutə*] (la peine) s'élève à 170 euros (sous réserve). Pour **overdreven snelheid** [*ovərdrévə snèlhèyt*] (littéralement « vitesse exagérée », excès de vitesse) à l'autoroute, l'amende sera de la modique somme de 150 euros (sous réserve).

En revanche, en **België** [*bèl-Ri-ə*] (Belgique), si vous êtes flashé, la police vous enverra **het proces-verbaal** [*ət prosès vèrbal*] (le PV) et vous demandera de réagir et de renvoyer rapidement le questionnaire en annexe.

La vitesse limite sur l'autoroute est de 120 kilomètres-heure et de 90 **op de secundaire wegen** [*Obdə sékəndèrə wéRə*] (sur les routes secondaires). Il existe une urbanisation propre à la Belgique (en Wallonie comme en Flandre !), qui s'appelle **lintbebouwing** [*lIntbəbaouwIN*] (agglomération « ruban »). Ce fléau veut que les habitations indépendantes se trouvent alignées le long de la route nationale, provinciale ou autre, porte d'entrée donnant sur la route. Il est évident qu'ainsi, la sécurité routière est mise à rude épreuve. Les enfants en paient le prix chaque année. Depuis seulement quelques années, les contrôles sur les routes ont été renforcés par des systèmes de radars. Puisque la population est plus dense en Flandre qu'en Wallonie, ce sont surtout les Flamands qui sont concernés par ce système.

Une infraction particulière est de se garer en mordant **op het fietspad** [*Opət fitspAt*] (sur la piste cyclable). Dans ce cas précis, vous serez verbalisé deux fois, donc vous aurez une double amende. La première pour l'interdiction de vous garer ainsi et la deuxième pour la gêne occasionnée aux **zwakke weggebruikers** [*zwAkə wèRəbrəykərs*] (utilisateurs de la route les plus vulnérables) : **fietsers en voetgangers** [*fitsərs èn voutRANərs*] (les cyclistes et les piétons).

Les avatars de l'autoroute

Si vous conduisez sur **een secundaire weg** [*ən sékəndèrə wéR*] (une route secondaire) et lorsque vous vous rapprochez de l'autoroute, vous pouvez rencontrer le signal **Ga terug !** [*Ra trəR !*] (Faites demi-tour !) Vous verrez ce signal au bout des bretelles parallèles à l'entrée de l'autoroute. Il vise à protéger les conducteurs qui se sont mal engagés sur la voie de sortie plutôt que sur la voie d'entrée. On les appelle **spookrijders** [*spokrèydərs*] (les « conducteurs fantôme » ; conducteurs roulant à contresens). Ils ne faut pas les confondre avec **de tegenliggers** [*də téRəllRərs*] : ce sont les conducteurs qui viennent de l'autre sens sur une route étroite à deux voies.

Sur l'autoroute, aux Pays-Bas, vous rencontrerez probablement des panneaux lumineux avec des textes comme **A1 filevrij** [*a én filəvrèy*] (« A1 pas de bouchon », « fluide »). Si vous n'avez pas de chance, le tableau affichera **A1 tot knoopunt Hoevelaken 8 kilometer file** [*a én. tOt knopənt houvəlakə. ARt kilométər filə*] (A1 jusqu'à l'échangeur Hoevelaken 8 kilomètres de bouchon).

Lorsque vous êtes dans **een opstopping** [*ən OpstOplN*] (un embouteillage) et que vous devez **van richting veranderen** [*vAn rlRtlN vərAndərə*] (changer de direction, déboîter), il est plus important de **invoegen** [*InvouRə*] (déboîter vers la voie appropriée) ou de **ritsen** [*rltsə*] (déboîter gracieusement comme une **rits** [*rlts*] (fermeture éclair) à temps, bien que vous soyez obligé de **langzaam rijden** [*lANksam rèydə*] (rouler lentement). Espérons que vous ne rencontrerez pas **een omleiding** [*ən OmlèydlN*] (une déviation). En pareil cas, il vous sera utile de savoir ce que veut dire **Volg route nummer 1** [*vOlR routə nəmər én*] (suivez la route numéro 1). Bonne route !

Conversation

Bart parle avec son épouse, Rien [*rin*] (abréviation de Catherine).

Rien **Hoe was je dag vandaag ?**
hou wAs yə dAR vAndaR ?
Comment était ta journée aujourd'hui ?
Comment a été ta journée aujourd'hui ?

Bart **Een ramp.**
ən rAmp.
Un désastre.

Rien **Hoezo ?**
houzo ?
Comment ça ?

Bart **Het verkeer was erger dan ooit. Ik moest om elf uur in Amersfoort zijn maar bij knooppunt Diemen zat ik al vast.**

ət fərkér wAs èrRər dAn Oyt. Ik moust Om èlf ur In amərsfort zèyn mar bèy knopənt dimə zAt Ik Al vAst.

La circulation était pire que jamais. Je devais à 11 heures à Amersfoort être mais à l'échangeur Diemen suis assis je déjà bloqué.

La circulation était pire que jamais. Je devais être à Amersfoort à 11 heures mais à l'échangeur Diemen j'étais déjà bloqué.

Rien **Zo vroeg al ? Wat was er aan de hand?**

zo vrouR Al ? wAt wAsər an də hAnt ?

Si tôt déjà ? Qu'était-il à la main ?

Si tôt déjà ? Qu'y avait-il ?

Bart **Er was een omleiding want er zat een vrachtwagen vast onder een viaduct. Je kon alleen maar heel langzaam rijden.**

ər wAs ən OmlèydIN wAnt ər zAt ən vrARtwaRə vAst Ondər ən viadəkt. yə kOn Alén mar hél lANksam rèydə.

Il était une déviation car il assèyait un camion coincé sous un viaduc. Tu pouvais seulement rouler très lentement.

Il y avait une déviation à cause d'un camion coincé sous un viaduc. On pouvait seulement rouler très lentement.

Rien **Waarom ben je niet met de trein naar Amersfoort gegaan ?**

warOm bèn yə nit mèdə trèyn nar amərsfort RəRan ?

Pourquoi es-tu pas avec le train vers Amersfoort allé ?

Pourquoi n'es-tu pas allé à Amersfoort par le train ?

Bart **Ik wist niet dat dit zou gebeuren ! Op de terugweg had ik gelukkig geen problemen.**

Ik wIst nit dAt dIt zaou Rəbørə.Obdə trəRwèR hAtIk RələkəR Rén problémə.

Je savais pas que ceci [conditionnel] arriver. Sur le chemin du retour avais-je heureusement pas de problèmes.

Je ne savais pas que cela pourrait arriver. Sur le chemin du retour je n'ai heureusement pas eu de problèmes.

Rien **Hebben jullie wel eens aan een teleconferentie gedacht ?**

hèbə yəli wèləs an ən télékOnférènsi RədARt ?

Avez-vous bien une fois à une visioconférence pensé ?

N'avez-vous jamais envisagé une visioconférence ?

Bart	**Daar hebben we het wel eens over gehad, maar nu moeten we er maar eens werk van maken.** *dar hèbə wə ət wél əs ovər RəhAt, mar nu moutə wə ər mar əs wèrək fAn makə.* Là avons-nous le bien une fois sur eu, mais maintenant devons-nous y mais une fois travail en faire. Nous en avons parlé maintes fois, mais maintenant il nous faut agir.

Mots clés

de ramp	də rAmp	le désastre
ooit	Oyt	jamais
(négatif ou interrogatif)		
vastzitten	vAstzItə	être coincé
vroeg	vrouR	tôt, de bonne heure
Wat is er aan de hand ?	wAt Isər an də hAnt ?	Qu'est-ce qui se passe ?
de vrachtwagen	də vrARtwaRə	le poids lourd
het viaduct	ət viadəkt	le viaduc
gebeuren	Rəbørə	se produire, arriver
de terugweg	də trəRwèR	le chemin du retour
de teleconferentie	də télékOnférènsi	la visioconférence
het hebben over iets	ət hèbə ovər its	parler de quelque chose
werk maken van iets	wèrək makə vAn its	s'occuper d'un problème

Les formes verbales du passé

Au chapitre 2, nous avons évoqué l'existence des *verbes faibles*, *verbes forts* et des *verbes « indomptables »*. La *conjugaison* des deux derniers est le plus problématique. Pour préserver l'apprenant contre les problèmes de formes que ces verbes posent, nous conseillons de n'utiliser que le présent dans *l'expression*.

En revanche, la *compréhension*, *aptitude réceptive*, est plus performante que *l'expression*. C'est la raison pour laquelle nous nous pencherons de nouveau sur l'histoire de Bart, qui raconte sa journée à son épouse.

Il utilise le passé (l'indication d'une forme verbale pour les langues où il n'y a pas *d'imparfait* à côté du *passé simple* pour évoquer le passé ; terme correct de grammaire : *le prétérit*). Le passé (*le prétérit*) est la forme verbale que le récit exige. (*Le récit* : la communication d'une séquence de faits révolus.)

Nous trouverons dans ce dialogue des formes de *verbes forts* (**moest**, **zat**, **wist**, **had**) et de *verbes « indomptables »* (**was**, **kon**). Avant de nous occuper de ces deux catégories de verbes « irréguliers », attardons-nous sur la conjugaison des verbes dits « réguliers ».

Les verbes faibles

La grammaire dit que les *verbes faibles* sont reconnaissables à leur conjugaison. Si on ne connaît que les infinitifs, les *verbes faibles* ne sont pas reconnaissables.

Comme pour *l'apprenant de langue étrangère*, il en est de même pour l'enfant en bas âge dans l'acquisition de sa *langue première*. Pour lui, tous les verbes sont faibles (réguliers), parce qu'il a trouvé une « règle », qu'il applique excessivement. Il s'éclate ! Il dira : **Ik komde uit de badkamer** [*Ik kOmdə əydə bAtkamər*] (Je sortais de la salle de bains) au lieu de **Ik kwam uit de badkamer**. Quand ses parents le corrigent : **Nee. Ik kwam...**, il va se fâcher et répéter **Ik komde uit de badkamer ! ! !**

La première chose à faire est donc de vous montrer la *conjugaison des verbes faibles*. Il existe deux catégories de *verbes faibles* :

- Ceux dont le *radical verbal* se termine par un type de son *voisé*, et
- Ceux dont le *radical verbal* se termine par un type de son *non voisé*.

Les verbes faibles au radical avec consonne finale non voisée

Le cas des *verbes faibles* dont le *radical* se termine par un *type de son non voisé* est le plus rare. Il est à considérer comme exception à la règle générale. La règle générale pour la formation du passé veut qu'on rajoute au *radical verbal* la *terminaison*

- **–de** pour les personnes *singulier*, et
- **–den** pour les personnes *pluriel*.

Un son *non voisé* a comme particularité physique que les *cordes vocales*, qui se trouvent dans la gorge, contrairement au son *voisé*, ne vibrent pas quand on l'articule. Il faut que vous fassiez d'abord l'expérience. Vous appuyez vos doigts sur votre gorge et vous prononcez :

Tableau 12.3. SONS NON VOISÉS

symbole de prononciation	[k]	[f]	[p]	[s]	[t]	[R]
image écrite	<k>	<f>	<p>	<s>	<t>	<ch>

Il faut éviter de prononcer [ka] pour [k], <k>, car vous allez sentir vibrer le [a] et ce n'est pas le but. Le <k> ne vibre jamais, ni le <f>, ni les autres sons de cette « série limitée » : ils sont *non voisés*. Il n'y a donc en néerlandais que six sons *non voisés*, tous des *consonnes*.

Le radical verbal se produit quand on enlève la *terminaison* **–en** de *l'infinitif*. Cette manipulation est susceptible de produire une disposition différente des syllabes, ce qui entraîne des changements *d'orthographe* ! (Voir ▲ = modification de *l'orthographe*). Il est connu que tous les *infinitifs*, sauf une poignée de rebelles, se terminent par **–en**.

Visualisons d'abord les *verbes faibles* dont le *radical verbal* se termine par une *consonne non voisée*.

Tableau 12.4. Le *passé* des *verbes faibles* avec *radical final non voisé*

Consonne Non voisée	*Infinitif*	*Radical verbal*			*Le passé*	*Traduction*
K	**werken**	**werk**		*wèrək*	**werk-te**	travailler
	pakken	**pak**	▲	*pAk*	**pak-te**	saisir, prendre
	bedanken	**bedank**		*bədANk*	**bedank-te**	remercier
F	**beseffen**	**besef**	▲	*bəsèf*	**besef-te**	se rendre compte
	straffen	**straf**	▲	*strAf*	**straf-te**	punir
P	**kloppen**	**klop**	▲	*klOp*	**klop-te**	frapper à la porte
S	**missen**	**mis**	▲	*mIs*	**mis-te**	rater
	passen	**pas**	▲	*pAs*	**pas-te**	essayer (vêtement)
T	**kosten**	**kost**		*kOst*	**kost-te**	coûter
	heten	**heet**	▲	*hét*	**heet-te**	s'appeler
	praten	**praat**	▲	*prat*	**praat-te**	bavarder
CH	**lachen**	**lach**		*lAR*	**lach-te**	rire

▲ = modification de l'orthographe

Les verbes faibles dont le *radical verbal* se termine par une *consonne non voisée* prennent comme *terminaison* du *passé* :

- **–te** pour les personnes *singulier*, et
- **–ten** pour les personnes *pluriel*.

Il existe un moyen mnémotechnique permettant de se rappeler la « série limitée » des *consonnes non voisées*. Observez la phrase suivante, ils y sont tous :

Kung Fu Prend Son Thé CHaud

Les verbes faibles au radical avec consonne finale voisée

Le **tableau 12.4** montre les *verbes faibles* ayant un type de *son voisé final* au *radical verbal*. Vous constaterez que le schéma de la règle générale : partout radical verbal + **–de(n)** s'applique.

Une certaine méfiance est de mise dans *l'orthographe* (voir ▲).

ATTENTION !

Les ▲▲ indiquent un phénomène rare. Les *radicaux* **geloof** et **verhuis** se terminent par une *consonne non voisée*, <f> et <s> (rappelez-vous K, F, P, S, T, CH).

Faux !

Le son qui compte pour choisir la *terminaison* est représenté par la lettre devant le **–en** dans *l'infinitif*, donc : **geloven** et **verhuizen**, c'est <v> et <z> !

Tableau 12.5. Le *passé* des *verbes faibles* avec *radical final voisé*

Son voisé	*Infinitif*	*Radical verbal*			*Le passé*	*Traduction*
B	**slibben**	**slib**		*slIp*	**slib-de**	glisser
D	**antwoorden**	**antwoord**		*Antwort*	**antwoord-de**	répondre
G	**leggen**	**leg**	▲	*lèR*	**leg-de**	poser
I	**draaien**	**draai**	▲	*dray*	**draai-de**	tourner
L	**bellen**	**bel**	▲	*bèl*	**bel-de**	appeler
M	**noemen**	**noem**		*noum*	**noem-de**	donner un nom
N	**kennen**	**ken**	▲	*kèn*	**ken-de**	connaître
R	**duren**	**duur**	▲	*dur*	**duur-de**	durer
V	**geloVen**	**gelooF**	▲▲	*Rəlof*	**gelooF-De**	croire
W	**bouwen**	**bouw**		*baou*	**bouw-de**	construire
Z	**verhuiZen**	**verhuiS**	▲▲	*vərhəys*	**verhuiZ-De**	déménager

Les verbes forts

Il est conseillé d'apprendre les formes du *passé* des *verbes forts* de façon *passive*. Vous les rencontrerez au fur et à mesure dans ce livre et sur le CD audio. Voici un aperçu limité de cette catégorie.

Tableau 12.6. Présent et passé du verbe fort KOMEN [*komə*], kwam [*kwAm*], gekomen [*Rəkomə*] (venir)

Présent		*Passé*	
ik kom	*Ik kOm*	**ik kwam**	*Ik kwAm*
je komt	*yə kOmt*	**je kwam**	*yə kwAm*
u komt	*u kOmt*	**u kwam**	*u kwAm*
kom je ?	*kOm yə ?*	**kwam je ?**	*kwAm yə ?*
komt u ?	*kOmt u ?*	**kwam u ?**	*kwAm u ?*
hij / ze / het komt	*èy / zə / ət kOmt*	**hij / ze / het kwam**	*èy / zə / ət kwAm*
we komen	*wə komə*	**we kwamen**	*wə kwamə*
jullie komen	*yəli komə*	**jullie kwamen**	*yəli kwamə*
ze komen	*zə komə*	**ze kwamen**	*zə kwamə*

Komen, **kom**, **komt**, **kwam**, **kwamen** = CINQ FORMES.

Tableau 12.7. Présent et passé du verbe fort MOETEN [*moutə*], moest [*moust*], gemoeten [*Rəmoutə*] (devoir)

Présent		*Passé*	
ik moet	*Ik mout*	**ik moest**	*Ik moust*
je moet	*yə mout*	**je moest**	*yə moust*
u moet	*u mout*	**u moest**	*u moust*
moet je ?	*mout yə ?*	**moest je ?**	*moust yə ?*
moet u ?	*mout u ?*	**moest u ?**	*moust u ?*
hij / ze / het moet	*èy / zə / ət mout*	**hij / ze / het moest**	*èy / zə / ət wAs*
we moeten	*wə moutə*	**we moesten**	*wə moustə*
jullie moeten	*yəli moutə*	**jullie moesten**	*yəli moustə*
ze moeten	*zə moutə*	**ze moesten**	*zə moustə*

Moeten, **moet**, **moest**, **moesten** = QUATRE FORMES.

Tableau 12.8. Présent et passé du verbe fort WETEN [*wétə*], wist [*wIst*], geweten [*Rəwétə*] (savoir)

Présent		*Passé*	
ik weet	*Ik wét*	**ik wist**	*Ik wIst*
je weet	*yə wét*	**je wist**	*yə wIst*
u weet	*u wét*	**u wist**	*u wIst*
weet je ?	*wét yə ?*	**wist je ?**	*wIst yə ?*
weet u ?	*wét u ?*	**wist u ?**	*wIst u ?*
hij / ze / het weet	*èy / zə / ət wét*	**hij / ze / het wist**	*èy / zə / ət wIst*
we weten	*wə wétə*	**we wisten**	*wə wIstə*
jullie weten	*yəli wétə*	**jullie wisten**	*yəli wIstə*
ze weten	*zə wétə*	**ze wisten**	*zə wIstə*

Weten, **weet**, **wist**, **wisten** = QUATRE FORMES.

Tableau 12.9. Présent et passé du verbe fort ZITTEN [*zIta*], zat [*zAt*], gezeten [*Razéta*] (être assis, se trouver en position assise)

Présent		*Passé*	
ik zit	*Ik sIt*	**ik zat**	*Ik sAt*
je zit	*yə zIt*	**je zat**	*yə zAt*
u zit	*u zIt*	**u zat**	*u zAt*
zit je ?	*zIt yə ?*	**zat je ?**	*zAt yə ?*
zit u ?	*zIt u ?*	**zat u ?**	*zAt u ?*
hij / ze / het zit	*èy / zə / ət zIt*	**hij / ze / het zat**	*èy / zə / ət zAt*
we zitten	*wə zItə*	**we zaten**	*wə zatə*
jullie zitten	*yəli zItə*	**jullie zaten**	*yəli zatə*
ze zitten	*zə zItə*	**ze zaten**	*zə zatə*

Zitten, **zit**, **zat**, **zaten** = QUATRE FORMES.

Les verbes « indomptables »

Contrairement aux *verbes forts*, où vous comptez quatre ou cinq formes, présent et passé confondus, les *verbes « indomptables »* en possèdent six ou plus. Heureusement, ils sont encore plus fréquents que les *verbes forts*. Par exemple, la forme verbale la plus rencontrée en néerlandais est **heeft**, la troisième *personne singulier* de **hebben**, verbe *« indomptable »*.

Tableau 12.10. Présent et passé du verbe « indomptable » HEBBEN [*hèbə*], had [*hAt*], gehad [*RəhAt*] (avoir)

Présent		*Passé*	
ik heb	*Ik hèp*	**ik had**	*Ik hAt*
je hebt	*yə hèpt*	**je had**	*yə hAt*
u hebt	*u hèpt*	**u had**	*u hAt*
heb je ?	*hèp yə ?*	**had je ?**	*hAt yə ?*
hebt u ?	*hèpt u ?*	**had u ?**	*hAt u ?*
hij / ze / het heeft	*èy / zə / ət heeft*	**hij / ze / het had**	*èy / zə / ət hAt*
we hebben	*wə hèbə*	**we hadden**	*wə hAdə*
jullie hebben	*yəli hèbə*	**jullie hadden**	*yəli hAdə*
ze hebben	*zə hèbə*	**ze hadden**	*zə hAdə*

Hebben, **heb**, **hebt**, **heeft**, **had**, **hadden** = SIX FORMES

Tableau 12.11. Présent et passé du verbe « indomptable » KUNNEN [*kənə*], kon [*kOn*], gekund [*Rəkənt*] (pouvoir, être capable)

Présent		*Passé*	
ik kan	*Ik kAn*	**ik kon**	*Ik kOn*
je kunt	*yə kənt*	**je kon**	*yə kOn*
u kunt	*u kənt*	**u kon**	*u kOn*
kun je ?	*kən yə ?*	**kon je ?**	*kOn yə ?*
kunt u ?	*kənt u ?*	**kon u ?**	*kOn u ?*
hij / ze / het kan	*èy / zə / ət kAn*	**hij / ze / het kon**	*èy / zə / ət kOn*
we kunnen	*wə kənə*	**we konden**	*wə kOndə*
jullie kunnen	*yəli kənə*	**jullie konden**	*yəli kOndə*
ze kunnen	*zə kənə*	**ze konden**	*zə kOndə*

Kunnen, **kan**, **kunt**, **kun**, **kon**, **konden** = SIX FORMES.

Tableau 12.12. Présent et passé du verbe « indomptable » ZIJN [*zèyn*], was [wAs], geweest [*Rəwést*] (être)

Présent		*Passé*	
ik ben	*Ik bèn*	**ik was**	*Ik wAs*
je bent	*yə bènt*	**je was**	*yə wAs*
u bent	*u bènt*	**u was**	*u wAs*
ben je ?	*bèn yə ?*	**was je ?**	*wAs yə ?*
bent u ?	*bènt u ?*	**was u ?**	*wAs u ?*
hij / ze / het is	*èy / zə / ət Is*	**hij / ze / het was**	*èy / zə / ət wAs*
we zijn	*wə zèyn*	**we waren**	*wə warə*
jullie zijn	*yəli zèyn*	**jullie waren**	*yəli warə*
ze zijn	*zə zèyn*	**ze waren**	*zə warə*

Zijn, **ben**, **bent**, **is**, **was**, **waren** = SIX FORMES.

Le « mot de fonction » ER [èr]

(Un « mot de fonction », contrairement à un « mot à signification », facilite le fonctionnement de la langue sans avoir un sens clair.)

Dans les conversations de ce livre, vous aurez sans doute remarqué le décalage entre les traductions « mot à mot » et la deuxième traduction, celle en français correct. Vous vous êtes probablement attardé sur le grand nombre de petits mots qui disparaissent dans la traduction française. En général, ce sont des particules ayant une « fonction » mais dont la signification est difficile à saisir.

Pour pouvoir maîtriser le néerlandais, il ne faut pas reculer devant les faits de la langue. Voici une présentation facile d'un de ces petits mots, **er**, utilisé dans un seul cas.

Rappelez-vous que, dans son histoire, Bart évoque la déviation et le poids lourd coincé :

- **Er was een omleiding.** [*ər wAs ən Qmlèydl̲N.*] (Il y avait une déviation.)
- **Er zat een vrachtwagen vast onder een viaduct.** [*ər zA̲t ən vrA̲RtwaRə vA̲st Ondər ən viadə̲kt.*] (Un camion était coincé sous un viaduc.)

La première phrase ne pose pas de problème, car il est clair que l'expression néerlandaise **er was** correspond au français « Il y avait ».

La seconde phrase française commence par un *sujet indéfini* : « Un camion ». Contrairement au français, le néerlandais évite de commencer une phrase par *un sujet indéfini*. La solution est de mettre **er** dans la *zone de tête* et de repousser *le sujet indéfini* vers la fin de la *zone médiane*. Le **tableau 12.13** ci-dessous schématise cette situation. Il permet également de faire connaissance avec la *zone finale*, qui, dans le cas de cette phrase particulière, détient un *complément* précédé d'une *préposition*.

Remarquez que le *second pôle* est occupé par **vast** [*vAst*]. C'est la *particule séparable* du verbe **vastzitten** [*vA̲stsItə*] (être coincé). Cette *particule* fait partie du verbe et est donc de nature verbale, ce qui explique sa position dans la case du *second pôle*.

Tableau 12.13. La place de ER et du sujet indéfini

Zone de tête	*Premier pôle*	*Zone médiane*	*Second pôle*	*Zone finale*
Er	**was**	**een omleiding.**	**Ø**	
Er	**zat**	**een vrachtauto**	**vast**	**onder een viaduct.**

Cheveux sous casque

Les jeunes, à partir de 16 ans, raffolent de conduire des **bromfietsen** [*brOmfitsə*] (vélomoteurs), de préférence qui pétaradent et des **scooters** [*skoutərs*] (scooters), notamment sur de longues distances. Dans les villes, **fietsers** [*fitsərs*] (les cyclistes) et **bromfietsers** [*brOmfitsərs*] (les conducteurs de vélomoteur) roulent tantôt sur **de weg** [*də wèR*] (la chaussée), tantôt sur **het fietspad** [*ət fitspAt*] (la piste cyclable). **Brommers** [*brOmərs*] (onomatopé, le mot courant pour « vélomoteur ») sont parfois autorisés à circuler sur **het fietspad**.

Rouler en vélomoteur est risqué. Chaque année il y a un nombre important de morts et de blessés. Le port du **valhelm** [*vAlhèlm*] (casque) est obligatoire. Il ne l'est pas encore pour les **fietsers**. En revanche, **racefietsers** [*résfitsərs*] (les cyclistes de course) et **mountainbikers** [*maountənbaykərs*] (les cyclistes en VTT) portent souvent le casque. Il peut leur sauver la vie en cas d'accident.

Conversation

Joop Kluijvert [*yop klayvərt*], le commercial de Biz Accounts, a une réunion avec sa collègue Gilda [*RIlda*] à 9 heures du matin. Joop n'est pas ponctuel.

Joop **Hallo, Gilda, heb je op mij gewacht ?**

hAlo RIlda, hèpyə Op mèy RəwARt ?

Bonjour Gilda, as-tu sur moi attendu ?

Bonjour Gilda, m'as-tu attendu ?

Gilda **Ik ben alvast begonnen. Maar je weet dat ik een paar dingen met je moet bespreken.**

Ik bən AlvAst bəROnə. mar yə wét dAtIk ən par dINə mət yə mout bəspréka.

J'ai déjà commencé. Mais tu sais que je un nombre de choses avec toi dois discuter.

J'ai déjà commencé. Mais tu sais que je dois discuter d'un bon nombre de choses avec toi.

Joop **Sorry. Ik stond in de file.**

sOri. Ik stOnt In də filə.

Désolé. J'étais dans un embouteillage.

Gilda **Je staat elke ochtend in de file. Waarom neem je de metro niet ?**

yə stat èlkə ORtənt In də filə. warOm ném yə də métro nit ?

Tu es chaque matin dans un embouteillage. Pourquoi prends-tu le métro pas ?

Tu es chaque matin dans les embouteillages. Pourquoi ne prends-tu pas le métro ?

Joop **Dan moet ik daarna een kwartier lopen.**

dAn mout Ik darna ən kwArtir lopə.

Alors dois-je après un quart d'heure marcher.

Ensuite je dois marcher un quart d'heure.

Gilda **Dat is geen slechte zaak. Er moeten meer redenen zijn waarom je altijd de auto neemt.**

dAt IsRén slèRtə zak. èr moutə mér rédənə zèyn warOm yə Altèydə aouto némt.

Cela n'est pas une mauvaise chose. Il doit y avoir plusieurs raisons pour lesquelles tu prends toujours ta voiture.

Joop **Zoals je weet moet ik vaak klanten bezoeken en dan heb ik een auto nodig.**

zoAls yə wét mout Ik fak klAntə bəzoukə èn dAn hèp Ik ən aouto nodəR.

Comme tu sais dois-je souvent clients visiter et alors ai-je besoin d'une voiture.

Comme tu sais, je dois souvent visiter des clients et dans ce cas il me faut une voiture.

Gilda **Die bezoeken kun je wat beter plannen en op andere dagen kom je dan met het openbaar vervoer.**

di bəzoukə kən yə wAt bétər plènə èn OpAndərə daRə kOm yə dAn mètət opənbar vərvour.

Ces visites peux-tu un peu mieux planifier et sur autres jours viens-tu alors avec le public transport.

Tu pourrais mieux organiser tes rendez-vous et les autres jours tu viendrais par les transports en commun.

Joop **Je hebt gelijk. Ik heb genoeg van de E19. Ik wilde dat ik net zoals jij met de fiets naar mijn werk kon !**

yə hèpt Rəlèyk. Ik hèp RənouR vAn də é néRətin. Ik wIldə dAt Ik nét zoAls yèy mèdə fits nar mən wèrək kOn !

Tu as raison. J'en ai assez de la E19. Je voudrais que je juste comme toi par vélo vers mon travail pouvais.

Tu as raison. J'en ai assez de la E19. Je voudrais tout comme toi pouvoir venir au travail à vélo.

Gilda **Ja. En als het regent ga ik met de bus.**

ya. èn Alsət réRənt Ra Ik mèdə bəs.

Oui. Et quand il pleut vais-je avec le bus.

Oui. Et quand il pleut je prends le bus.

Mots clés

wachten	wARtə	attendre
bespreken	bəsprékə	discuter
slecht	slèRt	mauvais
redenen	rédənə	des raisons
de reden	də rédən	la raison
zoals	zoAls	comme (subjoncteur)
bezoeken	bəzoukə	visiter
de klant	də klAnt	le client
plannen	plènə	organiser
je hebt gelijk	yə hèpt Rəlèyk	tu as raison
net	nèt	juste (comparaison)
genoeg hebben van	RənouR hèbə vAn	en avoir assez de

Les verbes de position

Le néerlandais évite d'utiliser le verbe **zijn** [*zèyn*] (être) quand la *position* du *sujet parlant* est *marquée*. Cette *position* peut être :

Tableau 12.14. Les verbes de position

Position marquée	*Verbe de position*	*Prononciation*	*Traduction*
debout	**staan**	*stan*	être debout
allongée	**liggen**	*lIRə*	être allongé
assise	**zitten**	*zItə*	être assis
« pendue »	**hangen**	*hANə*	être appuyé (péjoratif)

Lorsque vous rencontrerez un de ces verbes, sa traduction sera « être » ou « se trouver », comme d'ailleurs dans la conversation entre Joop en Gilda, où le verbe **staan** est évoqué deux fois :

Joop **Ik stond in de file.**

	Ik stOnt In də filə.	
	J'ÉTAIS dans un embouteillage.	
Gilda	**Je staat elke ochtend in de file.**	
	yə stat èlkə ORtənt In də filə.	
	TU ES chaque matin dans les embouteillages.	

Pour terminer cette parenthèse sur les *verbes de position*, voici la *conjugaison* du *verbe fort*, **staan**.

Tableau 12.15. Présent et passé du verbe fort, verbe de position STAAN [*stan*], stond [*stOnt*], gestaan [*Rəstan*] (être, position debout)

Présent		***Passé***	
ik sta	*Ik sta*	**ik stond**	*Ik stOnt*
je staat	*yə stat*	**je stond**	*yə stOnt*
u staat	*u stat*	**u stond**	*u stOnt*
sta je ?	*sta yə ?*	**stond je ?**	*stOnt yə ?*
staat u ?	*stat u ?*	**stond u ?**	*stOnt u ?*
hij / ze / het staat	*èy / zə / ət stat*	**hij / ze / het stond**	*èy / zə / ət stOnt*
we staan	*wə stan*	**we stonden**	*wə stOndə*
jullie staan	*yəli stan*	**jullie stonden**	*yəli stOndə*
ze staan	*zə stan*	**ze stonden**	*zə stOndə*

Staan, **sta**, **staat**, **stond**, **stonden** = CINQ FORMES

ATTENTION !

Problème récurrent ! Observez la différente disposition des syllabes dans **staan** et **staat**, contrairement à **sta**.

Tableau 12.16. Présent et passé du verbe fort, verbe de position LIGGEN [*lIRə*], position LIGGEN [*lIRə*], lag [*lAR*], gelegen [*RəléRə*] (être, position allongée)

Présent		*Passé*	
ik lig	*Ik lIR*	**ik lag**	*Ik lAR*
je ligt	*yə lIRt*	**je lag**	*yə lAR*
u ligt	*u lIRt*	**u lag**	*u lAR*
lig je ?	*lIR yə ?*	**lag je ?**	*lAR yə ?*
ligt u ?	*lIRt u ?*	**lag u ?**	*lAR u ?*
hij / ze / het ligt	*èy / zə / ət lIRt*	**hij / ze / het lag**	*èy / zə / ət lAR*
we liggen	*wə lIRə*	**we lagen**	*wə laRə*
jullie liggen	*yəli lIRə*	**jullie lagen**	*yəli laRə*
ze liggen	*zə lIRə*	**ze lagen**	*zə laRə*

Liggen, **lig**, **ligt**, **lag**, **lagen** = CINQ FORMES

La gare

Voyager en train est censé être agréable et confortable. Toutefois, les pannes, les accidents, les intempéries, sans oublier les grèves tapent sur le système de certains qui sont dépendant de ce moyen de transport.

Connaître le train qu'on aime

De IC-treinen of intercities [*i sé trèyne Of Intèrsitis*] se prêtent bien aux grandes distances ; ils sont rapides et spatieux. Ils circulent entre la Belgique et les Pays-Bas. Si votre départ n'était pas programmé et si vous souhaitez éviter d'acheter **een kaartje voor de Thalys** [*ən kartyə vor de talls*] (un billet pour le Thalys) au prix fort, il y a toujours **de IC-trein** [*də i sé trèyn*] (le train intercity). Il fait le trajet entre **Brussel-Zuid** [*brəsəl zəyt*] (Bruxelles Midi) et **Amsterdam** [*AmstərdAm*] avec des arrêts à **Brussel-Centraal** [*brəsəl sèntral*] (Bruxelles Gare centrale), **Brussel-Noord** [*brəsəl nort*] (Bruxelles gare du Nord), **Mechelen** [*mèRələ*] (Malines), **Antwerpen-Berchem** [*Antwèrpə bèrRèm*], **Dordrecht** [*dOrdrèRt*], **Rotterdam CS** [*rOtərdAm sé ès*] (Rotterdam Gare centrale), **Den Haag** [*dèn haR*] (La Haye), **Schiphol** [*sRIphOl*] (« Trou des navires », aéroport d'Amsterdam) et **Amsterdam CS** [*AmstərdAm sé ès*] (Amsterdam Gare centrale).

Outre l'axe nord-sud des **IC-treinen**, en Belgique il existe un axe est-ouest, qui fait la liaison entre **Oostende** [*ostèndə*] (Ostende) et **Keulen** [*kølə*] (Cologne). Ce train marque les arrêts **Brugge** [*brəRə*] (Bruges), **Gent** [*Rènt*] (Gand), **Brussel-Zuid** [*brəsəl zəyt*] (Bruxelles Midi), **Brussel Centraal** [*brəsəl sèntral*] (Bruxelles Gare centrale), **Brussel-Noord** [*brəsəl nort*] (Bruxelles gare du Nord), **Leuven** [*løvə*] (Louvain), **Landen** [*lAndə*], **Luik** [*ləyk*] (Liège) **Aken** [*akə*] (Aix-la-Chapelle) et **Keulen** [*kølə*] (Cologne).

INFO CULTURELLE

Que serait le train sans le Thalys ?

Pour les Français, Flamands, Belges, Wallons, Bruxellois, Néerlandais et d'autres Nordiques expatriés ou fans de leurs régions et des pays voisins, le train favori est sans doute **de Thalys** [*də talls*] (le Thalys). Il fait le trajet Paris-Nord/Amsterdam en un temps record. Il y a un départ à Paris-Nord toutes les 30 minutes. Après seulement 1 heure 20, il s'arrête à **Brussel-Zuid** [*brəsəl zəyt*] (Bruxelles gare du Midi). Ensuite, il passe par **Antwerpen-Berchem** [*Antwèrpə bèrRèm*], **Rotterdam CS** [*rOtərdAm sé ès*] (Rotterdam Gare centrale), **Den Haag** [*dèn haR*] (La Haye), **Schiphol** [*sRIphOl*] (« Trou des navires », aéroport d'Amsterdam) pour arriver à son terminus, **Amsterdam CS** [*AmstərdAm sé ès*] (Amsterdam Gare centrale).

Seulement, il faut savoir acheter ses billets. Les ventes sont ouvertes trois mois à l'avance. Le prix de vente dépend d'un système **« op is op »** [*Op Iz Op*] (le premier venu, le mieux servi ; jusqu'à épuisement des places). Quand les billets à moins 50 % sont partis, vous payez le prix fort. Il s'agit donc de bien planifier les dates d'aller et de retour. Ainsi le déplacement par Thalys est-il avantageux.

De surcroît, ce train résiste assez bien aux grèves, sauf si les médias ont annoncé une « journée noire » dans un des trois pays ! En plus, son personnel est compétent. À l'accueil des gares ou dans les trains, vous pouvez utiliser votre langue maternelle : un véritable exemple pour d'autres institutions dans une Europe multilingue. Une fois descendu du Thalys pour chercher votre correspondance, votre humeur risque de changer.

La correspondance

En arrivant à Amsterdam, ne paniquez pas, surtout si vous devez emprunter une correspondance. De deux choses l'une, ou bien vous avez trouvé un distributeur automatique et il n'accepte pas votre carte bancaire, ou vous serez obligé d'arpenter le hall de la gare pour trouver le bon guichet. Gardez la tête froide ! Vous pouvez vous informer auprès de quelqu'un. Si vous montez dans le train sans billet, l'amende sera d'au moins 35 euros. Achetez votre billet sur Internet.

La banlieue d'Amsterdam est bien desservie. Regardez bien le découpage des quais à **Amsterdam CS**. Un quai contient quatre secteurs : A et B, chacun étant divisé en un côté gauche et un côté droit. Il faut le savoir en lisant les horaires.

En revanche, on ne peut pas rater le hall des guichets à **Brussel-Zuid** [*brəsəl zəyt*] (Bruxelles Midi). L'attente aux guichets « départs immédiats » est limitée. De grands panneaux électroniques vous indiquent les voies. Un conseil : méfiez-vous des **zakkenrollers** [*zAkərOlərs*] (pickpockets) ; ce fléau vaut pour tout déplacement dans **het openbaar vervoer** [*ət opəmbar vərvour*] (les transports en commun).

INFO CULTURELLE

Les vertus du e-billet

Lorsque vous voulez éviter la cohue et le stress, il est recommandé de faire un tour sur le site web des **NS (Nederlandse Spoorwegen)** : `www.ns.nl` ou de la **NMBS (Nationale Maatschappij van Belgische Spoorwegen)** : `www.b-rail.be`. Ces sites sont multilingues. Vous y trouverez les horaires avec une fonction « rechercher » et un simulateur de distributeur automatique de billets, comme vous en trouverez dans les gares de destinations internationales. Il propose également un programmateur de trains très pratique.

C'est simple comme bonjour : vous saisissez seulement la gare de départ, la gare d'arrivée et l'heure de départ, l'heure à laquelle vous souhaiterez arriver et la date. Le programmateur affiche un tableau des heures de départ et d'arrivée, les numéros des quais où vous trouverez les trains ainsi que toutes les correspondances.

Prêtez l'orreille aux annonces vocales bilingues de **spoorverandering** [*sporvərAndərlN*] (changement de voie). La jonction ferroviaire qui passe en dessous du vieux centre de la capitale, **de Noord-Zuid-verbinding** [*də nort-səytfərblndlN*] (la jonction nord-sud) date des années trente et elle fait **flessenhals** [*flèsəhAls*] (goulot de bouteille) pour le trafic devenu dense. Cette obstruction est fréquente pendant **de spitsuren** [*də spltsurə*] (les heures de pointe). De plus, les annonces vocales bilingues sont à peine compréhensibles, même pour les trilingues. Vous les suivrez mieux sur les panneaux lumineux.

La Belgique et les Pays-Bas n'ont pas un système RER comme en Île-de-France. En Belgique, les trains qui desservent le pays se divisent entre les **L-treinen** [*èl trèynə*] ou **stoptreinen** [*stOptrèynə*] (des omnibus) et les **IC-treinen** [*i sé trèyne*] ou **Intercity-treinen** ou **sneltreinen** [*snèltrèynə*] (les semi-directs) à côté de **IR-treinen** [*i èr trèyne*] (les trains interrégion). Ces mentions sont indiqués sur les horaires et les panneaux dans les gares. Vous pouvez consulter les horaires sur Internet, aussi bien ceux de **de NMBS, Nationale Maatschappij van Belgische Spoorwegen** [*èn èm bé ès. nAsyonalə matsRApèy vAn bèlRisə sporwéRə*] (la SNCF belge, en français : la SNCB) que de **de NS, Nederlandse Spoorwegen** [*èn ès, nédərlAntsə sporwéRə*] (les Chemins de fer néerlandais).

Au guichet

Seules les grandes gares vendent des billets toute la journée. Dans les autres gares, le personnel est inexistant, sauf parfois aux heures de pointe. La présence de distributeurs n'est pas garantie, ni leur fonctionnement, ni leur compatibilité avec votre carte bancaire. En Belgique, on a fermé les petites gares. Vous achèterez votre billet auprès du contrôleur dans le train, sans supplément ou complications. Aux Pays-Bas, la vente de billets est gérée par une société privée, qui a imposé ses propres lois, ce qui fait que les Néerlandais, récemment encore, ignorent la meilleure façon d'acheter un billet.

S'il vous arrive de vous trouver devant un guichet de gare qui n'est pas fermé, vous demanderez votre billet de la façon suivante :

- **Enkele reis Dendermonde, alstublieft.** [*èNkələ rèys dèndərmOndə Alstublift.*] (Un aller simple pour Termonde, s'il vous plaît.)
- **Heen en terug naar Ieper, alstublieft.** [*hén èn trəR ipər Alstublift.*] (Un aller-retour pour Ypres, s'il vous plaît.)

Ne craignez pas que le vendeur / la vendeuse flamand(e) ne vous comprenne pas quand vous vous exprimez comme à Amsterdam :

- **Een enkeltje naar Sint-Niklaas, alstublieft.** [*ən èNkəltyə nar sInt nIklas Alstublift.*] (Un aller simple pour Sint-Niklaas, s'il vous plaît – **Sint-Niklaas** ne se traduit pas, car il existe en Région wallonne, dan la province de Liège, un village nommé Saint-Nicolas.)
- **Een retourtje naar Hasselt, alstublieft.** [*ən rətourtyə nar hAsəlt Alstublift.*] (Un aller-retour pour Hasselt, s'il vous plaît.)

Lors de l'achat de votre billet, il n'est pas nécessaire de préciser si vous voulez voyager **in eerste klas** [*In érstə klAs*] (en première). Si vous ne dites rien, vous obtiendriez un billet de seconde. Si vous voulez voyager en première, vous ajoutez :

- **in eerste klas** [*In érstə klAs*] (en première).

La **NMBS** ainsi que la **NS**, dans un souci commercial, vous proposent des réductions de toutes sortes, par exemple des allers-retours pour le week-end à bas prix, des prix pour seniors sans l'achat d'une carte de réduction, etc., etc. Renseignez-vous sur Internet. Une fois arrivé au guichet, on vous demandera :

- **Hebt u een kortingskaart ?** [*hèptu ən kOrtINskart ?*] (Avez-vous une carte de réduction ?)
- **Hebt u vermindering ?** [*hèptu vərmIndərIN ?*] (Avez-vous une réduction ?)
- **Met korting of de volle prijs ?** [*mèt kOrtIN Of də vOlə prèys ?*] (Avec réduction ou plein tarif ?)

Vous réponderez :

- **Zonder korting** [*zOndər kOrtIN*] (sans réduction)
- **Met korting** [*mèt kOrtIN*] (avec réduction)
- **Ik heb een kortingskaart.** [*Ik hèpən kOrtINskart.*] (J'ai une carte de réduction.)

Certains usagers réguliers du train ou ceux qui préparent un voyage compliqué préfèrent acheter leurs billets à l'avance. C'est la raison pour laquelle le vendeur de billets peut vous demander :

- **Reist u vandaag ?** [*rèyst u vAndaR ?*] (Partez-vous aujourd'hui ?)
- **Wanneer reist u ?** [*wAnér rèyst u ?*] (Quand partez-vous ?)

Lorsque vous voulez savoir le prix du billet avant de le commander, vous demandez :

- **Hoeveel kost een enkele reis naar Knokke ?** [*houvél kOst ən ènkələ rèys nar knOkə ?*] (Combien coûte un aller simple pour Knokke ?)

Il arrive parfois qu'on vous demande de payer **een toeslag** [*ən touslAR*] (un supplément) pour les trains internationaux. Dans ce cas, vous trouverez le mot **toeslag** sur les panneaux affichant **de aankomsttijd** [*də ankOmstèyt*] (l'heure d'arrivée) et **de vertrektijd** [*də vərtrèktèyt*] (l'heure de départ). Pour savoir si vous devez payer un supplément, vous utiliserez l'expression :

- **Moet ik een toeslag betalen voor de trein naar Keulen ?** [*mout Ik ən touslAR bətalə vor de trèyn nar kølə ?*] (Dois-je payer un supplément pour le train qui va à Cologne ?)

L'employé interrogé vous répondra :

- **Ja, u moet toeslag betalen.** [*ya, u mout touslAR bətalə.*] (Oui, vous devez payer un supplément.)
- **Nee, u hoeft geen toeslag te betalen.** [*né, u houft rén touslAR tə bətalə.*] (Non, vous n'avez pas de supplément à payer.)

Conversation

Koen est à la **Sint-Pietersstation** [*sInt pitərstAsyOn*] à **Gent** [*Rènt*] (Gand). Il achète des billets pour un déplacement compliqué la semaine prochaine. Il doit se rendre à un séminaire de formation au **Campus** [*kAmpəs*] (campus) de **Hasselt-Diepenbeek**, le vendredi matin. Après le séminaire, il rendra visite à un ami à **Genk** [*RèNk*], dans la province du Limbourg, dans l'Est de la Flandre. Il y restera pour le week-end et retournera à **Gent** le dimanche soir. Koen a décidé de prendre le train parce que les autoroutes E40 et A2 seront très fréquentées le vendredi matin.

Koen

Volgende week ga ik een ingewikkelde reis maken en ik wil nu alvast de kaartjes kopen.

vOlRəndə wék Ra Ik ən INRəwIkəldə rèys makə èn Ik wIl nu AlvAst də kartyəs kopə.

Prochaine semaine vais-je un compliqué voyage faire et je veux maintenant déjà les billets acheter.

La semaine prochaine je vais faire un voyage compliqué et je veux acheter les billets maintenant.

Verkoopster [*vərkopstər*] vendeuse

OK. Waar gaat de reis naartoe ?

oké. war Radə rèys nartou ?

OK. Où va le voyage vers ?

OK. Où allez-vous ?

Koen

Op vrijdagochtend moet ik om 9 uur op de Campus van Hasselt-Diepenbeek zijn. Aan het eind van de dag reis ik door naar Genk.

Op frèydaRORtənt mout Ik Om néRənur Obdə kAmpəs vAn hAsəlt dipəmbék sèyn. anət èynt vAndə dAR rèys Ik dor nar RèNk.

Sur vendredi matin dois je à 9 heures sur le campus de Hasselt-Diepenbeek être. À la fin de la journée voyage je [particule] vers Genk.

Vendredi matin je dois être à 9 heures au campus de Hasselt-Diepenbeek. En fin d'après-midi je continue jusqu'à Genk.

Verkoopster

Gaat u diezelfde dag nog terug ?

Rat u dizèlfdə dAR nOR trəR ?

Allez-vous ce même jour encore retour ?

Retournerez-vous le même jour ?

Koen

Nee. Ik blijf in Genk tot zondagavond. Dan reis ik terug naar Gent.

né. Ik blèyf IN RèNk tOt sOndARavənt. dAn rèys Ik trəR nar Rènt.

Non. Je reste à Genk jusqu'à dimanche soir. Ensuite voyage-je de retour à Gand.

Non. Je reste à Genk jusqu'à dimanche soir. Ensuite je retourne à Gand.

Verkoopster

Dus een enkele reis Gent Sint-Pieters-Hasselt. Dan een enkele reis Hasselt-Genk. Ten slotte nog een enkele reis Genk-Gent Sint-Pieters.

dəs ən èNkələ rèys Rènt sInt pitərs hAsəlt. dAn ən èNkələ rèys hAsəlt RèNk. tən slOtə nOR ən èNkələ rèys RèNk Rènt sInt pitərs.

Donc un aller simple Gand/Saint-Pierre-Hasselt. Ensuite un aller simple Hasselt-Genk. Finalement un aller simple Genk-Gand/Saint-Pierre

Verkoopster **Ik maak ze zonder datum, dan kunt u ze op de dag zelf afstempelen. Met of zonder korting ?**

Ik mak sə zOndər datəm, dAn kantu zə Obdə dAR zèlf Afstèmpələ. mèt Of sOndər kOrtIN ?

Je fais les sans date, alors pouvez-vous les au jour même composter. Avec ou sans réduction ?

Je les établis sans date, ainsi vous pourrez les composter le jour même. Avec ou sans réduction ?

Koen **Zonder. Hoeveel keer moet ik overstappen ?**

zOndər. houvél kér mout Ik ovərstApə ?

Sans. Combien fois dois-je [particule]changer ?

Sans. Combien de fois dois-je changer de train ?

Verkoopster **Ik maak eerst dit af. Dan maak ik een reisplan voor u. Dat is dan 48,50 euro bij elkaar.**

Ik mak érst dIt Af. dAn mak Ik ən rèysplAn vor u. dAt IzdAn ARtənvértəR øro fèyftəR bèy èlkar.

Je fais d'abord ceci fini. Ensuite fais-je un voyage plan pour vous. Cela est alors 48,50 euros ensemble.

J'en finis d'abord avec ceci. Ensuite je vous prépare un plan de voyage. Cela fait 48,50 euros en tout.

Koen **OK.**

oké

OK.

Verkoopster **Hier is uw reisplan, met alle vertrek- en aankomsttijden, de perrons en de overstappen.**

hir Is uou rèysplAn mèt Alə vərtrèk èn aNkOmstèydə, də pərOns èn də ovərstApə.

Ici est votre voyage plan, avec tous départ et arrivée temps, les quais et les correspondances.

Voici votre plan de voyage, avec toutes les heures de départ et d'arrivée, les quais et les correspondances.

Koen **OK. Bedankt.**

oké. bədANkt.

OK. Merci.

Verkoopster **Goede reis.**

Roudə rèys.

Bon voyage !

Mots clés

ingewikkeld	INRəwIkəlt	compliqué
in-ge-wik-keld	IN-Rə-wIk-əlt	compliqué
volgend(e)	vOlRənt(ə)	prochain, suivant
waar ... naartoe ?	war ... nartou ?	vers ... où ?
doorreizen	dorèyzə	poursuivre le voyage
teruggaan	trəRan	rentrer
ten slotte	tèn slOtə	finalement, pour conclure
de datum	də datəm	la date
afstempelen	Afstèmpələ	oblitérer, composter
overstappen	ovərstApə	changer de train
de overstap	də ovərstAp	la correspondance
afmaken	Afmakə	finaliser
bij elkaar	bèy èlkar	en tout
het perron	ət parOn	le quai

Le temps des horaires

Dans chaque gare, vous verrez des tableaux d'affichage avec **de vertrektijden** [*də vərtrèktèydə*] (les horaires de départ). Voici le vocabulaire qui vous aidera à les lire :

- **het vertrek** [*ət fərtrèk*] (le départ)
- **de aankomst** [*də ankOmst*] (l'arrivée)
- **via** [*via*] (via)
- **op werkdagen** [*Op wèrəkdaRə*] (les jours ouvrables)
- **doorgaande trein** [*dorRandə trèyn*] (train direct)
- **de IC-trein** [*də i sé trèyn*] (train intercity)
- **de L-trein** [*də èl trèyn*] (train omnibus)
- **overstappen** [*ovərstApə*] (changer de train)
- **zon- en feestdagen** [*zOn èn fésdaRə*] (les dimanches et jours fériés)

Vous verrez aussi des affichages avec les heures d'arrivée des trains internationaux et les numéros de quai.

Demande d'informations

Pour vous renseigner sur le train que vous devez prendre, vous pouvez vous adresser en dernière minute au guichet d'informations ou à un contrôleur sur le quai. Voici quelques questions utiles :

- **Van welk perron vertrekt de trein naar Parijs ?** [*vAn wèlk pərOn vərtrèk də trèyn nar pArèys ?*] (De quel quai part le train pour Paris ?)
- **Van welk spoor vertrekt de trein naar de luchthaven ?** [*vAn wèlk spor vərtrèk də trèyn nar də ləRthavə ?*] (De quel quai part le train pour l'aéroport ?)
- **Op welk perron komt de trein uit Luik aan ?** [*Op wèlk pərOn kOm də trèyn əytləyk an ?*] (Sur quel quai arrive le train de Liège ?)
- **Op welk spoor komt de trein uit Nice aan ?** [*Op wèlk spor kOm də trèyn əyt nis an ?*] (Sur quelle voie arrive le train de Nice ?)
- **Heeft de trein vertraging ?** [*héf də trèyn vərtraRIN ?*] (Le train a-t-il du retard ?)
- **Is er een L-trein van Brussel-Zuid naar Berchem ?** [*Is ər ən èl trèyn vAn brəsəl zəyt nar bèrRèm ?*] (Y a-t-il un omnibus de Bruxelles Midi à Berchem ?)

La réponse à la plupart de ces question sera une heure et un numéro. Une réponse à la dernière question sera probablement :

- **Nee. U moet in Mechelen overstappen.** [*né. u mout In mèRələ ovərstApə.*] (Non. Vous devez changer à Malines.)

Les transports en commun

Les villes disposent de nombreux moyens de transport publics. Le métro et les trains de banlieue vous conduisent au centre ; les bus et les tramways vous emmènent aux endroits désirés.

Prendre le bus ou le tramway

Si vous avez besoin d'aide pour trouver le bon bus ou le bon tramway, vous pouvez vous renseigner auprès du **buschauffeur** [*bəs-chofør*] (conducteur de bus) ou du **tramconducteur** [*trAmkOndəktør*] (conducteur de tramway).

Vous pouvez aussi essayer d'étudier le plan qui se trouve dan **het bushokje** [*ət bəs-hOkyə*] (l'Abribus) s'il y en a un.

De bushalte [*bəs-hAltə*] (l'arrêt de bus) n'est souvent rien de plus qu'un poteau comportant le numéro de bus. Il arrive que ce poteau affiche un horaire valable, lisible et compréhensible.

Vous êtes susceptible de trouver des renseignements **bij de tramhalte** [*bèy də trAmhAltə*] (près de l'arrêt du tramway). Sinon, demandez des renseignements à un passant ou à quelqu'un qui attend à l'arrêt.

- **Welke bus gaat naar het centrum ?** [*wèlkə bəs Rat nar ət sèntrəm ?*] (Quel bus va vers le centre ?)
- **Is dit de goede tram naar het Centraalstation ?** [*Iz dIdə Roudə trAm nar ət sèntralstasyOn ?*] (Est-ce le bon tram pour la Gare centrale ?)
- **Stopt deze bus aan de Brusselse Poort ?** [*stObdézə bəs an də brəsələ port ?*] (Ce bus s'arrête-t-il à la porte de Bruxelles ?)
- **Waar moet ik overstappen ?** [*war moutIk ovərstApə ?*] (Où dois-je changer de bus ?)

L'achat des billets de bus, de tramway ou de métro se fait aux arrêts principaux des lignes, plutôt en centre-ville aux guichets des pavillons de tramways.

Conversation

Rutger [*rətRər*] doit prendre le bus, mais il ne sait pas lequel. Il demande à un homme qui attend à côté de lui.

Rutger	**Pardon meneer. Weet u of lijn 148 hier stopt ?**
	pArdOn mənér. wét u Of lèyn hOndərtARtənvértəR hir stOpt ?
	Pardon monsieur. Savez-vous si ligne 148 ici arrête ?
	S'il vous plaît, monsieur. Savez-vous si le bus 148 s'arrête ici ?
Man	**Nee. Hier komt alleen lijn 149. Waar wil je naartoe ?**
[*mAn*]	*né. hir kOmt Alén lèyn hOndərtnéRənənvértəR. war wIl yə nartou ?*
Homme	Non. Ici vient seulement ligne 149. Où veux-tu vers ?
	Non. Ici, c'est seulement la ligne 149. Où voulez-vous aller ?
Rutger	**Naar het Centraalstation.**
	nar ət sèntralstasyOn
	À la Gare centrale.

Man

Je kunt lijn 149 nemen tot aan Het Schijn. Daar stap je over op lijn 56. Die gaat naat het Centraalstation.

yə kənt lèyn hOndərtnéRənənvértəR némə tOt an ət sRèyn. dar stAp yə ovər Op lèyn zèsənvèyftəR. di Rat nar ət sèntralstasyOn.

Tu peux ligne 149 prendre jusqu'au Schijn. Là-bas changes-tu [particule] sur ligne 56. Celle-là va vers la Gare Centrale.

Vous pouvez prendre la ligne 149 jusqu'au Schijn. Là, vous changez pour la ligne 56. Celle-là va vers la Gare centrale.

Rutger

Weet u ook hoe laat bus 149 komt ?

wét u ok hou lat bəs hOndərtnéRənənvértəR kOmt ?

Savez-vous aussi à quelle heure bus 149 vient ?

Savez-vous aussi à quelle heure arrive le 149 ?

Man

Over een paar minuten.

ovər ən par minutə.

Dans une paire de minutes.

D'ici quelques minutes.

Rutger

En is het dan nog ver naar het Centraalstation ?

èn Isət dAn nOR fèr nar ət sèntralstasyOn ?

Et est-il alors encore loin vers la Gare centrale ?

Et est-ce encore loin jusqu'à la Gare centrale ?

Man

Nee. Misschien tien minuten. Er gaan veel bussen naar het Centraalstation. Dus je hoeft niet lang te wachten.

né. mIsRin tin minutə. ər Ran vél bəsə nar ət sèntralstasyOn. dəs yə houft nit lAN tə wARtə.

Non. Peut-être dix minutes. [Er] vont beaucoup bus vers la Gare centrale. Donc tu [avoir besoin] pas longtemps à attendre.

Non. Peut-être dix minutes. Il y a beaucoup de bus qui vont à la Gare centrale. Donc vous n'aurez pas à attendre longtemps.

Rutger

Bedankt voor uw hulp.

bədANkt vor uou həlp.

Merci de votre aide.

Mots clés

de lijn	de lèyn	le numéro de bus
waar ... naartoe ?	war ... nartou ?	vers ... où ?
stoppen	stOpə	s'arrêter
nemen	néma	prendre
hoe laat	hou lat	à quelle heure (subjoncteur)
over een paar minuten	ovər ən par minutə	dans quelques minutes
misschien	mIsRin	peut-être
veel	vél	beaucoup
niet hoeven te wachten	nit houvə tə wARtə	ne pas être obligé d'attendre
lang wachten	lAN wARtə	attendre longtemps

Se faire conduire

Vous ne pouvez héler un taxi en pleine rue ; ils ne prennent que les passagers qui attendent à une **taxistandplaats** [*tAksistAntplats*] (station de taxis). Vous en trouverez près des gares, des salles de spectacle et des hôtels. S'il n'y en a pas qui attendent à l'extérieur de l'hôtel ou d'un bar, vous pouvez demander à la réception de vous appeler un taxi. Comme de nombreuses **taxicentrales** [*tAksisèntraləs*] (centres de gestion de taxis) veulent planifier les trajets, le réceptionniste peut, avant d'appeler, vous demander où vous allez.

Quand vous êtes dans le taxi, **de taxichauffeur** [*də tAksichoføɾ*] (le chauffeur de taxi) enclenche le compteur. En arrivant, vous payez le montant indiqué sur le taximètre, plus un pourboire.

Pour savoir où se trouve la station de taxi la plus proche, vous pouvez poser la question suivante :

- **Waar is de dichtstbijzijnde taxistandplaats ?** [*war Izdə dIRtstbèyzèyndə tAksistAntplats ?*] (Où se trouve la station de taxi la plus proche ?)

Le chauffeur, quand vous êtes installé, vous demandera :

- **Waar wilt u naartoe ?** [*war wIltu nartou ?*] (Où voulez-vous aller ?)

Chapitre 13

Le monde des pépètes

Dans ce chapitre :

- Argent… Quand tu nous tiens !
- Préciser les mots que vous utilisez : *les pronoms relatifs*
- Du côté de la galette
- Couleur argent

Comment parler d'argent ? Ce chapitre y répond. Quant au monde des chiffres et ce qui tourne autour, consultez le chapitre 3. Dans cet univers, vous trouverez les termes adéquats à utiliser à la banque et au bureau de poste.

Le distributeur automatique de biftons (DAB)

Toutes les banques délivrent, entre autres, **een bankkaart** [*ən bANkart*], **een betaalpas** [*əntalpAs*, PB], **een pinpas** [*ən pInpAs*, PB] (une carte bancaire) ou **een kredietkaart** [*ən krèditkart*] **een creditkaart** [*ən krèditkart*, PB] (une carte de débit). Cette carte vous permet de retirer directement de votre **bankrekening** [*bANkrékənIN*] (compte en banque) à un **geldautomaat** [*Rèltaoutomat*] (distributeur automatique de billets), **om geld op te nemen** [*Om Rèlt Op tə némə*] (afin de retirer de l'argent) ou, en langage populaire, **om geld uit de muur te trekken** [*Om Rèlt əydə mur tə trèkə*] (« tirer de l'argent du mur », retirer de l'argent à un DAB). Informez-vous auprès de votre banque sur les différents types de cartes.

Geldautomaten se trouvent un peu partout : à l'intérieur et à l'extérieur des banques, près des gares, dans les centres commerciaux et à l'extérieur des bureaux de poste. Leur densité dans les grandes villes belges n'est pas prévisible. Si vous apercevez une longue file d'attente devant un DAB, c'est que c'est une « denrée rare » dans le quartier. Qui dit mieux ? L'avenue d'Anvers, où les magasins de vêtements abondent, ne contient qu'un seul DAB. Les samedis, l'appareil est visible de loin grâce à la longue file d'attente. Sympa. Pour faire du shopping à Anvers, on vous recommande donc de payer par carte bancaire dans le magasin ou d'apporter votre propre DAB. C'est plus prudent.

Les **geldautomaten** affichent les logos des cartes qu'ils acceptent. Soyez prudent ! La Belgique et les Pays-Bas ont leurs propres marques de cartes à puce. Par exemple, les supermarchés et stations-services avec un bon rapport qualité/prix ne prendront que les cartes belges du type **Mister Cash**® ou **Bancontact**®.

En Belgique, **de geldautomaten**, dès leur apparition – et citoyens modèles –, étaient déjà bilingues dans tout le pays ; aujourd'hui ils sont tous quadrilingues. Il devrait en être de même aux Pays-Bas. Si vous tombez sur un DAB qui ne parle que sa langue maternelle, « tirez-lui la langue » et suivez les directives, suivantes :

- **Voer uw kaart in.** [*vour uou kart In.*] (Introduisez votre carte.)
- **Voer uw pas in.** [*vour uou pAs In, PB.*] (Introduisez votre carte.)
- **Kies uw taal.** [*kis uou tal.*] (Choisissez votre langue.)
- **Voer uw pincode in.** [*vour uou pInkodə In.*] (Saisissez votre code.)
- **Voer het bedrag in.** [*vour ət bədrAR In.*] (Saisissez le montant.)
- **Bevestig het bedrag.** [*bəvèstəR ət bədrAR.*] (Confirmez le montant.)
- **Neem uw pas terug.** [*ném uou pAs trəR.*] (Reprenez votre carte.)
- **Neem uw kaart terug.** [*ném uou kart trəR.*] (Reprenez votre carte.)
- **Neem uw geld.** [*ném uou Rèlt.*] (Prenez votre argent.)
- **Neem uw bon.** [*ném uou bOn.*] (Prenez votre ticket.)

Ouf ! Enfin des sous ! **Contant geld** [*kOntAnt Rèlt*] (de l'argent liquide). Vous avez maintenant de l'argent frais. Vous auriez pu avoir le coup de la panne :

- **Buiten gebruik.** [*bəytə Rəbrəyk.*] (Hors service.)

My God ! Le robot regurgite ma carte et affiche le message laconique :

- **Uw kaart is ongeldig.** [*uou kart Is OnRèldəR.*] (Votre carte n'est pas valide.)
- **Uw pas is ongeldig.** [*uou pas Is OnRèldəR.*] (Votre carte n'est pas valide.)

À sec ! Plus un kopek.

- **Onvoldoende reserve. Neem contact met uw bank.** [*OnvOldounda rézèrvə. ném kOntAkt mèt uou bANk.*] (Réserve insuffisante. Contactez votre banque.)

L'argent nous trouble.

- **Ongeldige pincode.** [*OnRèldəRə pInkodə.*] (Ce code n'est pas valide.)

Prenez garde ! Les trois coups ont frappé. Vous n'avez droit qu'à trois essais. *Oups*, la machine avale votre carte. Maintenant, vous êtes obligé de contacter votre banque. Il faut se refaire ! La banque vous proposera une nouvelle carte qui sera à retirer à votre agence sous huit jours.

La plupart des personnes préfèrent **contant betalen** [*kOntAnt bətalə*] (payer comptant), surtout dans les villes denses, où il est dangereux d'avoir de l'oseille – bien que l'oseille est très prisée en Flandre, car, et j'ouvre une parenthèse, la soupe à l'oseille sur soi, c'est très bon. De plus, c'est un ingrédient indispendable et traditionnel **de zuring** [*də zurIN*], le plat flamand **Paling in 't groen** [*palIN Int Rroun*] (anguilles au vert). Trêve de plaisanterie.

Handelaars [*hAndəlars*] (les commerçants) préfèrent avoir le moins de **contant geld** [*kOntAnt Rèlt*] (argent liquide) **in hun kassa's** [*In hən kAsas*] (dans leurs caisses) et investissent dans **pinautomaten** [*pInaoutomatə*] (des terminaux de paiement). On les voit **op de markt** [*Obdə mArkt*] (au marché), **in de taxi's** [*In də tAksis*] (dans les taxis) et **op de treinen** [*Obdə trèynə*] (dans les trains). Dans certaines parties des villes, **de parkeerautomaten** [*də pArkérautomatə*] (les parcmètres) ne prennent plus les **munten** [*məntə*] (pièces), mais seulement les paiements **met Proton®** [*protOn, B*] ou **chip card** (PB) (carte Monéo®, porte-monnaie électronique sur carte de crédit ou de débit).

Préciser les mots que vous utilisez : DIE, DAT, WAT

Vous entrez maintenant dans le domaine des *pronoms relatifs*. Tout comme les *subordinateurs* (*les conjonctions de subordination*), les *pronoms relatifs* relient deux éléments. Contrairement à une *conjonction*, le *pronom relatif* se rapprte à un *substantif* (un *nom*) situé dans une première phrase. Ce *nom* de la première phrase s'appelle *antécédent* (traduction littérale : « ce qui va avant », « ce qui précède »). Le *pronom relatif* va s'accrocher à *l'antécédent* et lui rajouter une précision dans la forme d'une *proposition subordonnée enchâssée*. Prenons un exemple.

Vous vous rappelez sans doute la conversation où Rutger [*rətRər*] demande à un monsieur le chemin pour la Gare centrale par le biais du bus 149. Voici une précision par rapport à l'homme que nous ne connaissons pas : il habite dans le quartier, et notamment près de l'arrêt de bus. La *subordonnée relative* nous précise de quel homme il s'agit, ainsi que sa relation avec Rutger et l'aide qu'il lui a fournie.

Tableau 13.1. La subordonnée relative enchâssée

Principale	*Subordonnée enchâssée*	*Proposition principale (suite)*
De man		**woont bij de bushalte.**
	die aan Rutger informatie heeft gegeven,	
də mAn	*di an rətRər InfOrmAsi héft RəRévə*	*wont bèy də bəshAlte.*
L'homme	qui a donné une information à Rutger	habite près de l'arrêt de bus.

La *subordonnée relative* est *enchâssée*, ce qui signifie qu'elle interrompt le cours de la *proposition principale* après le *nom* auquel elle s'attache pour le préciser. Après la *subordonnée enchâssée*, la suite de la *proposition principale* est exprimée.

Dans cette structure, **die** [*di*] (qui) est le *pronom relatif* et le *substantif* (le *nom*) **De man** [*də mAn*] (l'homme) est l'*antécédent*. Vérifions, dans le même contexte, que le *pronom relatif* est un *subordinateur*. Il suffit de comparer la structure des deux phrases dans le **tableau 13.1** pour constater que leur structure différente correspond à celle de la *principale* et de la *subordonnée* respectivement.

Tableau 13.2. L'ordre des mots dans la *proposition principale*

Zone de tête	*Premier pôle*	*Zone médiane*	*Second pôle*
De man	***woont***	**bij de bushalte**	**Ø**

Tableau 13.3. L'ordre des mots dans la *proposition subordonnée*

Zone de tête	*Premier pôle*	*Zone médiane*	*Second pôle*
Ø	**die**	**aan Rutger informatie**	***heeft* gegeven.**

Les deux conditions pour identifier une structure de *subordonnée* sont que

1° Le *premier pôle* contienne le *subordinateur* (**die**) ;

2° Le *second pôle* contienne le *verbe conjugué* (**heeft**).

En revanche, le français ne distingue *pas de structure différente* entre la *principale* et la *subordonnée*. C'est la raison pour laquelle nous revenons si souvent sur cette question, qui constitue un problème majeur pour l'apprenant francophone.

Comme le titre l'a déjà annoncé, le *pronom relatif* se manifeste sous trois formes.

Tableau 13.4. Les formes du pronom relatif

Genre de l'antécédent	*Forme*		
substantif **de**	**die**	*di*	qui
substantif **het**	**dat**	*dAt*	qui
une phrase entière	**wat**	*wAt*	ce qui

Passons aux exemples.

POUR LES NOMS **DE**, LE PRONOM RELATIF EST **DIE** (QUI)

- **de creditcard die gestolen is.** [*də krèdItkArt di Rəstolən Is.*] (la carte de crédit qui a été volée.)
- **een creditcard die gestolen is.** [*ən krèdItkArt di Rəstolən Is.*] (une carte de crédit qui a été volée.)
- **de geldautomaat die buiten gebruik is.** [*də Rèldaoutomat di bəytə Rəbrəyk Is.*] (le DAB qui est hors service.)
- **een geldautomaat die buiten gebruik is.** [*ən Rèldaoutomat di bəytə Rəbrəyk Is.*] (un DAB qui est hors service.)
- **de man die op de maan landde.** [*də mAn di Opdə man lAndə.*] (l'homme qui atterrit sur la Lune.)
- **de mannen die op de maan landden.** [*də mAnə di Opdə man lAndə.*] (les hommes qui atterrirent sur la Lune.)
- **de jongen die een brommer heeft.** [*də jONə di ən brOmər héft.*] (le garçon qui a un vélomoteur.)
- **de jongens die brommers hebben.** [*də jONəs di brOmərs hèbə.*] (les garçons qui ont des vélomoteurs.)

POUR LES NOMS **HET**, LE PRONOM RELATIF EST **DAT** (QUI)

- **het geld dat gestolen is.** [*ət Rèl dAt Rəstolən Is.*] (l'argent qui est volé.)
- **geld dat gestolen is.** [*Rèl dAt Rəstolən Is.*] (de l'argent qui a été volé.)
- **het bedrag dat beschikbaar is.** [*ət bədrAR dAt bəsRIkbar Is.*] (le montant qui est disponible.)
- **een bedrag dat beschikbaar is.** [*ən bədrAR dAt bəsRIkbar Is.*] (un montant qui est disponible.)
- **het mannetje dat op de maan landde.** [*ət mAnətyə dAt Opdə man lAndə.*] (le petit homme qui atterrit sur la Lune.)
- **een mannetje dat op de maan landde.** [*ən mAnətyə dAt Opdə man lAndə.*] (un petit homme qui atterrit sur la Lune.)

Les *pluriels*, y compris ceux des noms **het**, ont toujours comme *article défini* **de**. **De** entraîne toujours le *pronom relatif* **die.** Voici la règle abrégée ainsi que quelques exemples :

POUR LES *PLURIELS*, Y COMPRIS CEUX DES *NOMS* **HET**, LE *PRONOM RELATIF* EST **DIE** (QUI)

- **het probleem dat opgelost is.** [*ət problém dAt OpRəlOst Is.*] (le problème qui est résolu.)
- **de problemen die opgelost zijn.** [*də problémə di OpRəlOst zèyn.*] (les problèmes qui sont résolus.)
- **het treinkaartje dat niet meer geldig is.** [*ət trèynkartyə dAt nit mér RèldəR Is.*] (le billet de train qui n'est plus valide.)
- **de treinkaartjes die niet meer geldig zijn.** [*də trèynkartyəs di nit mér RèldəR zèyn.*] (les billets de train qui ne sont plus valides.)

Si *l'antécédent* n'est pas un *nom*, mais une *phrase* entière, vous utilisez le *pronom relatif* **wat**.

POUR UNE PHRASE ENTIÈRE, LE *PRONOM RELATIF* EST **WAT** (CE QUE / CE QUI).

- **De bank is 's avonds gesloten, wat ik niet praktisch vind.** [*də bANk Is savəns Rəslotə, wAt Ik nit prAktis fInt.*] (La banque est fermée le soir, ***ce que*** je ne trouve pas pratique.)
- **Ik kreeg een bekeuring, wat een verrassing voor me was.** [*Ik kréR ən bəkørIN, wAt ən vərAsIN vor mə wAs.*] (Je reçu une contravention, ***ce qui*** fut une surprise pour moi.)

Le *pronom relatif* **wat** est également utilisé avec les *antécédents* **alles** [*Aləs*] (tout), **iets** [*its*] (quelque chose), **weinig** [*wèynəR*] (peu), **niets** [*nits*] (rien), **veel** [*vél*] (beaucoup) ; ce sont les *numéraux indéfinis*.

POUR LES *ANTÉCÉDENTS* **ALLES**, **IETS**, **WEINIG**, **NIETS**, **VEEL**, LE *PRONOM RELATIF* EST **WAT** (CE QUE / QUE)

- **Alles wat je over de treinuren wilt weten, vind je op internet.** [*Aləs wAt yə ovər trèynurə wIlt wétə vInt yə Op Intèrnèt.*] (Tout ce que l'on veut savoir sur les horaires de train, on le trouve sur Internet.)
- **Dat is iets wat iedereen interessant vindt.** [*dAt Iz its wAt idərén IntèrèsAnt fInt.*] (C'est quelque chose que tout le monde trouve intéressant.)
- **Er is weinig wat hij niet weet over sportwagens.** [*ər Is wèynəR wAt èy nit wét ovər spOrtaoutos.*] (Il y a peu de choses qu'il ignore au sujet des voitures de sport.)

- **Er is niets wat mij zo vermoeit als in de file staan.** [*ər Is nits wAt mə zo vərmouyt dAn In də filə stan.*] (Il n'y a rien qui me fatigue plus que de me trouver dans un embouteillage.)
- **Veel van wat je wilt doen met het Nederlands vind je in dit boek.** [*vél vAn wAt yə wIl doun mèt ət nédərlAnts vInt yə In dIt bouk.*] (Tu trouveras tout ce que tu veux savoir sur le néerlandais dans ce livre.)

À la banque

Pour ouvrir **een bankrekening** [*ən bANkrékənIN*] (un compte en banque), vous devez fournir de nombreuses pièces : **een paspoort** [*ən pAsport*] (un passeport), un justificatif de domicile, une preuve de revenus, et autres. Les ressortissants non UE ont besoin d'encore davantage de documents.

Banque par Internet

Internetbankieren [*IntèrnètbANkirə*] (gérér vos comptes par Internet) fait gagner beaucoup de temps. De plus, actuellement, toutes les banques en offrent la possibilité. Elles vous permettent de **om uw rekeningen te beheren** [*Om uou rékənIN tə bəhérə*] (gérer votre compte) : votre **lopende rekening** [*lopəndə rékənIN*] ou **rekening courant** [*rékənIN kourAnt*-PB] (compte courant) ou **uw spaarrekening** [*uou sparékənIN*] (votre compte d'épargne). **Via de computer** [*via də kOmpyoutər*] (par le biais de l'ordinateur), vous pouvez **geld overschrijven** [*Rèlt ovərsRrèyvə*] ou **geld overmaken** [*Rèlt ovərmakə*-PB] (« virer » de l'argent). Vous pouvez prendre connaissance de **stand van de rekening** [*stAnt fAn de rékənIN*] (l'état du compte) : il vous montrera **het tegoed** [*ət təRout*] ou **het positief banksaldo** [*ət pozitif bANksAldo*] (le solde créditeur) ou **het tekort** [*ət təkOrt*] (le solde débiteur) dans le cas d'un **overtrokken rekening** [*ovərtrOkə rékənIN*] (le solde débiteur).

Appelons un chat un chat

Het overschrijvingsformulier [*ət ovərsRrèyvINsfOrmulir*] ou **de acceptgiro** [*də AksèptRiro* (PB)] (le formulaire de virement) a cédé la place aux paiements par Internet.

Dans le cas de fournitures régulières (téléphone, électricité, services mensuels aux montants variables), les sociétés vous envoient une facture accompagnée d'un **permanent overschrijvingsformulier** [*pèrmanènt ovərsRèyvINsfOrmulir*] ou **acceptgiro** [*Aksèptgiro*] (demande de prélèvement), que vous signez et envoyez à votre banque.

Quand le montant périodique est invariable, dans le cas de **een huishuur** [*ən həyshur*] (un loyer), par exemple, le fournisseur de service, **de verhuurder of huiseigenaar** [*də vərhurdər Of həysèyRənar*] (le loueur ou propriétaire) préfère **een domiciliëring** [*domisiliérIN*] ou **automatische overschrijving** [*aoutomatisə ovərsRèyvIN*] (un ordre permanent).

Toutes les banques prennent **commissie** [*kOmIsi*] (des commissions) pour la plupart des transactions, comme aux Pays-Bas, quand vous voulez **geld opnemen** [*Rèlt Opnémə*] (retirer de l'argent à un distributeur).

Lorsque vous vous rendez à la banque pour retirer un montant important, on vous demandera de prévenir 24 heures à l'avance. Voici quelques phrases dont vous aurez besoin :

- **Ik heb gisteren gebeld om te vragen drieduizend euro contant geld voor mij klaar te leggen.** [*Ik hèp RIstərə Rəbèlt Om tə vraRə dridəyzənt øro kOntAnt Rèlt vor mèy klar tə lèRə.*] (J'ai appelé hier pour vous demander de préparer trois mille euros en argent liquide pour moi.)
- **Mag ik uw paspoort zien ?** [*mAR Ik uou pAsport sin ?*] (Puis-je voir votre passeport ?)
- **Mag ik uw bankkaart zien ?** [*mAR Ik uou bANkart sin ?*] (Puis-je voir votre carte bancaire ?)
- **Mag ik uw betaalpas zien ?** [*mAR Ik uou bətalpAs sin ?* – PB] (Puis-je voir votre carte bancaire ?)
- **Wilt u hier tekenen ?** [*wIlt u hir tékənə ?*] (Voulez-vous signer ici ?)
- **Waar moet ik tekenen ?** [*war mout Ik tékənə ?*] (Où dois-je signer ?)
- **U kunt met dit document het geld afhalen aan de kassa.** [*u kənt mèdIt dokumènt ət Rèlt Afhalə an də kAsa.*] (Avec ce document vous pouvez retirer l'argent à la caisse.)

Au bureau de poste

Le courrier électronique a pour partie remplacé **de brief** [*də brif*] (la lettre). Toutefois, **de postbode** [*də pOsbodə*] (le facteur) nous apporte chaque jour **zakelijke post** [*zakələkə pOst*] (du courrier professionnel), **pakjes** [*pAkyəs*] (des colis), **verjaardagskaarten** [*vəryardARskartə*] (des cartes d'anniversaire) et **kerst- en nieuwjaarskaarten** [*kèrst èn niouyarskartə*] (des cartes de Noël et du Nouvel An).

Si vous souhaitez envoyer une lettre, les phrases suivantes seront utiles :

- **Waar is de brievenbus ?** [*war Izdə brivəbəs ?*] (Où est la boîte aux lettres ?), ou

- **Waar is er een brievenbus ?** [*war Is ər ən brivəbəs ?*] (Où y a-t-il une boîte aux lettres ?), ou
- **Waar is de dichtstbijzijnde brievenbus ?** [*war Iz də dIRtstbèyzèyndə brivəbəs ?*] (Où est la boîte aux lettres la plus proche ?)

Quand vous aurez trouvé la boîte aux lettres, elle contiendra des mentions comme :

- **De volgende lichting is om 17 : 00 uur.** [*də vOlRəndə lIRtIN Is Om zévətin ur.*] (La prochaine levée est à 17 heures.)

Lorsque vous vous rendez au bureau de poste, la question à poser est :

- **Waar is het dichtstbijzijnde postkantoor ?** [*war Is ət dIRtstbèyzèyndə pOskAntor ?*] (Où est le bureau de poste le plus proche ?)
- **Wat zijn de openingstijden van het postkantoor ?** [*wAt sèyn də opənINstèydə vAn ət pOskAntor ?*] (Quelles sont les horaires du bureau de poste ?)

In het postkantoor [*Inət pOskAntor*] (Dans le bureau de poste), il y a des **loketten** [*lokètə*] (des guichets) et **balies** [*balis*] (des bureaux de réception). S'il y a du monde, il importe de faire la queue au bon guichet, encore faut-il l'identifier. Les guichets affichent les indications suivantes :

- **Alle bewerkingen.** [*Alə bəwèrkINə.*] (Toutes opérations).
- **Alle lokethandelingen.** [*Alə lokèthAndəlINə*– PB.] (Toutes opérations).
- **De postbank.** [*də pOsbANk.*] (La banque postale).
- **Postpaketten.** [*pOstpAkètə.*] (Colis).
- **Uitbetalingen.** [*əytbətalINə.*] (Paiements).
- **Aangetekende stukken.** [*anRətékəndə stəkə.*] (Plis recommandés).
- **Postzegels.** [*pOséRəls.*] (Timbres).
- **Zegelverkoop.** [*zéRəlvèrkop.*] (Vente de timbres).

Voici quelques questions et demandes que vous adresserez à l'employé :

- **Hoeveel moet er op een prentkaart ?** [*houvél mout er Op ən prèntkart ?*] (Combien faut-il mettre sur une carte postale ?)
- **Hoeveel moet er op een ansichtkaart ?** [*houvél mout er Op ən AnzIRtkart ?* – PB] (Combien faut-il mettre sur une carte postale ?)
- **Hoeveel moet er op drukwerk ?** [*houvél mout er Op ən drəkwèrk ?*] (Combien faut-il mettre sur des imprimés ?)
- **Wilt u deze brief frankeren ?** [*wIlt u dézə brif frANkérə ?*] (Voudriez-vous affranchir cette lettre ?)

- **Moet dit per postpakket ?** [*moudIt pər pQspAkèt ?*] (Allez-vous envoyer cela par colis ?)
- **Drie postzegels van zestig cent alstublieft.** [*dri pQséRəls vAn sèstəR sènt Alstublift.*] (Trois timbres de soixante cents s'il vous plaît.)

Les philatélistes demanderont :

- **Hebt u ook speciale postzegels ?** [*hèpt u ok spésyalə pQséRəls ?*] (Avez-vous aussi des timbres spéciaux ?)
- **Hebt u ook bijzondere postzegels ?** [*hèpt u ok bizQndərə pQséRəls ?*] (Avez-vous aussi des timbres spéciaux ?)
- **Ik wil graag deze serie.** [*Ik wIl RraG dézə séri.*] (J'aimerais avoir cette série-là.)

Évidemment, vous savez comment adresser une lettre. **Aan de voorkant van de envelop** [*an də vorkAnt vAn də ènvəlOp*] (Sur la face de l'enveloppe) doivent figurer **de geadresseerde** [*də RəAdrèsérdə*] (le destinataire), **de straat** [*də strat*] (la rue), **het huisnummer** [*ət haysnəmər*] (le numéro du domicile) ou **het postbusnummer** [*ət pQzbəsnəmər*] (le numéro de boîte postale), **het postnummer** [*ət pQstnəmər*] ou **de postcode** [*də pQstkodə*– PB] (le code postal), **de woonplaats** [*də wonplats*] (le lieu d'habitation), soit **de stad** [*də stAt*] (la ville) ou **de gemeente** [*də Raménta*] (la commune) et si **de bestemming** [*də bəstèmlN*] (la destination) de la lettre est l'étranger, **het land** [*ət lant*] (le pays).

Aan de achterkant van de envelop [*an də ARtərkAnt vAn də ènvəlQp*] (Sur le dos de l'enveloppe) figurent **de naam van de afzender** [*də nam vAn də Afsèndər*] (le nom de l'expéditeur) **en zijn adres** [*èn zən Adrès*].

L'enveloppe doit aussi comporter **een postzegel** [*ən pQséRəl*] (un timbre). Vous pouvez envoyer votre lettre **aangetekend** [*anRətékənt*] (en recommandé) ou par une des formules d'envoi sécurisé ou rapide.

Conversation

Rutger [*rətRər*] se trouve au bureau de poste. Il veut acheter des timbres spéciaux de décembre pour envoyer ses cartes de Noël. Il a fait la queue très longstemps, mais au moment où c'est son tour, une dame passe devant lui. Attention au « crépage de chignon » qui est toujours en vigueur ! Trêve de plaisanterie… Maintenant, pour éviter les désaccords dans les files d'attente, des distributeurs de tickets d'attente on été mis en place.

Rutger **Ik ben aan de beurt. Ik sta al een hele tijd te wachten.**

Ik bèn an də børt. Ik sta Al ən hélə tèyt tə wARtə.

C'est mon tour. Ça fait un bon moment que j'attends.

Dame	**Ik heb haast.**
[*damə*]	*Ik hèp hast.*
Dame	Je suis pressée.
Bediende	**U kunt achter aansluiten.**
[*bədində*]	*u kənt ARtər ansləytə.*
Employé	Vous pouvez fermer la queue.
Bediende tot Rutger	**Nu bent u aan de beurt.**
[*bədində tOt rətRər*]	*nu bènt u an də børt.*
Employé à Rutger	Maintenant le tour est à vous. Maintenant c'est à vous.
Rutger	**Ik wil graag 30 speciale zegels.** *Ik wIl RraR dèrtəR spésyalə zéRəls.* Je veux bien 30 spéciaux timbres. Je voudrais 30 timbres spéciaux.
Bediende	**We verkopen ze in vellen van 20. Wilt u er 20 of 40 ?** *wə vərkopə zə In vèlə vAn twIntəR. wIlt u ər twIntəR Of fértəR ?* Nous vendons les en feuilles de 20. Voulez-vous en 20 ou 40 ? Nous les vendons par carnet de 20. En voulez-vous 20 ou 40 ?
Rutger	**Geef er maar 40.** *géf ər mar fértəR.* Donnez en [particule] 40. Donnez-m'en 40.
Bediende	**Wilt u een kassabon ?** *wIlt u ən kAsabOn ?* Voulez-vous un caisse ticket ? Voulez-vous un ticket de caisse ?
Rutger	**Nee. Dat is niet nodig.** *né. dAt Is nit nodəR.* Non. C'est pas nécessaire. Non. Ce n'est pas nécessaire.
Bediende	**Wilt u met een bankkaart betalen ?** *wIlt u mèt ən bANkart bətalə ?* Voulez-vous payer par carte ?

Rutger **Ja graag.**

ya. Rrar.

Oui, s'il vous plaît.

Bediende **De magneetstrip aan de andere kant graag. Ja zo. U kunt nu uw code intikken.**

də mARnétstrIp an də Andərə kAnt Rrar. ya zo. u kənt nu uou kodə Intlkə.

La bande magnétique est de l'autre côté, s'il vous plaît. Oui, comme ça. Vous pouvez saisir votre code.

Bediende **Alstublieft, uw bon. Fijne feestdagen.**

Alstublift uou bOn. fèyne fésdaRə.

S'il vous plaît, votre ticket. Bonnes fêtes.

Voici votre ticket. Bonnes fêtes.

Mots clés

ik ben aan de beurt	Ik bèn an də bøRt	c'est mon tour
staan te wachten	stan tə wARtə	être debout (attente)
een hele tijd	ən hélə tèyt	longtemps
haast hebben	hast hèbə	être pressé
aansluiten	anslœyten	fermer les rangs
achter	ARtər	derrière
het vel	ət fèl	le carnet (de timbres)
met een bankkaart betalen	mèt ən bANkart bətalə	payer par carte
de zegels	də zéRəls	les timbres
geven	Révə	donner
de magneetstrip	də mARnétstrIp	la bande magnétique
de bon	də bOn	le ticket de carte bancaire

Chapitre 14

Nomade à ses heures !

Dans ce chapitre :

- Chercher un hôtel
- Accueil… courtoisie oblige !
- Quitter les lieux en bonne et due forme

Lors de vos déplacements prolongés, professionnels ou de loisirs, il est impératif de savoir où dormir. Ce chapitre vous apporte des solutions, dont les mots clés pour vous aider à trouver un hôtel et savoir comment agir en pareilles circonstances.

Chercher un hôtel

Le guide des hôtels que l'on trouve en librairie peut vous être d'une grande utilité. Si vous en avez la possibilité, surfez sur le Net. Vous pouvez également trouver des informations **bij het toerismebureau** [*bèy ət tourIsmeburo*] ou **de VVV** [*də vévévé*-PB], **de Vereniging voor Vreemdelingenverkeer** [*də vərénIRIN vor vrémdəlINəvərkér*-PB] (le syndicat d'initiative).

Le bouche-à-oreille peut s'avérer très utile. Tous les hôtels ne sont pas répertoriés et vous pouvez avoir un coup de chance :

- **Kunt u me een hotel aanbevelen ?** [*kənt u mə ən hotèl ambəvélə ?*] (Pouvez-vous me un hôtel recommander ? Pouvez-vous me recommander un hôtel ?)

Le mot générique pour un hôtel est **het hotel** [*ət hotèl*] (l'hôtel). Il existe tous types d'établissements ; certains s'appellent autrement. **Het motel** [*ət motèl*] (le motel), par exemple, est appelé ainsi parce qu'il se trouve près d'une autoroute. Pour ceux qui veulent séjourner plus longtemps, **een appartementenhotel** [*ən ApArtəmèntəhotèl*] (un apparthôtel) peut être une solution. Les bourlingueurs préféreront le **bed and breakfast** [*bèt èn brèkfəst*-PB] (une chambre d'hôtes), qui offre un accueil convivial et la possibilité de côtoyer d'autres voyageurs. **Een jeugdherberg** [*ən yøRthèrbèrR*] (une auberge de jeunesse) propose des prix défiant toute concurrence, sans luxe. Pour les vacances, il y a **de vakantiedorpen** [*de vakAnsidOrpə*] (les villages de vacances) et **de vakantiehuisjes** [*də vakAnsihəychəs*] (les bungalows de vacances). L'ensemble ressemble fort au complexe immobilier de vacances, c'est-à-dire avec piscine et restaurant.

Réserver une chambre

Réserver une chambre va de soi, surtout lors de la haute saison ou lorsqu'il y a des événements spéciaux. Tous les hôtels peuvent être pris d'assaut ! Faute d'avoir réservé une chambre, vous risquez de rencontrer un souci d'hébergement. Dans ce cas, il est préférable de chercher un hôtel à l'extérieur du centre-ville. Demandez de l'aide au **tourismebureau** ou auprès du **VVV** (syndicat d'initiative). Si nécessaire, reportez-vous au chapitre 9, qui vous donne des conseils appropriés pour faire une réservation par téléphone. Lorsque le réceptionniste de l'hôtel décroche, vous précisez la raison de votre appel, en disant :

- **Ik wil graag een kamer reserveren.** [*Ik wIl RraR ən kamər rézèrvérə.*] (J'aimerais réserver une chambre.)

Si vous voulez réserver plusieurs chambres, vous devez rajouter le nombre et utiliser le pluriel :

- **Ik wil graag twee kamers reserveren.** [*Ik wIl RraR twé kamərs rézèrvérə.*] (J'aimerais réserver deux chambres.)

Arrivée et durée du séjour

Lors de votre réservation, un certain nombre de questions vous seront posées par le réceptionniste. Vous aurez donc besoin d'exprimer des nombres et des dates. Référez-vous au chapitre 3.

- **Voor wanneer wilt u een kamer reserveren ?** [*vor wAnér wIlt u ən kamər rézèrvérə ?*] (Pour quand voulez-vous réserver une chambre ?)
- **Van wanneer tot wanneer wilt u een kamer reserveren ?** [*vAn wAnér tOt wAnér wIlt u ən kamər rézèrvérə ?*] (De quand à quand voulez-vous réserver une chambre ?)

Pour indiquer le nombre de nuits et la date de votre réservation, utilisez l'une des formulations ci-après :

- **Ik wil een kamer reserveren voor vier nachten.** [*Ik wIl ən kamər rézèrvérə vor vir nARtə ?*] (Je veux une chambre réserver pour quatre nuits. Je veux réserver une chambre pour quatre nuits.)

- **Ik wil een kamer reserveren van 2 tot 4 september.** [*Ik wll ən kamər rézèrvérə vAn twé tOt fir sèptèmbər.*] (Je veux une chambre réserver du 2 au 4 septembre. Je veux réserver une chambre du 2 au 4 septembre.)

Quels types ?

De receptionist of de receptioniste [*də résèpsyOnIst Ovdə résepsyOnIstə*] (le réceptionniste ou la réceptionniste) a besoin de savoir quel type de chambre vous souhaitez :

- **Wat voor kamer wilt u hebben ?** [*wAt for kamər wIlt u hèbə ?*] (Quel type de chambre voulez-vous avoir ?)

Vous pouvez prendre l'initiative et indiquer le type de chambre que vous cherchez en disant :

- **Ik wil graag ...** [*Ik wll RraR...*] (Je voudrais...)
  - **een eenpersoonskamer** [*ən énpərsonskamər*] (une chambre pour une personne)
  - **een tweepersoonskamer** [*ən twépərsonskamər*] (une chambre pour deux personnes)
  - **een rookvrije kamer** [*ən rokfrèyə kamər*] (une chambre non-fumeur)
  - **een kamer op de eerste verdieping** [*ən kamər Obdə érstə vərdipIN*] (une chambre au premier étage)
- **Ik wil graag een kamer met ...** [*Ik wll RraR ən kamər mèt...*] (Je voudrais une chambre avec...)
  - **douche** [*douch*] (douche)
  - **bad** [*bAt*] (baignoire)
  - **een tweepersoonsbed** [*ən twépərsonzbèt*] (un lit pour deux)
  - **twee eenpersoonsbedden** [*twé énpərsonzbèdə*] (deux lits individuels)

TRUC

Wat voor (een)... wilt u ?

L'utilisateur de l'expression interrogative **Wat voor (een)... wilt u ?** pose la question du type d'objet (sa sorte, sa catégorie) qu'un client ou un locataire souhaite. Par exemple, lorsqu'un acheteur de voiture se rend chez un concessionnaire, et qu'il précise la marque de voiture, la couleur et le type de la voiture sans en dire davantage, le concessionaire demandera :

- **Wat voor Audi Q5 wilt u ? 2 liter TDI of 2 liter TFSI ?** [*wAtfor aoudi ku vèyf wllt u ? ən twé litər té dé i Of ən twé litər té èf ès i ?*] (Quel type d'Audi Q5 voulez-vous ? Un deux litres TDI ou un deux litres TFSI ?)

Voilà une question qui demande un type, une classe ou une catégorie d'objets.

- **Wat voor kamer wilt u hebben ?** [*wAt for kamər wIlt u hèbə ?*] (Quel type de chambre voulez-vous avoir ?)
- **Wat voor hotel zoekt u ?** [*wAt for hotèl zoukt u ?*] (Quel type d'hôtel cherchez-vous ?)
- **Wat voor wijn wilt u ? Rode of witte ?** [*wAt for wèyn wIlt u ?*] (Quel vin voulez-vous ?)

Pour ce qui est du vin, vous n'êtes pas sorti de l'auberge car le choix est immense !

Tout a un prix !

Pour connaître le détail du prix de la chambre, voici les bonnes questions à poser :

- **Hoeveel kost de kamer ?** [*houvél kOsdə kamər ?*] (Combien coûte la chambre ?)
- **Hoeveel is een overnachting met ontbijt ?** [*houvél Is ən ovərnARtIN mèt Ontbèyt ?*] (Combien coûte une nuit avec petit déjeuner ?)
- **Hoeveel is een kamer met volpension ?** [*houvél Isən kamər mèt fOlpensyOn ?*] (Combien coûte une chambre avec pension complète ?)
- **Hoeveel is een kamer met halfpension ?** [*houvél Isən kamər mèt hAlfpensyOn ?*] (Combien coûte une chambre en demi-pension ?)

En finir avec la réservation

Pour confirmer votre demande, vous dites :

- **Wilt u de kamer voor mij reserveren ?** [*wIlt u də kamər vor mèy rézèrvérə ?*] (Voulez-vous me réserver cette chambre ?)

Conversation

Lea [*léa*] et son compagnon prévoient de passer un long week-end sur la côte. Lea appelle l'un des hôtels.

Receptionist **Hotel Van Duyn. Goedemorgen.**
hotèl vAn dəyn. RoudəmOrRə.
Hôtel Van Duyn. Bonjour.

Lea **Goedemorgen. Met Lea Van Landegem. Hebt u een kamer vrij voor het eerste weekend van september, dus 3 en 4 september ?**

RoudəmOrRə. mèt léa vAn lAndəRèm. hèptu ən kamər vrèy vor ət érstə wikènt vAn sèptèmbər, dəs dri èn vir sèptèmbər ?

Bonjour. Avec Lea Van Landegem. Avez-vous une chambre de libre pour le premier week-end de septembre, donc 3 et 4 septembre ?

Bonjour. Lea Van Landegem à l'appareil. Avez-vous une chambre libre pour le premier week-end de septembre, soit les 3 et 4 septembre ?

Receptionist **Even kijken. Wat voor kamer wilt u reserveren ?**

évə kèykə. wAtfor kamər wIlt u rézèrvérə ?

Je regarde. Quel type de chambre voulez-vous réserver ?

Lea **Ik wil een tweepersoonskamer reserveren.**

Ik wIl ən twépərsonskamər rézèrvérə.

Je veux réserver une chambre pour deux personnes.

Receptionist **U hebt geluk. We hebben nog net een tweepersoonskamer over.**

u hèpt Rələk. Wə hèbə nOR nèt én twépərsonskamər ovər.

Vous avez de la chance. Il nous reste juste une chambre double.

Lea **Is dat een kamer met bad ?**

IzdAt ən kamər mèd bAt ?

Est-ce une chambre avec bain ?

Receptionist **Het is een kamer met een tweepersoonsbed en met een douche. Er is geen bad. Is dat een probleem ?**

ət Isən kamər mèt ən twépərsonsbet èn mèt ən douchə. èr is Rén bAt.Iz dAt ən problém ?

C'est une chambre avec un double lit et avec douche. Il n'y a pas de baignoire. Est-ce un problème ?

Lea **Dat hangt ervan af. Wat is de prijs voor twee nachten ?**

dAt hANt ərvAn Af. wAt iz də prèys vor twé nARtə ?

Receptionist **Voor een weekend van twee nachten is het 227,50 euro per persoon.**

vor ən wikènt vAn twé nARtə is ət twéhOndərtzévənəntwIntəR øro fèyftər pər pərson.

Pour un week-end de deux nuits c'est 227,50 euros par personne.

Lea **O, dat is veel duurder dan ik dacht.**

o, dAt Is fél durdər dAn Ik dARt.

Oh, c'est beaucoup plus cher que je ne pensais.

Receptionist **We zitten nog in het hoogseizoen.**

wə zItə nOR In ət hoRsèyzoun.

C'est encore la haute saison.

Lea **OK. Maar ik wil eerst met mijn partner overleggen.**

oké. mar Ik wIl érst mèt mən pArtnər ovərlèRə.

OK. Mais je veux d'abord consulter mon compagnon.

Receptionist **Wacht niet te lang als u wilt boeken. Vanwege het mooie weer krijgen we veel telefoontjes.**

wARt nit tə lAN Als u wIlt boukə. vAnwéRə ət moyə wér krèyRə wə vél téléfontyəs.

N'attendez pas trop longtemps si vous voulez réserver. À cause du beau temps nous recevons beaucoup d'appels.

Lea **Ik bel over een half uur terug. In ieder geval bedankt voor de informatie.**

Ik bèl ovər ən hAlf ur trəR. In idər RəvAl bədANkt vor də InfOrmasi.

Je vous rappelle dans une demi-heure. De toute façon, merci pour les informations.

Receptionist **Graag gedaan. Fijne dag nog.**

RraR Rədan. fèynə dAR nOR.

Il n'y a pas de quoi. Bonne journée.

Lea **Ja. Insgelijks.**

ya. InsRəlèyks

Vous de même.

Mots clés

duur	dur	cher
duurder	durdər	plus cher
U hebt geluk.	u hèpt Rələk	Vous avez de la chance.
een hele tijd	ən hélə tèyt	longtemps
het bad	ət bat	la baignoire
afhangen van	AfhANə vAn	dépendre de
het hoogseizoen	ət hoRsèyzoun	la haute saison
overleggen	ovərlèRə	consulter
boeken	bouka	réserver
vanwege	vAnwéRə	à cause de
terugbellen	trəRbèlə	rappeler
insgelijks	InsRəlèyks	pareillement

Accueil… courtoisie oblige !

Lorsque vous arrivez à l'hôtel, vous vous annoncez **aan de receptie** [*an də résèpsi*] (à l'accueil). Vous dites :

- **Ik heb een kamer gereserveerd.** [*Ik hèp ən kamər gərézèrvért.*] (J'ai réservé une chambre.)
- **Mijn naam is Luc Van Daele.** [*mən nam Is lək vAn dalə*] (Mon nom est Luc Van Daele.)

Durée incertaine ? Euh…

Pour vérifier la durée de votre séjour, la réception vous demandera :

- **Hoeveel nachten blijft u ?** [*houvél nARtə blèyft u ?*] (Combien de nuits restez-vous ?)

Vous répondez :

- **Ik blijf…** [*Ik blèyf…*] (Je reste…)

- **maar een nacht** [*mar én nARt*] (une seule nuit)
- **drie nachten** [*dri nARtə*] (trois nuits)
- **een week** [*én wék*] (une semaine)
- **tot de 28ste** [*tOdə ARtəntwIntəRstə*] (jusqu'au 28)

Formalité hôtelière

Il arrive qu'un réceptionniste vous demande de remplir un formulaire :

- **Wilt u alstublieft dit formulier invullen ?** [*wIlt u Alstublift dIt fOrmulir Invulə ?*] (Voulez-vous s'il vous plaît remplir cet imprimé ?)

Ce que vous avez à fournir comme informations peut être très variable. Parfois votre nom et adresse suffisent.

- **naam** [*nam*] (nom)
- **voornamen** [*vornamə*] (prénoms)
- **straat en huisnummer** [*strat èn haysnəmər*] (rue et numéro)
- **postcode** [*pOskodə*] (code postal)
- **woonplaats** [*wonplats*] (lieu de résidence)
- **geboortedatum** [*Rəbortədatəm*] (date de naissance)
- **nationaliteit** [*nasyonalitèyt*] (nationalité)
- **beroep** [*bəroup*] (profession)
- **paspoortnummer** [*pAsportnəmər*] (numéro de passeport)
- **nummerplaat auto** [*nəmərplat aouto*] (numéro d'immatriculation de la voiture)
- **kenteken auto** [*kèntékən aouto*-PB] (numéro d'immatriculation de la voiture)
- **plaats en datum** [*plats èn datəm*] (lieu et date)
- **handtekening** [*hAndtékənIN*] (signature)

Une fois que vous êtes enregistré, le réceptionniste vous indique le numéro de votre chambre :

- **U hebt kamer nummer 25.** [*u hèpt kamər nəmər vèyfətwIntəR.*] (Vous avez la chambre numéro 25.)

On vous remet la clé électronique (une carte à puce pour entrer dans la chambre) ou une clé traditionnelle, accrochée à un porte-clé comportant le numéro de la chambre.

Dans les hôtels ayant des clés traditionnelles, vous devrez rendre la clé à la réception avant de quitter l'hôtel. En revenant, vous aurez besoin de la clé. Vous pouvez la demander à l'aide de l'une des phrases suivantes :

- **Mag ik mijn sleutel hebben ? Nummer 25.** [*mAR Ik mən sløtəl hèbə ? nəmər vèyfətwIntəR.*] (Puis-je avoir ma clé ? Numéro 25.)
- **De sleutel van kamer 25 alstublieft.** [*də sløtəl van kamər vèyfətwIntəR Alstublift.*] (La clé de la chambre 25 s'il vous plaît.)

Vous aurez probablement des bagages avec vous, **zoals een koffer** [*zoAls ən kOfər*] (tels qu'une valise) ou même **een paar koffers** [*ən par kOfərs*] (plusieurs valises). Pour tout mentionner, vous utilisez le mot **de bagage** [*də baRaZə*] (les bagages). Si vous avez besoin d'aide pour porter vos bagages, vous demandez :

- **Kan iemand mij met mijn bagage helpen ?** [*kAn imAnt mèy mèt mən baRaZə hèlpə ?*] (Quelqu'un peut-il m'aider avec mes bagages, s'il vous plaît ?)

À qui sont ces bagages ? Ce sont les miens bien sûr !

Les mots qui expriment la possession sont des *pronoms possessifs* (en français : les *adjectifs possessifs*).

Regardons ensemble ce tableau qui est suffisamment explicite.

Tableau 14.1. Les pronoms possessifs

Ik heb bagage. *Ik hèb baRaZə.* J'ai des bagages.	**Dat is mijn bagage.** *dAt Is mèyn baRaZə.* Ce sont mes bagages.	**mijn**
Jij hebt bagage. *yèy hèbt baRaZə.* Tu as des bagages.	**Dat is jouw bagage.** *dAt Is yaou baRaZə.* Ce sont tes bagages.	**jouw**
U hebt bagage. *u hèpt baRaZə.* Vous avez des bagages.	**Dat is uw bagage.** *dAt Is uou baRaZə.* Ce sont vos bagages.	**uw**
Hij heeft bagage. *èy héft baRaZə.* Il a des bagages.	**Dat is zijn bagage.** *dAt Is sèyn baRaZə.* Ce sont ses bagages.	**zijn**
Zij heeft bagage. *zèy héft baRaZə.* Elle a des bagages.	**Dat is haar bagage.** *dAt Is har baRaZə.* Ce sont ses bagages.	**haar**

Wij hebben bagage. *wèy hèbə baRaZə.* Nous avons des bagages.	**Dat is onze bagage.** *dAt Is Onzə baRaZə.* Ce sont nos bagages.	**ons / onze**
Jullie hebben bagage. *yəli hèbə baRaZə.* Vous avez des bagages.	**Dat is jullie bagage.** *dAt Is yəli baRaZə.* Ce sont vos bagages.	**jullie**
Zij hebben bagage. *zèy hèbə baRaZə.* Ils / Elles ont des bagages.	**Dat is hun bagage.** *dAt Is hən baRaZə.* Ce sont leurs bagages.	**hun**

Ainsi :

Tableau 14.2. Les pronoms personnels forme sujet et les pronoms possessifs

Pronoms personnels				***Pronoms possessifs***			
Formes réduites		Formes pleines		Formes réduites		Formes pleines	
'k	*k*	**Ik**	*Ik*	**M'n**	*mən*	**Mijn**	*mèyn*
Je	*yə*	**Jij**	*yèy*	**Je**	*yə*	**Jouw**	*yaou*
U	*u*	**U**	*u*	**Uw**	*uou*	**Uw**	*uou*
Hij	*èy*	**Hij**	*èy*	**Z'n**	*zən*	**Zijn**	*zèyn*
Ze	*zə*	**Zij**	*zèy*	**D'r / 'r**	*dər*	**Haar**	*har*
't	*t*	**Het**	*ət*	**Z'n**	*zən*	**Zijn**	*zèyn*
We	*wə*	**Wij**	*wèy*	**Ons / Onze**	*Ons / Onzə*	**Ons / Onze**	*Ons / onzə*
Jullie	*yəli*	**Jullie**	*yəli*	**Jullie**	*yəli*	**Jullie**	*yəli*
Ze	*zə*	**Zij**	*zèy*	**Hun**	*hən*	**Hun**	*hən*

L'utilisation des formes pleines en cas de contraste

Nous avons dit que, pour chaque série de *pronoms personnels* ou *pronoms possessifs*, les *formes réduites* sont *dominantes* et les *formes pleines* sont *marquées*. Cela signifie que, dans les *situations neutres*, on utilise les *formes réduites*. Les *formes pleines* sont réservées pour *exprimer un contraste*. Voici quelques situations dans lesquelles vous aurez besoin de *formes pleines*.

Vous êtes à l'aéroport depuis un bon moment devant le tapis roulant en attente de vos bagages. Or, votre compagnon et vous-même avez la même valise à quelque chose près. Ce qui distingue votre valise de la sienne est un porte-étiquette avec votre nom et adresse. Soudain, cette valise « prend le virage » et votre compagnon s'écrie avec soulagement :

- **Oef ! Daar is m'n koffer !** [*ouf ! dar Is mən kOfər !*] (Ouf ! Voilà ma valise !)

Mais vous avez rapidement identifié votre propre valise grâce au porte-étiquette personnalisé. Vous lui répondez :

- **Dat is niet jouw koffer, dat is mijn koffer.** [*dAt Is nit yaou kOfər, dAt Is mèyn kOfer.*] (Ce n'est pas ta valise, c'est la valise à moi. Ce n'est pas ta valise, c'est la mienne.)

Vous vous rendez **in de parkeergarage van de luchthaven** [*In də pArkér-garaZə vAn də ləRthavə*] (au parking de l'aéroport). Vous constatez que vous avez oublié les références pour retrouver votre voiture. Mais tout n'est pas perdu, car vous savez qu'elle se trouve au niveau – 3. Vous cherchez tous les deux pendant un certain temps. Au bout d'un moment, votre compagnon se rend compte qu'il ne vous voit plus. Mais entre-temps, vous avez retrouvé la voiture, qui se trouve à quelques mètres de là. Vous vous écriez :

- **Ik zie jou maar jij ziet mij niet !** [*Ik si yaou mar yèy zit mèy nit !*] (Je te vois mais toi, tu ne me vois pas !)

Dans ce dernier cas, il s'agit d'un contraste entre deux *pronoms personnels, forme objet* (**jou** et **mij**).

Tableau 14.3. Les pronoms personnels forme sujet et les pronoms personnels forme objet

Pronoms personnels frome sujet				***Pronoms personnels frome objet***			
Formes réduites (Formes neutres)		Formes pleines (Formes de contraste)		Formes réduites (Formes neutres)		Formes pleines (Formes de contraste)	
'k	*k*	**Ik**	*Ik*	**Me**	*mə*	**Mij**	*mèy*
Je	*yə*	**Jij**	*yèy*	**Je**	*yə*	**Jij**	*yèy*
U	*u*	**U**	*u*	**U**	*u*	**U**	*u*
Hij	*èy*	**Hij**	*èy*	**'m**	*m*	**Hem**	*hèm*
Ze	*zə*	**Zij**	*zèy*	**d'r / 'r**	*dr*	**Haar**	*har*
't	*t*	**Het**	*ət*	**'t**	*t*	**Het**	*hèt*
We	*wə*	**Wij**	*wèy*	**Ons**	*Ons*	**Ons**	*Ons*
Jullie	*yəli*	**Jullie**	*yəli*	**Jullie**	*yəli*	**Jullie**	*yəli*
Ze	*zə*	**Zij**	*zèy*	**Ze**	*zə*	**Zij**	*zèy*

L'utilisation des formes ONS et ONZE

Le choix entre **ons** et **onze** est tout simple :

- **ons** remplace *l'article défini* **het**, et
- **onze** remplace *l'article défini* **de**.

Exemples :

Tableau 14.4. Les articles définis DE et HET et leur alternance avec ONZE / ONS, pronoms possessifs

Nom **het**	**het huis**	**het hotel**	**het bad**	**het land**	**het beroep**
Pronom possessif **ons**	**ons huis**	**ons hotel**	**ons bad**	**ons land**	**ons beroep**
Nom **de**	**de vakantie**	**de sleutel**	**de e-mail**	**de kaart**	**de auto**
Pronom possessif **onze**	**onze vakantie**	**onze sleutel**	**onze e-mail**	**onze kaart**	**onze auto**

Si vous êtes dans **uw hotelkamer** [*uou hotèlkamər*] (votre chambre d'hôtel) et que vous ne voulez pas être dérangé pour poursuivre votre étude du néerlandais, accrochez le panneau à la poignée extérieure avec le message :

- **Niet storen.** [*nit storə.*] (Ne pas déranger.)

Prestations hôtelières

Des hôtels d'une certaine catégorie vous proposent des prestations, qui sont énumérées dans leur dépliant. Si vous n'avez pas encore eu le temps de consulter cette brochure, vous appelez la réception pour leur demander :

- **Heeft het hotel een...** [*héft ət hotèl een... ?*] (Est-ce que l'hôtel a un... ?)

Question à laquelle vous laisserez suivre l'objet du désir :

- **een sauna** [*ən saouna*] (un sauna)
- **een zwembad** [*ən zwèmbAt*] (une piscine)
- **een firnesszaal** [*ən fitnèsal*] (une salle de gym)
- **een wasservice** [*ən wAsərvIs*] (une blanchisserie)

Les questions suivantes portent sur le petit déjeuner et le service de la chambre :

- **Hoe laat is het ontbijt ?** [*hou lat Isət Ontbèyt ?*] (À quelle heure est le petit déjeuner ?)
- **Kan ik roomservice krijgen ?** [*kAn Ik roumsərvIs krèyRə ?*] (Avez- vous un room service ?)

Si l'un de vos contacts personnels n'est pas joignable sur son portable ou sur son fixe, suggérez-lui, par le biais de sa messagerie vocale, de vous rappeler à l'hôtel. Pour savoir s'il y a des messages pour vous, vous demandez :

- **Heeft iemand voor mij een boodschap achtergelaten ?** [*héft imAnt for mèy ən botsRAp ARtərRəlatə ?*] (Quelqu'un a-t-il laissé un message pour moi ?)

Conversation

Lea [*léa*] et son compagnon Rob [*rOp*] (Robert) arrivent à leur hôtel sur la côte. Ils se présentent à la réception.

Lea	**Goedenavond. Ik ben Lea Van Landegem. We hebben een tweepersoonskamer gereserveerd.** *Roudənavənt. Ik bèn léa vAn lAndəRèm. wə hèbən ən twépərsonskamər Rərézèrvért.* Bonsoir. Je suis Lea Van Landegem. Nous avons une double chambre réservé. Bonsoir. Je suis Lea Van Landegem. Nous avons réservé une chambre double.
Receptionist	**Goedenavond. U hebt een tweepersoonskamer met bad gereserveerd voor twee nachten.** *Roudənavənt. u hèpt ən twépərsonskamər mèt bAt Rərézèrvért vor twé nARtə.* Bonsoir. Vous avez une double chambre avec bain réservé pour deux nuits. Bonsoir. Vous avez réservé une chambre double avec bain pour deux nuits.
Lea	**Dat klopt.** *dAt klOpt.* C'est cela.
Receptionist	**Wilt u dit formulier invullen ?** *wIlt u dIt fOrmulir Invələ ?* Voulez-vous cet imprimé remplir ? Voulez-vous remplir cet imprimé ?

Lea	**Morgen willen we gaan fietsen. Moeten we de fietsen nu reserveren ?** *mOrRə wllə wə Ran fitsə. moutə wə də fitsə nu rézèrvérə ?* Demain voulons-nous aller faire du vélo. Devons-nous les vélos maintenant réserver ? Demain nous voulons faire du vélo. Devons-nous réserver les vélos maintenant ?
Receptionist	**Ik reserveer nu twee fietsen voor u. U vindt ze morgen aan de achterkant van het hotel.** *Ik rézèrvér nu twé fitsə vor u. u vInt sə mOrRə an də ARtərkAnt vAn ət hotèl.* Je réserve maintenant deux vélos pour vous. Vous trouvez les demain au côté derrière de l'hôtel. Je réserve dès maintenant deux vélos pour vous. Vous les trouverez demain derrière l'hôtel.
Lea	**Mooi. Dank u.** *moy. dANk u.* Parfait, merci.
Receptionist	**Hier is de sleutel van uw kamer, nummer 25. De kamer is op de eerste verdieping, met uitzicht op zee.** *hir Izdə sløtəl vAn uou kamər, namər vèyfəntwIntəR. də kamər is Op də érstə vərdipIN, mèt aytsIRt Op sé.* Ici est la clé de votre chambre, numéro 25. La chambre est au premier étage, avec vue sur la mer. Voici la clé de votre chambre, numéro 25. La chambre est au premier étage, avec vue sur mer.
Lea	**Hoe laat is het ontbijt ?** *hou lat Izət Ontbèyt ?* À quelle heure est le petit déjeuner ?
Receptionist	**Van 7 tot 10.** *vAn zévə tOt tin.* De 7 à 10 heures.
Lea	**Dank u.** *dANku.* Merci.
Receptionist	**Graag gedaan.** *RraR Rədan* Je vous en prie.

Mots clés

Dat klopt.	dAt klOpt.	C'est cela.
het formulier	ət fOrmulir	l'imprimé
invullen	Invələ	remplir
de achterkant	də ARtərkAnt	derrière
het uitzicht	ət əytsIRt	la vue
het ontbijt	ət Ontbèyt	le petit déjeuner

Quitter les lieux en bonne et due forme

Ni le français ni le néerlandais ne possèdent une expression verbale équivalente de l'anglais « *to check out* ». En français, on dit « prévenir qu'on s'en va et régler l'addition ». Pour les néerlandophones, il existe un bijou en néerlanglais : **uitchecken** [*əytchèkə*]. Pour savoir à quel moment la chambre doit être libérée, vous demandez :

- **Hoe laat moeten we uit de kamer zijn ?** [*hou lat moutə wə əydə kamər zèyn ?*] (À quelle heure devons-nous libérer la chambre ?)

Le temps, c'est de l'argent !

Quand le moment est venu de partir, vous utiliserez le verbe **vertrekken** [*vərtrèkə*] (partir). Quand vous voulez partir, vous remettez la clé à la réception et vous dites :

- **Ik vertrek.** [*Ik fərtrèk.*] (Je pars.)
- **We vertrekken.** [*wə vərtrèkə.*] (Nous partons.)

Problème récurrent ! Observez la différente disposition des syllabes dans **ver-trek-ken** contrairement à **ver-trek**.Après quoi, le réceptionniste préparera votre note. Si celui-ci ne s'en occupe pas, vous demandez :

- **Mag ik de rekening, alstublieft ?** [*mAR Ik də rékənIN, Alstublift ?*] (Puis-je avoir la note, s'il vous plaît ?)

Ce n'est pas gratuit « tout ça » !

Vous souhaitez connaître le prix pour le service blanchisserie et éventuellement signaler au réceptionniste que vous avez pris une boisson dans le minibar.

- **Hoeveel is de wasservice ?** [*houvél Izdə wAsərvis ?*] (Combien coûte la blanchisserie ?)
- **Ik heb een halve fles champagne uit de minibar genomen.** [*Ik hèp ən hAlvə flès chAmpAnyə əydə minibAr Rənomə.*] (J'ai pris une demi-bouteille de champagne dans le minibar.)

Les verbes composés à particule séparable : passé et passé composé

Dans un premier temps, isolons trois *verbes composés à particule séparable* que nous avons rencontrés dans ce chapitre.

Voici leur *infinitif* :

- **achterlaten** [*ARtərlatə*] (laisser derrière)
- **invullen** [*Invələ*] (remplir – un formulaire)
- **uitchecken** [*əytchèkə*] (prévenir qu'on s'en va et régler l'addition).

La *particule séparable* se met *à la tête* de *l'infinitif* pour en former *un seul mot*. Si on fait le découpage entre les deux éléments de la composition, nous obtenons :

Infinitif		Infinitif		Infinitif	
Particule séparable	*Infinitif premier*	*Particule séparable*	*Infinitif premier*	*Particule séparable*	*Infinitif premier*
achter–	**–laten**	**in–**	**–vullen**	**uit–**	**–checken**

1. Passons maintenant à une première observation. Ces remarques sont générales et applicables à tous les temps, sans exception.

> PREMIÈRE OBSERVATION
> Les *verbes à particule séparable* ne se séparent pas à *l'infinitif.*

2. Passons ensuite à l'observation du *participe passé* de ces mêmes verbes.

Infinitif premier	*+ Préfixe du participe passé*	*Participe passé sans particule*	*+ Particule séparable*	*Participe passé avec particule*
-laten	**ge-**	**gelaten**	**achter-**	**achtergelaten**
-vullen	**ge-**	**gevuld**	**in-**	**ingevuld**
-checken	**ge-**	**gecheckt**	**uit-**	**uitgecheckt**

DEUXIÈME OBSERVATION

Le *participe passé* sépare les *verbes à particule séparable* de leur *particule* par le *préfixe* du *participe passé*. Ces *participes passés* s'écrivent en un seul mot.

Considérons ensuite le comportement des *passés composés* de ces *verbes composés à particule séparable* dans quelques phrases ayant la structure d'une *principale* et d'*une subordonnée*.

- **Ik heb in je hotel een boodschap achtergelaten.** [*Ik hèp IN yə hotèl ən botsRAp ARtərRəlAtə*] (J'ai laissé un message à ton hôtel.)
- **Uw vriend zei dat hij een boodschap had achtergelaten.** [*uou vrint sèy dAti ən botsRAp hAt ARtərRəlatə*] (Votre ami a dit qu'il avait laissé un message.)
- **Ik heb het formulier ingevuld.** [*Ik hèp ət fOrmulir INRəvəlt.*] (J'ai rempli le formulaire.)
- **Uw vriend zei dat hij het formulier voor u had ingevuld.** [*uou vrint sèy dAti ət fOrmulir vor u hAt INRəvəlt.*] (Votre ami a dit qu'il avait rempli le formulaire à votre place.)
- **We hebben uitgecheckt.** [*wə hèbə əytRətchèkt.*] (Nous avons annoncé notre départ et réglé la note.)
- **De receptioniste had gezegd dat we hadden uitgecheckt.** [*də résèpsyOnIstə hAt Rəzèrt dAt wə hAdə əytRətchèkt.*] (La réceptionniste a dit que nous avions annoncé notre départ et réglé la note.)

3. Considérons d'abord les phrases ayant une structure de *proposition principale*.

Tableau 14.5. L'ordre des mots dans la *proposition principale*. Le *participe passé* est un *verbe composé à particule séparable*.

Zone de tête	*Premier pôle*	*Zone médiane*	*Second pôle*
Ik	heb	in je hotel een boodschap	achtergelaten.
Ik	heb	het formulier	ingevuld.
We	hebben	Ø	uitgecheckt.

Au niveau de l'ordre des mots dans la *proposition principale*, le *participe passé* du *verbe à particule séparable* se comporte comme tous les autres *participes passés*.

Tableau 14.6. L'ordre des mots dans la proposition subordonnée. Le *participe passé* est un *verbe composé à particule séparable*.

Zone de tête	*Premier pôle*	*Zone médiane*	*Second pôle*
Uw vriend zei	dat	hij een boodschap	had achtergelaten.
Uw vriend zei	dat	hij het formulier voor u	had achtergelaten.
De receptioniste had gezegd	dat	we	hadden uitgecheckt.

Aussi bien au niveau de *l'ordre des mots* dans la *proposition principale* qu'au niveau de la *proposition subordonnée*, le *participe passé* du verbe à *particule séparable* se comporte comme tous les autres *participes passés*.

> TROISIÈME OBSERVATION
> Au niveau de l'ordre des mots, le *participe passé* du *verbe à particule séparable* se comporte comme tous les autres *participes passés*.

4. Quatrième comportement à observer : ce sont les *verbes composés* dans le *présent* et le *passé*. Dans les six phrases ci-dessous, nous verrons que le *radical verbal* prend la place du *premier pôle* et que la *particule séparable* se met dans la case du *second pôle*. Celle-ci est réservée au « *reste verbal* », normalement un *infinitif* ou un *participe passé*. Puisque la *particule séparable* fait partie du *verbe*, elle peut être considérée comme une *sorte de reste verbal*, donc elle prendra légitimement la place réservée à un élément de nature verbale.

Commençons par les trois phrases au *présent* :

- **Ik laat een boodschap achter.** [*Ik lat ən botsRAp ARtər.*] (Je laisse un message.)
- **Ik vul het formulier in.** [*Ik vul ət fOrmulir In.*] (Je remplis le formulaire.)
- **We checken uit.** [*wə chèkə əyt.*] (Nous annonçons notre départ et réglons la note.)

Terminons par les trois phrases au *passé* :

- **Ik liet een boodschap achter.** [*Ik lit ən botsRAp ARtər.*] (Je laissais un message.)
- **Ik vulde het formulier in.** [*Ik fuldə ət fOrmulir In.*] (Je remplissais le formulaire.)

- **We checkten uit.** [*wə chèktə əyt.*] (Nous annonçions notre départ et réglions la note.)

Tableau 14.7. L'ordre des mots dans la *proposition principale* au *présent*

Zone de tête	*Premier pôle*	*Zone médiane*	*Second pôle*
			Particule séparable
Ik	**laat**	**een boodschap**	**achter.**
Ik	**vul**	**het formulier**	**in.**
We	**checken**	**Ø**	**uit.**

Tableau 14.8. L'ordre des mots dans la *proposition principale* au *passé*

Ik	**liet**	**een boodschap**	**achter.**
Ik	**vulde**	**het formulier**	**in.**
We	**checkten**	**Ø**	**uit.**

> QUATRIÈME OBSERVATION
>
> Au niveau de l'ordre des mots dans *le présent* et *le passé*, le *verbe composé à particule séparable* prend deux places dans la phrase. La *partie conjuguée* prend le premier pôle ; la *particule séparable* prend le *second pôle*.

5. Cinquième et dernière règle : il faut observer la situation avec ces mêmes verbes dans la *subordonnée*.

Commençons par les trois phrases au *présent* :

- **Ik denk dat ik een boodschap achterlaat.** [*Ik dèNk dAt Ik ən botsRAp ARtərlat.*] (Je pense que je laisse un message.)
- **Ik denk dat ik het formulier toch maar invul.** [*Ik deNk dat Ik ət fOrmulir tOR mar Invul.*] (Je pense que je remplis le formulaire quand même.)
- **We denken dat we nu meteen uitchecken.** [*wə dèNkə dat wə nu mètén əytchèkə.*] (Nous pensons que nous annonçons notre départ et réglons la note tout de suite.)

Terminons par les trois phrases au *passé* :

- **Ik wilde dat hij een boodschap achterliet.** [*Ik wIldə dAti ən botsRAp ARtərlit.*] (Je voulais qu'il laisse un message.)

- **Ik wilde dat hij het formulier invulde.** [*Ik wIldə dAti ət fOrmulir Invuldə.*] (Je voulais qu'il remplisse le formulaire.)
- **Ze wilde dat we meteen uitcheckten.** [*zə wIldə dat wə mètén əytchèktən.*] (Elle voulait que nous annonçions notre départ et réglions la note.)

Tableau 14.9. L'ordre des mots dans la *proposition subordonnée* au *présent*

Zone de tête	Premier pôle	Zone médiane	Second pôle
			Particule séparable
Ik denk	**dat**	**ik een boodschap**	**achterlaat.**
Ik denk	**dat**	**het formulier toch maar**	**invul.**
We denken	**dat**	**we nu meteen**	**uitchecken.**

Tableau 14.10. L'ordre des mots dans la *proposition subordonnée* au *passé*

Ik wilde	**dat**	**hij een boodschap**	**achterliet.**
Ik wilde	**dat**	**hij het formulier**	**invulde.**
Ze wilde	**dat**	**we meteen**	**uitcheckten.**

CINQUIÈME OBSERVATION

Nous constatons que, dans *la proposition subordonnée* au *présent* et au *passé*, le *verbe avec particule séparable* se trouve dans le second pôle dans une *forme conjuguée* dans un seul mot avec la *particule* qui précède.

Le départ

Si vous devez libérer la chambre et payer avant de continuer votre voyage, vous avez le droit de laisser vos bagages à l'hôtel pendant quelques heures. La plupart des hôtels n'y voient pas d'inconvénient. Vous utilisez à cette fin la phrase suivante :

- **Kan ik hier de bagage achterlaten tot 19 uur ?** [*kAn Ik hir de baRaZə ARtərlatə tot néRətin ur ?*] (Puis-je laisser les bagages ici jusqu'à 19 heures ?)

Quand vous revenez prendre vos bagages, vous dites :

- **Mag ik alstublieft mijn bagage ?** [*mAR Ik Alstublift mən bagaZə ?*] (Puis-je avoir mes bagages s'il vous plaît ?)

- **Mogen we alstublieft onze bagage ?** [*moRə wə Alstublift Onzə bagaZə ?*] (Pouvons-nous avoir nos bagages s'il vous plaît ?)

Lorsque vous êtes prêt à partir pour l'aéroport ou la gare, et si vous voulez que la réception vous appelle un taxi, vous demandez :

- **Kunt u alstublieft een taxi bellen ?** [*kənt u Alstublift ən tAksi bèlə ?*] (Pouvez-vous appeler un taxi s'il vous plaît ?)

Le réceptionniste a besoin de savoir où vous allez avant de pouvoir appeler un taxi. Il faut donc que vous sachiez indiquer votre destination. Le réceptionniste pourrait vous demander :

- **Waar moet u naartoe ?** [*war mout u nartou ?*] (Où allez-vous ?)

Conversation

CD

Lea [*léa*] et Rob [*rOp*] quittent l'hôtel. Ils se rendent à la réception pour dire qu'ils partent et pour régler la facture.

Lea **Goedemorgen. We gaan vertrekken. Mag ik de rekening alstublieft ?**

RoudəmOrRən. wə Ran vərtrèkə. mAR Ik də rékənIN, alstublieft ?.

Bonjour. Nous allons partons. Puis-je avoir l'addition, s'il vous plaît ?

Bonjour. Nous partons. Puis-je avoir l'addition, s'il vous plaît ?

Receptionist **Natuurlijk. Een ogenblikje, alstublieft. Hebt u het naar uw zin gehad ?**

naturlək. ən oRənblIkyə, Alstublift. hèpt u ət nar uou zIn gəhat ?

Bien sûr. Un instant, s'il vous plaît. Avez-vous le selon votre envie eu ?

Bien sûr. Un instant, s'il vous plaît. Votre séjour s'est-il déroulé comme vous l'espériez ?

Lea **Jazeker. We waren erg blij met de fietsen vanwege het prachtige weer.**

yazékər. wə warə èrR blèy mèdə fitsə vAnwéRən ət prARtəRə wér.

Certainement. Nous étions très contents avec les vélos à cause du magnifique temps.

Certainement. Nous étions très contents des vélos avec ce temps magnifique.

Receptionist **Ja, u hebt geluk gehad met het weer. Hebt u nog iets uit de minibar genomen ?**

ya, u hèpt Rələk RəhAt mètət wér. hèpt u nOR its əydə minibar Rənomə ?

Oui, vous avez eu de la chance avec le temps. Avez-vous encore quelque chose du minibar pris ?

Oui, vous avez eu de la chance avec le temps. Avez-vous pris quelque chose dans le minibar ?

Lea **Nee, maar we hebben wel extra wijn genomen bij het eten.**

né, mar wə hèbə wèl ekstra wèyn Rənomə bèy ət étə.

Non, mais nous avons bien extra vin pris lors du repas.

Non, mais nous avons pris du vin en supplément lors du repas.

Receptionist **Ja, dat heb ik doorgekregen van het restaurant. Alstublieft, hier is de rekening.**

ya, dAt hèb Ik dorRəkréRə vAn ət rèstorAnt. Alstublift, hir Izdə rékənIN.

Oui, cela ai-je indiqué par le restaurant. S'il vous plaît, ici est la note.

Oui, le restaurant l'a signalé. Voici votre note.

Lea **Hoeveel is de huur van de fietsen ?**

houvél Izdə hur vAn də fitsə ?

Combien coûte la location des vélos ?

Receptionist **De fietsen waren inbegrepen.**

də fitsə warə ImbəRépə.

Les vélos étaient inclus.

Lea **Alstublieft.**

Alstublift.

Tenez.

Receptionist **Wilt u hier tekenen ? Dank u en een goede reis terug.**

wIlt u hir tékənə ? dANku en ən Roudə rèys trəR.

Voulez-vous signer là ? Merci et bon voyage de retour.

Lea **Tot ziens.**

tOtsins.

Au revoir.

Chapitre 15

Au secours !

Dans ce chapitre :

- Aides et urgences
- Allô ! docteur ?
- Les verbes à préfixe et non séparables
- Parler à un dentiste
- Communiquer avec la police

Les mots et les phrases que ce chapitre propose vous serviront si vous devez communiquer avec la police ou dans d'autres situations d'urgence, c'est pourquoi il est utile de les lire. Que faire si vous êtes blessé ? Ce chapitre vous aide à maîtriser toutes sortes de situations d'urgence, depuis la consultation d'un médecin jusqu'à la déclaration d'un vol.

Appeler à l'aide : un accident, une urgence

Dans les situations d'urgence, le plus difficile est de garder son sang-froid pour être capable de dire ce que l'on a à dire, à la police, à un médecin ou à une infirmière. Première règle : pas de panique ! Deuxième règle : exprimez-vous clairement. Essayez de vous faire comprendre en français et en anglais, mais rien ne vaut le mot juste en néerlandais.

Appeler au secours

Vous utiliserez une de ces expressions pour signaler un cas de détresse :

- **Help !** [*hèlp* !] (Au secours !)

En cas d'incendie, vous criez :

- **Brand !** [*brAnt* !] (Au feu !)

Tous les pays, membres de l'Union Européenne, ont le même numéro d'urgence, le 112, que vous ayez besoin de la police, d'une ambulance, des pompiers ou d'un médecin. On vous répondra dans la langue du pays, sauf si l'opérateur téléphonique est bilingue ou trilingue. Il demande quel service d'urgence est requis et connecte l'appelant à la salle de contrôle du service demandé dans la zone géographique d'où provient l'appel.

Pour le numéro d'urgence, dites simplement :

- **Bel 112 !** [*bèl hOndərtèntwalf !*] (Appelez le 112 !)

En cas de panique, faites appeler quelqu'un :

- **Bel de politie !** [*bèl də polisi ! / politsi !*] (Appelez la police !)
- **Bel een ambulance !** [*bèl ən AmbulAns !*] (Appelez une ambulance !)
- **Bel de brandweer !** [*bèl də brAntwér !*] (Appelez les pompiers !)
- **Haal een dokter !** [*hal ən dOktər !*] (Trouvez un médecin !)

Le devoir de chacun

Pour signaler un accident, présentez-vous, apportez votre témoignage précis et rapportez les faits. Les phrases suivantes peuvent vous être d'un grand secours :

- **Er is een ongeluk gebeurd !** [*ər Is ən ONRələk Rəbørt !*] (Il s'est produit un accident !)
- **Er is een ongeluk gebeurd op de E17 !** [*ər Is ən ONRələk Rəbørt Obdə é zévətin !*] (Il s'est produit un accident sur la E17 !)
- **Ik ben gewond.** [*Ik bèn RəwOnt.*] (Je suis blessé.)
- **Er zijn gewonden.** [*ər zèyn RəwOndə.*] (Il y a des blessés.)

Vous devez également être capable, dans d'autres situations d'urgence, de vous exprimer à propos d'un cambriolage ou d'un vol.

- **Ik wil aangifte doen van diefstal.** [*Ik wIl anRIftə doun van difstAl.*] (Je veux faire une déclaration de vol.)
- **Houd de dief !** [*haout də dif !*] (Arrêtez le voleur !)

Demander de l'aide dans votre langue maternelle

Si vous êtes trop paniqué pour vous exprimer en néerlandais, voici quelques suggestions :

- **Spreekt er iemand Duits ?** [*sprékt ər imAnd dəyts ?*] (Quelqu'un parle-t-il l'allemand ?)
- **Spreekt er iemand Engels ?** [*sprékt ər imAnt èNəls ?*] (Quelqu'un parle-t-il l'anglais ?)
- **Spreekt er iemand Frans ?** [*sprékt ər imAnt frAns ?*] (Quelqu'un parle-t-il le français ?)

Les querelles linguistiques n'ont pas leur place dans les urgences, avec personne !

Une aide précieuse

Bien que la plupart d'entre nous ait un téléphone portable, quand vous êtes sur l'autoroute, vous pouvez utiliser l'une des **praatpalen** [*pratpalə*] (bornes d'appel d'urgence jaunes). Elles sont très faciles à utiliser : appuyez sur l'unique bouton qui s'y trouve et une opératrice de la **alarmcentrale** [*alArm-sèntralə*] (le centre d'alarme) vous demandera à quel endroit vous avez besoin d'aide. Vous devez préciser l'endroit où l'assistance est requise. Il est important de bien regarder autour de vous et de réfléchir avant d'appeler. Elle vous demandera ensuite en quoi consiste le problème, si vous avez besoin de la police, d'une ambulance ou des pompiers. L'opératrice vous reliera au service régional concerné. L'opératrice du service régional vous reposera les mêmes questions.

Si vous avez un problème avec votre voiture, l'opératrice de la **alarmcentrale** vous demandera le numéro d'immatriculation de la voiture ainsi que votre nom et si vous êtes membre d'une association d'automobilistes, dont l'adhésion contient une assurance d'assistance. Parmi ces associations, limitons-nous à énumérer :

- **de Koninklijke Touringclub van België** [*de konINklәkә tourINkləp vAn bèlRiə*] (l'Association belge des automobilistes)
- **ANWB** [*a èn wé bé*] (l'Association néerlandaise des automobilistes. Parenthèse : l'**ANWB** fut fondée en 1883. L'acronyme, conservée jusqu'à nos jours, voulait dire à l'époque « **Algemene Nederlandse Wielrijdersbond** », donc : Association néerlandaise de cyclistes ».)

Même si vous n'êtes membre d'aucune de ces associations, la patrouille de route viendra vous aider. Les membres paient moins ou même rien du tout ; ainsi le problème peut-il être résolu facilement.

Après la question sur votre appartenance à l'association des automobilistes, l'opératrice vous demandera d'attendre jusqu'à ce que la patrouille arrive. Elle vous demandera votre numéro de portable et vous conseillera de rester en dehors de votre voiture et d'attendre derrière **de vangrail** [*də vANrél*] (la barrière de protection). Les **praatpalen** [*pratpalə*] (bornes d'appel de secours) servent aussi à signaler des accidents ou une situation dangereuse. La patrouille routière dispose d'une **verkeerd getankt-installatie** [*vərkért RətèNkt InstAlasi*] (installation pour erreur de carburant) pour vider votre réservoir au cas où vous auriez pris le mauvais carburant à la station-service.

Allô ! docteur ?

Il est très probable que le médecin vous comprendra si vous vous exprimez en anglais, et peut-être en français. Cependant, les mots suivants seront utiles pour dire que vous ne vous sentez pas bien :

- **de huisarts** [*de həysarts*] (le médecin traitant, le généraliste)
- **de arts** [*de arts*] (le médecin)
- **het ziekenhuis** [*et zikəhəys*] (l'hôpital)
- **de spoedgevallen** [*de spoutRəvAlə*] (les urgences)
- **de spoedopname** [*de spoutOpnamə*– PB] (les urgences)
- **de artsenpraktijk** [*de ArtsəprAktèyk*] (le cabinet médical)

Si vous avez besoin d'assistance médicale, vous demandez un médecin ou vous vous renseignez sur les premiers soins délivrés par l'hôpital ou le centre de premiers soins le plus proche. Vous demandez :

- **Kunt u een ambulance voor me bellen ?** [*kənt u ən AmbulAns vor mə bèlə ?*] (Pouvez-vous m'appeler une ambulance ?)
- **Ik moet snel naar een ziekenhuis.** [*Ik mout snèl nar ən zikəhəys.*] (Je dois me rendre très vite à un hôpital.)
- **Ik heb een arts nodig.** [*Ik hèp ən Arts nodəR.*] (J'ai besoin d'un médecin.)
- **Waar is het dichtstbijzijnde ziekenhuis ?** [*war Is ət dIRtstbèyzèyndə zikəhəys.*] (Où se trouve l'hôpital le plus proche ?)
- **Waar is de polikliniek ?** [*war Is də poliklinik ?*] (Où se trouve la polyclinique ?)

Un mot dur à prononcer

Il est essentiel de bien prononcer ce mot dont vous aurez besoin fréquemment dans les cas d'urgence :

dichtstbijzijnde

dichtst-bij-zijn-de

[*dIRtst-bèy-zèyn-də*]

N'oubliez pas que le premier élément, **dicht** [*dIRt*] est un adjectif qui prend la terminaison du superlatif **(+ –st)** pour devenir **dichtst.** Cette accumulation de consonnes « chtst » [*Rtst*] est le fond du problème de prononciation. Donc, il est conseillé de prononcer [*Rtst*] plusieurs fois par jour avant de réussir l'examen de pompier dans les Plats Pays.

Si l'assistance est moins urgente, vous demanderez (tenez-vous bien !) :

- **Waar is de dichtstbijzijnde artsenpraktijk ?** [*war Is də dIRtstbèyzèyndə ArtsəprAktèyk ?*] (Où se trouve le cabinet médical le plus proche ?)

C'est grave, docteur ?

Mal au ventre ? Des douleurs dans le cou ? Malade comme un chien ? Ou fièvre de cheval ? Vous vous sentez patraque ? Vous serez soulagé de raconter tout cela au médecin.

La phrase introductive d'un entretien médical peut varier :

- **Wat is er met u aan de hand ?** [*wAt Is ər mèt u an də hAnt ?*] (Que vous arrive-t-il ?)
- **Wat kan ik voor u doen ?** [*wAt kAn Ik vor u doun ?*] (Que puis-je faire pour vous ?)
- **Goedemorgen. Ik luister.** [*RoudəmOrRə. Ik ləystər.*] (Bonjour. Je vous écoute.)

Ensuite, faites part de vos maux avez ces mots :

- **Ik voel me niet lekker.** [*Ik foul mə nit lèkər.*] (Je ne me sens pas bien dans mon assiette.)
- **Ik heb koorts.** [*Ik hèp korts.*] (J'ai de la fièvre.)
- **Ik heb last van misselijkheid.** [*Ik hèp lAst fAn mIsələkhèyt.*] (J'ai des nausées.)
- **Ik kan mijn arm niet bewegen.** [*Ik kAn mən Arm nit bəwéRə.*] (Je ne peux pas bouger le bras.)
- **Ik ben gebeten door een hond.** [*Ik bèn Rəbétə dor ən hOnt.*] (J'ai été mordu par un chien.)

INFO CULTURELLE

Médecins et dentistes

Tout le monde a un **huisarts** [*həysArts*] (un médecin traitant). Les personnes qui viennent d'emménager dans une ville ou un village demandent à leur **verzekeringsmaatschappij** [*vər-zé-kə-rINs-mat-sRA-pèy*] (société d'assurances) une liste de médecins dans leur zone.

Cependant, vous devrez peut-être vous résigner à prendre un médecin plus éloigné, car les médecins sont tous débordés. Demandez à des proches de vous aider à trouver un médecin disponible.

Les médecins travaillent presque exclusivement depuis leurs **spreekkamers** [*sprékamərs*] (cabinets de consultation), mais il peuvent se rendre chez vous dans les dix minutes dans un cas d'urgence.

Prendre un rendez-vous pour **het spreekuur** [*ət sprékur*] (la consultation) se fait par un appel au cabinet médical, généralement tôt le matin ou en fin d'après-midi. Les médecins ne se rendent à votre domicile que si vous avez une forte fièvre pendant plusieurs jours ou que vous êtes, pour tout autre raison, dans l'impossibilité de venir. Lorsqu'un médecin n'est pas disponible, un message enregistré sur son téléphone vous indiquera le plus proche médecin de remplacement.

Le dentiste

Vous trouverez un dentiste de la même manière : en demandant à votre société d'assurances une liste des **tandartsen** [*tAndArtsə*] (dentistes), ou mieux, en demandant à vos proches de vous en recommander un. Les dentistes travaillent généralement avec des agendas bien remplis, avec des espaces réservés pour les urgences. Une fois que vous êtes sur l'agenda, vous devrez payer même si vous ne venez pas.

Lorsque vous souffrez, dites :

- **Ik heb pijn in mijn…** [*Ik hèp pèyn in…*] (J'ai mal…)
- **Ik heb erge pijn in mijn…** [*Ik hèp èrRə pèyn in…*] (J'ai très mal…)
  - **… nek** [*nèk*] (dans le cou)
  - **… buik** [*bəyk*] (au ventre)
  - **… rug** [*rəR*] (au dos)
  - **… keel** [*kél*] (à la gorge)
  - **… hoofd** [*hoft*] (à la tête)

Quand le médecin vous demande…

- **Waar hebt u pijn ?** [*war hèpt u pèyn ?*] (Où avez-vous mal ?)

… vous mentionnerez une des parties du corps :

- **de arm** [*də Arm*] (le bras)
- **de borst** [*də bOrst*] (la poitrine, le sein)
- **de borsten** [*də bOrstə*] (les seins)
- **de borstkas** [*də bOrskAs*] (la cage thoracique)
- **de dij** [*də dèy*] (la cuisse)

- **de duim** [*də dəym*] (le pouce)
- **de elleboog** [*də èləboR*] (le coude)
- **de enkel** [*də èNkəl*] (la cheville)
- **de heup** [*də høp*] (la hanche)
- **de kin** [*də kIn*] (le menton)
- **de mond** [*də mOnt*] (la bouche)
- **de nek** [*də nèk*] (le cou)
- **de neus** [*də nøs*] (le nez)
- **de rug** [*də rəR*] (le dos)
- **de schouder** [*də sRaoudər*] (l'épaule)
- **de teen** [*də tén*] (l'orteil)
- **de vinger** [*də vINər*] (le doigt)
- **de voet** [*də vout*] (le pied)

Pour distinguer facilement les deux genres, **de** et **het**, le vocabulaire est représenté dans une section pour chaque genre :

- **het been** [*ət bén*] (la jambe)
- **het gezicht** [*ət RəzIt*] (le visage)
- **het hoofd** [*ət hoft*] (la tête)
- **het oog** [*ət oR*] (l'œil)
- **het oor** [*ət or*] (l'oreille)

Les organes internes sont :

- **de blinde darm** [*də blIndə dArm*] (l'appendice)
- **de darmen** [*də dArmə*] (l'intestin)
- **de lever** [*də lévər*] (le foie)
- **de maag** [*də mAg*] (l'estomac)
- **de nier** [*də nir*] (le rein)
- **de tong** [*də tON*] (la langue)
- **het hart** [*ət hArt*] (le cœur)

Signaler les affections particulières

Pour obtenir un traitement approprié, il importe de dire au médecin ou au dentiste si vous êtes allergique à quelque chose ou si vous êtes dans un état particulier. À cette fin, commençons par dire :

- **Ik ben…** [*Ik bèn…*] (Je suis…)
  - **zwanger** [*zwANər*] (enceinte.)
  - **diabeticus** [*diabétikəs*] (diabétique)
  - **allergisch voor pollen** [*AlèrRis vor pOlən*] (allergique au pollen)

- **Ik heb...** [*Ik hèp...*] (J'ai...)
  - **een hartprobleem** [*ən hArtproblém*] (un problème cardiaque)
  - **hoge bloeddruk** [*hoRə bloudrək*] (Je suis hypertendu.)
  - **astma** [*Asma*] (de l'asthme)
  - **epilepsie** [*épilèpsi*] (de l'épilepsie)

Les deux expressions suivantes peuvent vous être utiles :

- **Ik ben er al eerder voor behandeld.** [*Ik bèn ər Al érdər vor bəhAndəlt.*] (J'ai déjà été soigné pour ça.)
- **Ik ben er al eerder aan geopereerd.** [*Ik bèn ər Al érdər an Rəopérért.*] (On m'a déjà opéré pour ça.)

Les verbes inséparables commençant par un préfixe

Les préfixes visés dans le titre sont

be–, er–, ge–, her–, ont–, ver–

Contrairement aux

- *verbes composés* avec *particule séparable*, dont la nature de la *particule est adverbiale*,

il existe une autre classe de

- verbes, *non composés et non séparables*, sans *particule* mais précédés d'un *préfixe*, ce qui fait que ces formations sont des *dérivations* et pas des *compositions*.

Vous allez penser qu'il n'y a aucun problème. **Faux !** C'est le contraire. Ces deux catégories de verbes, bien qu'ils soient d'une autre nature, se confondent facilement. Déjà, savoir distinguer une *particule* de nature *adverbiale* et un *préfixe* **is geen sinecure** [*Is Rén sinékurə*] (n'est pas une sinécure).

Les *préfixes* ne peuvent jamais prendre la valeur d'un mot, contrairement aux *particules*.

Exemples :

- **Dag Wim. Kom binnen. Doe je jas uit.** [*dAR WIm. kOm bIne. dou yə yAs əyt.*] (Bonjour Guillaume. Entre. Enlève ta veste.)
  - **binnenkomen** [*bInəkomə*] (entrer, dans une pièce)
  - **uitdoen** [*əydoun*] (enlever un vêtement)

Dans la dernière phrase, les *particules séparées* sont à considérer comme des mots ; elles se trouvent dans la phrase entourés de deux blancs. De plus, on les retrouvera en tant que mots dans des phrases qui ne contiennent pas les verbes **komen** et **doen**.

- **De oogst is binnen**. [*də oRst Is bInə.*] (La récolte est rentrée.)
- **Zijn hemd is uit**. [*zən hèmt Is əyt.*] (Sa chemise est enlevée.)

Notez que, pour chaque verbe, le *préfixe* n'est *pas accentué*, contrairement aux *verbes séparables* avec *particule*. Observez l'accent dans :

- **binnenkomen** [*bInəkomə*]
- **uitdoen** [*əydoun*]
- **binnen** [*bInə*]
- **Kom binnen** [*kOm bIne*]
- **Zijn hemd is uit**. [*zən hèmt Is əyt*]

Voici des exemples de *verbes non séparables à préfixe*. Observez, une fois de plus, que le *préfixe* ne prend jamais *l'accent du mot.*

	Préfixe	Préfixe sans accent	
behandelen	**be-**	*bəhAndələ*	traiter
ervaren	**er-**	*èrvarə*	faire l'expérience de
gebruiken	**ge-**	*Rəbrəykə*	utiliser
herinneren (zich)	**her-**	*hèrInərə*	se rappeler
ontmoeten	**ont-**	*Ontmoutə*	rencontrer
verstaan	**ver-**	*vərstan*	comprendre
vertellen	**ver-**	*vərtèlə*	raconter

Tandis que les *verbes séparables* au *présent* et au *passé* se coupent en deux parties, les verbes *inséparables* ne se divisent jamais. Il suffit de comparer le *verbe séparable* **opstaan** [*Opstan*] (se lever) avec le verbe inséparable **verstaan** [*vərstan*] (comprendre). Obervez déjà la différence d'accentuation ;

- dans le cas du *verbe à particule séparable*, c'est la *particule* qui le porte :
  - [*Opstan*]
- dans le cas du *verbe inséparable au préfixe*, c'est le verbe proprement dit qui le porte :
  - [*vərstan*]
- **opstaan** [*Opstan*] (se lever)
  - **Ik sta op.** [*Ik sta Op.*] (Je me lève. *présent*)
  - **Ik stond op.** [*Ik stOnt Op.*] (Je me levais. *passé*)

- **ontmoeten** [*Ontmoutə*] (rencontrer)
  - **Ik ontmoet…** [*Ik Ontmout*] (Je rencontre…, *présent*)
  - **Ik ontmoette…** [*Ik Ontmoutə*] (Je rencontrais…, *passé*)

OP-GE-BELD

La plupart des *participes passés* sont formés avec le *préfixe* **ge–** [*Rə*]. Dans le cas des *verbes séparables*, nous avons expliqué leur forme de *participe passé* scindé, avec le *préfixe* **ge–** [*Rə*], qui intervient entre la *particule séparable* et le *verbe* dans sa forme de *participe passé*. C'était le cas de **opgebeld** [*OpRəbèlt*] (appelé, voir **tableau 10.5**).

- **opstaan** [*Opstan*] (se lever) → **op-ge-staan**
  - **Ik ben laat opgestaan.** [*Ik bèn lat OpRəstan.*] (Je me suis levé tard. *passé composé*)

Le *participe passé* d'un *verbe inséparable* est bien plus simple à construire. Il n'a pas besoin du préfixe **ge–** ; le *préfixe* qui est déjà en place dans l'infinitif rend superflu un second préfixe. Exemples :

Infinitif	*Préfixe de l'infinitif*	*Participe passé*
behandelen	**be–**	**behandeld**
ervaren	**er–**	**ervaren ▲**
gebruiken	**ge–**	**gebruikt ▲▲**
herinneren (zich)	**her–**	**herinnerd**
ontmoeten	**ont–**	**ontmoet ▲**
verstaan	**ver–**	**verstaan ▲**
vertellen	**ver–**	**verteld**

Cette formation de *participe passé* produit des formes identiques à *l'infinitif* (▲) et au *présent* (▲▲).

Exemple :

ontmoeten → ontmoet

- **Ik heb hem nooit ontmoet.** [*Ik hèp hèm nOyt Ontmout.*] (Je ne l'ai jamais rencontré. *passé composé*)
- **Ik ontmoet hem nooit.** [*Ik Ontmout hèm nOyt.*] (Je ne le rencontre jamais. *présent*)

Voici d'autres exemples de *verbes inséparables* au *passé composé* :

- **De dokter heeft mijn gezondheidsprobleem met succes behandeld.** [*də dOktər héft mən RəzOnthèytsproblém mèt suksès bəhAndəlt.*] (Le médecin a parfaitement soigné mon problème de santé.)
- **Ik heb geen geneesmiddelen gebruikt.** [*Ik hèp Rén Rənésmldələ Rəbrəykt.*] (Je n'ai pas pris de médicaments.)
- **Mijn vrouw heeft me aan de afspraak herinnerd.** [*mən vraou héft mə an də Afsprak hèrInərt.*] (Mon épouse m'a rappelé le rendez-vous.)
- **Ik heb de dokter alles verteld.** [*Ik hèp də dOktər Aləs fərtèlt*] (J'ai tout raconté au médecin.)
- **Ik heb dat niet zo ervaren.** [*Ik hèp dAt nit so èrvarə.*] (Je n'avais jamais éprouvé ça de pareille façon.)

Un autre mot dur à prononcer

Il est essentiel de bien prononcer ce mot sinistre, lié aux urgences et dommages :

- **de verzekeringsmaatschappij**
- **de ver-ze-ke-rings-maat-schap-pij**

[***vər-zé-kə-rINs-mat-sRA-pèy***]

C'est une composition de deux *noms*, soudés par un **–s–** intermédiaire. Ces deux *noms* sont

- **de verzekering** [*də vərzékərIN*] (l'assurance) et
- **de maatschappij** [*də matsRApèy*] (la société)

Donc, il est conseillé de prononcer [*mat-sRA-pèy*] plusieurs fois par jour avant de réussir l'examen d'agent d'assurances dans les Plats Pays.

Aïe !

Une fois chez le médecin, vous voulez être sûr de bien comprendre ses questions et ses instructions, et de quitter son cabinet avec un avis et une ordonnance si nécessaire. Voici quelques-unes des questions que le médecin peut vous poser :

- **Wat zijn uw klachten ?** [*wAt sèyn uou klARtə ?*] (De quoi vous plaignez-vous ?)
- **Hebt u pijn ?** [*hèpt u pèyn ?*] (Avez-vous mal ?)
- **Waar doet het pijn ?** [*war dout ət pèyn ?*] (Où est-ce que ça fait mal ?)
- **Doet dit pijn ?** [*dout dIt pèyn ?*] (Est-ce que cela vous fait mal ?)
- **Hoe lang hebt u hier al last van ?** [*hou lAN hèpt u hir Al lAst fAn ?*] (Depuis combien de temps souffrez-vous de cela ?)

- **Bent u ergens allergisch voor ?** [*bènt u èrRəns AlèrRis vor ?*] (Êtes-vous allergique à quelque chose ?)
- **Gebruikt u geneesmiddelen ?** [*Rəbrəykt u Ranésmldələ ?*] (Prenez-vous des médicaments ?)

Voici quelques-unes des instructions que le médecin peut vous donner :

- **Wilt u alstublieft uw mouw oprollen ?** [*wIlt u Alstublift uou maou OprOlə ?*] (Voulez-vous s'il vous plaît retrousser votre manche ?)
- **Wilt u alstublieft uw trui uitdoen ?** [*wIlt u Alstublift uou trəy əudoun ?*] (Voulez-vous s'il vous plaît enlever votre pull-over ?)
- **Wilt u gaan liggen ?** [*wIlt u Ran lIRə ?*] (Voulez-vous s'il vous plaît vous allonger ?)
- **Wilt u uw mond opendoen ?** [*wIlt u uou mOnt opədoun ?*] (Voulez-vous ouvrir la bouche ?)
- **Zucht eens diep.** [*zəRt əs dip.*] (Respirez profondément.)

L'heure de vérité

Après l'examen, le médecin vous communiquera **zijn diagnose** [*zən diaRnozə*] (son diagnostic). Vous voulez sans doute savoir ce que vous avez. Vous serez rassuré si le médecin vous dit :

- **U hebt kou gevat.** [*u hèpt kaou RəvAt.*] (Vous êtes enrhumé.)
- **Het is niets ernstigs.** [*ət Is nits èrnstəRs.*] (Ce n'est rien de grave.)

Le médecin peut aussi vous dire :

- **U hebt...** [*u hèpt...*] (Vous avez...)
  - **griep** [*Rrip*] (la grippe
  - **een hersenschudding** [*ən hèrsənsRədlN*] (une commotion cérébrale)
  - **een ontsteking** [*ən OntstéklN*] (une infection)
  - **een blindedarmontsteking** [*ən bllndədArmOntstéklN*] (une appendicite)
  - **een longontsteking** [*ən lONOntstéklN*] (une pneumonie)
  - **ontstoken amandelen** [*Ontstokə amAndələ*] (les amygdales enflammées)
  - **een voedselvergiftiging** [*ən voutsəlvərRIftəRIN*] (un empoisonnement alimentaire)
- **Uw been is...** [*u bén...*] (Votre os est...)

- **Uw bot is...** [*u bOt...*-PB] (Votre os est...)
  - **gebroken** [*Rəbrokə*] (fracturé)
  - **gescheurd** [RəsRørt] (fêlé)
  - **gekneusd** [*Rəknøst*] (endommagé)
- **U heeft een spier gescheurd.** [*u hèpt ən spir RəsRørt.*] (Vous vous êtes déchiré un muscle.)
- **U heeft een spier verrekt.** [*u hèpt ən spir vərèkt.*] (Vous vous êtes foulé un muscle.)

Conversation

Mieke Verschuren est tombée dans un escalier à son lieu de travail. Sa cheville droite lui fait terriblement mal et est très enflée. Sa collègue l'emmène à l'hôpital.

Verpleegster	**Goedemiddag. Wat zijn de klachten ?**
[*vərpléRstər*]	*RoudəmIdAR. wAt sèyn də klARtə ?*
Infirmière	Bonjour. De quoi vous plaignez-vous ?
Mieke	**Ik ben gestruikeld op het werk.** *Ik bèn Rəstraykəlt Opət wèrk.* J'au trébuché sur mon lieu de travail.
Verpleegster	**Ik zie het. Je enkel is erg dik. Kun je erop staan ?** *Ik si ət. yə èNkəl Is èrR dIk. kən yə ərOp stan ?* Je le vois bien. Votre cheville est très enflée. Pouvez-vous tenir dessus ?
Mieke	**Ja, maar het doet erg pijn en hij wordt steeds dikker. Ik houd hem koel met ijs en natte handdoeken.** *ya, mar ət dout èrR pèyn èn èy wOrt stéts dIkər. Ik haou hèm koul mèt èys ən nAtə hAndoukə.* Oui, mais ça fait très mal et elle enfle de plus en plus. Je la tiens au froid avec de la glace et des serviettes mouillées.
Verpleegster	**Doet het hier pijn ?** *dout ət hir pèyn ?* Est-ce que ça fait mal ici ?
Mieke	**Au. Ja.** aou. ya. Aïe. Oui.

Verpleegster **Je enkel is verstuikt. Het klinkt vreemd, maar je moet hem toch zoveel mogelijk bewegen.**

yə èNkəl is fərstəykt.ət kliNt frémt, mar yə mout hèm tOR zo vél moRələk bəwéRə.

Ta cheville a une entorse. Cela semble bizarre, mais tu devrais la bouger la plus possible.

Verpleegster **Probeer vanaf morgen weer een beetje te lopen en beweeg de voet als je zit af en toe.**

probér vAnAf mOrRə wér ən bétyə tə lopə èn bəwéR də vout Als yə zIt Af èn tou.

Essaie à partir de demain de remarcher un peu, et quand tu es assise, remue le pied dans un sens et dans l'autre.

Mieke **Kan ik auto rijden ?**

kAn Ik aouto rèydə ?

Pourrai-je conduire ?

Verpleegster **Dat zal erg pijn doen. Vraag je collega's om je naar huis te brengen.**

dAt sAl èrR pèyn doun. vraR yə kOlégas Om yə nar hays tə brèNgə.

Cela fera très mal. Demande à ta collègue de te reconduire chez.

Mieke **Hoelang gaat het duren voordat ik weer gewoon kan lopen ?**

houlAN Rat ət durə vordAt Ik wér gəwon kAn lopə ?

Combien de temps faudra-t-il pour que je puisse marcher normalement ?

Verpleegster **Dat hangt ervan af. Je kunt het lopen langzaam opvoeren en met een week kun je weer naar je werk, als je zittend werk doet.**

dAt hANt ərvAn Af. yə kənt ət lopə lANksam Opfourə èn mèt ən wék kən yə wér nar yə wèrk, Als yə zItənt wèrk dout.

Cela dépend. Tu peux augmenter lentement la marche et dans une semaine, tu peux retourner au travail, si tu fais un travail sédentaire.

Verpleegster **Ga naar de huisarts als de pijn na vier dagen nog niet minder wordt.**

Ra nar də haysArts Als də pèyn na vir daRə nOR nit mIndər wOrt.

Allez voir votre médecin traitant si la douleur n'a pas diminué au bout de quatre jours.

Mieke	**Komt het weer helemaal goed ?** *kOmt ət wér héləmal Rout ?* Est-ce que ça se remettra complètement ?
Verpleegster	**De meeste mensen kunnen weer alles doen, maar bij te zware belasting kan de enkel weer pijn gaan doen.** *də méstə mènsə kanə wér Aləs doun, mar bèy tə zwarə bəlAstIN kAn də èNkəl wér pèyn Ran doun.* La plupart des gens peuvent de nouveau faire tout ce qu'ils faisaient, mais en cas d'effort trop grand, la cheville peut de nouveau faire mal.

Mots clés

struikelen	straykələ	trébucher
erop	ərOp	là-dessus
het ijs	hət èys	la glace
de handdoek	də hAndouk	la serviette
verstuikt	vərstaykt	foulé
zo veel mogelijk	zo vél moRələk	aussi souvent que possible
bewegen	bəwéRə	bouger
Dat hangt ervan af	dAt hANt ərvAn Af	Ça dépend
weer	wér	de nouveau
de belasting	də bəlAstIN	la charge

Vivement la guérison !

Après lui avoir dit ce qui ne va pas, le docteur vous dira ce que vous devez faire :

- **Ik schrijf u een … voor.**[*Ik sRèyf u ən …vor.*] (Je vous prescris…)
  - **een pijnstiler** [*ən pèynstIlər*] (un antalgique)
  - **een kalmerend middel** [*ən kAlmérənt mIdəl*] (un sédatif)
  - **een slaapmiddel** [*ən slapmidəl*] (un somnifère)
  - **antibiotica** [*Antibiotica.*] (des antibiotiques)

Ou bien il vous enverra vers un confrère :

- **U moet een radiografie laten maken.** [*u mout ən radiografi latə makə.*] (Vous devez faire une radiographie.)
- **U moet een röntgenfoto laten maken.** [*u mout ən røntRənfoto latə makə*– PB] (Vous devez faire une radiographie.)
- **Ik moet u naar een specialist verwijzen.** [*Ik mout u nar ən spésyAlIst fərwèyzə.*] (Je dois vous envoyer voir un spécialiste.)

Le médecin vous remet **een voorschrift** [*ən vorsRrIft*] ou **een recept** [*ən résèpt*-PB] (une ordonnance) pour obtenir vos **geneesmiddelen** [*Rənésmldələ*] ou **medicijnen** [médisèynə – PB] (médicaments) auprès d'un **apotheker** [*apotékər*] (pharmacie).

Les expressions ci-après vous aideront à comprendre quand et à quelle fréquence vous êtes censé pendre vos remèdes :

U moet een tablet nemen…	*u mout ən tablèt némə…*	Vous devez prendre un comprimé…
drie keer per dag.	*di kér pər dAR*	trois fois par jour.
na elke maaltijd.	*na èlkə maltèyt*	après chaque repas.
met wat water.	*mèt wAt watər*	avec un peu d'eau.
voor het slapengaan.	*vor ət slapengan*	avant le coucher.

Parapharmacie et pharmacie

Certains médicaments, tels que l'aspirine, le paracétamol et le sirop contre la toux, sont vendus sans ordonnance en Belgique ainsi qu'aux Pays-Bas.

Au Pays-Bas, vous les trouverez dans les **drogisterijen** [*drORIstərèyə*] (parapharmacies). Ces magasins font partie d'une **winkelketen** [*wINkəlkétən*] (chaîne de magasins), comme par exemple **Kruitvat®** [*kraytfAt*], qui entre-temps ont envahi la Flandre et la Wallonie. Leurs produits vont du dentifrice aux cosmétiques, en passant par tout ce qui facilite la tenue du ménage.

Contrairement aux Pays-Bas, en Belgique, la vente d'aspirine, de paracétamol et de sirop contre la toux se fait uniquement dans les pharmacies.

En ce qui concerne les médicaments sur ordonnance, en revanche, en Belgique ainsi qu'aux Pays-Bas, vous êtes obligé de passer par **de apotheek** [*də apoték*] (la pharmacie). **Apothekers** [*apotékərs*] (les pharmaciens) ne vous vendent vos médicaments que si vous leur remettez l'ordonnance. Ils ajoutent dessus beaucoup d'informations au sujet du médicament ou vous informent oralement. Ils gardent sur leur ordinateur une liste de médicaments qu'ils vous ont déjà vendus et vérifient si vos nouveaux médicaments sont compatibles avec les anciens.

Aux Pays-Bas, les médecins ont la réputation d'être très économes en médicaments. Ne soyez pas surpris s'ils vous renvoient chez vous sans aucune prescription, en disant : « Vous irez mieux dans une semaine. » Certains médecins sont très stricts en ce qui concerne les somnifères : ils ne vous en prescriront pas plus de cinq ou dix à la fois.

Rage de dents !

L'entretien avec le dentiste en néerlandais se passe ainsi :

Avant que vous vous installiez dans son **tandartsstoel** [*tAndArtstoul*] (fauteuil de dentiste), le dentiste vous demandera :

- **Wat is uw probleem ?** [*wAt is uou problém ?*] (De quoi vous plaignez-vous ?)

Voici quelques réponses :

- **Ik heb tandpijn.** [*Ik hèp tAntpèyn.*] (J'ai une rage de dents.)
- **Ik heb kiespijn.** [*Ik hèp kispèyn.* – PB] (J'ai une rage de dents.)
- **Ik heb mijn vulling verloren.** [*Ik hèp mən vəlIN vərlorə.*] (J'ai perdu mon plombage.)
- **Ik heb mijn kunstgebit gebroken.** [*Ik hèp mən kənstRəbIt Rəbrokə.*] (J'ai cassé mon dentier.)

Lorsque le dentiste s'exprime

Pour vous dire ce qui ne va pas, le dentiste s'exprimera ainsi :

- **U hebt…** [*u hèpt…*] (Vous avez…)
  - **een gaatje** [*ən Ratyə*] (une carie)
  - **een zenuwontsteking** [*ən zénuouOntstékIN*] (une névralgie)

La roulette : « Bzzzzzzzzz, bzzzzzzzzzzzz »

Vous reconnaîtrez une des expressions ci-dessous quand le dentiste explique ce qu'il va faire.

- **Ik geef u een…** [*Ik Réf u ən…*] (Je vous donne un…)
  - **een noodvulling.** [*ən notfəlIN*] (plombage temporaire)
  - **een wortelkanaalbehandeling** [*ən wOrtəlkanalbəhAndəlIN*] (traitement du canal dentaire)
  - **een zenuwbehandeling** [*ən zénuoubəhAndəlIN*] (traitement du nerf)

- **Ik moet deze tand vullen.** [*Ik mout dézə tAnt fələ.*] (Je dois plomber cette dent.)
- **Ik moet deze kies trekken.** [*Ik mout dézə kis trèkə.* – PB] (Je dois arracher cette dent.)

Porter plainte

Vous venez de réaliser que votre appartement a été combriolé. Le cambrioleur a laissé votre exemplaire du *Néerlandais pour les Nuls*. Vous avez eu de la chance !

Vous utiliserez les phrases suivantes pour résoudre ce problème :

- **Waar is het dichtstbijzijnde politiebureau ?** [*war Is ət dIRtstbèyzèyndə polisiburo / politsiburo ?*] (Où se trouve le bureau de police le plus proche ?)

La déclaration consiste à faire état de la situation telle qu'elle se présente :

- **Ik wil aangifte doen van…** [*Ik wIl aNRIftə doun vAn…*] (Je veux faire une déclaration de…)
  - **de diefstal** [*də difstAl*] (le vol)
  - **zakkenrollerij** [*zAkərOlərèy*] (du vol par un pickpocket)
  - **openbreken van mijn auto** [*ət opəbrékə vAn mən aouto*] (effraction de la voiture)
  - **de vernieling** [*də vərnilIN*] (vandalisme)
  - **verlies** [*vərlis*] (perte)

Pour un cambriolage, l'officier de police vous recevra personnellement. Sans doute, l'attente sera longue, mais l'officier sera à votre écoute. Il enregistrera votre déclaration afin de rédiger **een proces-verbaal** [*prosès vèrbal*] (un procès-verbal).

Pour des faits mineurs, comme un vol de vélo, l'officier vous demandera de remplir un formulaire, en néerlandais. En pareil cas, il vous dira :

- **Wilt u dit formulier invullen ?** [*wIlt u dIt fOrmulir Invələ ?*] (Voulez-vous remplir ce formulaire ?)

Tout vol, minime soit-il, mérite un signalement à la police. Celle-ci se chargera d'enquêter. Il est évident que dans ce genre d'affaires le moindre détail a de l'importance.

Décrire ce qui a été « raflé »

Pour décrire un objet volé, dites :

- **Mijn … is gestolen.** [*mən … Is Rəstolə.*] (Mon / ma … a été volé / volée.)
  - **portefeuille** [*pOrtəfəyə*] (portefeuille)
  - **portemonnaie** [*pOrtəmOne*] (portefeuille)
  - **handtas** [*hAntAs*] (sac à main)
  - **tas** [*tAs*] (sac)
  - **digitaal fototoestel** [*diRital fototoustèl*] (appareil photo numérique)
  - **digitale camera** [*diRitalə kaméra*] (Caméscope)
  - **mobiele telefoon** [*mobilə téléfon*] (téléphone mobile)
  - **geld** [*Rèlt*] (argent)
  - **bankkaart** [*bANkart*] (carte bancaire)
  - **pinpas** [*pInpAs* – PB] (carte bancaire)
  - **kredietkaart** [*krédItkart*] (carte de crédit)
  - **creditcard** [*krèdItkArt* – PB] (carte de crédit)
  - **reisdocumenten** [*rèyzdokumèntə*] (documents de voyage)
  - **paspoort** [*pAsport*] (passeport)
  - **bagage** [*baRaZə*] (bagages)
  - **auto** [*aouto*] (voiture)

INFO CULTURELLE

La déclaration de faits mineurs en ligne

Dès que vous aurez acquis suffisament de vocabulaire, vous serez capable de déclarer en ligne des faits mineurs, tels que les actes d'un pickpocket, d'un voleur, de vandalisme et autres. La police néerlandaise a développé un site permettant de faire la déclaration en ligne. Avant de vous y lancer, renseignez-vous sur les évaluations de ces systèmes par les utilisateurs.

`www.police-on-web.be`

`www.politie.nl/aangifte/`

L'interrogatoire !

Vous avez bien regardé le voleur. Vous avez peut-être crié : **Help ! Houd de dief !** [*hèlp ! haout də dif !*] (À L'aide ! Arrêtez le voleur !) Dans le cadre d'une déclaration, l'officier de police vous posera beaucoup de questions. Était-il grand ou petit, gros ou mince, avec une chevelure ou chauve ? La police est susceptible de vous demander :

- **Kunt u de persoon beschrijven ?** [*kant u də parson bəsRrèyvə ?*] (Pourriez-vous décrire la personne ?)

Pour commencer votre description, vous dites :

- **De persoon had…** [*də parson hAt…*] (La personne avait…)
  - **blond haar** *blOnt har* les cheveux blonds
  - **zwart haar** *zwArt har* les cheveux bruns
  - **rood haar** *rot har* les cheveux roux
  - **grijs haar** *Rrèys har* les cheveux gris
  - **een baard** *ən bart* une barbe
  - **geen baard** *Rén bart* pas de barbe
  - **een snor** *ən snOr* une moustache
  - **geen snor** *Rén snOr* pas de moustache
  - **een kaal hoofd** *ən kal hoft* la tête chauve
  - **een bril** *ən bril* une paire de lunettes

Vous poursuivez votre description en disant :

- **De persoon was…** [*də parson wA…*] (La personne était…)
  - **groot** *Rrot* grande
  - **klein** *klèyn* petit
  - **ongeveer 1,80 m groot** *ONRəvér ən métər tARtəR Rrot* d'une taille d'environ 1,80 m
  - **ongeveer 20 jaar oud** *ONRəvér twIntəR yar aout* âgée d'environ 20 ans.

La police vous demandera où et quand c'est arrivé au moyen des expressions suivantes :

- **Wanneer is dit gebeurd ?** [*wAnér IzdAt Rəbørt ?*] (Quand est-ce arrivé ?)
- **Waar was u op dat moment ?** [*war wAs u ObdAt momènt ?*] (Où étiez-vous à ce moment-là ?)

Protection de vos droits à l'étranger

Si vous rencontrez des difficultés et que vous êtes complètement inculte en droit juridique, demandez de l'assistance. Il vous faut connaître deux expressions :

- **Ik heb een advocaat nodig.** [*Ik hèp ən Advokat nodəR.*] (J'ai besoin d'un avocat.)
- **Ik wil graag de ambassade bellen.** [*Ik wIl RraR də AmbAsadə bèlə.*] (Je voudrais appeler l'ambassade.)

Conversation

Geert De Gent [*Rért də Rènt*] doit apporter des documents à un de ses clients. Il gare sa voiture devant le bureau. Quand il revient, une demi-heure plus tard, il constate qu'on a fracturé une vitre et que son ordinateur portable a disparu. Il se rend à la **dichtstbijgelegen politiebureau**.

Geert	**Goedemiddag. Ik wil aangifte doen van diefstal. Mijn auto is opengebroken en mijn laptop is gestolen.** *RoudəmIdAR. Ik wIl anRIftə doun vAn dIfstAl. mən aouto Is opəRəbrokə ən lèptOp is Rəstolə.* Bonjour. Je voudrais faire une déclaration de vol. Ma voiture a été cambriolée et mon ordinateur portable a été volé.
Politieagent [*polisiaRènt* *politsiaRènt* – PB] Agent de police	**Wanneer is dat gebeurd ?** *wAnér IzdAt Rəbørt ?* Quand est-ce arrivé ?
Geert	**Tussen 11:00 en 11:30 vanochtend.** *təsə èləf ur èn èləf ur dèrtəR vAnORtənt* Entre 11 heures et 11h30 ce matin.
Politieagent	**Waar is dat gebeurd ?** *war IzdAt Rəbørt ?* Où est-ce arrivé ?
Geert	**Hier vlakbij. In de Aarlenstraat.** *hir vlAkbèy. in də arlənstrat.* Tout près d'ici. Dans la rue d'Arlon.
Politieagent	**Was uw laptop van buitenaf zichtbaar ?** *wAs uou lèptOp vAn baytenAf zIRtbar ?* Votre ordinateur portable était-il visible de l'extérieur ?
Geert	**Nee, natuurlijk niet. Hij lag in de koffer, uit het zicht. Ik laat mijn laptop nooit op de bank liggen.** *né. naturlək nit. èy lAR In də kOfər, ayt ət sIRt. Ik lat mən lèptOp noyt Obdə bANk lIRə.* Non. Bien sûr que non. Il était dans le coffre, hors de vue. Je ne laisse jamais mon portable sur le siège.

Politieagent

Hoe kon de dief dan weten dat er iets waardevols in uw achterbak zat.

hou kOn də dif dAn wétə dAt ər its wardəvOls in uou ARtərbAk sAt ?

Alors, comment le voleur pouvait-il savoir qu'il y avait un objet de valeur dans le coffre ?

Geert

Misschien heeft iemand gezien dat ik hem erin legde. Ik moest bij een bedrijf naast de technische school zijn en daar stonden een paar mensen buiten met elkaar te praten.

mIsRin héft imAnt Rəzin dAt Ik hèm ərIn lèRdə. Ik moust bèy ən bədrèyf nast ən tèRnisə sRol zèyn èn dar stOndə ən par mènsə baytə mèt élkar tə pratə.

Peut-être quelqu'un a-t-il remarqué que je le mettais dedans. Je devais rendre visite à une entreprise près d'une école technique et il y avait des gens dehors qui bavardaient.

Politieagent

Waarom hebt u de laptop niet mee naar binnen genomen ?

warOm hèpt u də lèptOp nit mé nar bInə Rənomə ?

Pourquoi n'avez-vous pas emporté le portable à l'intérieur ?

Geert

Ik dacht dat het vijf minuten zou duren, maar ik moest binnen wachten.

Ik dARt dAtət vèyf minutə zou durə, mar Ik moust bInə wARtə.

Je pensait que cela prendrait cinq minutes, mais j'ai dû attendre à l'intérieur.

Politieagent

Hebt u uw auto goed afgesloten ?

hèpt u uou aouto Rout AfRəslotə ?

Aviez-vous bien fermé votre voiture à clé ?

Geert

Ja. Dat doe ik altijd. De auto is opengebroken.

ya. dAdou Ik Altèyt. Də aouto is opəRəbrokə.

Oui. C'est ce que je fais toujours. La voiture a été fracturée.

Politieagent

Vult u dit formulier maar in.

vəlt u dIt fOrmulir mar In.

Veuillez remplir ce formulaire.

Mots clés

dief	dif	voleur
diefstal	difstAl	vol
stelen (stal, gestolen)	stéla, stAl, Rastola	voler
de laptop	da lèptOp	l'ordinateur portable
gebeurd	Rabørt	arrivé
van buitenaf	vAn baytanAf	de l'extérieur
de koffer	da kOfar	le coffre de la voiture
de achterbak	da ARtarbAk - PB	le coffre de la voiture
het bedrijf	at badrèyf	l'entreprise
zichtbaar	zIRtbar	visible
waardevol	wardavOl	de valeur
de technische school	da tèRnisa sRol	l'école technique

Quatrième partie

La partie des Dix

Dans cette partie…

Les astuces de la langue néerlandaise et de son utilisation résident dans cette partie : dix façons d'apprendre le néerlandais rapidement, comment avoir l'air professionnel dans le cadre du travail et davantage encore.

Chapitre 16

Dix façons d'apprendre

Le néerlandais en un temps record

Que vous prépariez une visite touristique, un séjour ou que vous résidiez déjà dans l'aire néerlandophone, il est évident que la langue néerlandaise vous intéresse. Une fois les 15 chapitres de ce livre parcourus et appris, vous serez obligé de continuer l'étude de la langue, sans livre et sans maître. Comment faire ? Toute la question est là !

La tête vaut son pesant d'or

Chez les linguistes, il existe un grand consensus par rapport au vocabulaire. En effet, l'acquisition rapide du vocabulaire d'une langue étrangère est la condition de la réussite. Ce vocabulaire, il s'acquiert partout, mais l'organe qui est responsable pour garder ce qu'on perçoit est la tête de l'apprenant. Pour absorber en continu les nouveaux mots d'une langue étrangère, il est nécessaire d'avoir la tête « éponge ».

L'apprenant féru de langues a le cerveau qui absorbe tout élément linguistique comme une véritable éponge aux dimensions d'une boule de l'Atomium.

Dans la vie quotidienne, aucun mot dans l'entourage de l'apprenant de langues n'échappera à son esprit d'observation ni à son immense capacité de stockage.

Une langue s'apprend dans les transports en commun

Profitez des transports en commun pour lire les écriteaux multilingues et vous découvrirez, par exemple, que la traduction en italien pour « une femme enceinte » sera « *una donna en estate interessante* ».

Une langue s'apprend par le biais du cinéma

Soyez sélectif dans le choix des films que vous visionnez. Voici quelques exemples de films recommandables pour l'apprenant francophone de néerlandais :

- Un film en néerlandais, en version originale (VO), sous-titré en français ;
- Un film en anglais, toujours VO, avec, comme à Bruxelles, double sous-titrage : français et néerlandais.

Il existe un cinéma aux Pays-Bas dont il suffit d'évoquer deux noms de cinéastes ayant construit une œuvre étonnante et imposante : Bert Haanstra et Paul Verhoeven. Procurez-vous un DVD en VO sous-titré en français.

Une langue s'apprend par la musique

En matière de musique, faites-vous recommander le CD favori d'un de vos proches contenant des chansons avec un vocabulaire facile et répétitif. Mettez le CD en boucle pendant une semaine et essayez de comprendre les mots à l'aide d'un bon dictionnaire (voir ci-dessous). Vous verrez : ça marche.

N'oubliez pas que les chansons aux mots simples et fréquents en langue étrangère utilisent les mots dont vous aurez besoin. Prenez l'exemple des Beatles. Leurs premières chansons contiennent un vocabulaire de mots hyperfréquents (en dessous des premiers 500 mots). C'est facile à vérifier, il suffit de noter les mots suivants :

« All my Loving »
Close your èyes and I'll kiss you
Tomorrow I'll miss you
Remember I'll always be true
And then while I'm away
I'll write home every day
And I'll send all my loving to you.

(Paul McCartnèy, 1963)

Le néerlandais s'apprend par le biais des produits du supermarché

Les produits des supermarchés dans l'aire francophone portent très souvent des mots et des textes en néerlandais. Parfois ces mots néerlandais occupent une place aussi importante que les mots français. Pour favoriser l'apprentissage du néerlandais, il faut bien choisir son supermarché !

Vous les trouverez sur les produits alimentaires à l'affichage français/néerlandais dans les supermarchés qui desservent le marché important de France et du Benelux. Ce sont :

- Auchan ;
- Carrefour ;
- Champion ;
- Cora.

Fini d'ignorer la traduction de « feuilletés apéritifs ». *Carrefour* vous la fournit : **bladerdeeghapjes** [*blādərdéRhĀpyəs*].

La question qui s'impose est la fonctionnalité de ce mot. Le mot infréquent n'apparaîtra pas dans le cours, mais la tête « éponge » vous permettra de l'héberger dans la case appropriée après l'avoir analysé comme composition de trois noms : **blad** [*blAt*] (feuille), **deeg** [*déR*] (pâte) et **hapje** [*hĀpyə*] (bouchée ; le mot se trouve dans le cours). Le fait que vous connaissiez le mot **hapje** vous permettra d'absorber le mot **bladerdeeghapjes**. En plus, dans cet ouvrage, on vous a donné la méthode pour vous approprier les mots « trop longs et on meurt », y compris leur bonne prononciation.

Une langue s'apprend dans le dictionnaire bilingue

Parmi les utilisateurs de dictionnaires, il y a des débutants, des intermédiaires, des avancés et des professionnels. Ce livre s'occupe systématiquement de la première catégorie.

Première chose à savoir : plus vous utilisez le dictionnaire, plus votre rapidité augmentera. C'est comme pour les pilotes d'avion : ce sont les heures de vol qui font leur professionnalisme.

Deuxième chose : lorsque votre niveau de compétence sera atteint, ce livre ne pourra plus rien vous apporter et le besoin d'un dictionnaire bilingue s'imposera. Le dictionnaire de poche d'apprenant francophone du néerlandais et *vice versa Le Robert & Van Dale poche* (environ10 euros) sera un achat judicieux.

Écrire votre propre dictionnaire

Après avoir recherché un mot ou une expression dans le dictionnaire, notez-les dans votre propre dictionnaire. Les linguistes disent que nous devons traiter les mots sept fois avant qu'ils ne soient « à nous ». Le traitement peut consister à les entendre, les écrire et les prononcer.

L'émotion joue un rôle dans la mémorisation et l'oubli : vous pouvez vous énerver quand vous constatez que vous recherchez le même mot pour la cinquième fois. Si vous êtes en colère contre vous-même, vous le retiendrez plus facilement en vous le disant à haute voix plusieurs fois et en l'écrivant dans votre propre dictionnaire. Certains mots seront importants pour vous, parce que vous voudrez les utiliser beaucoup. D'autres mots peuvent être sans intérêt : ne les inscrivez pas.

Achetez-vous un petit carnet pour noter les mots que vous désirez mémoriser. Vous pouvez les écrire dans l'ordre où vous les avez rencontrés, mais pour pouvoir les retrouver, il vaut mieux les écrire dans l'ordre alphabétique. Un carnet de numéros de téléphone est déjà préparé pour ce classement. Relisez le carnet à vos moments perdus : dans l'avion, dans le train et quand vous attendez quelque part. Vous aurez plus tard le plaisir de constater que vous maîtrisez la plupart des mots !

Des verbes dans la poche

Les verbes sont les matériaux d'une langue. Quand vous apprenez une langue, vous commencez en général par parler avec des infinitifs ou des « verbes entiers » : **Ik spreek een beetje Nederlands.** [*Ik sprék ən bétyə nédərlAnts.*] (Je parler un petit peu néerlandais). Utiliser des infinitifs est une manière fonctionnelle de communiquer, mais vous ferez meilleure impression en conjuguant les verbes, c'est-à-dire en utilisant la forme correcte pour chaque personne : **Ik spreek een beetje Nederlands** (*ik sprék ən bétyə nédərlAnts*) (je parle un peu néerlandais). Cela demande une certaine discipline au début, mais l'effort que vous faites sera récompensé plus tard : il est plus facile d'acquérir quelque chose que de se débarrasser d'une mauvaise habitude !

Commencez à apprendre la conjugaison des verbes réguliers et servez-vous de l'antisèche que vous avez préparée et que vous gardez en poche. Vous pouvez y jeter un œil : dans l'avion, le train, quand vous attendez, et surtout, quand vous êtes perplexe et curieux de savoir. Préparez-vous une antisèche chaque semaine, en continuant par les verbes irréguliers les plus importants, au présent, comme **hebben** (*hèbə*) (avoir) et **zijn** (*zèyn*) (être). Continuez cette progression aussi longtemps que vous voudrez.

Utiliser le CD audio de ce livre

Le CD audio du livre propose une série de dialogues très utiles, tels que vous les entendrez dans la vie de tous les jours. Écoutez-les autant que vous pourrez : quand vous faites la cuisine ou conduisez votre voiture. Comme le CD est associé au contenu du livre, il est encore plus efficace d'utiliser les deux en même temps. Toutefois, contrairement à d'autres CD, celui-ci peut être écouté sans avoir à répondre à des questions d'un livre d'exercices, comme c'est l'usage pour d'autres méthodes de langue.

Solliciter l'aide des néerlandophones

Ayez des contacts avec des néerlandophones. Après tout, c'est pour cela que vous apprenez le néerlandais ! Ils apprécieront beaucoup que vous essayiez d'apprendre leur langue. Si vous parlez anglais, de nombreuses personnes commenceront à vous répondre en anglais. Elles aiment à pratiquer leur anglais. Si vous voyez ces personnes plus souvent, demandez-leur de vous parler en néerlandais au moins une partie du temps. Demandez-leur de vous expliquer ce que vous ne comprenez pas. Vous pouvez aussi leur demander de vous écouter quand vous parlez néerlandais. Il vous faudra beaucoup d'énergie au début, et il faudra à la personne qui écoute beaucoup de patience, et donc n'essayez pas de le faire tout le temps : commencez par un quart d'heure.

Évoluez-vous dans le monde des affaires ? Faites vos affaires en anglais et essayez de maîtriser le néerlandais pour les instants réservés aux contacts sociaux : avant de traiter les questions professionnelles, et au moment de partir.

Avez-vous des collègues néerlandophones ? Vous serez plus à l'aise si vous comprenez une partie de leurs conversations lors des moments de détente : auprès de la machine à café, en arrivant et en partant. Posez des questions quand vous ne comprenez pas ! Ne soyez pas trop exigeant envers vous-même : n'essayez pas de les comprendre quand ils racontent des blagues en néerlandais !

Chapitre 17

Dix choses à éviter

Le but de ce chapitre est de vous éviter des situations embarrassantes. Vous pouvez avoir entendu des visiteurs étrangers dire des choses qui vous ont fait retenir votre respiration. Eh bien, voici quelques indications qui vous éviteront de dire des choses qui vous donneraient envie de vous mordre la langue !

Belle voiture. Combien a-t-elle coûté ?

Bien qu'en général, les Flamands et les Néerlandais ne cachent pas leurs richesses et qu'ils aiment parler d'argent, ils n'aiment pas qu'on leur demande combien ils ont payé leur nouvelle véranda ou leur piscine. S'ils veulent vous dire le prix, ils vous le diront ; s'ils ne vous le disent pas, ne le leur demandez pas.

Donnez-moi une tasse de café !

En Flandre et aux Pays-Bas, les adultes ont un principe. Lorsque vous êtes convié à rendre une visite, il est inscrit dans leur code que, dans les premières minutes de votre présence, ils vous auront déjà proposé une boisson. Si ce n'est pas le cas, votre jugement est fait.

En revanche, ce qui vaut pour les hôtes vaut pour les visiteurs. Quand vous leur dites les mots **Geef me koffie** ou **Ik wil koffie**, ils considèrent que vous les prenez pour vos sbires. Vos hôtes sont humiliés car vous les prenez de haut, pensent-ils, et vous pouvez en être sûr : la réaction ne tardera pas à se faire sentir. Dites plutôt discrètement : **Ik wil graag een kopje koffie** ou **Geef me alstublieft een kopje koffie.**

J'ai mal ci… J'ai mal là…

Évitez de communiquer des choses très personnelles sur votre santé, tant que vous n'appartenez pas au petit cercle d'amis intimes. Ne vous plaignez surtout pas de choses banales, telles qu'une indigestion, l'insomnie, l'obésité, des bouffées de chaleur, etc. auprès de personnes que vous connaissez à peine. Votre interlocuteur sera embarrassé ou ennuyé. N'abordez pas de tels sujets au travail, sauf si votre but est que les autres ne vous parlent plus.

Au fait, combien gagnes-tu ?

Votre salaire est un sujet de discussion entre vous et votre supérieur. Votre patron doit vous dire comment marche le système de rémunération de votre société. Ne posez pas de questions à vos collègues, vos voisins ou vos amis sur leur salaire, à moins qu'ils ne vous disent spontanément ce qu'ils gagnent. Vous pouvez poser des questions sur le système de rémunération, mais ne devenez pas trop personnel.

Les Flamands / les Néerlandais sont ennuyeux

C'est le même cas que « **Geef me koffie** ». Il y a un problème de logique, on parle de contradiction. Dans les deux cas, l'expression « Tuer la poule aux œufs d'or » s'applique. Si vous méprisez ou insultez vos hôtes, on se demande ce que vous faites à côté d'eux.

Imaginez-vous le hall d'un hôtel à Prague d'il y a 35 ans. Un trentenaire allemand se rend à l'accueil et demande en allemand à la réceptionniste le téléphone pour appeler l'Allemagne de l'Ouest. Quand elle lui demande son nom, il répond « Buchwald ». Une fois en contact avec quelqu'un de l'Ouest, il hausse la voix pour que chacun dans le hall puisse entendre sa plainte : « Les Tchèques sont un peuple désorganisé » (« *Die Tschechen sind ein muschiges Volk* »).

Le plus grand plaisir du voyage est l'ouverture à d'autres choses. Si vous n'êtes pas fait pour voyager et respecter l'autre, abstenez-vous, restez sous votre clocher et évitez de vous en éloigner.

Chaque ressortissant d'un État ou d'une nation est tributaire du passé de celui-ci. Cependant, le fait que quelqu'un ait une nationalité ne veut pas dire qu'il est spécialisé dans l'histoire de son pays ou ses problèmes socio-politiques. La situation de la cohabitation belge est d'une difficulté considérable. En 1989, le journaliste flamand **Geert Van Istendael** [*Rērt vAn Istəndal*] a écrit *Het Belgisch labyrinth. De Schoonheid der Wanstaltigheid*, Amsterdam, De Arbeiderspers (*Le Labyrinthe belge* ou *La beauté de la Hédeur*, Le Castor Astral). Cet essai fut adressé au public belge ayant besoin d'une légère introduction pour commencer à comprendre les questions historiques et sociologiques du pays.

Néanmoins, lors de contacts avec des étrangers, on met souvent sur le tapis des sujets dignes d'un interrogatoire doctoral.

Pour qui votes-tu ?

À part la spécificité des questions relevant de la situation en Belgique, la présente question ne se pose ni aux Néerlandais, ni aux Belges. Pourtant, il y a des pays où il est bon ton d'en parler au travail ou entre voisins.

En Flandre on parle le flamand ?

Assertion qui part du point de vue que le flamand est une langue unie. En premier lieu, le flamand n'est pas une langue, c'est un terme ombrelle qui couvre un grand nombre de patois. En second lieu, le flamand n'est pas une langue car elle n'a ni de dictionnaire ni de grammaire. Je ne crois pas que ceux qui confirment parler le flamand vont un jour trouver un consensus pour mettre le mot « xyz » dans le dictionnaire ou formuler une règle de la conjugaison.

Une langue est un patois qui l'a « emporté » dans le combat pour l'hégémonie dans un territoire. Le seigneur de cette structure de pouvoir a promulgué son patois comme langue de sa seigneurie. Comme signe de pouvoir, il a utilisé la langue ; il a donné l'ordre aux poètes et aux écrivains de produire des texte dans *son patois*. Ensuite, il a constitué une académie, pour rédiger un dictionnaire et une grammaire de ce patois qui tendait à devenir une langue. Le premier fait scientifique que cette académie a établi, c'était que la langue de leur seigneur était celle qu'Adam et Ève ont parlé au paradis.

Le néerlandais belge est une langue à part

L'argument revient à l'assertion que le néerlandais de **het Vlaamse Gewest** [*ət flāmsə Rəwēst*] (la région flamande de la Belgique) n'est pas la même langue que le néerlandais qu'on enregistre dans **de Randstad** [*də rAntstAt*] (l'agglomération des grandes villes néerlandaises autour d'Amsterdam).

Pourtant, tout texte écrit de toute origine de l'aire néerlandophone est compréhensible aussi bien dans le Nord que dans le Sud.

Ensuite, le linguiste néo-zélandais renommé, **Rod Ellis**, a décrit une langue comme un ensemble de variantes. Ces variantes sont de trois natures.

La variation individuelle

Iedere vogel zingt zoals hij gebekt is [*idər voRəl zINt zoAls èy Rəbèkt Is*] (Chaque oiseau chante comme il est éloquent) est un proverbe néerlandais. L'appareil phonétique de chacun n'est pas pareil, l'un parle avec un cheveu sur la langue, l'autre prononce le R comme un W, celui-là est enrhumé et prononce un [b] pour un [m], etc. Pourtant, quand on les écoute, on reconnaît facilement la langue qu'ils parlent.

La variation régionale

Il est connu que la périphérie d'une aire linguistique développe une variante qui fait une différence avec celle qu'on parle au centre. C'est pour cela qu'en France, on dit que le meilleur français est parlé en Île-de-France. Les Parisiens prennent ainsi un droit que les provençaux ne peuvent pas contester.

La variation sociale

Vous avez constaté vous-même que « la jeunesse » parle une autre langue que le Premier ministre ou les habitants du 16e arrondissement de Paris. Ce que l'on appelle l'« argot », le « verlan » ou autres sont des types de la variation sociale.

Est-ce qu'il existe une culture « belge » ?

Est-ce que la Belgique sera rayée de la carte ?

Vous trouverez des débuts de réponses dans *L'Histoire de la Belgique pour les Nuls*, de Fred STEVENS et Axel TIXHON (First Éditions).

Bonne lecture !

Chapitre 18

Dix expressions néerlandaises favorites

Maintenant que vous comprenez le néerlandais dans une certaine mesure, vous remarquerez, au cours des conversations, la préférence de vos interlocuteurs pour certaines expressions. Elles seront plus fréquentes que d'autres. Vous les apercevrez dans un contexte informel et détendu.

We bellen, hè ?

[*wə bélə, hè ?*]. La traduction littérale est : « Nous appellerons, hein ? » L'expression s'utilise au moment de dire au revoir à des amis. Il est sous-entendu que vous vous reverrez, sans savoir quand.

Ik ga het niet redden

[*Ik Ra ət nit rèdə*]. Traduction : « Je n'y arriverai pas. » La signification est claire : c'est l'expression de panique accompagnée de stress quand quelqu'un sent qu'il ne va pas finir un travail à temps.

Tjonge jonge

[*tchyONə yONə*]. Expression d'étonnement très fréquente. Sa formation est un jeu de mots avec l'adjectif qualificatif **jong** [*yON*] (jeune) et le nom **jongen** [*yONə*] (garçon). Dans le groupe nominal « jeune garçon », l'adjectif prend la forme **jonge**, pour former une redondance avec **jongen** : **jonge jongen**. L'origine du [*tch*], préfixe de **jonge**, reste opaque.

Mij niet gezien

[*mèy nit Rəzin*]. Le sommet d'intonation de la phrase est le *pronom personnel objet, forme pleine* **mij**. Il est vrai que, dans ce livre, l'utilisation de la forme pleine des pronoms a été désignée comme exceptionnelle, dans le cas d'un contraste ou d'une opposition.

Les mots **Mij niet gezien** sont la réponse négative avec emphase à une proposition de projet. Par exemple, vous êtes en compagnie d'amis et quelqu'un vous demande de le rejoindre le lendemain à 6 heures pour son jogging. Vous réagissez avec emphase par la négative et vous dites : **Mij niet gezien.**

Maakt niet uit

[*makt nit əyt*]. Traduction : « peu importe », parfois avec la connotation « dans l'état où je suis ». Si quelqu'un casse un verre en cristal de votre service, il n'y a pas lieu de le féliciter. Si vous avez la tête froide à ce moment, vous diriez : **Wat krijgen we nou ?** [*wAt krèyRə wə naou* PB ?] (Qu'est-ce qui se passe là ?) ou **Wat in 's hemelsnaam doe je nu ?** [*wAt In shémәlsnam dou yə nu ?*] (Qu'est-ce tu fais, au nom du Ciel ?)

Ga je gang !

[*Ra yə RAN*]. Traduction littérale : « Allez votre chemin. » C'est un « oui » élargi. Vous logez quelqu'un que vous connaissez très bien. Un quart d'heure après son arrivée, le temps de déposer les valises, vous sentez tous les deux l'épuisement. Votre ami vous demande :

Heb je niet ergens iets om de drinken ? [*hèp yə nit èrRəs its Om tə drINkə ?*]. (As-tu quelque chose à boire ?)

Pour lui dire de se servir dans le réfrigérateur vous dites :

Ga je gang ! Kijk eens in de koelkast. [*RA yə RAN ; kèyk əs In də koulkAst.*] (Sens-toi libre. Sers-toi dans le réfrigérateur.)

Dat geeft niet

[*dAt Réft nit*]. Quelqu'un s'excuse auprès de vous. En français, vous avez un choix d'expressions pour accepter ses excuses : « Ne vous en faites pas », « Il n'y a pas de quoi », « Qu'importe », pour n'en mentionner que trois. Exemple : **— Ik heb mijn boeken vergeten. — O, dat geeft niet.** [*Ik hèp mən boukə vərRétə. o, dAt Réft nit*]. (— J'ai oublié mes livres. — Oh, ne vous inquétez pas.)

Gelukkig maar

[*RələkəR mar*]. Expression qui sert à marquer qu'on a eu de la chance (malgré la malchance) ; qu'on l'a échappé belle. On est sorti du pire. Exemple :

— Er kwam een tegenligger aan die over het midden ging. Ik moest me naar rechts gooien om een ongeluk te vermijden. Gelukkig stond daar geen boom. — Ja, gelukkig maar.

[*ər kwAm ən téRəlIRər an di ovər ət mIdə RIN. Ik moust mə nar rèRs Roya Om ən ONRələk tə vərmèydə. RələkəR stOnt dar Rén bom. ya. RələkəR mar.*]

(— Une voiture est arrivée en face et débordait sur la ligne blanche. J'ai été obligé de me déporter sur le côté droit pour éviter un accident. Heureusement, il n'y avait pas d'arbre. — Oui, heureusement.)

Nou, en of !

[*naou, ən Of*]. Exclamation de confirmation d'un jugement de valeur. On l'utilise par exemple pour insister sur le fait que l'on est dans son bon droit ou qu'on a simplement raison. Rappelons-nous la situation de la personne curieuse qui demande : **Mooie auto. Die heeft wel veel gekost ?** [*mOyə aouto. di héft wèl vél RəkOst ?*]. Supposons que le propriétaire de la voiture est quelqu'un de très imbu de sa personne. Sans nommer le montant, il s'exclamera : « Tellement cher que vous n'en avez pas idée ! » ; en néerlandais, cela donne : « **Nou, en of !** » (l'accent est sur **of !**).

Autre exemple : **— Heb je lekker gegeten ? — Nou, en of !** [*hèp yə lèkər RəRétə ? naou, èn Of !*] (— Avez-vous bien mangé ? — Et comment !)

Nee maar

[*né mar*]. Expression d'étonnement : **Nee maar. Jij kunt veel eten !** [*né mar. yèy kənt fél étə !*] (Eh bien, tu manges beaucoup !)

Chapitre 19

Dix expressions montrant votre professionnalisme

Ce chapitre vous fournit les expressions qui vous seront utiles si vous travaillez pour des responsables ou des managers ou si vous en êtes un vous-même. Elles vous permettent d'être poli tout en exprimant votre opinion. Vous surprendrez vos collègues en les employant.

Komt het gelegen ?

[*kOmtət RəlèRə ?*] Cette question veut dire : « Est-ce le bon moment ? » C'est une manière très aimable d'amorcer une conversation avec un collaborateur qui est occupé. Voici une variante : **Komt het uit ?** [*kOmt ət əyt ?*]. L'autre personne pourrait répondre : **Waar gaat het over ?** [*war Rat ət ovər ?*] (C'est à quel sujet ?) et décider alors de traiter l'affaire immédiatement ou de prendre un rendez-vous pour un autre moment.

Stoor ik ?

[*stor Ik ?*] Vous êtes très poli en posant cette question, qui veut dire : « Est-ce que je dérange ? » lorsque plusieurs personnes parlent entre elles et que vous devez les interrompre. Vous pouvez aussi demander : **Mag ik storen ?** [*mAR Ik storə ?*] (Désolé de vous déranger, mais puis-je vous parler un instant ?) Vos collaborateurs diront : **Zeg het maar** [*zèR ət mar*] (Dites toujours) ou **We zijn bijna klaar** [*wə zèyn bèyna klar*] (Nous avons presque fini).

Je hebt gelijk !

[*yə hèpt Rəlèyk !*] Pour indiquer que l'autre personne a raison, vous direz de manière informelle : **Je hebt gelijk !** [*yə hèpt Rəlèyk*] (Tu as raison !) ou, de manière plus formelle : **U hebt gelijk !** [*u hèpt Rəlèyk !*]

L'admettre ensemble vous donne une opportunité de modifier l'opinion de la personne, d'ajouter vos propres arguments, en les introduisant par exemple comme ceci : **Je hebt gelijk, maar...** [*yə hèpt Rəlèyk, mar...*] (Tu as raison, mais...).

Afgesproken

[*AfRəsprokə*]. C'est l'expression équivalente de « d'accord ». Dans les affaires, on l'utilise après avoir conclu une opération importante requérant l'engagement des deux parties. Ce genre d'accord est généralement suivi d'un contrat écrit, mais le mot **afgesproken** ou **Ik ga akkoord** [*Ik Ra Akort*] (Je suis d'accord) a presque autant de valeur que le contrat.

Ik hoor het graag

[*Ik hor ət RraR*]. La traduction de cette expression est : « J'aime (j'aimerais) l'entendre. » On l'emploie par exemple à la fin d'un e-mail lorsque l'on veut que vous répondiez. Vous l'utiliserez dans un entretien quand la personne dont vous attendez quelque chose a besoin d'un certain temps pour s'y préparer ou y réfléchir.

Klopt dat ?

[*klOpdAt ?*] Cette expression signifie : « Est-ce exact ? » et termine une supposition soigneusement formulée telle que : **Ik hoor dat je een andere baan zoekt. Klopt dat ?** [*Ik hor dAt yə ən Andərə ban zoukt. klOpdAt ?*] (J'ai entendu que tu cherches un autre emploi. Est-ce exact ?) On termine une question par cette expression pour ne pas offenser la personne au cas où la supposition serait inexacte.

Wat is er aan de hand ?

[*wAt Isər an də hAnt ?*] C'est l'équivalent de « Qu'est-ce qui se passe ? » ou de « De quoi s'agit-il ? »

Daar word ik niet blij van

[*dar wOrt Ik nit blèy vAn*]. Des personnes ayant besoin de s'exprimer diplomatiquement, sans blesser personne, utilisent cet euphémisme pour faire comprendre qu'ils n'approuvent pas une situation ou ce que leur interlocuteur est en train de dire. En français : « Je ne suis pas emballé », ou comme disait la reine d'Angleterre : « We are not amused. »

Cinquième partie

Annexes

Dans cette partie...

Dans cette partie du livre se trouvent les annexes, qui vous seront bien utiles. Dans le tableau des verbes sont conjugués des verbes réguliers et des verbes irréguliers. Vous trouverez peut-être le mot que vous cherchez en consultant le mini-dictionnaire. Vous trouverez aussi une liste des pistes du CD fourni avec le livre. Cette annexe vous permettra de trouver les dialogues quand vous voudrez les lire et les écouter en même temps.

Annexe A

Verbes néerlandais

Verbes réguliers

Verbes réguliers (ex : *werken* – travailler)

Participe passé : *gewerkt* (travaillé) ; *hebben* (enlevé)

	Présent	Passé	Participe passé
ik (je)	werk	werkte	
jij (tu)	werkt	werkte	gewerkt
u (vous) (vouvoiement, singulier et pluriel)	werkt	werkte	
hij/zij/het (il/elle/cela)	werkt	werkte	
wij (nous)	werken	werkten	
jullie (vous) (tutoiement au pluriel)	werken	werkten	
zij (ils/elle)	werken	werkten	

Verbes séparables

Verbes séparables (ex : *afhalen* – enlever)

	Présent	Passé	Participe passé
ik (je)	haal af	haalde af	
jij (tu)	haalt af	haalde af	afgehaald
u (vous)	haalt af	haalde af	(hebben)
hij/zij/het (il/elle/cela)	haalt af	haalde af	
wij (nous)	halen af	haalden af	
jullie (vous)	halen af	haalden af	
zij (ils/elle)	halen af	haalden af	

Verbes réfléchis

Verbes réfléchis (ex : zich *vergissen* – se tromper)

	Présent	Passé	Participe passé
ik (je)	vergis me	vergiste me	
jij (tu)	vergist je	vergiste je	vergist
u (vous)	vergist u/zich	vergiste u/zich	(hebben)
hij/zij/het (il/elle/cela)	vergist zich	vergiste zich	
wij (nous)	vergissen ons	vergisten ons	
jullie (vous)	vergissen je	vergisten je	
zij (ils/elle)	vergissen zich	vergisten zich	

Verbes néerlandais irréguliers

hebben (avoir)

Participe passé : *gehad* (eu)

Présent	Passé	Participe passé	
ik (je)	heb	had	
jij (tu)	hebt	had	gehad
u (vous)	hebt/heeft	had	(hebben)
hij/zij/het (il/elle/cela)	heeft	had	
wij (nous)	hebben	hadden	
jullie (vous)	hebben	hadden	
zij (ils/elle)	hebben	hadden	

zijn (être)

Participe passé : *geweest* (été)

	Présent	Passé	Participe passé
ik (je)	ben	was	
jij (tu)	bent	was	geweest
u (vous)	bent	was	(zijn)
hij/zij/het (il/elle/cela)	is	was	
wij (nous)	zijn	waren	
jullie (vous)	zijn	waren	
zij (ils/elle)	zijn	waren	

beginnen (commencer)

Présent	Passé	Participe passé	
ik (je)	begin	begon	
jij (tu)	begint	begon	begonnen
u (vous)	begint	begon	(zijn)
hij/zij/het (il/elle/cela)	begint	begon	
wij (nous)	beginnen	begonnen	
jullie (vous)	beginnen	begonnen	
zij (ils/elle)	beginnen	begonnen	

begrijpen (comprendre)

Présent	Passé	Participe passé	
ik (je)	begrijp	begreep	
jij (tu)	begrijpt	begreep	begrepen
u (vous)	begrijpt	begreep	(hebben)
hij/zij/het (il/elle/cela)	begrijpt	begreep	
wij (nous)	begrijpen	begrepen	
jullie (vous)	begrijpen	begrepen	
zij (ils/elle)	begrijpen	begrepen	

blijven (rester)

passé	Présent	Passé	Participe
ik (je)	blijf	bleef	
jij (tu)	blijft	bleef	gebleven
u (vous)	blijft	bleef	(zijn)
hij/zij/het (il/elle/cela)	blijft	bleef	
wij (nous)	blijven	bleven	
jullie (vous)	blijven	bleven	
zij (ils/elle)	blijven	bleven	

brengen (apporter)

Présent	Passé	Participe passé	
ik (je)	breng	bracht	
jij (tu)	brengt	bracht	gebracht
u (vous)	brengt	bracht	(hebben)
hij/zij/het (il/elle/cela)	brengt	bracht	
wij (nous)	brengen	brachten	
jullie (vous)	brengen	brachten	
zij (ils/elle)	brengen	brachten	

denken (penser)

Présent	Passé	Participe passé	
ik (je)	denk	dacht	
jij (tu)	denkt	dacht	gedacht
u (vous)	denkt	dacht	(hebben)
hij/zij/het (il/elle/cela)	denkt	dachten	
wij (nous)	denken	dachten	
jullie (vous)	denken	dachten	
zij (ils/elle)	denken	dachten	

doen (faire)

Présent	Passé	Participe passé	
ik (je)	doe	deed	
jij (tu)	doet	deed	gedaan
u (vous)	doet	deed	(hebben)
hij/zij/het (il/elle/cela)	doet	deed	
wij (nous)	doen	deden	
jullie (vous)	doen	deden	
zij (ils/elle)	doen	deden	

drinken (boire)

Présent	Passé	Participe passé	
ik (je)	drink	dronk	
jij (tu)	drinkt	dronk	gedronken
u (vous)	drinkt	dronk	(hebben)
hij/zij/het (il/elle/cela)	drinkt	dronk	
wij (nous)	drinken	dronken	
jullie (vous)	drinken	dronken	
zij (ils/elle)	drinken	dronken	

eten (manger)

passé	Présent	Passé	Participe
ik (je)	eet	at	
jij (tu)	eet	at	gegeten
u (vous)	eet	at	(hebben)
hij/zij/het (il/elle/cela)	eet	at	
wij (nous)	eten	aten	
jullie (vous)	eten	aten	
zij (ils/elle)	eten	aten	

gaan (aller)

passé	Présent	Passé	Participe
ik (je)	ga	ging	
jij (tu)	gaat	ging	gegaan
u (vous)	gaat	ging	(zijn)
hij/zij/het (il/elle/cela)	gaat	ging	
wij (nous)	gaan	gingen	
jullie (vous)	gaan	gingen	
zij (ils/elle)	gaan	gingen	

geven (donner)

passé	Présent	Passé	Participe
ik (je)	geef	gaf	
jij (tu)	geeft	gaf	gegeven
u (vous)	geeft	gaf	(hebben)
hij/zij/het (il/elle/cela)	geeft	gaf	
wij (nous)	geven	gaven	
jullie (vous)	geven	gaven	
zij (ils/elle)	geven	gaven	

helpen (aider)

Présent	Passé	Participe passé	
ik (je)	help	hielp	
jij (tu)	helpt	hielp	geholpen
u (vous)	helpt	hielp	(hebben)
hij/zij/het (il/elle/cela)	helpt	hielp	
wij (nous)	helpen	hielpen	
jullie (vous)	helpen	hielpen	
zij (ils/elle)	helpen	hielpen	

kijken (regarder)

Présent	Passé	Participe passé	
ik (je)	kijk	keek	
jij (tu)	kijkt	keek	gekeken
u (vous)	kijkt	keek	(hebben)
hij/zij/het (il/elle/cela)	kijkt	keek	
wij (nous)	kijken	keken	
jullie (vous)	kijken	keken	
zij (ils/elle)	kijken	keken	

komen (venir)

Présent	Passé	Participe passé	
ik (je)	kom	kwam	
jij (tu)	komt	kwam	gekomen
u (vous)	komt	kwam	(zijn)
hij/zij/het (il/elle/cela)	komt	kwam	
wij (nous)	komen	kwamen	
jullie (vous)	komen	kwamen	
zij (ils/elle)	komen	kwamen	

kopen (acheter)

Présent	Passé	Participe passé	
ik (je)	koop	kocht	
jij (tu)	koopt	kocht	gekocht
u (vous)	koopt	kocht	(hebben)
hij/zij/het (il/elle/cela)	koopt	kocht	
wij (nous)	kopen	kochten	
jullie (vous)	kopen	kochten	
zij (ils/elle)	kopen	kochten	

krijgen (obtenir)

Présent	Passé	Participe passé	
ik (je)	krijg	kreeg	
jij (tu)	krijgt	kreeg	gekregen
u (vous)	krijgt	kreeg	(hebben)
hij/zij/het (il/elle/cela)	krijgt	kreeg	
wij (nous)	krijgen	kregen	
jullie (vous)	krijgen	kregen	
zij (ils/elle)	krijgen	kregen	

kunnen (pouvoir)

Présent	Passé	Participe passé	
ik (je)	kan	kon	
jij (tu)	kunt/kan	kon	gekund
u (vous)	kunt	kon	(hebben)
hij/zij/het (il/elle/cela)	kan	kon	
wij (nous)	kunnen	konden	
jullie (vous)	kunnen	konden	
zij (ils/elle)	kunnen	konden	

laten (laisser)

passé	Présent	Passé	Participe
ik (je)	laat	liet	
jij (tu)	laat	liet	gelaten
u (vous)	laat	liet	(hebben)
hij/zij/het (il/elle/cela)	laat	liet	
wij (nous)	laten	lieten	
jullie (vous)	laten	lieten	
zij (ils/elle)	laten	lieten	

lezen (lire)

passé	Présent	Passé	Participe
ik (je)	lees	las	
jij (tu)	leest	las	gelezen
u (vous)	leest	las	(hebben)
hij/zij/het (il/elle/cela)	leest	las	
wij (nous)	lezen	lazen	
jullie (vous)	lezen	lazen	
zij (ils/elle)	lezen	lazen	

liggen (être couché/étendu)

Présent	Passé	Participe passé	
ik (je)	lig	lag	
jij (tu)	ligt	lag	gelegen
u (vous)	ligt	lag	(hebben)
hij/zij/het (il/elle/cela)	ligt	lag	
wij (nous)	liggen	lagen	
jullie (vous)	liggen	lagen	
zij (ils/elle)	liggen	lagen	

lopen (marcher)

Présent	Passé	Participe passé	
ik (je)	loop	liep	
jij (tu)	loopt	liep	gelopen
u (vous)	loopt	liep	(hebben)
hij/zij/het (il/elle/cela)	loopt	liep	
wij (nous)	lopen	liepen	
jullie (vous)	lopen	liepen	
zij (ils/elle)	lopen	liepen	

moeten (devoir, être obligé de)

Présent	Passé	Participe passé	
ik (je)	moet	moest	
jij (tu)	moet	moest	gemoeten
u (vous)	moet	moest	(hebben)
hij/zij/het (il/elle/cela)	moet	moest	
wij (nous)	moeten	moesten	
jullie (vous)	moeten	moesten	
zij (ils/elle)	moeten	moesten	

mogen (avoir la permission de, aimer)

Présent		Passé	Participe passé
ik (je)	mag	mocht	
jij (tu)	mag	mocht	gemogen
u (vous)	mag	mocht	(hebben)
hij/zij/het (il/elle/cela)	mag	mocht	
wij (nous)	mogen	mochten	
jullie (vous)	mogen	mochten	
zij (ils/elle)	mogen	mochten	

nemen (prendre)

Présent		Passé	Participe passé
ik (je)	neem	nam	
jij (tu)	neemt	nam	genomen
u (vous)	neemt	nam	(hebben)
hij/zij/het (il/elle/cela)	neemt	nam	
wij (nous)	nemen	namen	
jullie (vous)	nemen	namen	
zij (ils/elle)	nemen	namen	

rijden (conduire, aller à cheval)

Présent		Passé	Participe passé
ik (je)	rijd	reed	
jij (tu)	rijdt	reed	gereden
u (vous)	rijdt	reed	(hebben)
hij/zij/het (il/elle/cela)	rijdt	reed	
wij (nous)	rijden	reden	
jullie (vous)	rijden	reden	
zij (ils/elle)	rijden	reden	

slapen (dormir)

passé	Présent	Passé	Participe
ik (je)	slaap	sliep	
jij (tu)	slaapt	sliep	geslapen
u (vous)	slaapt	sliep	(hebben)
hij/zij/het (il/elle/cela)	slaapt	sliep	
wij (nous)	slapen	sliepen	
jullie (vous)	slapen	sliepen	
zij (ils/elle)	slapen	sliepen	

spreken (parler)

Présent	Passé	Participe passé	
ik (je)	spreek	sprak	
jij (tu)	spreekt	sprak	gesproken
u (vous)	spreekt	sprak	(hebben)
hij/zij/het (il/elle/cela)	spreekt	sprak	
wij (nous)	spreken	spraken	spraken
jullie (vous)	spreken	spraken	spraken
zij (ils/elle)	spreken	spraken	spraken

staan (être debout)

Présent	Passé	Participe passé	
ik (je)	sta	stond	
jij (tu)	staat	stond	gestaan
u (vous)	staat	stond	(hebben)
hij/zij/het (il/elle/cela)	staat	stond	
wij (nous)	staan	stonden	
jullie (vous)	staan	stonden	
zij (ils/elle)	staan	stonden	

vergeten (oublier)

Présent	Passé	Participe passé	
ik (je)	vergeet	vergat	
jij (tu)	vergeet	vergat	vergeten
u (vous)	vergeet	vergat	(hebben/zijn)
hij/zij/het (il/elle/cela)	vergeet	vergat	
wij (nous)	vergeten	vergaten	
jullie (vous)	vergeten	vergaten	
zij (ils/elle)	vergeten	vergaten	

vinden (trouver)

passé	Présent	Passé	Participe
ik (je)	vind	vond	
jij (tu)	vindt	vond	gevonden
u (vous)	vindt	vond	(hebben)
hij/zij/het (il/elle/cela)	vindt	vond	
wij (nous)	vinden	vonden	
jullie (vous)	vinden	vonden	
zij (ils/elle)	vinden	vonden	

weten (savoir)

passé	Présent	Passé	Participe
ik (je)	weet	wist	
jij (tu)	weet	wist	geweten
u (vous)	weet	wist	(hebben)
hij/zij/het (il/elle/cela)	weet	wist	
wij (nous)	weten	wisten	
jullie (vous)	weten	wisten	
zij (ils/elle)	weten	wisten	

willen (vouloir)

passé	Présent	Passé	Participe
ik (je)	wil	wilde	
jij (tu)	wilt/je wil	wilde	gewild
u (vous)	wilt	wilde	(hebben)
hij/zij/het (il/elle/cela)	wilt	wilde	
wij (nous)	willen	wilden	
jullie (vous)	willen	wilden	
zij (ils/elle)	willen	wilden	

zeggen (dire)

passé	Présent	Passé	Participe
ik (je)	zeg	zei	
jij (tu)	zegt	zei	gezegd
u (vous)	zegt	zei	(hebben)
hij/zij/het (il/elle/cela)	zegt	zei	
wij (nous)	zeggen	zeiden	
jullie (vous)	zeggen	zeiden	
zij (ils/elle)	zeggen	zeiden	

zien (voir)

passé	Présent	Passé	Participe
ik (je)	zie	zag	
jij (tu)	ziet	zag	gezien
u (vous)	ziet	zag	(hebben)
hij/zij/het (il/elle/cela)	ziet	zag	
wij (nous)	zien	zagen	
jullie (vous)	zien	zagen	
zij (ils/elle)	zien	zagen	

zitten (être assis)

passé	Présent	Passé	Participe
ik (je)	zit	zat	
jij (tu)	zit	zat	gezeten
u (vous)	zit	zat	(hebben)
hij/zij/het (il/elle/cela)	zit	zat	
wij (nous)	zitten	zaten	
jullie (vous)	zitten	zaten	
zij (ils/elle)	zitten	zaten	

zoeken (chercher)

passé	Présent	Passé	Participe
ik (je)	zoek	zocht	
jij (tu)	zoekt	zocht	gezocht
u (vous)	zoekt	zocht	(hebben)
hij/zij/het (il/elle/cela)	zoekt	zocht	
wij (nous)	zoeken	zochten	
jullie (vous)	zoeken	zochten	
zij (ils/elle)	zoeken	zochten	

zullen (devoir/auxiliaire du futur)

passé	Présent	Passé	Participe
ik (je)	zal	zou	
jij (tu) participe passé)	zult/zal	zou	-(pas de
u (vous) d'auxiliaire)	zult	zou	-(pas
hij/zij/het (il/elle/cela)	zal	zou	
wij (nous)	zullen	zouden	
jullie (vous)	zullen	zouden	
zij (ils/elle)	zullen	zouden	

Annexe B

Mini-dictionnaire néerlandais-français

A

aangifte doen/déclarer un méfait

aankomst (de)/arrivée

achterlaten/laisser

advocaat (de)/avocat

afslag (de)/bretelle

afspraak (de)/rendez-vous

airco (de) (PB)/ **airconditioning (de)** (FL)/ climatisation

allergisch/allergique

alles/tout

ambassade (de)/ambassade

ambulance (de)/ambulance

antibiotica (de)/antibiotiques

antwoord (het)/réponse

april/avril

architectuur (de)/architecture

augustus/août

auto (de)/voiture

autoweg (de)/autoroute

avond (de)/soir

B

baan (de)/travail/job

baas (de)/patron

bagage (de)/bagages

bakker (de)/boulanger

balpen (de)/stylo à bille

bank (de)/banque

bankrekening (de)/compte en banque

banktransactie (de)/transaction bancaire

bebouwde kom (de)/agglomération

bedrijf (het)/entreprise/société

beeldhouwkunst (de)/sculpture

begin (het)/début

bellen/appeler (au téléphone)

bericht (het)/message

beroep (het)/profession

bespreking (de)/réunion

bier (het)/bière

bij/près de

bikini (de)/bikini

bioscoop (de)/cinema

boek (het)/livre

bord (het)/assiette

bos (het)/bois/forêt

boter (de)/beurre

brand (de)/incendie

brandweer (de)/pompiers

brief (de)/lettre

brievenbus (de)/boîte aux lettres

brood (het)/pain

buiten gebruik/hors service

bureau (het)/bureau (meuble)

bus (de)/bus

bushalte (de)/arrêt de bus

C

cadeau (het)/cadeau

café (het)/bar/pub/café

centrum (het)/centre

collega (de)/collègue

computer (de)/ordinateur

concerthal (de)(PB)/ **concertgebouw (het)** (FL)/salle de concert

contant (geld)/argent liquide

D

daar/là

dag (de)/jour

dagkoers (de)/cours du jour

dans (de)/danse

das (de)/cravate

de heer/M./Monsieur

december/décembre

denken/penser

deur (de)/porte

diagnose (de)/diagnostic

dichtbij/tout près

dichtstbijzijnd/le plus proche

diefstal (de)/vol

digitale camera (de)/camescope

dinsdag/mardi

directeur (de)/directeur

docent (de)/enseignant

document/bestand (het)/document/fichier (ordinateur)

doelpunt (het)/but

doen/faire

dokter (de)/docteur/médecin

donderdag/jeudi

douane (de)/douane

douche (de)/douche

drinken/boire

drogisterij (de)/parapharmacie

E

eergisteren/avant-hier

eerste klas (de)/première classe

enkeltje (het) (PB)/ (FL) **enkele reis (de)**/ aller simple

eten/manger

euro (de)/euro

Europese Unie (de)/Union Européenne

evenement (het)/événement

excuus (het)/excuse

F

familie (de)/famille

fantastisch/fantastique

februari/février

feest (**het**)/fête

festival (**het**)/festival

fiets (**de**)/vélo

fietsen/faire du vélo

fietspad (**het**)/piste cyclable

film (**de**)/film

finale (**de**)/finale

fooi (**de**)/pourboire

formulier (**het**)/formulaire

foto (**de**)/photo

G

gaan/aller

gebruiken/utiliser

geld (**het**)/argent

geldautomaat (**de**)/distributeur aumatique de billets

gesloten/fermé

geven/donner

gewond/blessé

gezin (**het**)/famille

girorekening (**de**)/compte de chèques postaux

gisteren/hier

glas (**het**)/verre

goed/bon/bien

goedemiddag/bonjour (l'après-midi-

goedemorgen/bonjour (matin)

goedenavond/bonsoir

golf/golf

groenteboer (**de**)/marchand de fruits et légumes

groeten/salutations

groot/gros/grand

H

halfpension/demi-pension

hallo/salut

handtekening (**de**)/signature

haven (**de**)/port

hebben/avoir

helpen/aider

herhalen/répéter

heer (**de**)/Monsieur

hier/ici

hoe/comment

hotel (**het**)/hôtel

huren/louer

I

identiteitsbewijs (**de**)/pièce d'identité

iets/quelque chose

in/dans

industrieterrein (**het**)/zone industrielle

infectie (**de**)/infection

instapkaart (**de**)/carte d'embarquement

interessant/intéressant

internet (**het**)/Internet

inzicht (**het**)/compréhension

J

ja/oui

jaar (**het**)/an/année

januari/janvier

jas (**de**)/manteau

joggen/faire du jogging

jongen (**de**)/garçon

juli/juillet

juni/juin

K

kaartje (de)/billets

kantoor (het)/bureau (lieu, non le meuble)

kassa (de)/caisse

kind (het)/enfant

kennis (de)/connaissance

kerk (de)/église

kinderen (*de*)/enfants

klacht (*de*)/plainte

klein/petit

knooppunt (het)/échangeur

koffer (de)/valise (En (FL) ce mot signifie la malle de la voiture.)

koffie (de)/café (boisson)

koken/faire la cuisine

komen/venir

kopje (het)/tasse

koud/froid

kruispunt (het)/croisement

kunnen/pourvoir

kunst (de)/art

L

land (het)/pays

lepel (de)/cuiller

leren/apprendre

leuk/joli/gentil/agréable

lift (de)/ascenseur

links/à gauche

luchtpost (de)/poste aérienne

luisteren/écouter

M

maand (de)/mois

maandag/lundi

maart/mars

maat (de)/taille

maken/faire

makkelijk/facile

man (de)/homme

map (de)/classeur

markt (de)/marché

maximumsnelheid (de)/vitesse maximum

medicijnen (de)/médicaments

mei/mai

meisje (het)/fille

melk (de)/lait

meneer/mijnheer (de)/Monsieur/M.

mes (het)/couteau

met/avec

metrostation (het)/station de métro

mevrouw/Mme/Madame

middag (de)/après-midi

mobieltje (het) ou **GSM (de)**/téléphone portable

moeilijk/difficile

mooi/beau/joli

morgen/matin/demain

museum (het)/musée

musical (de)/comédie musicale

muziek (de)/musique

N

na/après

naam (**de**)/nom/nom de famille

naar/vers

naast/à côté

nationaliteit (**de**)/nationalité

natuurlijk/bien sûr

navigatiesysteem (**het**)/système de navigation/GPS

nee/non

nemen/prendre

niet storen/ne pas déranger

nietmachine (**de**)/agrafeuse

niets/rien

noorden (**het**)/nord

november/novembre

O

ochtend (**de**)/matin

oktober/Octobre

omleiding (**de**)/déviation

ondertekenen/ signer

ongeluk (**het**)/accident

ontbijt (**het**)/petit-déjeuner

ontsteking (**de**)/inflammation

ontwerper (de)/concepteur

oosten (het)/est

op/sur

open/open

openbaar vervoer (**het**)/ transport public

openbaar/public

opera (**de**)/opéra

ouders (**de**)/parents

overeenkomst (**de**)/accord

overhemd (**het**)/chemise

overmorgen/après demain

oversteken/traverser

P

pak (**het**)/costume

pakje (**het**)/paquet

park (**het**)/parc

parkeerautomaat (**de**)/borne de stationnement

parkeerplaats (**de**)/parking

parterre (**de**)/rez-de-chaussée

partner (**de**)/compagnon/compagne

paspoort (**het**)/passeport

perron/quai (dans une gare)

persoon (**de**)/personne

pinpas/betaalpas (**de**) (PB)/ **bankkaart** (FL) /carte bancaire

politie (**de**)/police

portemonnee (**de**)/porte-monnaie

postkantoor (**het**)/bureau de poste

postzegel (**de**)/timbre

potlood (**het**)/crayon

praten/parler

pretpark (**het**)/parc d'attractions

printer (**de**)/imprimante

proces verbaal (**het**)/procès-verbal

publiek (**het**)/public

R

receptie (de)/réception

rechtdoor/tout droit

rechts/à droite

reddingsbrigade (de)/équipe de sauvetage

reisdocument (het)/document de voyage

reizen/voyager

rekening (de)/addition/note

reserveren/réserver

restaurant (het)/restaurant

retourticket/retourtje (het)/billet aller-retour

richting (de)/direction

rijbewijs (het)/permis de conduire

roken/fumer

roltrap (de)/escalator

rotonde (de)/rond-point

routeplanner (de)/programmateur d'itinéraire

S

saai/ennuyeux

sap (het)/jus

sauna (de)/sauna

schaatsen/patiner

schip (het)/bateau

schoenenzaak (de)/marchand de chaussures

schouwburg (de)/théâtre

secretaris (de)/secrétaire

september/septembre

slager (de)/boucher

slapen/dormir

slecht/mauvais

sleutel (de)/clé

slijterij (de)/ (Fl) **de wijnhandelaar**/ marchand de vin

snel/rapide

soep (de)/soupe

souterrain (het)/ (Fl) **de ondergrond**/ sous-sol

spaarrekening (de)/compte d'épargne

sparen/verzamelen/collectionner

spitsuur (het)/heure de pointe

spreekuur (het)/consultation

spreken/parler

staan/se tenir debout

stad (de)/ville

stadhuis (het)/hôtel de ville

station (het)/gare

sterkte/force

strand (het)/plage

strippenkaart (de)/carte de transport en commun

student (de)/étudiant

studie (de)/études

supermarket (de)/supermarché

surfen/surfer

T

tandarts (de)/dentiste

tankstation (het)/station service

taxi (de)/taxi

taxistandplaats (de)/station de taxis

tegenliggers (de)/véhicules venant en sens inverse

telefoon (**de**)/téléphone

telefoonwinkel (**de**)/magasin de téléphones

teleurstellend/décevant

tennis (**het**)/tennis

theater (**het**)/théâtre

thee (**de**)/thé

ticket (**het**)/billet

toast (**de**)/toast

toeslag (**de**)/supplément (à payer)

toilet (**het**)/toilettes

toneelstuk (**het**)/pièce de théâtre

tot horens/à bientôt (au téléphone)

tot ziens/au revoir

toerist (**de**)/touriste

tramhalte (**de**)/arrêt de tramway

trein /train

tweeverdieners (**de**)/ménage à deux revenus

U

uitchecken/annoncer son départ (de l'hôtel) et payer

uitgaan/sortir

uitnodiging (**de**)/invitation

uitstekend/excellent

uitverkocht/complet

V

vakantie (**de**)/vacances

vakantiehuis (**het**)/maison de vacances

vandaag/aujourd'hui

varen/faire du bateau

veel/beaucoup/de nombreux

verboden toegang/accès interdit

vergadering (**de**)/réunion

verjaardag (**de**)/anniversaire

verkeer (**het**)/traffic

verkeersopstopping (**de**)/embouteillage

verkopen/vendre

verleden tijd (**de**)/temps passé (grammaire)

verliezen/perdre

vermoeiend/épuisant

verpleegkundige (**de**)/infirmier/infirmière

vertraging (**de**)/retard

vertrek (**het**)/départ

vertrekken/partir

verzekering (**de**)/assurance

verzekeringsmaatschappij (**de**)/ compagnie d'assurances

videocamera (**de**)/caméra vidéo

vliegen/voler

vliegtuig (**het**)/avion

vlucht (**de**)/vol

voetbalstadion (**het**)/terrain de football

volpension/pension complète

voltooide tijd (**de**)/passé composé

voor/avant/devant

voornaam (**de**)/prénom

voorschrijven/prescrire

voorstellen/présenter

voorstelling (**de**)/spectacle

vork (**de**)/fourchette

vragen/demander

vreemde valuta (**de**)/devises étrangères

vriend (de)/ami

vrijdag/vendredi

vrouw (de)/femme

W

waar/où

waarom/pourquoi

wachten/attendre

wanneer/quand

warm/chaud

wat/ce qui/quoi

wedstrijd (de)/match

week (de)/semaine

weekend (het)/week-end

wegenkaart (de)/carte routière

wegwerkzaamheden (de)/travaux

werken/travailler

westen (het)/ouest

wie/qui

wijn (de)/vin

winnen/gagner

wisselkantoor (het)/bureau de change

wisselkoers (de)/taux de change

woensdag/mercredi

Z

zaken (de)/affaires

zakenreis (de)/voyage d'affaire

zaterdag/samedi

zee (de)/mer

zeilen/faire de la voile

zelfbediening (de)/self-service

zich bemoeien met/ se mêler de

zich gedragen/ se (bien) conduire

zich herinneren/se souvenir

zich vergissen/se tromper

zich vervelen/s'ennuyer

ziek/malade

ziekenhuis (het)/hôpital

zijn/être

zondag/dimanche

zonnebaden/prendre un bain de soleil

zonnebrandcreme (de)/crème solaire

zuiden (het)/sud

zullen/devoir/auxiliaire du futur

zwembad (het)/piscine

zwembroek (de)/maillot de bain

zwemmen/nager

Annexe C

Mini-dictionnaire français-néerlandais

A

à bientôt (au téléphone)/**tot horens/we bellen**

à côté de/**naast**

à droite/**rechts**

à gauche/**links**

accès interdit/**verboden toegang**

accident/**ongeluk (het)**

accord/**overeenkomst (de)**

addition/**rekening (de)**

aéroport/**vliegveld (het)**

affaires/**zaken (de)**

agrafeuse/**nietmachine (de)**

agréable/**leuk**

aide/**hulp**

aider/**helpen**

aller en vélo/**fietsen**

aller simple/**enkeltje (het)** (PB)/ **enkele reis** (FL)

aller/**gaan**

allergique/**allergisch**

aller-retour/**retourticket/retourtje (het)** (PB)/ **heen-en terugreis** (FL)

ambassade/**ambassade (de)**

ambulance/**ambulance (de)**

ami/**vriend (de)**

anniversaire/**verjaardag (de)**

annoncer son départ et régler la note/**uitchecken**

antibiotiques/**antibiotica (de)**

août/**augustus**

appareil photo numérique/**digitaal fototoestel (het)**

appeler (au téléphone)/**bellen**

apprendre/**leren**

après/**na**

après-demain/**overmorgen**

après-midi/**middag (de)**

april/**april**

architecture/**architectuur (de)**

argent liquide/**contant (geld)**

argent/**geld (het)**

arrêt de bus/**bushalte (de)**

arrêt de tramway/**tramhalte (de)**

arrivée/**aankomst (de)**

art/**kunst (de)**

ascenseur/**lift (de)**

assiette/**bord** (**het**)

assurance/**verzekering** (**de**)

attendre/**wachten**

au revoir/**tot ziens**

aujourd'hui/**vandaag**

automate bancaire/**geldautomaat** (**de**)

autoroute/**autoweg** (**de**)

auxiliaire du futur/**zullen**

avant/**voor**

avant-hier/**eergisteren**

avec/**met**

avion/**vliegtuig** (**het**)

avocat/**advocaat** (**de**)

avoir/**hebben**

B

bagages/**bagage** (**de**)

banque/**bank** (**de**)

bar/café/**café** (**het**)

bateau/**schip** (**het**)

beau/**mooi**

beaucoup de/**veel**

beurre/**boter** (**de**)

bicyclette/**fiets** (**de**)

bien sûr/**natuurlijk**

bien/**goed**

bière/**bier** (**het**)

bikini/**bikini** (**de**)

billet/**ticket** (**het**)

billets/**kaartjes** (**de**)

blessé/**gewond**

boire/**drinken**

bois (forêt)/**bos** (**het**)

boîte aux lettres/**brievenbus** (**de**)

bon/**goed**

bonjour (l'après-midi)/**goedemiddag**

bonjour (le matin)/**goedemorgen**

bonsoir/**goedenavond**

borne de stationement/**parkeerautomaat** (**de**)

boucher/**slager** (**de**)

boulanger/**bakker** (**de**)

bureau (lieu)/**kantoor** (**het**)

bureau (meuble)/**bureau** (**het**)

bureau de change/**wisselkantoor** (**het**)

bureau de poste/**postkantoor** (**het**)

bus/**bus** (**de**)

but/**doelpunt** (**het**)

C

cadeau/**cadeau** (**het**)

café (boisson)/**koffie** (**de**)

caisse/**kassa** (**de**)

caméra vidéo/**videocamera** (**de**)

rond-point/**rotonde** (**de**)

carte d'embarquement/**instapkaart** (**de**)

carte de bus et de tramway/**strippenkaart** (**de**)

carte de paiement/**pinpas/betaalpas** (**de**) (PB)/ **de bankkaart** (FL)

carte routière/**wegenkaart** (**de**)

ce qui/**wat**

centre/**centrum** (**het**)

chaud/**warm**

chemise/**overhemd** (**het**)

cinema/**bioscoop (de)**

classeur/**map (de)**

clé/**sleutel (de)**

climatisation/**airco (de)** (PB)/ **de airconditioning** (FL)

collectionner/**sparen/verzamelen**

collègue/**collega (de)**

comédie musicale/**musical (de)**

commencement/**begin (het)**

comment/**hoe**

compagnie d'assurances / **verzekeringsmaatschappij (de)**

complet/**uitverkocht**

compréhension/**inzicht (het)**

compte d'épargne/**spaarrekening (de)**

compte de chèques postaux/**girorekening (de)**

compte en banque/**bankrekening (de)**

concepteur/**ontwerper (de)**

connaissance/**kennis (de)**

consultation/**spreekuur (het)**

costume/**pak (het)**

cours actuel/**dagkoers (de)**

couteau/**mes (het)**

cravate/**das (de)**

crayon/**potlood (het)**

crème solaire/**zonnebrandcrème (de)**

croisement/**kruispunt (het)**

cuiller/**lepel (de)**

D

dans/**in**

danse/**dans (de)**

de nombreux/**veel**

début/**begin (het)**

décembre/**december**

décevant/**teleurstellend**

demain/**morgen**

demander/**vragen**

demi-pension/**halfpension**

dentiste/**tandarts (de)**

départ/**vertrek (het)**

déposer plainte/**aangifte doen**

devant/**voor**

déviation/**omleiding (de)**

devise étrangère/**vreemde valuta (de)**

devoir/**zullen**

diagnostic/**diagnose (de)**

difficile/**moeilijk**

dimanche/**zondag**

directeur/**directeur (de)**

direction/**richting (de)**

docteur/**dokter (de)**

document de voyage/**reisdocument (het)**

document/**document (het)**

donner/**geven**

dormir/**slapen**

douane/**douane (de)**

douche/**douche (de)**

droguerie/**drogisterij (de)**

E

échangeur/**knooppunt (het)**

écouter/**luisteren**

église/**kerk (de)**

embouteillage/**verkeersopstopping (de)**

emploi/**baan (de)**

enfants/**kinderen (de)**

enseignant/**docent (de)**

ennuyeux/**saai**

entreprise/**bedrijf (het)**

épuisant/**vermoeiend**

équipe de sauvetage/**reddingsbrigade (de)**

escalator/**roltrap (de)**

est/**oosten (het)**

être/**zijn**

études/**studie (de)**

étudiant/**student (de)**

euro/**euro (de)**

événement/**evenement (het)**

excellent/**uitstekend**

excuse/**excuus (het)**

F

facile/**makkelijk**

faire de la voile/**zeilen**

faire du bateau/**varen**

faire du jogging/**joggen**

faire du vélo/**fietsen**

faire la cuisine/**koken**

faire/**doen**

faire/**maken**

famille/**familie (de)**

famille (la petite)/**gezin (het)**

fantastique/**fantastisch**

femme/**vrouw (de)**

fermé/**gesloten**

festival/**festival (het)**

février/**februari**

fille/**meisje (het)**

film/**film (de)**

finale/**finale (de)**

football/**voetbal (het)**

force/**sterkte**

formulaire/**formulier (het)**

fourchette/**vork (de)**

froid/**koud**

fumer/**roken**

G

gagner/**winnen**

garçon/**jongen (de)**

gare/**station (het)**

golf/**golf**

GPS/**navigatiesysteem (het)**

grand/**groot**

gros/**groot/dik**

H

heure de pointe/**spitsuur (het)**

hobby/**hobby (de)**

hockey/**hockey**

homme/**man (de)**

hôpital/**ziekenhuis (het)**

hors service/**buiten gebruik**

hôtel de ville/**stadhuis (het)**

hôtel/**hotel (het)**

I

ici/**hier**

imprimante/**printer (de)**

incendie/**brand (de)**

infection/**infectie (de)**

infirmier/infirmière/**verpleegkundige (de)**

inflammation/**ontsteking (de)**

intéressant/**interessant**

Internet/**internet (het)**

invitation/**uitnodiging (de)**

J

janvier/**januari**

jeudi/**donderdag**

job/**baan (de)**

joli/**mooi**

jour/**dag (de)**

juillet/**juli**

juin/**juni**

jus/**sap (het)**

L

là/**daar**

lait/**melk (de)**

le plus proche/**dichtstbijzijnd**

lettre/**brief (de)**

livre/**boek (het)**

louer/**huren**

lundi/**maandag**

M

M./**de heer**

Madame/**mevrouw**

magasin de chaussures/**schoenenzaak (de)**

magasin de téléphones/**telefoonwinkel (de)**

mai/**mei**

maillot de bain/**zwembroek (de)**

maison de vacances/**vakantiehuis (het)**

malade/**ziek**

manger/**eten**

manteau/**jas (de)**

marchand de fruits et légumes/**groenteboer (de)**

marchand de vin/**slijterij (de)** (PB)/ **de wijnhandelaar** (FL)

marché/**markt (de)**

mardi/**dinsdag**

mars/**maart**

match/**wedstrijd (de)**

matin/**ochtend (de)**

mauvais/**slecht**

médicaments/**medicijnen (de)**

ménage à deux revenus/**tweeverdieners (de)**

mer/**zee (de)**

mercredi/**woensdag**

message/**bericht (het)**

Mme/**mevrouw**

mois/**maand (de)**

Monsieur/**de heer, meneer**

musée/**museum (het)**

musique/**muziek (de)**

N

nager/**zwemmen**

nationalité/**nationaliteit (de)**

ne pas déranger/**niet storen**

nom/**naam (de)**

non/**nee**

nord/**noorden (het)**

novembre/**november**

O

octobre/**oktober**

opéra/**opera (de)**

ordinateur/**computer (de)**

où/**waar**

ouest/**westen (het)**

ouvert/**open**

P

pain/**brood (het)**

paquet/**pakje (het)**

par/**bij/door/via/tegen**

parc d'attractions/**pretpark (het)**

parc/**park (het)**

parents/**familie (de)**

parents/**ouders (de)**

parking/**parkeerplaats (de)**

parler/**praten**

parler/**spreken**

partenaire/**partner (de)**

partie/**feest (het)**

partir/achterlaten/**vertrekken**

passeport/**paspoort (het)**

patiner/**schaatsen**

patron/**baas (de)**

pays/**land (het)**/

penser/**denken**

pension complète/**volpension**

perdre/**verliezen**

permis de conduire/**rijbewijs (het)**

personne/**persoon (de)**

petit déjeuner/**ontbijt (het)**

petit/**klein**

photographie/**foto (de)**

pièce d'identité/**identiteitsbewijs (de)**

pièce de théâtre/**toneelstuk (het)**

piscine/**zwembad (het)**

piste cyclable/**fietspad (de)**

plage/**strand (het)**

plainte/**klacht (de)**

police/**politie (de)**

pompiers/**brandweer (de)**

port/**haven (de)**

porte-monnaie/**portemonnee (de)**

porte/**deur** (de)

poste aérienne/**luchtpost (de)**

pourboire/**fooi (de)**

pourquoi/**waarom**

pouvoir/**kunnen**

première classe/**eerste klas (de)**

prendre un bain de soleil/**zonnebaden**

prendre/**nemen**

prénom/**voornaam (de)**

prescrire/**voorschrijven**

présenter/**voorstellen**

procès-verbal/**proces verbaal (het)**

profession/**beroep (het)**

programmateur d'itinéraire/**routeplanner (de)**

public/**publiek (het)**

public/**openbaar**

quai/perron/**perron (het)**

quand/**wanneer**

quelque chose/**iets**

qui/**wie**

quitter/achterlaten/**vertrekken**

quoi/**wat**

R

rapide/**snel**

rappeler/**(zich) herinneren**

reception/**receptie (de)**

rendez-vous/**afspraak (de)**

répéter/**herhalen**

réponse/**antwoord (het)**

réserver/**reserveren**

restaurant/**restaurant (het)**

retard/**vertraging (de)**

réunion/**vergadering (de)/ bespreking (de)**

rez-de-chaussée/**parterre (de)**

rien/**niets**

S

s'ennuyer/**zich vervelen**

salle de concert/**concerthal (de)**

salut/**hallo**

salutations/**groeten**

samedi/**zaterdag**

sauna/**sauna (de)**

sculpture/**beeldhouwkunst (de)**

se (bien) conduire/**zich gedragen**

se mêler de/**zich bemoeien met**

se tenir debout/**staan**

se tromper/**zich vergissen**

secrétaire (homme)/**secretaris (de)**

self-service/**zelfbediening (de)**

semaine/**week (de)**

septembre/**september**

signature/**handtekening (de)**

signer/**ondertekenen**

société/**bedrijf (het)**

soir/**avond (de)**

sortie/**afslag (de)**

sortir/**uitgaan**

soupe/**soep (de)**

sous-sol/**souterrain (het)**

spectacle/**voorstelling (de)**

station service/**tankstation (het)**

station de métro/**metrostation (het)**

station de taxis/**taxistandplaats (de)**

stylo à bille/**balpen (de)**

sud/**zuiden (het)**

supermarché/**supermarkt (de)**

supplément (à payer)/**toeslag (de)**

sur/**op**

surfer/**surfen**

T

taille/**maat (de)**

tasse/**kopje (het)**

taux de change/**wisselkoers (de)**

taxi/**taxi (de)**

téléphone portabe/**mobieltje (het)/ GSM (de)** (FL)

téléphone/**telefoon (de)**

temps passé/**verleden tijd** (de)

tennis/**tennis (het)**

terrain de football/**voetbalveld (het)**

thé/**thee (de)**

théâtre/**schouwburg (de) / theater (het)**

timbre/**postzegel (de)**

toast/**toast (de)**

toilettes/**toilet (het)**

touriste/**toerist (de)**

tout droit/**rechtdoor**

tout près/**dichtbij**

tout/**alles**

trafic/**verkeer (het)**

train/**trein**

transaction bancaire/**banktransactie (de)**

transport public/**openbaar vervoer (het)**

travailler/**werken**

travaux/**wegwerkzaamheden (de)**

traverser/**oversteken**

U

Union Européenne/**Europese Unie (de)**

utiliser/**gebruiken**

V

vacances/**vakantie (de)**

valise/**koffer (de)**

véhicules venant en sens inverse/ **tegenliggers (de)**

vélo/**fiets (de)**

vendre/**verkopen**

vendredi/**vrijdag**

venir/**komen**

verre/**glas (het)**

vers/**naar**

ville/**stad (de)**

vin/**wijn (de)**

vitesse limite/**maximumsnelheid (de)**

voguer/**zeilen**

voiture/**auto (de)**

vol/**diefstal (de)**

vol/**vlucht (de)**

voler (dans les airs)/**vliegen**

volley-ball/**volleybal**

voyage d'affaires/**zakenreis (de)**

voyager/**reizen**

W

week-end/**weekend (het)**

zone construite/**bebouwde kom (de)**

zone industrielle/**industrieterrein (het)**

Annexe D

À propos du CD

Voici une liste des pistes du CD du livre, dont la pochette est fixée à l'intérieur de la couverture du livre. Notez qu'il s'agit d'un CD audio - insérez-le dans votre lecteur stéréo (ou tout autre appareil que vous utilisez normalement pour vos CD de musique.)

Tableau A.1 : les pistes du CD audio

Piste	*Titre*	*Chapitre*	*Page*
1	Présentation		
2	Rencontre informelle	1	16
3	Salutationformelle	4	83
4	Salutation informelle	4	84
5	Première réunion au bureau	4	86
6	Présenter quelqu'un de façon informelle	4	87
7	Dire au revoir	4	89
8	Demander à quelqu'un d'où il est	4	92
9	Discuter de langues	4	96
10	Parler de sa situation personnelle	5	106
11	Parler de la famille	5	110
12	Se retrouver pour faire du sport	5	115
13	Faire une réservation	6	125
14	Entrer dans un restaurant	6	127
15	Prendre la commande	6	133
16	Recevoir l'addition et laisser un pourboire	6	137

Tableau A.1 : les pistes du CD audio *(suite)*

17	Acheter de quoi manger au marché	6	148
18	Se faire aider par une employée du magasin	8	165
19	Essayer un vêtement	8	173
20	Acheter des vêtements	8	176
21	Fixer une date pour aller au cinéma	9	186
22	Parler d'un spectacle	9	193
23	Prendre un rendez-vous	10	222
24	Laisser un message 1	10	227
25	Laisser un message 2	10	229
26	Conversation de bureau	10	244
27	Trouver un restaurant	11	260
28	Demander son chemin 1	11	268
29	Demander son chemin 2	11	273
30	Retirer un billet à l'aéroport	12	280
31	Louer une voiture	12	288
32	Prendre un rendez-vous chez le coiffeur	12	293
33	Sur la route	12	298
34	Arriver en retard au travail	12	309
35	Acheter des billets de train	12	317
36	Prendre le bus	12	322
37	Au guichet de poste	13	334
38	Réserver une chambre	14	340
39	Se présenter à la réception d'un hôtel	14	349
40	Annoncer son départ et payer	14	357
41	Aller aux urgences	15	371
42	Déclarer un vol	14	327

Index